CRIMINOLOGIA CULTURAL
UM CONVITE

CRIMINOLOGIA CULTURAL
UM CONVITE

JEFF FERRELL | KEITH HAYWARD | JOCK YOUNG

COORDENAÇÃO DA COLEÇÃO E TRADUÇÃO: ÁLVARO OXLEY DA ROCHA | SALAH H. KHALED JR.

Copyright © 2019 by Editora Letramento
Copyright © 2015 by Jeff Ferrell, Keith Hayward and Jock Young All rights reserved
Título Original: **Cultural Criminology An Invitation**

Diretor Editorial | **Gustavo Abreu**
Diretor Administrativo | **Júnior Gaudereto**
Diretor Financeiro | **Cláudio Macedo**
Logística | **Vinícius Santiago**
Designer Editorial | **Luís Otávio Ferreira**
Assistente Editorial | **Giulia Staar e Laura Brand**
Capa | **Luís Otávio Ferreira**
Projeto gráfico e diagramação | **Gustavo Zeferino**
Tradução | **Álvaro Oxley da Rocha e Salah H. Khaled Jr**

Conselho Editorial | **Alessandra Mara de Freitas Silva;
Alexandre Morais da Rosa; Bruno Miragem; Carlos María Cárcova;
Cássio Augusto de Barros Brant; Cristian Kiefer da Silva; Cristiane Dupret;
Edson Nakata Jr; Georges Abboud; Henderson Fürst; Henrique Garbellini
Carnio; Henrique Júdice Magalhães; Leonardo Isaac Yarochewsky;
Lucas Moraes Martins; Luiz Fernando do Vale de Almeida Guilherme;
Nuno Miguel Branco de Sá Viana Rebelo; Renata de Lima Rodrigues;
Rubens Casara; Salah H. Khaled Jr; Willis Santiago Guerra Filho.**

Todos os direitos reservados.
Não é permitida a reprodução desta obra sem
aprovação do Grupo Editorial Letramento.

Dados Internacionais de Catalogação na Publicação (CIP) de acordo com ISBD

F383c   Ferrell, Jeff

    Criminologia cultural: um convite / Jeff Ferrell, Keith Hayward, Jock Young ; traduzido por Álvaro Oxley da Rocha, Salah H. Khaled Jr. - Belo Horizonte : Letramento ; Casa do Direito ; Crime, cultura e resistência ; Instituto Brasileiro de Criminologia Cultural, 2019.
    374 p. ; 15,5cm x 22,5cm. – (Crime, cultura e resistência)

    Tradução de: Cultural criminology: an invitation
    Inclui bibliografia.
    ISBN: 978-85-9530-262-4

    1. Direito penal. 2. Direito criminal. 3. Criminologia I. Hayward, Keith. II. Jock Young. III. Jeff Ferrell IV. Rocha, Álvaro Oxley da. V. Khaled Jr., Salah H. VI. Título. VII. Série.

2019-839   CDD 345
                                                      CDU 343

Elaborado por Vagner Rodolfo da Silva - CRB-8/9410

Índice para catálogo sistemático:
1. Direito penal 345
2. Direito penal 343

Belo Horizonte - MG
Rua Magnólia, 1086
Bairro Caiçara
CEP 30770-020
Fone 31 3327-5771
contato@editoraletramento.com.br
editoraletramento.com.br
casadodireito.com

Casa do Direito é o selo jurídico do
Grupo Editorial Letramento

*Este livro é dedicado à memória de Jock Young
— amigo, colega, provocador.*

SUMÁRIO

	APRESENTAÇÃO	9
	LOUVOR PELA NOVA EDIÇÃO	13
1	CRIMINOLOGIA CULTURAL: UM CONVITE	15
2	A TEMPESTADE SE FORMA	53
3	A TEMPESTADE IRROMPE: A CRIMINOLOGIA CULTURAL AGORA	83
4	UMA CRIMINOLOGIA CULTURAL DO COTIDIANO	125
5	GUERRA, TERRORISMO E ESTADO: UMA INTRODUÇÃO EM CRIMINOLOGIA CULTURAL	171
6	MÍDIA, REPRESENTAÇÃO E SIGNIFICADO: DENTRO DO HALL DOS ESPELHOS	205
7	CONTRA O MÉTODO CRIMINOLÓGICO	249
8	CONHECIMENTO PERIGOSO: ALGUNS MÉTODOS DA CRIMINOLOGIA CULTURAL	281
9	CONCLUSÕES	319
	REFERÊNCIAS	333

APRESENTAÇÃO

É com enorme satisfação que apresentamos a edição brasileira de *Criminologia cultural: um convite,* de Jeff Ferrell, Keith Hayward e Jock Young. Como já dissemos em outra oportunidade, consideramos que a Criminologia Cultural é a mais excitante e relevante matriz de perspectivas para a compreensão do crime e de seu controle no contexto contemporâneo, na quadra tardo-moderna.

Este livro reúne os principais *insights* de inúmeros criminologistas culturais de forma condensada em um texto ágil, que é instantaneamente acessível para leitores de diferentes níveis de formação. Vencedora do Prêmio de Livro mais Destacado da Divisão de Criminologia Internacional da Sociedade Americana de Criminologia, em 2009, *Criminologia cultural: um convite* é a bibliografia ideal para trabalhar Criminologia com alunos da graduação de cursos de Direito e Ciências Sociais.

Sua publicação faz parte de uma série de iniciativas recentes no campo acadêmico em expansão que é a Criminologia Cultural brasileira e representa a culminação de uma série de esforços realizados na última década, dentre eles merecendo destaque o pós-doc do professor Álvaro Oxley da Rocha com Keith Hayward, em Kent, na Inglaterra, e a publicação de *Videogame e violência: cruzadas morais contra os jogos eletrônicos no Brasil e no Mundo,* de autoria do Professor Salah H. Khaled Jr.

Por força dessa interlocução, em anos recentes, o diálogo com Jeff e Keith se tornou cada vez mais proveitoso e instigante. Dele nasceu a ideia por trás da criação da coleção *Crime, cultura, resistência,* cuja finalidade consiste na publicação de obras significativas para a Criminologia Cultural que ainda não foram lançadas no Brasil. *Explorando a Criminologia Cultural,* organizado por Jeff, Keith, Salah e Álvaro foi apenas o começo de uma longa jornada, que agora é solidificada com a publicação de uma das mais importantes obras de Criminologia do século XXI.

Mas os planos são ainda mais ambiciosos. A Criminologia Cultural é, desde o seu desenvolvimento, um campo engajado e convidativo de conhecimento, que visa perturbar intelectualmente os poderes e dinâmicas autoritárias que nos impedem de avançar rumo a um mundo melhor. Por força desse comprometimento, fundamos, juntamente com Jeff e Keith, o Instituto Brasileiro de Criminologia Cultural (<www.criminologiacultural.com.br>) e agora, convidamos você a fazer parte dele. No Instituto, investigamos diferentes temas sob a perspectiva da Criminologia Cultural, motivo pelo qual temos várias comissões temáticas, dedicadas a questões como: criminalização da cultura; criminologia cultural negra; criminologia cultural feminista; *mediascape* e pânico moral; criminologia cultural verde; criminologia cultural e processo penal; modernidade tardia e sociedade bulímica; subculturas; violência, primeiro plano do crime e *edgework*; sociedade em rede e sociedade do espetáculo; economia política da pena; criminologia cultural e epistemologia; criminologia cultural de Estado; criminologia cultural do consumo e mercantilização da transgressão, criminologia cultural e grandes narrativas da modernidade.

Um mês e meio após a sua criação, o Instituto já contava com mais de 60 pesquisadores, com diferentes níveis de experiência no campo da Criminologia Cultural, além de 8 coordenadorias internacionais, dentre as quais estão nomes como Michelle Brown, Wayne Morrison, Travis Linemann, Jonathan Ilan, Rita Faria, Mohammed Arafa e os próprios Jeff e Keith.

O futuro parece muito promissor para o desenvolvimento da Criminologia Cultural brasileira, o que certamente não significa dizer que nós simplesmente iremos recepcionar conceitos desenvolvidos em outros contextos históricos e geográficos de modo acrítico. A missão que temos pela frente consiste em reinventar a própria Criminologia Cultural – como ela reinventou as tradições que a precederam – conforme for necessário para melhor compreender a nossa especificidade regional. Nosso argumento é que se o crime e o seu controle podem ser pensados como produtos culturais, cujos significados são negociados e contestados de forma espiralada e muitas vezes indistinguível de sua representação mediada, isso é, talvez, ainda mais relevante para a compreensão da questão criminal brasileira, uma vez que aqui os controles modernos não foram minimamente internalizados pelos agentes estatais ou verdadeiramente institucionalizados. Isso faz com que questões da modernidade tardia, como a incerteza ontológica e a privação relativa, provoquem aqui efeitos ainda mais devastadores, que devem ser compreendidos em termos estruturais, mas também culturais, o que necessariamente deve fazer com que nosso olhar se volte para subculturas criminais e para o primeiro plano do crime, sem que com isso sejam deixadas de lado as performances constatadas (e contestadas) nas práticas punitivas estatais e os seus próprios mecanismos de legitimação e deslegitimação, inclusive na esfera subjetiva de quem rotineiramente pratica inúmeras violações.

Há muito o que discutir e não queremos antecipar a leitura do livro propriamente dito. Se ela lhe parecer instigante, venha pesquisar conosco: <contato@criminologiacultural.com.br>.

Resistir, sempre!

Álvaro Oxley da Rocha
Doutor em Direito e Vice-presidente do Instituto
Brasileiro de Criminologia Cultural

Salah H. Khaled Jr.
Doutor em Ciências Criminais e Presidente do
Instituto Brasileiro de Criminologia Cultural

LOUVOR PELA NOVA EDIÇÃO

"Atualizando e expandindo sua apreciação pioneira dos fundamentos culturais do crime, tanto como alvo de aplicação da lei, como de comportamento que persegue os encantos do desvio, em sua segunda edição, Ferrell, Hayward e o falecido Jock Young introduzem a 'criminologia cultural' dentro do longo histórico do pensamento social sobre o crime. Sua ampla e generosa apreciação de diversas contribuições para o movimento de criminologia cultural é heuristicamente explosiva. Em praticamente todas as páginas, seu texto oferecerá ao leitor várias sugestões para desenvolver a pesquisa sobre o crime e o desvio em novas direções. Como a criminologia enfrenta uma crise de confiança, este trabalho raro mostra como uma nova geração de estudantes pode contemplar investigações promissoras e práticas do crime e do desvio sob uma única perspectiva abrangente."

– *Jack Katz, professor de Sociologia da UCLA*

LOUVOR PELA PRIMEIRA EDIÇÃO...

"Este não é apenas um livro sobre o estado atual e possíveis perspectivas da nossa compreensão do crime, dos criminosos e de nossas respostas a ambos. No entanto, muito podem se beneficiar os criminologistas profissionais das percepções iluminadoras dos autores e das novas perspectivas cognitivas que suas investigações abriram. O impacto deste livro pode muito bem se estender para além do reino da criminologia propriamente dito e marcar um divisor de águas no progresso do estudo social como tal. Este livro, afinal de contas, denuncia a falta de clareza irremediável, a contenciosidade endêmica e a resultante fragilidade da linha que divide o desvio da norma da vida social – essa linha sendo simultaneamente uma arma e a aposta principal na construção e manutenção da ordem social."

– *Professor Zygmunt Bauman, Emeritus Professor, Leeds University*

"*Criminologia cultural: um convite* oferece uma nova perspectiva sobre a criminalidade e a justiça criminal. Ele descreve a hegemonia cultural dos poderosos, enquanto também documenta a crescente resistência à criminalização sem sentido e ao encarceramento em massa. Escrito com maestria, os autores também documentam o trabalho daqueles que conscientemente criam um novo espaço político para desafiar a sociedade de segurança cada vez mais global que parece inextricavelmente ligada ao capitalismo tardio."

– Meda Chesney-Lind, University of Hawaii at Manoa

"Lindamente escrito e soberbamente concebido, com ilustrações e exemplos que combinam teoria e prática em uma variedade de disciplinas, *Criminologia Cultural: um convite* deve ser lido por qualquer pessoa interessada em crime, mídia, cultura e teoria social. Bravo para Ferrell, Hayward e Young em um *tour de force* que é ao mesmo tempo *cool* e um clássico! A criminologia cultural irá influenciar o campo por um muito tempo."

– Lynn Chancer, Professor of Sociology, Hunter College, CUNY, USA

"Criativo, desafiador e controverso: um manifesto para os tempos difíceis."

– Tony Jefferson, Visiting Presidential Scholar, John Jay College of Criminal Justice, USA

1

CRIMINOLOGIA CULTURAL: UM CONVITE

Em outubro de 2011, em uma manifestação organizada pelo movimento de protesto Occupy, Julian Assange, o controverso ativista australiano editor-chefe de longa data do *site* de vazamentos WikiLeaks, apareceu na frente da bolsa de Londres com uma máscara estilizada de Guy Fawkes. Branco pálido, com bochechas rosadas, um amplo sorriso e um bigode caprichoso, o rosto de Guy Fawkes surgiu como um dos ícones mais duradouros dos muitos grupos anarquistas e de protesto que surgiram no contexto da crise financeira de 2008. As origens da máscara podem ser rastreadas à clássica graphic novel *V de Vingança*, de 1982 – um conto sombrio que retrata o protesto de um homem contra um estado policial futurista baseado vagamente na infame "Conspiração da Pólvora" de 1605, quando revolucionários católicos tentaram derrubar o governo britânico explodindo a Câmara dos Lordes (SAUTER, 2012). A história anti-autoritária teve forte apelo com os manifestantes. Após *V de Vingança* ter sido adaptado em um filme em 2005, a máscara de Fawkes emergiu como um símbolo onipresente de resistência política; não menos importante, tornou-se a "cara" do grupo *hacker* internacional Anonymous. Mas, se por um lado a máscara serviu ao propósito muito prático de esconder os rostos dos manifestantes da vigilância policial pervasiva, que agora sempre está presente em manifestações políticas, por outro lado, também serviu aos interesses de um grupo cultural diferente: os executivos e acionistas de um dos maiores maiores conglomerados de mídia do mundo. Como produtor de *V de Vingança*, o gigante de mídia Time-Warner detém os direitos da imagem da máscara e, consequentemente, recebe uma taxa de licenciamento com a venda de cada unidade. E a máscara é um grande negócio. De acordo Harry Beige, da Rubie's Costume, a fabricante de Nova York que produz a máscara, mais de 100.000 máscaras são vendidas por ano. Para tornar as coisas ainda piores, recentemente veio à luz que as máscaras são fabricadas em lojas clandestinas, sem observância de direitos trabalhistas, em vizinhanças empobrecidas do Brasil e do México.

Enquanto isso, no México, outra relação cultural obscura toma forma. Durante décadas, os pobres de Sinaloa, no noroeste do México, prestaram homenagem a Jesus Malverde, um lendário bandido estilo Robin Hood que, de acordo com a tradição local, roubou dos ricos e deu aos pobres antes que as autoridades eventualmente o enforcassem em 1909. Recentemente, no entanto, Jesus Malverde assumiu um papel novo e não oficial, como santo padroeiro dos senhores da droga – *drug lords* – e traficantes de fronteira mexicanos. Apelidado de "narco santo" pela imprensa mexicana, Malverde era originalmente apenas popular em Culiacán, capital de Sinaloa. Mas nos últimos anos, seu familiar bigode, rosto e lenço preto foram vistos em santuários improvisados em todos os lugares, desde Tijuana até a Cidade do México. Nos bairros pobres onde as gangues de drogas prosperam, Malverde tornou-se não apenas um símbolo mítico do crime, mas uma figura de culto. Simplificando, Malverde é uma figura de destaque do que é conhecido como "narco cultura" – a celebração e admiração de *drug lords* influentes e traficantes de sucesso, que, por habilidade ou boa fortuna, vencem as probabilidades e conseguem evitar a prisão. Hoje, a narco cultura é uma verdadeira indústria caseira que também inclui o apropriação do ícone do povo mexicano Santa Muerte – Santo Morte ou Morte Sagrada –, "narco *fashion*" e o estilo de roupa subcultural "chalinazo", o estilo "narco corrido" de música e músicas *pop* de "narco balada" que lembram as façanhas criminosas de lendários traficantes (LIPPMAN, 2005), e até mesmo um ramo da indústria cinematográfica mexicana conhecida como "narco film" – filme narco. A cultura narco está se expandindo inclusive para as cidades do Cinturão do Sol dos Estados Unidos e além (ORTIZ URIBE, 2011). Em Pico Rivera, Califórnia, os foliões reúnem-se no El Rodeo Night Club, um dos muitos clubes de música "narco corrido" na área de Los Angeles, que estão na vanguarda desta nova forma de hibridização cultural mexicano-americana. Da mesma forma, nos últimos anos, membros de gangues de Los Angeles começaram a trabalhar como figurantes na narco indústria cinematográfica gangster de Tijuana. De tudo isso, a surpreendente verdade é que a cultura do narcotráfico indica uma certa aceitação do contrabando de drogas como um aspecto normal do cotidiano vivido nos bairros pobres que se situam na fronteira EUA-México; como aponta um professor local: "Viver em Culiacán é conhecer as lendas de 'narcotraficantes' específicos, cujos nomes são tão reconhecíveis quanto os de grandes atletas ou músicos."(QUINONES, 1998, n.p.). Essa cultura do narcotráfico tem também seus perigosos ecos digitais. Cada vez mais cidadãos e "ciberguardiões" usam redes sociais como o Twitter e *sites* e *blogs* como o Wikinarco e Blogdelnarco, para rastrear e alertar sobre a violência relacionada às drogas. Em resposta, o as autoridades mexicanas criminalizaram a utilização do Twitter para "minar o interesse público", "a ordem", ou "espalhar rumores", e os cartéis de drogas, "ameaçados pela descentralizada distribuição da Web", também responderam – em um caso, mediante o enforcamento de duas pessoas em uma ponte, na qual deixaram uma placa onde se lia "isso acontecerá com todos os informantes da Internet" (CAVE, 2011, p. 5).

Cada um desses casos incorpora questões fundamentais para a criminologia cultural. Tanto a dinâmica simbólica do protesto de rua globalizado quanto os estranhos híbridos de criminalidade e religiosidade associados à narco cultura, ilustram um dos conceitos fundadores da criminologia cultural: que as dinâmicas culturais carregam dentro delas o significado do crime. Diante disso, a criminologia cultural explora muitas maneiras pelas quais as forças culturais se entrelaçam com a prática do crime e o controle do crime na sociedade contemporânea. Ela enfatiza a centralidade do significado, representação e poder na construção contestada do crime – seja como o crime é construído como protesto político ou representação estilizada da cultura das drogas, como evento efêmero ou subversão subcultural, como perigo social ou violência sancionada pelo Estado. Em nossa opinião, o objeto de qualquer criminologia útil e crítica deve necessariamente ir além das noções estreitas de crime e justiça criminal para incorporar demonstrações simbólicas de transgressão e controle, sentimentos e emoções que surgem dentro de eventos criminosos e campanhas públicas e políticas projetadas para definir – e delimitar – tanto o crime quanto suas consequências. Este foco mais amplo, argumentamos, possibilita um novo tipo de criminologia – uma criminologia cultural, mais sintonizada com as condições vigentes e, portanto, mais capacitada para conceituar e confrontar o crime contemporâneo e o seu controle. A criminologia cultural busca compreender o crime tanto como uma atividade humana expressiva quanto criticar a sabedoria percebida em torno das políticas contemporâneas do crime e da justiça criminal. Pensando em cultura e crime, criminologistas culturais entendem que "cultura" é o material do significado coletivo e identidade coletiva; dentro dela e por meio dela, o governo alega autoridade, o consumidor avalia produtos anunciados – e o "criminoso", tanto como pessoa quanto como problema social percebido, ganha vida. A cultura sugere a coletiva busca de significado e o significado da busca em si; revela a capacidade das pessoas, agindo em conjunto ao longo do tempo, para animar até mesmo os mais humildes objetos – o saco de dormir do sem-teto, o cassetete do policial, a bandana do membro da gangue, a máscara de Guy Fawkes – com importância e implicação.

Para nós, a cultura humana – o ambiente simbólico criado e ocupado por indivíduos e grupos – se entrelaça com estruturas de poder e desigualdade. A cultura não é simplesmente um produto de classe social, etnia ou ocupação – não pode ser reduzida a um resíduo da estrutura social –, mas ela não toma forma sem essas estruturas. Tanto a destreza cultural dos poderosos, quanto as subculturas de aquiescência ou resistência inventadas pelos menos poderosos moldam-se e são moldadas por formas existentes de desigualdade estabelecida. Forças culturais, então, são aqueles fios de significado e compreensão coletivos que circulam em torno dos problemas cotidianos dos atores sociais, animando as situações e circunstâncias nos quais problemas se desenrolam. E para todas os envolvidos com o crime e a justiça criminal – para perpetradores, policiais, vítimas, agentes de liberdade condicional, violadores e repórteres – *a negociação de significados culturais se entrelaça com o imediatismo da experiência criminal.*

Como o trabalho inicial sobre "as dores do aprisionamento" demonstrou, por exemplo, as condições sociais e as dinâmicas culturais de prisão formam uma relação dialética, com cada uma delas formando e reformando a outra. Todos os presos experimentam o sofrimento da prisão, mas a extensão e natureza precisa dessas dores emerge de várias culturas de classe, gênero, idade e etnia – isto é, dos significados das vidas sociais que os detentos trazem consigo para prisão. E, no entanto, essas dores específicas, que adquirem significado por meio da preexistência de experiências e expectativas coletivas, por sua vez, moldam a cultura da prisão, os modos de vida compartilhados, que surgem quando os presos tentam superar as privações da vida na prisão (YOUNG, 1999; FADER, 2013). Enfrentando problemas comuns, confrontando circunstâncias compartilhadas, detentos e guardas prisionais – e, da mesma forma, assaltantes de rua, fraudadores corporativos e advogados criminais – compartilham e moldam novas compreensões, investindo assim problemas e suas soluções com agência humana.

No que diz respeito a essa agência humana, a criminologia cultural parte de uma compreensão com base na criatividade da ação humana. Desde esse ponto de vista, as pessoas e os grupos sociais criam significados culturais e criam suas próprias perspectivas, embora em um mundo moral e material que não foi criado por elas. Parafraseando Marx, elas podem não fazer sua própria história como gostariam, mas elas fazem história. O comportamento humano é moldado pelos próprios atores; não é meramente o desdobramento de essências pré-ordenadas de alguma forma e codificadas em sequências de DNA, tendências psicanalíticas ou efeitos causais de um trauma que ocorreu em casa ou na infância. Em vez disso, as carreiras morais são contingentes ao presente, mas com a influência do passado, principalmente na medida em que atores poderosos reforçam noções de um *self* [1] fixo e sujeitos sem poder passam a aceitar essas narrativas. Motivos são, nesse sentido, produtos culturais – experiências compartilhadas e realizações – não apenas essências individuais reveladas. Em uma sociedade hiperplural onde uma infinidade de vocabulários de motivação (MILLS, 1940) circula, indivíduos e grupos podem, de fato, escolher entre eles – não por vontade própria, é claro, mas em relação aos seus problemas percebidos. O *self* individual certamente permanece, mas menos como uma entidade isolada e mais como um centro da construção humana de significado, em um mundo dividido por uma pluralidade de opções. Postular que os seres humanos operam como criadores narrativos, constantemente escrevendo e reescrevendo seus histórias, não implica uma falta de unidade do *self*, mas sim o *self* como um constelação única de significados construídos (PRESSER; SANDBERG, 2015).

Claro, a criatividade humana em curso não exclui perigosos significados destrutivos, decisões de má fé ou decisões passadas que, ao longo do tempo, incidem no poder reificado e mecanicista da habituação. Também não exclui a comum e perigosa situação humana de insegurança ontológica, na qual vários grupos ou setores dentro da população passam a perceber que seu *status* é ameaçado e sua identidade é desinserida. Uma resposta cultural para este problema é o processo de alterização,[2] no qual atores ativamente abraçam narrativas sobre si e outros grupos que *negam* a criatividade humana e imaginam um mundo preordenado e predestinado. Através da alterização, atributos essencialistas são projetados para o outro e no próprio *self*, de modo a justificar o privilégio e conter sentimentos de profunda insegurança. Ironicamente, esta estratégia cultural opera de forma a apagar a própria cultura. Promete linhas de orientação essencialistas e fixas em um mundo tardo-moderno de crescente complexidade e desorientação; aparentando garantir um conjunto de estruturas de superioridade e inferioridade, como se fossem códigos binários de gênero ou raça, é uma proteção contra a vertigem da modernidade tardia (YOUNG, 2007).

---

1 N.T.: Optamos por seguir a tradição brasileira e manter o original *self*, como na obra de Charles Taylor, *As faces do self*. O autor se propôs a examinar as várias facetas do que chamou de "a identidade moderna".

2 N.T.: *Alterização* parece ser a tradução mais adequada e difundida em língua portuguesa para *othering*.

Uma versão particularmente potente dessa dinâmica gira em torno do crime e do desvio; aqui o essencialmente "normal" é contrastado com o inerentemente "desviante", e o cumpridor da lei, claramente separado do criminoso. Aqui, a virtude é contrastada com o vício – e o "seu" vício é visto como corroborando a "nossa" virtude. Tal processo de alterização possibilita que o vício seja visto como falta de cultura – isto é, como falta de valores e de assimilação na ordem moral – e frequentemente essa visão forma a base de um determinismo que presumidamente impulsionaria o ator desviante. Fatores socipsicológicos acrescentam camadas de intensidade e paixão ao processo de alterização. O principal deles é um sentimento de ultraje moral e indignação direcionado àqueles outros que são vistos como se estivessem trapaceando as regras de responsabilidade, sacrifício e recompensa. De acordo com essa construção cultural, desviantes vivem de benefícios estatais ou irresponsavelmente têm filhos fora do casamento, enquanto em contraste, os cidadãos "virtuosos" estão cientes de suas responsabilidades econômicas e observam aos seus deveres cívicos. Essa dicotomia essencialista é, por sua vez, exacerbada em situações em que desviantes de grupos de imigrantes ou de classes mais baixas são vistos como causadores diretos de problemas para os virtuosos. É importante ressaltar que os criminologistas culturais argumentam que essas psicodinâmicas não são determinados pelo passado psicanalítico de um indivíduo (por exemplo, GADD; JEFFERSON, 2007), mas, em vez disso, resultam de problemas e pressões atuais, que circulam em partes específicas da estrutura social. Em meio à atual crise da economia, por exemplo, *downsizing* corporativo, a desqualificação do trabalho e insegurança de trabalho crônica são problemas sociais críticos em si mesmos – mas quando eles estão misturados com crenças equivocadas sobre suas causas e racialmente carregadas com ideologias de alterização e essencialismo, elas podem produzir intensidades violentas de percepção equivocada, que redobram suas consequências perigosas. Para criminologistas culturais, então, a criminologia psicossocial opera de forma mais perspicaz quando parte de base existencial e quando é fundamentada no presente contexto estrutural e cultural de problemas da modernidade tardia.

Essa mudança de relação entre negociação cultural, experiência individual e problema social afirma outro dos principais pressupostos da criminologia cultural: que, enquanto crime e desvio constituem mais do que a simples encenação[3] de traços essencialistas, eles também constituem mais do que a encenação de um grupo estático da cultura. Simplificando, os criminologistas culturais entendem que a cultura não é um produto, mas um processo – o tipo de processo pelo qual a identidade de Jesus Malverde pode continuar a se transformar um século após a sua morte. Aqui, criminologistas culturais discordam da tradição da teoria do conflito cultural, como se originou no trabalho de Thorsten Sellin (1938) e como destacado na conhecida formulação subcultural de Walter Miller (1958), em que o crime constitui em grande medida uma encenação de valores mais baixos da classe trabalhadora. Embora tais abordagens considerem o aspecto cultural, elas o fazem de maneiras que tendem a ser simplistas e reducionistas; a formulação original de Sellin sugeria que a vingança – *vendetta* – entre os imigrantes sicilianos levava a um inevitável conflito com valores americanos mais amplos. O perigo desta abordagem pode ser visto hoje, por exemplo, na suposição de que o multiculturalismo gera colisões culturais inelutáveis. No entanto, como vamos argumentar, e como criminologistas culturais como Frank Bovenkerk, Dina Siegel e Damian Zaitch (2003; BOVENKERK; YESILGOZ, 2004) demonstraram bem, culturas – étnicas e outras – não existem como entidades estáticas ou essências coletivas.

Em vez disso, a dinâmica cultural permanece em movimento; culturas coletivas oferecem uma miscelânea heterogênea de significados simbólicos que se misturam e se borram, atravessam fronteiras reais e imaginadas, entram em conflito e coalescem de acordo com dinâmicas de poder e influência, e se hibridizam diante de circunstâncias em movimento. Imaginar, então, que uma etnia cultural mantém alguma tendência ahistórica e essencial para práticar crimes – ou mostrar conformidade – não é criminologia cultural: é um essencialismo perigoso, estereotipíco em sua noção de estática cultural e prejudicial para a compreensão da intrincada dinâmica que conecta cultura e crime.

Em *Cultura como práxis*, Zygmunt Bauman (1999, p. xvi-xvii) captura um pouco dessa fluidez e complexidade cultural. No livro, ele distingue duas maneiras de pensar sobre cultura. As duas são de longa data e aparentemente, diametralmente opostas. A primeira conceitua "[...] cultura como uma atividade de espíritos livres, o local da criatividade,

---

3   N.T.: A palavra *enactement* pode ser traduzida, dependendo do contexto, como promulgação, execução ou encenação, com o sentido de colocar algo em ação, que parece ser o mais adequado aqui e que é condizente com a noção de "performance" que os autores utilizam na obra.

invenção, auto-crítica e autotranscendência [...]", sugerindo "[...] a coragem de quebrar horizontes bem desenhados, para ir além de fronteiras bem guardadas." Como iremos discutir mais adiante no capítulo seguinte, uma concepção de cultura assim se encaixa mais facilmente na tradição da teoria subcultural como desenvolvida por Albert Cohen (1955) e outros, onde subculturas desviantes ou delinquentes criam respostas coletivas para desigualdade social. Aqui, a cultura sugere a vitalidade coletiva da práxis social subversiva e a construção criativa de transgressão e resistência; nesse sentido, as auto-invenções ilícitas de uma subcultura *outsider*[4] podem às vezes inverter simbolicamente a ordem social. Como Bauman sugere, porém, um segundo modo de pensar a cultura entende-a exatamente como o oposto: "[...] uma ferramenta de rotinização e continuidade – uma serva da ordem social, um universo simbólico que significa regularidade e padrão – com a liberdade sob a rubrica de 'quebra de normas' e 'desvio'." Cultura deste segundo tipo é mais uma província da antropologia social ortodoxa, do funcionalismo parsoniano e da sociologia cultural pós-parsoniana. Para essas orientações, a cultura é o material de coesão coletiva, a cola durkheimiana da ordem social e conservadora da previsibilidade, a suposta base da estrutura social. Se pela primeira concepção de cultura, transgressão sinaliza criatividade significativa, para a segunda, transgressão significa exatamente o oposto: uma ausência de cultura, um fracasso anômico ou até atávico da socialização no sentido coletivo. Para criminologistas culturais, no entanto, as duas formas de compreender a cultura não são irreconciliáveis; ambas destacam a construção coletiva de significado compartilhado, ainda que em diferentes domínios, e ambas sugerem a contínua negociação contestada da moralidade e da identidade cultural. Para alguns, essa negociação evoca uma crença coletiva na tradição, uma aceitação emocional de estase e conformidade, e uma mobilização ideológica de estereótipos rígidos e valores fundamentais. Para outros, convoca contra essa conformidade uma profunda descrença na própria ordem social, e assim um disposição para arriscar inventar alternativas coletivas. Para criminologistas culturais, ambas são de interesse – e os momentos em que as duas colidem em torno de questões de crime e justiça formam um assunto significativo para a própria criminologia cultural.

Uma criminologia cultural que destaca a iniciativa humana e a criatividade humana, então, não ignora aquelas dinâmicas culturais que às

---

4   N.T.: *Outsider* pode ser traduzido como forasteiro, mas preferimos manter o original da obra clássica de Howard Becker.

vezes envolvem sua renúncia. Pessoas, como David Matza (1969) notoriamente apontou, sempre têm a capacidade de transcender até mesmo as circunstâncias mais terríveis – mas elas também tem a capacidade de agir "como se" fossem fantoches completamente incapazes de transcender a ordem social. Se, na maravilhosa frase de Dwight Conquergood (1991), devemos ver a cultura como um verbo e não como um substantivo, como um processo instável e não como um fato consumado, então devemos lembrar que este verbo pode assumir tanto o tempo passivo quanto o tempo ativo. A cultura sugere uma espécie de performance pública compartilhada, um processo de negociação pública – mas essa performance pode ser de aquiescência ou rebelião, e a negociação, um conflito violento ou considerada capitulação. Nesse sentido, a criminologia cultural, pela própria natureza de seu objeto, ocupa um ponto de vista privilegiado sobre o funcionamento cotidiano da vida social. Seu duplo foco em cultura e crime a posiciona precisamente naqueles pontos onde as normas são impostas e ameaçadas, leis promulgadas e quebradas, regras negociadas e renegociadas. Essa abordagem temática inevitavelmente expõe a tensão contínua entre manutenção, desordem cultural e regeneração cultural – e, portanto, segundo a visão da criminologia cultural, as ações cotidianas de criminosos, policiais e juízes oferecem não apenas *insights* sobre a justiça criminal, mas vislumbres importantes sobre o próprio processo pelo qual a vida social é construída e reconstruída. Como nós iremos ver, este assunto, por sua vez, revela a dinâmica complexa e contestada entre culturas de controle – isto é, construções simbólicas de cima para baixo das agências de controle de crime e desvio – e culturas de desvio e transgressão em que violadores de normas constroem seus próprios significados alternativos, de baixo para cima.

CRIMINOLOGIA CULTURAL ANTIGA E NOVA

Conversas sobre cultura, subcultura e poder evocam a rica tradição de teorização subcultural dentro da criminologia – e certamente a criminologia cultural se inspira profundamente na pesquisa subcultural, desde os primeiros trabalhos da Escola de Chicago até o estudos de delinquência clássicos da British Birmingham School. Da mesma forma, a criminologia cultural é grandemente influenciada pela tradição interacionista da criminologia e da sociologia do desvio, incorporada de maneira mais dramática na teoria da rotulação,[5] e na década de 1960,

---

5 N.T.: Muitas vezes referida no Brasil como *labelling approach*.

na London School of Economics. Teorias da Rotulação, assim como o quadro interacionista simbólico mais amplo, destacam os conflitos de significado que consistentemente animam crime e desvio; eles demonstram que a realidade do crime e da transgressão existe como um projeto sob construção cultural, um projeto emergente das negociações em curso de autoridade e reputação. De fato, essas e outras tradições intelectuais são essenciais para a desenvolvimento da criminologia cultural – e o capítulo seguinte explorará como a criminologia cultural representa, talvez, sua culminação e reinvenção. No entanto, ao abordar a questão de "[...] se a criminologia cultural realmente representa um novo empreendimento intelectual em vez de uma elaboração lógica do trabalho prévio em subculturas desviantes" (O'BRIEN, 2005, p. 600; SPENCER, 2011), nós respondemos com firmeza que ela é algo novo. A criminologia cultural procura ativamente dissolver entendimentos convencionais e limites aceitos, tanto aqueles que confinam teorias criminológicas específicas quanto a disciplina institucionalizada da criminologia em si mesma. Em nossa opinião, por exemplo, as perspectivas subculturais e interacionistas existentes somente conseguem reunir tração explicativa real quando integradas com criminologias históricas e contemporâneas de poder e desigualdade. Da mesma forma, a criminologia cultural é especialmente grata às teorias do crime fundadas na fenomenologia da transgressão (por exemplo: KATZ, 1988; LYNG, 1990; VAN HOOREBEECK, 1997) – mas aqui também, nosso objetivo é desenvolver essas abordagens, situando-as dentro de um sociologia da sociedade contemporânea (FERRELL, 1992; O'MALLEY; MUGFORD, 1994; HAYWARD, 2004).

Além disso, a criminologia cultural conscientemente se move além dessas orientações em sociologia e criminologia; como os capítulos posteriores mostrarão, incorpora perspectivas da teoria social, estudos urbanos, estudos de mídia, filosofia existencial, geografia cultural e humana, antropologia, teoria dos movimentos sociais – até da práxis histórica de agitadores políticos anteriores, como os Wobblies e os Situacionistas. Ao mesmo tempo que a criminologia cultural busca se fundar no melhor da criminologia e sociologias existentes, procura também revigorar o estudo das criminalidade integrando uma série de perspectivas alternativas. Nossa intenção é continuar girando o caleidoscópio intelectual, procurando novas maneiras de ver o crime e a resposta social a ele.

Essa estratégia de revigoramento é tão histórica quanto teórica; se quisermos nos engajar criticamente com a atual crise no crime e no seu controle, revivificação intelectual é essencial. Muitas das perspectivas que acabamos de observar foram forjadas de orientações existentes durante os incêndios políticos das décadas de 1960 e 1970, ou em outros casos, da fornalha do capitalismo industrial do início do século XX e das revoltas da classe trabalhadora. Desenvolvendo o que se tornaria a teoria da rotulação, por exemplo, Becker (1963, p. 181) considerou que seu trabalho não era mais do que a existente "teoria interacionista do desvio" – e, no entanto, sua revitalizada teoria interacionista ressoou com as incertezas e desigualdades da década de 1960, sacudiu as fundações da criminologia "científica" e preparou a criminologia para outras reimaginações radicais. No momento, não estamos em 1912, organizando as fábricas de algodão de Lawrence com os Wobblies, ou em 1968, espalhando *slogans* situacionistas por Paris; estamos trabalhando para fazer sentido das condições contemporâneas, para traçar o surgimento dessas condições nos antigos fogões e fornos industriais e para enfrentar um novo mundo do crime e controle definido pela imagem fabricada, pelo constante movimento de significado e pela exclusão sistemática de populações marginais e possibilidades progressistas. Para isso, temos o prazer de incorporar modelos existentes de criminologia crítica – mas estamos tão dispostos a reorganizar esses modelos e outras orientações intelectuais em uma nova *mélange*[6] de crítica que pode penetrar nas fachadas bem guardadas da criminologia administrativa, nos crimes sombrios do capitalismo global e nas realidades cotidianas da criminalidade contemporânea.

Crucial para a criminologia cultural, então, é uma compreensão crítica dos tempos atuais, que, por falta de um termo melhor, chamaremos de modernidade tardia. O capítulo 3 irá fornecer uma noção mais completa da modernidade tardia e da resposta da criminologia cultural a ela. Por enquanto, vamos simplesmente observar que a criminologia cultural procura desenvolver noções da cultura e do crime que podem confrontar o que talvez seja a característica mais marcante da modernidade tardia: um mundo globalizado sempre em fluxo, inundado de marginalidade e exclusão, mas também no ambíguo potencial de criatividade, transcendência, transgressão e recuperação. Como sugerido anteriormente, a cultura humana permaneceu em movimento por muito tempo – contudo, essa dinâmica hoje parece ainda mais comovente e significativa. Na modernidade tardia, a insistente ênfase na expressividade e no desenvolvimento pessoal, e o surgimento de forças minando as antigas constantes do trabalho, família e comunidade, em conjunto, valorizam as mudanças

---

6 N.T.: Optamos por manter o original em francês, mas a tradução para o português seria "mistura".

culturais e a reinvenção pessoal. Junte isso com um pluralismo de valores gerados pela imigração em massa e conflito global, e com a multiplicidade de referentes culturais carregados pela mídia globalizada, e a incerteza é aumentada. Da mesma forma, no que diz respeito à criminalidade, os pontos de referência que dão origem à privação relativa e ao descontentamento, os vocabulários de motivo e técnicas de neutralização implantados na justificação do crime, o próprio *modus operandi* do ato criminoso em si mesmo, tudo emerge hoje com sentidos múltiplos, mediados, plurais e crescentemente globais. E precisamente o mesmo se aplica ao crime como espetáculo público: experiências de vitimização, justificativas para a punitividade, e formas de policiamento circulam amplamente e ambiguamente, disponíveis para consumo mediado ou contestação política.

Sob tais condições, a cultura opera menos como uma entidade ou ambiente, do que como uma dinâmica incerta pela qual grupos grandes e pequenos constroem, questionam e contestam a experiência coletiva da vida cotidiana. Certamente, o significado das amarras da ação social ainda circula dentro da economia política da vida cotidiana, e no contexto de configuração e necessidade material – e ainda, afrouxada no tempo e espaço, circula de maneira a confundir, cada vez mais, a economia e o simbólico, o acontecimento e a imagem, o heróico e o desprezível. Se os teóricos da rotulação de meio século atrás vislumbraram algo do escorregadio processo pelo qual a identidade desviante é negociada, quanto mais escorregadio é aquele processo agora, em um mundo que corta e mistura *criminal profiling* de cunho racial para suspeitos pobres, consultores de imagem pré-pagos para réus ricos e personagens criminosos na televisão para consumo geral? Se os teóricos subculturais dos anos 1950 e 1960 entendiam algo de marginalização grupal e suas consequências culturais, o que devemos entender de tais consequências hoje, quando a marginalização globalizada mistura-se com o crime e a criatividade, quando as autoridades nacionais sem saber exportam culturas de gangues quando deportam supostos membros de gangues (BROTHERTON, 2011), quando subculturas criminosas são empacotadas como entretenimento?

Tudo isso nos remete a fenômenos contemporâneos como os dos traficantes de drogas mexicanos, gangues e manifestantes de rua britânicos notados anteriormente, suas imagens violentas e símbolos de resistência circulando o mundo por meio de *sites*, cobertura de notícias e meios alternativos. Na próxima seção, consideramos algumas outras confluências de cultura e do crime, focalizando especialmente os significados tardo-modernos da violência.

Na seção final do capítulo, exploramos política e conflito político. Lá vamos deixar claro que procuramos revitalizar a crítica política em criminologia, para criar uma criminologia contemporânea – uma criminologia cultural – que pode confrontar sistemas de controle e relações de poder como eles operam hoje. Lá, esperamos esclarecer mais um dos fundamentos da compreensão da criminologia cultural: o de que para explorar a dinâmica cultural é preciso explorar a dinâmica do poder – e para construir a base para uma *crítica* cultural do poder também.

SIGNIFICADO EM MOVIMENTO: VIOLÊNCIA, PODER E GUERRA

Em meio à ambiguidade fluida desse mundo tardo-moderno, a violência poderia, a princípio, parecer um dos poucos assuntos de investigação criminológica cuja solidez não teria derretido no ar. A violência parece fundamentada na fisicalidade e na física de força, dano e destruição. Nós conhecemos a violência e suas tristes consequências quando as vemos: um corpo golpeado, um prédio quebrado, um automóvel destruído. Certamente, a violência pode ser interpessoal, uma questão de uma pessoa fisicamente dominando a outra, mas dificilmente ela parece o material da incerteza cultural e significado mediado. No entanto, em face de tal violência física, e de sua ocorrência generalizada em muitas categorias de crimes, criminologistas culturais como nós fazemos uma afirmação surpreendente: a violência nunca é apenas, e talvez nunca até principalmente, algo físico.

A dinâmica de sua ocorrência e o dano que causa são inatamente simbólicos e interpretativos – e esse processo crucial de simbolismo e interpretação muitas vezes continua muito tempo após a violência física ter cessado. A nosso ver, a violência física pode começar e parar, mas o seu significado continua a circular. Parece-nos também que a maior parte da violência, talvez toda a violência interpessoal, envolve drama, apresentação e performance – especialmente performance de gênero (BUTLER, 1999; MILLER, 2001) tanto quanto produz hematomas e sangue. Então, se esperamos confrontar a política da violência – isto é, entender como a violência funciona como uma forma de poder e dominação, empatizar com a vitimização que a violência produz e reduzir seu dano físico e emocional – devemos nos envolver com as *culturas* da violência. Mesmo o mais direto dos crimes – carne na carne, balas e corpos – não é direto em absoluto. É uma troca simbólica tanto quanto física, uma troca encapsulada em situações imediatas e em circunstâncias maiores; uma troca cujo significado é negociado antes e depois do sangue ser derramado.

Às vezes, a violência é performada para consumo público, e assim vem a circular como entretenimento. Uma luta pelo título transmitida por *pay-per-view*, por exemplo, pode ser pensada como uma série de performances e entretenimentos: antes da luta, com as conferências de imprensa, comerciais de televisão e encenação de hostilidades durante a pesagem; durante a luta em si, com os rituais de ringue de introdução de lutadores, celebridades do lado do ringue e nocautes técnicos; e depois da luta, com a cobertura da imprensa, os *replays* em câmera lenta de socos e dor, e entrevistas com o vencedor e o perdedor. Se uma investigação de comissão de boxe acontece a seguir, ou se um "empreendedor moral" (BECKER, 1963) decide mais tarde lançar uma cruzada contra a brutalidade pugilística, outra série de performances pode se desdobrar – e outra série de significados. Agora o entretenimento da luta será reconsiderado como uma fraude, "armação",[7] ou como evidência do que costumava ser chamado de "desumanidade do homem para com o homem". Agora outras conferências de imprensa serão encenadas, outros momentos da luta retransmitidos em câmera lenta, e tudo isso projetado para mais um *round* de encenação da luta e suas implicações. A fisicalidade imediata e brutal da violência agora se alonga e ecoa através de imagens de vídeo, cobranças legais e percepção públicas. Ao fazê-lo, o sequenciamento linear de causa e efeito circula sobre si mesmo, de modo que as imagens de uma briga física podem vir a ser vistas como crime, evidência de crime, como um catalisador para um crime posterior, ou até mesmo como um produto imitativo de crime mediado existente.

Com a democratização da mídia digital, não é apenas o grande mercado televisivo de violência que invoca essa complexa dinâmica cultural; a proliferação de vídeos de luta *faça você mesmo,* brigas de rua, brigas de gangues, "brigas entre mendigos" – a assinala muito bem. O amplo *marketing* e venda desses vídeos por meio de mídia digital revela o tipo de violência generalizada no tempo de lazer que Simon Winlow e Steve Hall (2006) documentaram entre jovens cada vez mais excluídos de trabalho significativo ou educação. Eles oferecem evidências diretas da infiltração da tecnologia de mídia na prática da vida cotidiana, de modo que garotos podem agora encenar e gravar, para o bem ou para o mal, imagens de suas próprias vidas. Mais preocupante, eles sugerem a interação nas ruas entre uma mesquinha cultura contemporânea de agressão comercializada, um senso contínuo de masculinidade definido pelo machismo, violência e dominação, e um mundo permeado por telefones celulares e suas câmeras.

---

7   N.T.: Adaptação mais próxima da expressão *fix*.

Hunter S. Thompson (1971, p. 46) disse certa vez sobre um cassino de Las Vegas que era "O que o mundo inteiro estaria fazendo no sábado à noite se os nazistas tivessem vencido a guerra." Sim, isso e brutalizando um ao outro diante de câmeras, fazendo *upload* dessa imagem, vendendo-a para obter lucro e a assistindo como entretenimento.

Outros tipos de violência demonstram outras dimensões da cultura, poder e desigualdade. Como criminologistas feministas mostraram, a violência doméstica contra mulheres não explode apenas em situações de raiva. Ela emerge de padrões de abuso interpessoal e expectativa de gênero, e da lógica cultural perniciosa pela qual os homens podem de alguma forma imaginar que a violência física confirma suas próprias identidades possessivas. Como discutiremos nos próximos capítulos, várias formas contemporâneas de violência como entretenimento – dramas policiais de horário nobre, *extreme fighting*,[8] imagens de guerra – cada uma invoca as preferências de uma classe social em particular e economias políticas de lucro, oferecendo diferentes tipos de carne para diferentes tipos de fantasias. Como também vamos ver, os punhos machucados e ensanguentados durante batalhas disputadas entre trabalhadores de fábricas em greve e policiais sugerem algo da violência estrutural inerente à desigualdade de classes; esse também é o caso das mãos de mulheres jovens, ensanguentadas em meio ao trabalho frenético, exploradas na linha global de montagem de uma maquiladora mexicana, ou de uma fábrica de brinquedos do sul da China (REDMON, 2015). Como Mark Hamm (1995) documentou, jovens skinheads neonazistas, empolgados com cerveja e música *white power* e estimulados por meio da participação em grupo, escrevem seu próprio relato distorcido do racismo quando espancam um imigrante nas ruas ou quando machucam seus próprios punhos atacando um homem gay nos arredores de um clube suburbano.

De modo significativo para uma criminologia cultural da violência, episódios como estes não representam simplesmente desigualdades existentes ou exemplificam arranjos de poder; eles reproduzem poder e desigualdade, codificando-os nos circuitos da vida cotidiana. Tais atos são performances de poder e dominação, oferecidas a vários públicos como realizações simbólicas. Há meio século, Harold Garfinkel (1956, p. 420) sugeriu que existia um tipo particular de trabalho comunicativo... pelo qual a identidade pública de um ator é transformada em algo visto como menor no

---

8 N.T.: Mantivemos o original *extreme fighting*, um esporte de combate que incorpora técnicas de uma variedade de artes marciais, com pouca ou nenhuma regulação dos tipos de golpes permitidos.

esquema local de tipos sociais, e ele se referiu a este tipo de atividade como um "cerimônia de degradação". A violência geralmente carrega esse tipo de poder comunicativo. A dor que inflige é tanto física quanto simbólica, uma dor que decorre da degradação pública tanto quanto da dominação física. Neste sentido, muitas vezes é o significado da violência que mais importa para o perpetrador e a vítima. Uma ampla e perturbadora gama de eventos violentos – ataques neonazistas, rituais de trote de fraternidades, desentendimentos entre gangues, atentados terroristas e vídeos de abdução, enforcamentos públicos, violência doméstica, agressões sexuais, crimes de guerra – podem ser entendidos desta forma, como formas de violência ritualizada que visam degradar as identidades de suas vítimas, para impor-lhes um conjunto de significados que perduram muito depois que a dor física desaparece. Entender a violência como "trabalho comunicativo", então, não é minimizar seu dano físico ou rebaixar sua seriedade, mas reconhecer que seus danos são físicos e simbólicos, e confrontar suas terríveis consequências em toda a sua complexidade cultural.

Portanto, a violência pode operar como imagem ou cerimônia, pode levar consigo identidade e desigualdade, pode impor significado ou ter significado imposto sobre ela – e no mundo contemporâneo da comunicação global, a violência pode se espalhar e fluir ao longo de temas como guerra, terror e ideologia. Dentre as mais memoráveis imagens da guerra dos EUA no Iraque, por exemplo, estão aquelas fotografias de abuso de prisioneiros que emergiram da prisão de Abu Ghraib em 2003-2004. Talvez você ainda lembre-se delas: a figura encapuzada em pé sobre uma caixa com fios saindo de suas mãos, a pilha de homens com a soldada Lynndie England sobre eles, olhando maliciosamente e apontando para baixo, o prisioneiro na coleira segurada pela Inglaterra. Se você se lembra, é porque essas fotografias foram tão amplamente divulgadas que se tornarem parte do nosso estoque cultural compartilhado de imagem e compreensão (ver: CARRABINE, 2011). Mas antes de irmos adiante, uma pergunta: você se lembra se um soldado americano em Abu Ghraib já sodomizou um prisioneiro, assassinou um prisioneiro, ou estuprou um prisioneiro? Essas fatos podem ter acontecido, mas se não vimos nenhuma evidência fotográfica deles, então eles não parecem – não podem parecer – tão reais ou significativos para nós como aqueles atos que foram fotografados. E assim a suspeita surge: o "problema" em Abu Ghraib foi o abuso em si mesmo ou as fotografias do abuso? E se aquelas fotografias de abuso não tivessem sido tiradas e circuladas, existiria Abu Ghraib como um símbolo internacional contestado, uma questão pública, uma cena de crime e o cenário de uma fuga massiva em 2013, que libertou grandes líderes da Al Qaeda e centenas de outros – ou um crime não convertido em imagem, não seria para muitos, sequer crime (HAMM, 2007a)?

As fotos que foram tiradas certamente permaneceram em movimento desde que foram encenadas pela primeira vez, gerando todos os tipos de efeitos e implicações ao longo do caminho – incluindo imitação generalizada e gravação digital da "pose Lynndie England", às vezes referida como "dando uma de Lynndie". Essas fotos não apenas capturaram atos de violência agressiva; elas operavam, como Garfinkel argumentaria, como um sistema de degradação ritualizada na prisão e além, expondo e exacerbando o constrangimento dos prisioneiros, registrando-o para a diversão dos soldados e, eventualmente, disseminando-a para o mundo. Para prisioneiros e soldados, o abuso foi tanto fotográfico quanto experiencial, mais uma performance encenada para a câmera do que um momento de violência aleatória. As respostas dos indignados com as fotos, por sua vez, misturaram evento, emoção e imagem: nas paredes da Cidade de Sadr, no Iraque, surgiu uma pintura pública de uma figura encapuzada, mas agora conectada à Estátua da Liberdade; nos bastidores dos esconderijos dos insurgentes iraquianos, abusos encenados e decapitações, realizados principalmente para transmissão posterior na televisão e na Internet (FERRELL et al., 2005, p. 9). Se nós fossemos reproduzir essas fotos aqui – o que não iremos fazer – elas seriam colocadas em movimento novamente, mas em que direção? Para edificação educacional, ou a objetificação e degradação adicional dos envolvidos, agora reduzida a ilustração de livro didático?

Para os soldados americanos que tiraram as fotografias de Abu Ghraib, ainda havia outro tipo de cultura da imagem: a sensação de que as câmeras de celular, fotografias digitais enviadas por e-mail instantaneamente para casa, filmes caseiros que misturam vídeo e *downloads* de música, parece completamente normal, tenha sido eles filmados em Boston ou Bagdá, seja com foco em graduação universitária, brigas de rua ou degradação de prisioneiros. Aqui, vemos até mesmo o tipo de "turismo genocida" que o criminologista cultural Wayne Morrison (2004a) documentou – como é o caso de reservistas da polícia alemã que registraram em fotografias suas atrocidades durante a Segunda Guerra Mundial como se fossem cartões postais, reinventados em uma era de mensagens instantâneas e reprodução de imagens sem fim. E como produtores de vídeos de brigas de rua, agora vemos soldados, insurgentes e terroristas jihadistas que produzem suas próprias imagens de violência, encontram seu próprio público para essas imagens e entrelaçam essas imagens com o próprio conflito físico.

A violência, ao que parece, nunca é apenas violência. Ela surge de desigualdades tanto políticas quanto perceptivas, e consolida tanto a dominação simbólica da identidade e interpretação, quanto a dominação física de indivíduos e grupos. Colocada em movimento rápido, circulando em um mundo contemporâneo de vídeos de luta e noticiários, as imagens de violência voltam-se sobre si mesmas, emergindo como crime ou prova de crime, confirmando ou questionando as disposições existentes. Do ponto de vista da criminologia cultural, há uma política para cada momento de violência – para toda erupção de violência doméstica ou ódio étnico, para toda a dor corporal que decorre da guerra, lucro ou entretenimento, para cada nariz ensanguentado em fotos de jornais e clipes da Internet. Como o significado da violência continua a se coagular em torno de questões de identidade e desigualdade, a necessidade de uma criminologia cultural de violência, e em resposta, uma criminologia cultural da justiça social, se mantém forte.

A POLÍTICA DA CRIMINOLOGIA CULTURAL

Se algum dia nós pudemos arcar com a ficção de uma criminologia "objetiva" – uma criminologia desprovida de paixão moral e significado político – nós certamente não podemos agora, não quando todo ato de violência deixa marcas de significado mediado e consequência política. As desigualdades do dia a dia da justiça criminal, o redirecionamento azedo em direção à maldade institucionalizada e retribuição legal, a revogação em curso de direitos humanos em nome do "contra-terrorismo" e do "livre comércio" – todos carregam criminologia com eles, de bom grado ou não. Construídas com base nas desigualdades existentes de etnia, gênero, idade e classe social, tais injustiças reforçam essas desigualdades e aumentam o desespero que elas produzem. Cada vez mais trabalhada como espetáculo de mídia, consistentemente mascarada como informação ou entretenimento, a desigualdade da dinâmica do direito e do controle social permanece essencial para a manutenção do poder político, e assim opera para sustentar o sistema que a produz.

Em um mundo assim, não há escolha fácil entre o envolvimento político e análise criminológica – apenas implicações a serem traçadas e questões a serem perguntadas. Nossa pesquisa ajuda a manter uma criminologia fraudulentamente "objetiva", que se distancia dos abusos de poder institucionalizados, e assim lhes permite continuar? Deve a pesquisa criminológica, muitas vezes dependente da boa vontade e financiamento de agências governamentais, seguir as agendas estabelecidas por essas agências, e assim conceder-lhes em troca o brilho da legitimidade intelectual? Escrevendo e conversando principalmente entre si, os criminologistas não se ausentam do debate público, e assim não cedem esse espaço de debate para políticos e comentaristas? Ou uma pesquisa criminológica engajada e de oposição, pode nos ajudar a construir um um mundo mais justo? De modo direto: o que deve ser feito sobre violência doméstica e crimes de ódio, sobre vídeos de luta e tortura na prisão – e sobre as distorcidas imagens e compreensões que perpetuam essas práticas à medida que circulam através das capilaridades da cultura popular?

CAPITALISMO E CULTURA

Para nós, essa questão é clara: o capitalismo global desprovido de limites deve ser confrontado como dinâmica profunda a partir da qual brotam muitos dos mais terríveis exemplos de criminalidade contemporânea. Traçando uma trajetória particularmente expansionista nos dias de hoje, o capitalismo tardo-moderno continua a contaminar uma comunidade após outra, moldando a vida social em uma série de encontros predatórios e saturando a existência cotidiana com expectativas criminógenas de conveniência material (HEDGES, 2009). Ao longo dessa trajetória global, coletividades são convertidas em mercados, pessoas em consumidores e experiências e emoções em produtos. Tão estável é essa infiltração do capitalismo de consumo na vida social, tão difundidos são os seus crimes – tanto corporativos quanto interpessoais – que agora eles parecem permear quase todas as situações. Dito isto, certamente não sustentamos que o capitalismo constitui o essencial fundamento de toda vida social ou de todos os crimes. Outras fontes de crime e desigualdade também são profundas; o capitalismo tardio é apenas uma parte mutante do pântano de patriarcalismo, racismo, militarismo e desumanidade institucionalizada no qual estamos atualmente capturados. Reificar o "capitalismo", para atribuir a ele uma espécie de intemporalidade fundacional, é conceder-lhe um *status* que não merece. Seja qual for o seu poder contemporâneo, o capitalismo constitui uma trajetória, não uma realização acabada, e há outras trajetórias em jogo hoje também, algumas se movendo conjuntamente com o capitalismo de consumo, outras movendo-se contra e além dele. Ainda assim, como a forma atualmente ascendente de exploração, o capitalismo certamente merece a atenção crítica da criminologia cultural.

E ainda assim, enquanto nos concentramos nesta forma particular de dominação contemporânea e desigualdade, somos afastados de uma estrutura materialista simples e para uma análise cultural do capitalismo e seus crimes. Pois o capitalismo é essencialmente uma empreendimento cultural nos dias de hoje; sua economia é decisivamente cultural por natureza. Talvez mais na linha da criminologia, possa ser dito que o capitalismo contemporâneo é um sistema de dominação cuja viabilidade econômica e política, seus crimes e seus controles, repousam precisamente em suas realizações culturais. O capitalismo tardio promove estilos de vida, empregando uma máquina de publicidade que vende necessidade, afeto e afiliação tanto quanto os próprios produtos materiais. Ele é executado em economias de serviço, que marginalizam os trabalhadores enquanto empacotam privilégios e manufaturam experiências de indulgência imaginada. Mesmo a forragem material para tudo isso – aparelhos baratos e modas sazonais – emerge de um *gulag* global de fábricas, que é mantido bem escondido por trás de ideologias de livre comércio e oportunidades econômicas. Este é um capitalismo que não é fundado no fordismo, mas na manipulação do significado e na sedução da imagem; é um capitalismo cultural. Saturando bairros desestabilizados da classe trabalhadora, circulando juntamente com populações nômades apartadas de oportunidades de carreira ou da comunidade, é particularmente contagioso; oferece as seduções do mercado onde não resta muito mais.

Tanto quanto o chão de fábrica da Malásia, então, este é o material do capitalismo tardio e, portanto, o território contestado da modernidade tardia. Se vamos fazer nosso trabalho como criminologistas – se quisermos entender o crime, o controle do crime e o conflito político nesse contexto, parece que devemos conceituar o capitalismo tardio nesses termos. Descrever a dinâmica fluida, expansiva e culturalmente carregada do capitalismo contemporâneo não é negar seu poder, mas defini-lo; é considerar suas atuais condições de tal forma que elas possam ser confrontadas criticamente. Da Escola de Frankfurt para Fredric Jameson (1991) e além, a noção de capitalismo tardio faz referência a muitos significados, inclusive para alguns o de um carinhosamente antecipado falecimento, mas entre estes significados se encontra certamente essa sensação de um capitalismo completamente transformado em uma operação cultural, um capitalismo inexplicável fora da sua própria dinâmica representacional (HARVEY, 1990; HAYWARD, 2004).

As classes sociais do capitalismo também têm significado mais do que mera posição econômica ou produtiva – e sob as condições do capitalismo tardio esse é cada vez mais o caso. No capitalismo tardio, a classe social é experimentada, de fato constituída, tanto por afiliação afetiva, estética do lazer e consumo coletivo, como por renda ou emprego. Os teóricos culturais e "novos criminologistas" da década de 1970 começaram a teorizar essa cultura de classe e começaram a traçar sua conexão com padrões de crime e criminalização. Como eles revelaram, e como continuamos a documentar (HAYWARD, 2001; HAYWARD 2004; YOUNG, 2003), o crime predatório dentro e entre as classes assim constituídas muitas vezes emerge de percepções de privação relativa, outras vezes de uma lealdade distorcida a bens de consumo considerados essenciais para a identidade de classe ou a mobilidade de classe (HALL et al., 2008) E mesmo quando assim adquirida, uma identidade de classe desse tipo permanece frágil, sua inerente instabilidade gerando ainda outros crimes de revolta, transgressão ou predação. Se o crime está ligado à classe social, como certamente está, seu tecido conjuntivo hoje é em grande parte os filamentos culturais de lazer, consumo e percepção compartilhada.

CRIME, CULTURA E RESISTÊNCIA

Da mesma forma que a criminologia cultural tenta conceituar a dinâmica de classe, crime e controle social dentro da fluidez cultural do capitalismo contemporâneo, ela também tenta entender as conexões entre crime, ativismo e resistência política nessas circunstâncias. Alguns críticos argumentam que a criminologia cultural na verdade permanece disposta demais a compreender essas possibilidades insurgentes, confundindo crime com resistência ao celebrar pequenos momentos de transgressão ilícita. Para tais críticos, o foco da criminologia cultural no dia a dia da resistência ao capitalismo tardio representa um duplo perigo: minimiza os danos reais provocados pelos crime cotidianos, ao mesmo tempo que desconsidera a importância de mudanças políticas organizadas. Martin O'Brien, por exemplo, sugere que "[...] a criminologia cultural deveria reduzir o foco no estudo de diferentes espécies de desvio e concentrar mais atenção no caráter genericamente político da criminalização." (2005, p. 610; ver também: HOWE, 2003; RUGGIERO, 2005). Steve Hall e Simon Winlow (2007, p. 83-84) também criticam a suposta tendência da criminologia cultural a encontrar "resistência autêntica" em cada evento transgressivo ou subcultura criminal, e descartam formas de resistência cultural como "inversão subversiva de símbolos" e "recodificação criativa" que os criminologistas culturais supostamente gostam de encontrar em foras da lei e *outsiders*.

Em resposta, gostaríamos de observar que a criminologia cultural não se concentra apenas em eflorescências de resistência e transgressão; também explora o tédio, a repetição, a aquiescência cotidiana e outras dimensões mundanas da sociedade e criminalidade (por exemplo: FERRELL,

2004a; YAR, 2005; BENGTSSON, 2012; STEINMETZ, 2015). A atenção da criminologia cultural ao significado e aos micro-detalhes garante que ela se sinta igualmente confortável explicando as rotinas monótonas de pirataria de DVD ou do entediante comércio de componentes automotivos "paralelos" falsificados, como os mundos subterrâneos de membros de gangues ou grafiteiros. Como criminologistas culturais, procuramos entender todos os componentes do crime: o ator criminoso, as agências de controle formal e informal, as vítimas e outros. Nos capítulos posteriores deste livro, por exemplo, desenvolvemos o foco atual da criminologia cultural no estado. Para a criminologia cultural, atenção à agência humana significa prestar atenção ao crime e ao controle do crime, à emoção e racionalidade, à resistência e submissão.

Se você é um criminologista cultural, também pode prestar atenção às maneiras pelas quais os novos termos de engajamento legal e político emergem da fluida dinâmica cultural da modernidade e do capitalismo tardio. Para resumir alguns estudos culturais criminológicos em crime e resistência: quando a gentrificação e o "redesenvolvimento urbano" impulsionam as economias urbanas capitalistas tardias, quando os espaços públicos urbanos são cada vez mais convertidos em zonas privadas de consumo, o grafite se torna alvo de ataques por parte de autoridades legais e econômicas, que o consideram uma ameaça estética à vitalidade econômica das cidades. Em tal contexto, autoridades legais criminalizam agressivamente os grafite, campanhas de mídia corporativa reconstroem a imagem dos grafiteiros como vândalos violentos e os grafiteiros se tornam mais organizados e politizados em resposta. Quando a cultura do consumo e o transporte privatizado conspiram para moldar cidades em pouco mais que estacionamentos conectados por rodovias, ciclistas e pedestres criam alternativas coletivas e encenam interrupções públicas ilegais. Quando a cultura consumista do capitalismo tardio gera resíduos aproveitáveis, os catadores de lixo aprendem a recolher sobrevivência e dignidade dos descartes dos privilegiados, e ativistas organizam programas para converter "lixo" de consumo em comida para os sem-teto, roupas para imigrantes ilegais e moradia para os pobres. Quando os mesmos grupos de mídia corporativa que estigmatizam grafiteiros e catadores de lixo atacam outras possibilidades de cultura local e ativismo de rua, um movimento de rádios piratas surge – e é policiado agressivamente pelas autoridades locais e nacionais por desobedecer a normas reguladoras destinadas a privilegiar mídia corporativa (FERRELL, 1996, FERRELL, 2001/2, FERRELL, 2006a).

Em todos esses casos, dicotomias fáceis não são válidas. Estas não são questões de cultura ou economia, de crime ou política; são casos em que ativistas de todos os tipos empregam estratégias políticas subversivas – isto é, várias formas de resistência cultural organizada – para contrariar a própria economia capitalista definida pela dinâmica cultural da representação mediada, estratégia de *marketing* e consumo de estilos de vida. Da mesma forma, esses casos não incorporam dinâmicas simples de lei e economia, ou lei e cultura; eles exemplificam uma mistura de economia, cultura e lei que gera novas formas de ilegalidade e novas campanhas de fiscalização. Da mesma forma, esses casos não exemplificam ou desmentem a si mesmos como resistência "autêntica" ou bem-sucedida mudança política – mas eles revelam uma oposição culturalmente organizada a um capitalismo cultural que continuamente inventa novas formas de contenção e controle.

Mais significativamente, a análise criminológico cultural destes e outros casos tampouco os considera como momentos puramente subjetivos de inovação cultural, nem os reduz a subprodutos objetivos da desigualdade estrutural. Entre as mais curiosas alegações feitas pelos críticos da criminologia cultural se encontra a ideia de que a criminologia cultural abandonou a análise estrutural e as macro-teorias criminológicas da causalidade em favor do "culturalismo subjetivista" (HALL; WINLOW, 2007, p. 83-86). Na realidade, desde os seus primeiros dias, a criminologia cultural buscou superar a dicotomização entre estrutura e agência, entre objetivo e subjetivo, localizando as dinâmicas estruturais dentro de experiências vividas. Este é precisamente o ponto do conceito *edgework* de Stephen Lyng (1990), que incorpora Marx e Mead em uma tentativa de explicar a interação entre contexto estrutural e sensualidade ilícita. Da mesma forma, Jack Katz (1988) discutiu as "seduções do crime", que significam compromissos provocativos e corretivos das "macro-teorias criminais da causalidade". Como Katz argumenta, uma criminologia perdida nas abstrações da análise estrutural convencional tende a esquecer o drama interpessoal de seu assunto – ou parafraseando Howard Becker (1963, p. 190), tende a transformar o crime em uma abstração e, em seguida, estudar a abstração – e, portanto, deve ser lembrada do primeiro plano temível do crime. Claramente, a criminologia cultural não escolheu o "culturalismo subjetivista" em detrimento da análise estrutural; optou por um estilo de análise que pode focar a estrutura e o sujeito dentro do mesmo quadro (FERRELL, 1992; HAYWARD, 2004; YOUNG, 2003). Talvez alguns dos nossos colegas somente reconheçam a análise estrutural quando incorporada na sintaxe multi-silábica ou na tabulação estatística, mas a análise estrutural também pode ser enraizada em momentos de transgressão; pode mostrar que "estrutura" continua a ser uma metáfora para padrões de poder e regularidades de significado produzidos tanto em becos quanto em salas de reuniões corporativas.

COMODIFICANDO A RESISTÊNCIA? RESISTÊNCIA ROMÂNTICA?

Engajar-se desta maneira com as políticas do crime, resistência e capitalismo tardio requer ainda outro virada, esta em direção a uma ironia central da vida contemporânea: o vasto potencial do capitalismo para cooptar a resistência no próprio sistema a que ele pretende se opor e, assim, transformar a oposição experiencial em aquiescência comodificada (HORKHEIMER; ADORNO, 2002). Essa tendência homogeneizadora – vislumbrada anteriormente nos lucros corporativos de cada máscara de Guy Fawkes comercializada – constitui uma dinâmica essencial do capitalismo tardio e o mais insidioso dos mecanismos de controle do capitalismo de consumo. A capacidade de reconstituir a resistência como mercadoria, e assim vender a ilusão de liberdade e diversidade, é, de fato, uma magia poderosa (HEATH; POTTER, 2006). Por causa disso, vários estudos criminológico culturais exploraram essa dinâmica de modo detalhado. Meticulosamente traçando a história do estilo de motociclistas fora da lei, Stephen Lyng e Mitchell Bracey (1995) demonstraram que as tentativas precoces de criminalização do estilo motociclista apenas ampliaram seus significados ilícitos, enquanto esquemas corporativos posteriores voltados para a incorporação no âmbito da produção de massa e *marketing* efetivamente evacuaram seu potencial subversivo. Mais recentemente, delineamos as maneiras pelas quais o consumo ultrapassa as experiências de resistência – na verdade, quase todas as experiências – dentro do redemoinho consumista da cidade capitalista tardia (HAYWARD, 2004). Da mesma forma, Heitor Alvelos (2004; ALVELOS, 2005) documentou cuidadosamente a apropriação do grafite por corporações multinacionais e seus anunciantes. E ele está certo, é claro; como marcador visual ilícito do estilo urbano, o grafite é agora incorporado em tudo, desde parques temáticos corporativos e musicais da Broadway a linhas de roupas, anúncios de automóveis e vídeo games. Quando se trata da política do ilícito e resistência, morte por difusão – ousamos dizer, impotência por incorporação – sempre permanece uma possibilidade real (ver: HAYWARD; SCHUILENBURG, 2014).

E mais uma vez, uma distinção dicotomizada entre políticas autenticamente ilícitas de resistência e farsas do mercado comodificado pouco contribuem para explicar esses casos, ou a fluidez dessa dinâmica capitalista maior. De um ponto de vista, é claro, essa dinâmica sugeriria que não pode haver resistência autêntica em nenhum caso, uma vez que tudo – literatura revolucionária, momento subversivo, história do trabalho – é agora automaticamente e inescapavelmente refeito como mercadoria, reapresentado como imagem e então destruído. Uma visão mais útil, pensamos, é ver essa dinâmica como algo repleto de complexidade e contradição. Apesar de extremamente sedutor, o processo capitalista tardio de incorporação não é totalizante; é, ao invés disso, um campo de batalha contínuo de significado, mais uma questão de policiar a crise do que de superá-la definitivamente. Às vezes, o mais seguro dos produtos corporativos torna-se, nas mãos de ativistas ou artistas ou criminosos, uma perigosa subversão; roubado, refeito, é ainda mais perigoso por sua familiaridade instantânea, um cavalo de Tróia enviado de volta para o meio do cotidiano. Outras vezes, a mais perigosamente ilegal das subversões torna-se, nas mãos de profissionais de *marketing* corporativos, o mais seguro dos esquemas de venda, uma aposta certa justamente por causa de seu apelo ilícito. O principal, porém, é que esses processos se entrelaçam, gerando ironias e contradições, encontrando seu caminho nas pequenas rachaduras do sistema, muitas vezes gerando frutos tanto de "crime" quanto de "mercadoria".

Uma nova geração de ativistas progressistas nascidos nestas circunstâncias parece bem ciente delas, por sinal – e por isso, está bem consciente de que o ponto não é a coisa em si mesma, não é o ato, ou a imagem ou o estilo, mas o ativismo que a envolve e a sobrevive. Então, ativistas antiglobalização, *hackers* militantes, ambientalistas urbanos e outros lançam representações adulteradas de volta ao sistema que as divulga, organizam críticas irônicas, recodificam proclamações e permanecem prontos para destruir qualquer das suas subversões que possam ter sido comodificadas. Nossa esperança para a criminologia cultural – que pode contribuir para esse tipo de ativismo, operando como um contra-discurso sobre crime e justiça criminal, que desestabiliza o circuito do significado oficial – é fundada precisamente nessa sensibilidade. Nós não imaginamos que a criminologia cultural possa facilmente derrubar as ideologias acumuladas da lei e do crime, mas imaginamos que essas acumulações nunca são totalmente realizadas e assim permanecem disponíveis para contínua subversão. Na verdade, a lógica da resistência sugere que a própria viabilidade do controle do crime como estratégia política contemporânea, a própria visibilidade de dramas de crime e notícias de crime na mídia, é o que torna tal subversão possível e possivelmente significativa.

Um mundo onde as campanhas políticas são construídas com base em reivindicações de controlar o crime, que circula infinitamente como imagem e entretenimento, nos coloca um clima simbólico apropriado para uma criminologia culturalmente sintonizada – e assim devemos encontrar maneiras de confrontar essas campanhas, para redirecionar essa circulação para fins melhores. E como aqueles no poder trabalham para gerenciar este mundo escorregadio, para recuperar esse significado para si mesmos, devemos permanecer prontos para manter o significado se movendo na direção da transformação progressista.

A esperança de mudança social e cultural, a sensação de que mesmo as extensas recuperações do capitalismo tardio podem ser resistidas, depende de uma política ainda mais profunda. Certamente, o "cultural" na criminologia cultural denota um foco analítico particular: uma abordagem que aborda a classe e o crime como experiência vivida, um modelo que destaca o significado e a representação na construção da transgressão, e uma estratégia destinada a desvendar as armadilhas simbólicas estabelecidas pelo capitalismo tardio e pela lei. Mas o "cultural" na criminologia cultural denota algo mais, também, algo que sugerimos anteriormente – a convicção de que é a ação humana compartilhada e a ação simbólica que moldam o mundo. Olhando em direção a má conduta corporativa ou ao crime corporativo, olhando para aqueles que foram vitimizados ou para os rebeldes, olhando para nós mesmos, criminologistas culturais, vemos que as pessoas certamente não fazem a história como gostariam, mas que, juntas, elas realmente a fazem.

Por essa razão, criminologistas culturais empregam as ferramentas do interacionismo e da análise cultural. Em nossa opinião, as noções de "interação" ou "intersubjetividade" não excluem a varredura da estrutura social ou o exercício real de poder; em vez disso, elas ajudam a explicar como as estruturas da vida social são mantidas e fazem sentido, e como o poder é exercido, retratado e resistido. Habitar o "gueto construcionista social", como alguns (HALL; WINLOW, 2007, p. 89) nos acusaram de fazer, é, desta forma, oferecer uma crítica radical às alegações de verdade das autoridades sobre crime e justiça, e desvendar as reificações através das quais alternativas progressistas são inimagináveis. Aquele gueto, nós podemos adicionar, também mantém o enclave vizinho de análise macro estrutural honesto e aberto; sem isso, tais enclaves tendem a fechar suas portas para as ambíguas possibilidades de processo, agência e autorreflexão. Então, uma ironia que agrada especialmente aos moradores do "gueto" como nós: as categorias pelas quais estudiosos sérios negam "cultura" e "interação" como componentes essenciais na construção da má conduta humana são, elas próprias, construções culturais, moldadas a partir de interação e codificadas com significado coletivo.

Avançando ainda mais na política da criminologia cultural encontramos alguns territórios que são de fato polêmicos. A criminologia cultural é por vezes acusada de "romantismo", de uma tendência a abraçar grupos marginalizados e encontrar entre eles uma incansável dignidade em face da dominação. Em relação a essa crítica, gostaríamos de começar dizendo... sim. Um senso de possibilidade humana, para não mencionar uma rudimentar compreensão da história recente do mundo, de fato sugeriria que a agência humana nunca é completamente contida ou definida por forças sociais dominantes, legais, capitalistas ou não. O gueto de Varsóvia, o *gulag* soviético, a plantação de escravos americanos – nem mesmo os horrores de sua brutalidade sistemática foram suficientes para esgotar completamente a dignidade humana e a inovação cultural dos que estavam presos dentro de suas paredes. Se, como alguém sugeriu uma vez, a lei é uma demonstração de força superior da classe dominante, então aqueles martelados por aquele punho,[9] criminalizados, marginalizados e proscritos, carregam consigo pelo menos as sementes da oposição progressista, oferecendo no mínimo, um espelho quebrado para refletir e criticar o poder e sua consequências. Marginalização e criminalização certamente produzem predação, mas eles também produzem, às vezes no mesmo emaranhado de circunstâncias, momentos em que *outsiders* coletivamente gritam contra situações adversas. Do *blues* do Delta à poesia da prisão russa, muitas vezes há um certo romance na resistência cultural ilícita.

Ou será que não? No uso comum, "romantização" sugere uma espécie de simpatia divergente da realidade; para alguns dos nossos críticos, sugere que criamos retratos excessivamente simpáticos de criminosos e outros *outsiders*, glorificando seu mau comportamento, imaginando sua resistência e minimizando seu dano aos outros. Uma questão fundamental para os criminologistas culturais está inserida nesta crítica: O que é a "realidade" do crime e quem determina isso? Afinal, uma acusação de romantização de um grupo criminalizado ou marginalizado implica uma base sólida,

---

9   N.T.: O sentido da expressão *mailed fist* foi traduzido e adaptado para o português no corpo da frase.

uma verdadeira realidade, contra o qual esta romantização pode ser contrastada. Mas o que isso poderia ser e como a identificaríamos? Como demonstraremos em capítulos posteriores, relatórios policiais e estatísticas oficiais de crimes certamente não farão, com sua propensão para fraudulentas auto-invenções e para contorcer ações complexas em categorias simplificadoras e burocráticas. Representações mediadas, inflacionadas e repletas de escândalo, dificilmente serviriam de socorro. E assim outra ironia: dada a contínua demonização de criminosos e dramatização do crime no interesse de construção de prisões, confinamento político e valores de produção de mídia, parece provável que o que se acumula como "verdadeiro" sobre o crime é principalmente ficção, e que "romantismo" pode principalmente demarcar o desvio desta ficção por criminologistas culturais, enquanto eles investigam as complexidades da transgressão. Como mostraremos no capítulo 4, os atos criminosos nunca são tão obviamente pequenos ou grandes, nunca inerentemente inconsequentes ou importantes; eles são feitos para serem o que são, investidos de significado e consequência, por perpetradores, vítimas, advogados, repórteres e juízes, todos operando em meio a arranjos existentes de poder. Delinquentes e reclusos no corredor da morte, pequenas contravenções e crimes graves; todos surgem de um processo tão cheio de injustiça, que regularmente confunde vida e morte, culpa e inocência – e assim, novamente, este processo deve ser o assunto da criminologia, não uma fundação a priori para ela. Quando a gentrificação urbana está em andamento, pequenos criminosos, sem-teto e grafiteiros se tornam ameaçadores, pelo menos aos olhos das autoridades. Quando o *Patriot Act* dos Estados Unidos passa, pequenos delitos são reconstruídos por alguns como terrorismo e traição. Com suficiente influência política, os altos crimes de corporações podem se tornar inconsequentes, ainda que não invisíveis. A chave não é aceitar atos criminosos pelo que são, mas interrogá-los pelo que eles se tornam.

Além disso, esse tipo de interrogatório cultural criminológico não necessita que olhemos apenas para crimes considerados leves ou apenas afirmativamente para o crime em geral. A pesquisa extensiva de Mark Hamm (1997, HAMM 2002; HAMM, 2007b; HAMM, 2013; HAMM, 2015) sobre as culturas de terrorismo, a análise de Phillip Jenkins (1999) sobre a violência contra o aborto e sua "desconstrução" como terrorismo, a pesquisa de Chris Cunneen e Julie Stubbs (2004) sobre o assassinato doméstico de mulheres imigrantes deslocadas pelo mundo todo como mercadorias, nosso próprio trabalho sobre a morte automotiva generalizada e as ideologias que a mascaram (FERRELL, 2004b) – a lente usada para investigar tais crimes é crítica e cultural, às vezes até condenatória, mas certamente não é afirmativa. Na verdade, parece que estes e outros estudos similares dentro da criminologia cultural rechaçam claramente qualquer acusação de ignorar crimes "sérios" de dano político e predação.

CRIMINOLOGIA CULTURAL E AS POLÍTICAS DE GÊNERO

Por vezes também se argumenta que a criminologia cultural se concentra excessivamente em "atividades prototípicas masculinas e de alto risco" (HOWE, 2003, p. 279; HALSEY; YOUNG, 2006) – ou, mais geralmente, que a criminologia cultural consiste "apenas em garotos estudando garotos", como uma criminologista feminista nos disse uma vez – e que dessa maneira, a criminologia cultural ignora as políticas de gênero, crime e controle. Certamente, muitos das figuras fundadoras da criminologia cultural eram do sexo masculino, e não há dúvida de que vários estudos criminológico culturais atentam para culturas de risco e de criminalidade que são em grande parte masculinas. No entanto, esperamos e argumentamos que desde o princípio, a criminologia cultural se engajou em políticas de gênero e o seu envolvimento cresceu à medida que a criminologia cultural amadureceu.

Como ponto de partida, considere até que ponto as primeiras criminologias culturais norte-americanas estava entrelaçadas com criminologia e metodologia feminista. O artigo de Ferrell *Verstehen Criminológico: dentro do imediatismo do crime* (1997) deu o tom não apenas para a criminologia cultural em geral, mas para um certo estilo de etnografia criminológica – e com seus contos confessionais de aventuras masculinas de rua e prisão, sem dúvida tinha uma espécie de ar de cultura masculina *mainstream*.[10] No entanto, entre as principais orientações subjacentes a esta abordagem imersiva, como Ferrell deixou claro, foram desenvolvimentos reflexivos nos métodos feministas de pesquisa, como presentes no influente capítulo de Loraine Gelsthorpe *Metodologias feministas em criminologia* (1990) e na obra organizada por Fonow e Cook (1991) *Pesquisa feminista como experiência vivida*. Da mesma forma, na coleção Criminologia Cultural, os editores Ferrell e Sanders deixaram claro que o projeto foi construído a partir de uma síntese de perspectivas intelectuais, inclusive o pensamento feminista. Assim, eles se inspiraram em pessoas como Kathy Daly, Meda Chesney-Lind, Susan Caulfield e Nancy Wonders para argumentar que,

---

10   N.T.: Cultura masculina *mainstream* é uma adaptação para o termo *blokey*.

[...] assim como as bases teóricas da criminologia, os métodos da criminologia cultural são assim "feministas" em suas suposições epistemológicas, sua rejeição da abstração e da universalidade, e sua atenção para a textura vivida da cultura e do crime, qualquer que seja o gênero daqueles que os empregam ou daqueles que são projetados para estudar." (1995, p. 323)

Alguns anos depois, *Making Trouble: Cultural Constructions of Crime, Deviance and Control* (1999), organizada por Ferrell e Websdale, designou uma seção de quatro capítulos para a construção de gênero e crime, incluindo capítulos de Meda Chesney-Lind e Adrian Howe. Por volta dessa época, como discutiremos no capítulo 8, Pete Kraska estava refletindo sobre os dilemas de gênero do etnógrafo masculino ao pesquisar ambientes hipermasculinos, e Stephanie Kane e Christine Mattley estavam empreendendo experiências etnográficas reflexivas em Criminologia Cultural em relação a sexo e gênero, que pode ser encontrada na obra organizada por Ferrell e Hamm (1998) *Ethnography at the Edge*. Também é frequentemente esquecido o quanto o pensamento feminista estava no centro de outro trabalho inicial no campo – o livro de Cyndi Banks (2000), *Developing Cultural Criminology: Theory and Practice in Papua New Guinea*. Relembrando esse período agora, nada disso é particularmente surpreendente. De fato, dado o extraordinário impacto do pensamento feminista sobre a disciplina, e especialmente o surgimento na década de 1980 de novos métodos de pesquisa, especificamente em sintonia com a dinâmica de gênero e a reflexividade do pesquisador, seria surpreendente se este corpo de trabalho não tivesse de alguma forma influenciado como a criminologia cultural se desenvolveu na década de 1990.

Este terreno intelectual sobreposto entre criminologia cultural e feminista, nos domínios da teoria e do método, bem como em assuntos de investigação substantiva, aumentou juntamente com o desenvolvimento da criminologia cultural em si mesma. Alguns exemplos notáveis: Alison Young (2010) usa a estética e a criminologia cultural visual para interrogar a violência cinematográfica contra as mulheres; Elaine Campbell (2013) implementou o trabalho de Judith Butler para melhorar a interpretação do espaço pela criminologia cultural; a pesquisa de Fiona Measham (2004) sobre drogas, álcool e gênero; o estudo de Jeanine Gailey (2009) sobre subculturas pró-anorexia; o relato de Rie Alkemade (2013) sobre o papel de mulheres na Yakuza japonesa; a pesquisa de ação contínua entre mulheres profissionais do sexo e mulheres migrantes, de Maggie O'Neill (2004, 2010; O'NEILL; SEAL, 2012); o trabalho de Valli Rajah (2007) sobre a resposta das mulheres à violência íntima; os *insights* de Lizzie Seal (2013) sobre protestos políticos feministas – esses e outros projetos de pesquisa foram realizados sob a rubrica da criminologia cultural e mediante engajamento com seus principais conceitos, e construíram e desenvolveram métodos e teoria que os precederam. Para sermos honestos, porém, temos pouco interesse em fazer do sexo do pesquisador ou dos temas do pesquisador uma virtude especial ou uma medida da política de gênero da criminologia. Para nós, a verdadeira questão é o grau em que qualquer pesquisa ilumina a experiência humana e cria possibilidades críticas para a progressiva mudança nas circunstâncias humanas – para nós, a resposta a essa pergunta toma forma ao redor da dinâmica da cultura. Em outras palavras, a política progressista de gênero não está mais enraizada em traços essencialistas do que as políticas do crime; elas são moldadas pelo poder de construir papéis culturais e suas consequências, o poder de esconder tal construção dentro de ideologias de essencialismo e inevitabilidade, e a disposição por parte dos criminologistas progressistas para confrontar tais arranjos de poder. É por esse motivo que não nos propusemos a criar uma criminologia cultural especificamente feminista. Em vez disso, a criminologia cultural tem, desde a sua criação, definido-se como um domínio intelectual aberto, inclusivo e convidativo. Como dissemos na primeira edição deste livro: "Desde o princípio, nós conceituamos a criminologia cultural como um espaço intelectual livre para criticar a criminologia ortodoxa e a justiça criminal, e no qual é possível desenvolver alternativas humanitárias. Nós convidamos você a entrar neste espaço" (2008, p. 210). Poucos perspectivas criminológicas contemplam essa abertura convidativa, e tampouco são criticadas por isso, a propósito (CARLEN, 2011).

O tópico da abertura coloca uma outra questão: com quais outros elementos do pensamento feminista contemporâneo pode a criminologia cultural se envolver produtivamente? Aqui, encontramos um dilema no que poderíamos chamar de cultura contemporânea de feminismo e estudos críticos de gênero. O pensamento feminista sempre foi louvavelmente amplo e multifacetado, caracterizado tanto pelo divergência quanto pelo debate consensual. Nos últimos anos, no entanto, as feministas da segunda onda foram desafiadas (ou aumentadas, dependendo da sua posição) pelas suas contrapartes de terceira e quarta ondas, e o conceito de feminismo tornou-se um espaço largamente contestado. É um linha de argumentação inteligentemente explorada por Nina Power (2009, p. 8) em seu livro *One Dimensional Woman*. Power argumenta que se "feminismo" hoje pode significar qualquer coisa, desde se comportar como um homem (a chamada *cultura raunch*) a ser pró-vida ou até pró-guerra (como no "feminismo *tea party*" de Sarah Palin ou Liz Cheney), "[...] então talvez nós possamos simplesmente abandonar o termo, ou pelo menos restringir seu uso àquelas situações em que temos certeza de que explicamos o que queremos dizer com isso." Para Power e outras feministas como Ariel Levy (2006), se o legado do feminismo é reduzido à auto-realização reforçada por gênero, ao invés da luta histórica por emancipação de mulheres, então "[...] a imaginação política do feminismo contemporâneo está paralisada" (POWER, 2009, p. 3). Tais reivindicações contestadas por soberania surgem inevitavelmente em qualquer disciplina; o pensamento feminista não é diferente. De fato, pode-se argumentar que este tipo de debate interno é muito necessário para que as disciplinas permaneçam vibrantes e com vitalidade, mas representa um desafio para os acadêmicos que desejam continuar a conversar e co-evoluir com o feminismo como um projeto intelectual.

Felizmente, o campo mais especializado da criminologia feminista oferece um corretivo para essa trajetória. A criminologia feminista encontrou um caminho produtivo para contornar alguns dos aspectos mais opacos do pensamento feminista pós-estrutural, enquanto manteve, ao mesmo tempo, o pluralismo saudável associado ao feminismo inicial (algo exemplificado no termo "criminologias feministas"). Em grande parte por causa disso, ganhos tremendos foram feitos ao longo das últimas décadas para reorientar a criminologia para as questões de gênero e crime, e para a teoria e metodologia feministas, como Frances Heidonsohn (2012) elegantemente resumiu. Esse positivo reequilíbrio da criminologia para melhor acomodar as perspectivas de gênero continua, é claro, mas o que é igualmente claro – para nós e para muitas criminologistas feministas – é que esta questão não deve permanecer como a única base ontológica mediante a qual a criminologia feminista avança. Em vez disso, criminologistas feministas continuam a buscar orientações de viagem mais novas, seja através de uma releitura de princípios anteriores ou do desenvolvimento de princípios alternativos. Felizmente, este processo já está bem encaminhado, e esta é uma criminologia feminista culturalmente pluralista, mais diversificada e menos essencialista, que ressoa particularmente bem com orientações semelhantes dentro da criminologia cultural.

A questão do gênero em um contexto global em rápida mudança oferece um exemplo interessante – criminologias feministas e culturais encontrando um terreno comum em meio aos desafios particulares da modernidade tardia. Para Nancy Wonders (2013) e outros, a relação entre globalização e gênero permanece lamentavelmente sub-teorizada teoricamente (ver também: FLEETWOOD, 2014). Em particular, conceituações de gênero formuladas nos anos 1960 e 1970 são "estáticas demais" para abarcar os múltiplos novos desafios que atualmente enfrenta o feminismo, como fluxos transnacionais, questões de fronteira e migração e as formas pelas quais dimensões históricas do feminismo foram subsumidas por corporações que usam sexismo irônico como uma técnica para promover as identidades consumistas das mulheres. Wonders argumenta que devemos ir além do enquadramento de gênero como uma identidade ou realização individual e se concentrar no "[...] privilégio e desigualdade que inevitavelmente acompanha a construção de categorias de gênero [...]" (WONDERS, 2013) no âmbito do capitalismo neoliberal e, mais amplamente, em culturas patriarcais. Este tipo de abordagem é importante por várias razões. Primeiro, porque a teoria feminista globalizada é capaz de construir uma crítica de significado sistêmica, até mesmo em rede – uma crítica exigida pelas profundezas em que as suposições de gênero estão incorporadas na dinâmica cotidiana do crime e da justiça – ela oferece mais possibilidades de integrar teoricamente o gênero em todos os aspectos da criminologia (WALBY, 1997). Em segundo lugar, ao contrário do modelo de feminismo associado ao que algumas feministas agora chamam de a "revolução das mulheres burguesas" dos anos 60 e 70 (EISENSTEIN, 2010; SAUR; WÖHL, 2011), a teoria feminista globalizada está focada no desenvolvimento de "projetos de gênero" (WONDERS, 2013) que transcendem as preocupações de identidade de mulheres do Hemisfério Norte (SAUR; WÖHL, 2011, p. 110). No lugar dessas questões de identidades, esses teóricos partem da ideia de que "[...] a igualdade de gênero é fortemente relacionada à qualidade de vida de todos em todos os países [...]" (PETERSON; RUNYAN, 2010, p. 14); uma sensibilidade que, como afirma Wonders, é mais adequada para quebrar barreiras internacionais e possibilitar que as mulheres ajam coletivamente para construir um novo tipo futuro feminista. Em terceiro lugar, como será visto nos capítulos seguintes, essa abordagem começa a integrar criminologias culturais e feministas na paisagem da modernidade tardia e, assim, sugerir novos tipos de engajamento crítico.

Fluxos transnacionais de populações e culturas populares, apropriações corporativas de resistência cultural, instabilidades contínuas de trabalho e identidade, insinuações de controle legal e violência simbólica na vida cotidiana, culturas contestadas do corpo e de sua aparência – este é o tema compartilhado entre criminologia feminista e cultural, talvez o assunto necessário de qualquer criminologia viável, sob as condições da modernidade tardia. Como esperamos demonstrar ao longo deste livro, este assunto traz consigo novas possibilidades para análise crítica e intervenção crítica. Para criminologistas culturais, criminologistas feministas e outros, significados e representações mediadas – de criminosos, de mulheres, de imigrantes, de policiamento – emergem como uma área de interrogação e como um campo potencial de ativismo. A capacidade de localizar o global no local e no cotidiano, para ver a forma inconstante do mundo em pequenos momentos de policiamento do bairro ou desordem pública, tem tanta importância quanto o domínio de paradigmas teóricos. A vontade de desconstruir definições oficiais, para repensar aquilo sobre o qual deveríamos ter certeza, e assim explorar as incertezas cambiantes da modernidade tardia, agora se torna seu próprio tipo de orientação desorientadora. Na verdade, nas conclusões do livro, argumentaremos que essa é a emergente forma de pensamento crítico, a contribuição contemporânea oferecida por qualquer criminologia viável – e o fio crítico que conecta a criminologia cultural à criminologia feminista e a outras abordagens progressistas e críticas.

No final de cada capítulo, incluímos uma lista de fontes de cinema e televisão que esperamos que possa melhorar a sua compreensão sobre algumas das teorias e conceitos utilizados no livro. Os leitores interessados em usar essa abordagem dupla para interpretar e compreender a teoria criminológica através de lentes cinematográficas devem também explorar o livro *Criminology Goes to the Movies* (2011) de Nicole Rafter e Michelle Brown. Usando um filme bem conhecido para explicar uma determinada teoria criminológica – por exemplo, *Taxi Driver* de Martin Scorsese (1976) como um veículo para a introdução de teorias de desorganização social –, Rafter e Brown fazem uma boa introdução à relação entre cultura popular e criminologia acadêmica. Para uma coleção mais geral de ensaios sobre criminologia cultural e cultura visual, dê uma olhada no livro de Keith Hayward e Mike Presdee (2010), *Framing Crime: Cultural Criminology and the Image*.

UMA SELEÇÃO DE FILMES E DOCUMENTÁRIOS ILUSTRATIVOS DE ALGUNS DOS TEMAS E IDEIAS NESTE CAPÍTULO

- *We Steal Secrets: The Story of WikiLeaks,* 2013, Direção de Alex Gibney.

Um documentário sobre o controverso *site*, WikiLeaks, que possibilitou a maior violação de segurança da história americana. Fornecendo uma história interessante sobre hackers e denúncias *on-line*, o filme de Gibney adota uma abordagem imparcial sobre o WikiLeaks e seu controverso fundador Julian Assange. Uma boa introdução sobre o tema do ativismo digital.

- *The Pervert's Guide to Ideology,* 2012, Direção de Sophie Fiennes.

A sequência do documentário de Fiennes de 2006, *The Pervert's Guide to Cinema* (ver capítulo 6), *The Pervert's Guide to Ideology* mais uma vez vê o altamente cafeinado filósofo esloveno Slavoj Žižek transplantado para as cenas de filmes famosos como *A Clockwork Orange and The Sound of Music*; desta vez seu objetivo é descompactar as ideologias predominantes que sustentam a fantasia cinematográfica.

- *Kamp Katrina,* 2007, Direção de David Redmon e Ashley Sabin.

Um documentário dolorosamente pungente sobre as tribulações de um grupo de moradores de Nova Orleans que, desabrigados pelo furacão Katrina, tentam reconstruir suas vidas em uma pequena vila montada por um vizinho bem-intencionado. Mas isto não é uma utopia alternativa, e muito em breve as fragilidades da humanidade tornam-se também aparentes. Veja também o documentário de Spike Lee de 2006, *When the Levees Broke,* que se concentra não apenas no sofrimento humano causado pelo furacão Katrina, mas também na inépcia do governo federal dos EUA antes e depois do desastre. O filme de Lee coloca questões sérias sobre que vidas importam na América de Bush.

- *Dogville,* 2003, Direção de Lars von Trier.

Uma parábola minimalista sobre uma jovem fugindo de gângsteres, Dogville é um tratado sobre os valores das pequenas cidades e percepções de criminalidade. É uma história que também tem muito a dizer sobre a "justiça comunitária" e, em última análise, vingança, já que os 15 aldeões de Dogville são confrontados com um teste moral depois de concordarem em dar abrigo para a jovem mulher.

- *The Corporation*, 2003, Direção de Jenifer Abbott e Mark Achbar.

Um documentário perspicaz e divertido, *The Corporation* traça a ascensão à proeminência da instituição primária do capitalismo – a empresa. Levando seu *status* de "pessoa" legal a sua conclusão lógica, o filme coloca a corporação no divã do psiquiatra para perguntar: "Que tipo de pessoa é essa?". As respostas são perturbadoras e destacam os problemas associados ao capitalismo descontrolado. Visite o excelente *website* do filme <www.thecorporation.com> para ter acesso a alguns excelentes *links* e informações sobre como estudar e ensinar os temas levantados pelo filme, além de um número de estudos de caso e estratégias de mudança.

LEITURAS ADICIONAIS

- HAYWARD, K. (Ed.). *Cultural Criminology*: Routledge Major Works Series. Abingdon: Routledge, 2015.

Coleção definitiva de quatro volumes sobre criminologia cultural. Este conjunto editado compreende 80 capítulos agrupados sob os títulos "Recursos precursores", "Temas centrais e leituras essenciais", "Métodos de Pesquisa e Abordagens Críticas" e "Novas Direções".

- FERRELL, J.; Sanders, C. (Eds.). *Cultural Criminology*. Boston: North Eastern University Press, 1995.

Uma coleção editada de treze ensaios sobre crime e cultura que inclui capítulos sobre subculturas criminosas, representações midiáticas do crime e várias formas criminalizadas de música e estilo. Este livro representa uma formulação clássica e inicial de criminologia cultural norte-americana.

- HAYWARD, K.; YOUNG, J. Cultural criminology. In: MORGAN, M. Maguire, R.; REINER, R. (Eds.). *The Oxford Handbook of Criminology*. 5. ed. Oxford: Oxford University Press, 2012.

Este capítulo conciso de dois dos autores desta obra oferece uma boa sinopse da criminologia cultural, que é adequada para estudantes de graduação e pós-graduação. Veja também a versão anterior deste capítulo na quarta edição; útil para comparar a evolução da criminologia cultural como uma perspectiva criminológica diferenciada.

- FERRELL, J.; HAYWARD. K. (Eds.). *Cultural Criminology*: Theories of Crime, the Library of Essays in Theoretical Criminology. Farnham: Ashgate, 2011.

Este volume de vinte e dois textos publicados anteriormente consolida precursores clássicos e trabalha com exemplos-chave da criminologia cultural contemporânea. Um livro para alunos de graduação e pós-graduação, que também inclui um ensaio útil introdutório formulado pelos editores.

- FERRELL, J.; HAYWARD, K.; MORRISON, W.; PRESDEE, M. (Eds.). *Cultural Criminology Unleashed*. Londres: GlassHouse, 2004.

Coleção editada de vinte e quatro ensaios sobre criminologia cultural que inclui pesquisa sobre crime e cultura em vários cenários locais, regionais e nacionais.

Websites úteis

- Cultural Criminology website

<http://blogs.kent.ac.uk/culturalcriminology/>.
Acesse uma série de publicações importantes e mantenha-se atualizado com as notícias sobre publicações e conferências na área no *site* de criminologia cultural da Universidade de Kent.

- Crime, Media, Culture: An International Journal (Londres: SAGE)

<http://cmc.sagepub.com/>.
Publicado três vezes por ano pela SAGE Publications, Crime, Media, Culture é uma publicação internacional e interdisciplinar dedicada a explorar as relações entre o crime, a justiça criminal e os meios de comunicação.

- *Cultuur en Criminaliteit* (Boom, The Hague, The Netherlands)

<www.bjutijdschriften.nl/tijdschrift/tcc/2014/2>.
A revista de criminologia cultural dos Países Baixos. Muitos dos textos aqui são publicados em holandês, mas este *site* também tem vários artigos em inglês sobre criminologia cultural.

- *Critical Criminology* (Nova York)

<www.springer.com/social+sciences/criminology/journal/10612>.

Site da revista internacional *Critical Criminology*, a casa de longa data de análises críticas de crime e punição. Veja também <http://critcrim.org/>, *site* da divisão de criminologia crítica da Sociedade Americana de Criminologia, onde você pode ter acesso livre aos seus boletins informativos.

- The International Journal for Crime, Justice and Social Democracy

<www.qut.edu.au/research/our-research/institutes-centres-and-research-groups/ crime-and-justice-research-centre/international-journal-for-crime-justice-and-socialdemocracy>.
Site da Universidade de Tecnologia de Queensland, na Austrália, esta revista abrange investigação crítica sobre os desafios encontrados pelos meios social-democratas de controle do crime e justiça criminal. Registre-se e leia artigos gratuitamente aqui: <www.crimejusticejournal.com/user/register>.

2
A TEMPESTADE SE FORMA

Às vezes você sabe que as coisas têm que mudar, vão mudar, mas você só pode sentir isso... Pequenas coisas prenunciam o que está vindo, mas você pode não reconhecê-las. Mas então algo imediato acontece e você está em outro mundo ... É como se fosse um reflexo. Alguém segura o espelho, destranca a porta – algo abre-a e você é empurrado e sua cabeça tem que ir para um lugar diferente.

Bob Dylan, *Chronicles*

As ideias não emergem do nada; elas ocorrem e recorrem em momentos e lugares específicos, em contextos culturais e econômicos específicos. Elas não são inventadas durante a reclusão de seminários tranquilos, por mais que o estudioso assim pense, mas nos cafés e bares, nas ruas da cidade, em meio à confusão do cotidiano.

Neste capítulo, voltamos para então avançar. Nós olhamos para os extraordinários desenvolvimentos em sociologia e criminologia nos anos 60 e 70 – desenvolvimentos que lançaram as bases para a criminologia cultural e continuam animando-a hoje. Especificamente, revisamos algumas das perspectivas teóricas e ideias que influenciaram e inspiraram a criminologia cultural – e também observamos algumas de suas limitações.

A VIRADA CULTURAL: O SURGIMENTO DA NOVA TEORIA DO DESVIO

Em um período de pouco mais de 10 anos, aproximadamente de 1955 a 1966, uma série de livros e artigos publicados nos EUA transformou dramaticamente o nosso pensamento sobre o crime e desvio – e por um tempo colocou a sociologia do desvio no centro do debate e do pensamento sociológico. Este corpo de trabalho, a nova teoria do desvio, constituiu duas vertentes: teoria subcultural e teoria da rotulação, que se desenvolveram às vezes em confronto e frequentemente em debate, mas que tinham em comum uma abordagem distintamente cultural à explicação do crime e do desvio.

Foi um tempo de despertar. Os EUA passaram por um processo ininterrupto de crescimento econômico a partir do final da década de 1930. Diferentemente da Europa, o país não tinha experimentado a desolação da guerra e do racionamento e a reconstrução que dela decorreu. A prosperidade dos EUA atingiu alturas jamais vistas; seus carros, cozinhas, supermercados e cinema foram a inveja do mundo. No entanto, por volta dessa época, o sonho americano pareceu vacilar. O crime subiu apesar da prosperidade, o sonho exclui muitos, a afluência revelou grandes fendas dentro do país e o o próprio sonho começou a parecer insubstancial. A flagrante segregação racial do Sul e as desigualdades gritantes no Norte tornaram-se ainda mais aparentes no arco de luz da prosperidade e em uma sociedade onde a meritocracia era tão orgulhosamente proclamada como o caminho americano.

A "naturalidade" tanto da exclusão quanto da inclusão foi questionada, seja baseada em noções de biologia e inteligência inferior ou inadequação cultural. E tais questionamentos acerca de um mundo até então tomado como garantido se estenderam da raça aos demais fatores constituintes de exclusão: mulheres, jovens, classe e sexualidade. O paradoxo da democracia liberal era pronunciado: estava embasada na reivindicação de tratar todos igualmente, incluir todos os cidadãos com base na liberdade, igualdade e fraternidade – mas, de fato, produzia uma exclusão formal e informal de categorias inteiras de pessoas com base em biologia e cultura. A classe trabalhadora, mulheres, jovens – todos, historicamente, estavam fora dos limites da cidadania; de fato, a escravidão, a mais despótica de todas as exclusões, estava no auge precisamente no momento em que o Iluminismo proclamou a natureza universal dos direitos humanos.

Disputas de demarcação sobre o direito de ser incluído e, paradoxalmente, as regras de exclusão, já eram de longa data – e os intensos conflitos sociais que dividiram tão profundamente os EUA nos anos 1950 e 1960 ecoaram isso. Foi a partir de tais lutas, e de debates fundamentais sobre a natureza da diversidade e inclusão na democracia liberal, que a revolta na criminologia emergiu. Classificações binárias de desigualdade em termos de raça, gênero, idade e sexualidade foram generalizadas para examinar criticamente aqueles designados como "normais" e aqueles como "desviantes", bem como os "cumpridores da lei" de "criminosos". Isso começou dentro da sociologia de desvio e, em seguida, chegou na criminologia propriamente dita. A sociologia do desvio lida com o demi-monde,[11] ou seja, com aqueles à margem da sociedade, aqueles caricaturizados como carentes biológica e culturalmente: os homossexuais, os usuários de drogas ilícitas, os mentalmente doentes, os alcoólatras. A sociologia do crime e da delinquência centra-se ainda mais nas pessoas que foram excluídas social e politicamente das democracias liberais: o negro, o jovem, o pobre indigno, o macho recalcitrante. De fato, o sistema de justiça criminal concentra-se precisamente naqueles excluídos da sociedade civil. As próprias categorias da criminologia ortodoxa ressoam com insinuações de inferioridade biológica, social e cultural, do atavismo de Lombroso (2006 [1876]) ao baixo autocontrole instilado em crianças por famílias "fracas" (GOTTFREDSON; HIRSCHI, 1990) aos atributos destrutivos da cultura das classes baixas (MILLER, 1958).

Se, então, a política da democracia liberal enfoca a sociedade inclusiva mas ainda se preocupa com os critérios de exclusão, a criminologia ortodoxa tem se espelhado nesta filosofia política, enfocando os excluídos e fazendo uma ciência dos critérios para a inclusão. Então, não foi por acaso que a nova teoria do desvio emergiu neste período, conjuntamente com as lutas por direitos civis, seguida pelos movimentos em defesa dos direitos das mulheres e dos homossexuais – por uma política cada vez mais ampla de inclusão. Essa nova teoria do desvio estava, acima de tudo, preocupada com a injustiça da exclusão social (política, legal ou econômica) e com a falácia de tentar explicar esse desvio imposto como resultado de déficits individuais ou culturais. A nova teoria do desvios focalizou três questões excludentes: primeiro, a noção de que o desvio foi devido a uma falta de cultura, contra um presumível consenso cultural; segundo, a alegação de que a causa desse déficit era um defeito individual, decorrente de genética, da família ou da inadequação social; e terceiro, a ideia que o sistema de justiça criminal e outras agências de controle social por direito impuseram tais interpretações aos recalcitrantes – isto é, legitimamente rotularam como desviantes os indivíduos sem cultura.

Mas a tempestade que então se formava não varreu apenas os excluídos; pegou também aqueles que foram definitivamente incluídos, aqueles que foram as supostas histórias de sucesso do sonho americano. A afluência em si mesma, a cultura corporativa, os carros e cozinhas cada vez maiores, a casa, família e trabalho ideais – todos começaram a parecer de alguma forma surrados, repressivos, entendiantes. Alguns, então, foram excluídos do Sonho Americano, alguns começaram a perceber que tinham

---

11 N.T.: Conjunto de pessoas consideradas como de caráter duvidoso.

sido relegados a papéis coadjuvantes em um drama masculino, e outros começaram a atacar a monotonia do sucesso e questionar as premissas do Sonho, seus prêmios e suas promessas. Como Betty Friedan (1963) perguntou em seu livro feminista pioneiro, *The Feminine Mystique*: "Isso é tudo o que existe?".

O surgimento do feminismo, o desenvolvimento explosivo das culturas juvenis, a nova boemia tendentemente de esquerda – todos estes se espalharam, mudando atitudes na sociedade, sacudindo o mundo mais complacente do início da década de 1960. Eles representavam transformação ativa da vida e de estilos de vida; sensibilidade à criatividade cultural de mulheres, minorias étnicas e pobres; e crítica daqueles que presumiam representar consenso social e valores tradicionais. Adicione a essas poderosas forças culturais a pluralidade de valores circulados pela imigração, turismo e mídia de massas, e nós temos um "mercado de mundos" (SCHELSKY, 1957), que profundamente influenciou a nova teoria da desvio.

A EXPLOSÃO DA NOVA TEORIA DO DESVIO

A nova teoria do desvio tomou forma em resposta aos problemas da inclusão e da diversidade. O choque do plural pode ser visto nos estilos de vida dissonantes, nas subculturas cuja existência aponta para mundos alternativos e escolhas tentadoras, que apresentam potenciais e possibilidades preocupantes. A existência do pluralismo imediatamente coloca questões fundamentais de inclusão: em que mundo social estamos sendo incluídos? Ele atende às nossas necessidades, satisfaz nossos sonhos? Ambas são perguntas de normalidade. Se a criminologia ortodoxa tentou demarcar o normal e o desviante, e postular uma cultura consensual "normal", a nova teoria do desvios borrava a distinção entre normalidade e desvio, e assim, defendeu a diversidade inerente da cultura. Os problemas gêmeos da distinção e da diversidade começaram a confrontar o pensamento criminológico.

Em última análise, uma crise generalizada de legitimidade se desenrolou: uma geração mais jovem tomou consciência não só dos limites do sistema, das barreiras à inclusão, como também dos preconceitos contra novas ideias e culturas. Eles testemunharam a repressão de minorias étnicas e de pobres quando estes grupos lutaram por direitos civis, e eles experimentaram diretamente a reação da polícia e outras autoridades legais contra o movimento anti-guerra do Vietnã. O gás lacrimogêneo que pairava sobre os campi universitários, o massacre de estudantes da Kent State University pela Guarda Nacional, confirmaram os piores medos de uma geração. E no início dos anos 1970, "[...] a falência moral do Estado parecia completa com a divulgação do escândalo Watergate, que mostrou que a corrupção não apenas penetrava, mas perpassava altos escalões do governo." (LILLY et al., 1989, p. 130).

Neste contexto histórico, o impacto intelectual dos novos teóricos do desvio foi enorme e sua influência, por um tempo, aparentemente irreversível. Sua contribuição *foi trazer a cultura para o estudo do crime e do comportamento desviante* – não simplesmente reconhecendo a presença óbvia da cultura na vida social, mas enfatizando a característica criativa da cultura e, portanto, a criação humana de desvio e a criação humana dos sistemas que tentam controlá-lo.

Para a criminologia ortodoxa, o comportamento "normal" cumpridor da lei era visto como em conformidade com a cultura mainstream, o crime e o desvio como uma falta de cultura, e o controle social como uma aplicação automática e mecanicista de normas culturais. Nesta visão, o crime é causado por instituições incapazes de transmitir normas culturais ou indivíduos incapazes de incorporá-las; por desorganização social ou falta de socialização cultural em um nível pessoal; ou por alguma combinação das duas. Essa criminologia positivista procura explicar, através de fatores como famílias quebradas ou predisposição genética, porque não ocorreu a socialização em torno de um consenso inquestionável de valores culturais. O crime é, em suma, o fracasso da sociedade em inculcar a cultura e, como tal, a análise criminológica pode ser vista como um ato de alterização e exclusão. É a presumida visão "socializada" analisando o "sub-socializado", a visão social do associal, o culturalmente evoluído examinando o atávico, o mundo significativo explicando formas "sem sentido" de violência e mau comportamento.

O papel da nova teoria do desvio, em contraste gritante, era conceder significado cultural ao comportamento desviante – e, como veremos, o poder da nova teoria da rotulação consistia na explicação sobre o processo cultural pelo qual ocorria alterização e exclusão, o processo pelo qual a teoria criminológica, os meios de comunicação e o público em geral definiu o desvio, distorceu e tirou seu significado e então criou o próprio estereótipo que eles imaginavam. No capítulo 1, destacamos duas noções de "cultura" – a primeira considerava a cultura como o cimento consensual da sociedade, a segunda via a cultura como uma fonte de criatividade, um manancial de desafios criativos à reificação, ordem social e aceitabilidade. Os novos teóricos do desvio abraçaram a segunda – a cultura como inovação e resistência. No entanto, eles também tiveram o cuidado de expor o trabalho cultural dos poderosos, que tentam manter o mito da cultura normativa como natural, como uma inevitabilidade para além da ação humana. A partir dessa nova visão, uma análise profunda do crime e do desvio deve examinar como a ação humana invoca a geração criativa de significado, mas também como agências poderosas tentam roubar criatividade e significado do desviante e do criminoso – na verdade, de todos aqueles que a eles estão subordinados. O primeiro desses reinos tornou-se o foco da teoria subcultural, o segundo, o foco da teoria da rotulação; o primeiro estava preocupado principalmente com as origens culturais do comportamento desviante, o segundo com a reação social ao desvio, com o controle social e a intervenção cultural.

Essas novas abordagens não negaram toda a teorização anterior; como a criminologia cultural na atualidade, elas voltaram para redescobrir e reinventar entendimentos anteriores de desvio, crime e cultura. Dentre as principais influências sobre a teoria subcultural pode ser encontrado Émile Durkheim. A visão de Durkheim sobre o relacionamento entre a natureza humana e a sociedade era crucial – no entanto, é quase invariavelmente mal interpretada. Com muita frequência, os criminologistas consideram que Durkheim sustentou que a natureza humana é essencialmente insaciável, e que o papel da cultura consistiria em servir como um bloco civilizatório, que pode de alguma forma segurar a inundação potencial de desvio (por exemplo: LILLY *et al.*, 1989; VOLD *et al.*, 1998; DOWNES; ROCK, 2007). A cultura aqui se torna o oposto de desvio e a falta de socialização cultural sua causa.

No entanto, isso é quase o oposto do seu ponto de vista. Para Durkheim, necessidades orgânicas e desejos animais são saciáveis e limitados; são aspirações culturalmente induzidas que são potencialmente sem limite, criando incessantes e intermináveis desejos, fazendo com que os seres humanos sofram, como ele diz: "[...] a doença do infinito." Em plena rápida industrialização da França ele testemunhou uma enorme transformação na estrutura social e *ethos* social – em particular, o surgimento de uma cultura de individualismo e o declínio de valores tradicionais. Ele argumentou inflexivelmente que uma sociedade cujo núcleo cultural de valores exaltava a competição individual e que ofereceria metas incessantes era inevitavelmente instável e conflituosa. Para ele, essa condição não era "natural", mas sim a criação cultural de uma sociedade capitalista – logo, uma sociedade com menos crime e conflito poderia ocorrer se uma cultura unificadora fosse desenvolvida por meio da confiança, recompensa meritória e realização finita. Durkheim, então, baseou sua explicação do crime e desvio no âmbito da cultura, e ele ainda insistiu que o desvio é um produto cultural e, portanto, um produto da definição cultural. Ele frequentemente apontou que o desvio não surge do ato em si, mas de regras culturais que o proíbem (por exemplo: DURKHEIM, 1965, p. 43).

Quando em 1938, Robert Merton publicou o artigo mais influente já escrito sobre as causas do crime e do desvio, *Estrutura social e anomia*, ele se inspirou em como Durkheim critica explicitamente o positivismo individual e social. Como Durkheim, ele demonstrou que o crime e desvio, ao invés de ser uma patologia individual, é, de fato, uma resposta "normal" a determinados aspectos culturais e circunstâncias estruturais. No entanto, equações simples como "a pobreza causa crime", não se sustentam, como Merton também mostrou. Em vez disso, o desgaste no Sonho Americano, a noção de que sucesso e mobilidade social é aberta a todos, contrasta com as limitações estruturais reais ao sucesso. Ironicamente, é precisamente o mais legítimo dos valores americanos – o Sonho Americano – que causa desvios e desordem; como diz Merton, "[...] o comportamento anti-social é, de certo modo, 'evocado' por certos valores convencionais *e* por uma estrutura de classes envolvendo acesso diferenciado às oportunidades aprovadas (1938, p. 24, ênfase no original).

E Merton enfatizou outro aspecto criminogênico da cultura americana: a ênfase excessiva no sucesso, e não nos meios para alcançá-lo. Em combinação, Merton sugeriu, estes dois elementos – ênfase cultural no sucesso a qualquer custo e oportunidades limitadas – criam de fato uma tensão terrível. Em sua tipologia bem conhecida de adaptações a esta tensão, Merton imaginou várias opções, sendo uma delas o crime – ou seja, a criação inovadora de novos meios para alcançar objetivos culturais de sucesso. E é a partir dessa percepção que a teoria subcultural surge: o crime e desvio são vistos como soluções culturais e materiais para contradições na sociedade em geral.

TEORIA SUBCULTURAL

Abordagens subculturais sobre o crime e o desvio têm uma longa história, datando de descrições vívidas do submundo do crime na era vitoriana. Apesar de ricos em detalhes, no entanto, os primeiros relatos subculturais tendiam a omitir a teoria. Eles descreveram valores subculturais, mostraram como esses valores foram transmitidos em um processo normal de socialização, mas não explicaram suas origens. A marca registrada do que poderíamos chamar de "teoria subcultural madura" é justamente a capacidade de explicar tanto a transmissão de valores culturais desviantes quanto as suas origens. Essa abordagem começou a se desenvolver no final dos anos 1950 e início dos anos 1960 com o trabalho pioneiro de Albert Cohen e Richard Cloward no campo da delinquência, e Gresham Sykes e Erving Goffman com seus estudos sobre instituições totais. O conceito de "subcultura" na teoria subcultural madura está ligado a noção de cultura desenvolvida no âmbito da antropologia social e cultural – as respostas subculturais podem ser pensadas como soluções elaboradas em conjunto para problemas experimentados coletivamente. O comportamento desviante é visto como uma tentativa significativa de resolver os problemas enfrentados por um grupo isolado ou marginalizado; portanto, é necessário explorar e compreender as experiências subjetivas de membros de grupos subculturais. A cultura, nesse sentido antropológico, constitui as inovações que as pessoas produziram para confrontar coletivamente os problemas da vida cotidiana. Estas incluem linguagem, vestimenta, padrões morais, mitos, ideologias políticas, arte, trabalho, normas, modos de sexualidade – em suma, todo comportamento humano criativo e coletivo. Encontrando-se em certas posições estruturais compartilhadas demarcadas pela idade, classe, gênero ou etnia, as pessoas desenvolvem soluções compartilhadas e significativas para os problemas em que tais posições as colocam.

Com esse foco, os teóricos da subcultura desenvolveram um *insight* tão simples quanto importante: as respostas subculturais não são vazias, nem absurdas. São significativas. No discurso público e muitas vezes também na criminologia ortodoxa, toda uma série de termos comuns são empregados para descartar a possibilidade de que o desvio de comportamento tenha significado subcultural. Termos como "organização de criminosos", "hiperativo", "primitivo", "selvagem", "irracional" e "louco" servem ao propósito de definir o comportamento desviante como algo simplesmente aberrante e carente de qualquer significado ou valor. Em contraste, a teoria subcultural argumenta que o comportamento humano é fundamentalmente significativo – fundamentalmente cultural, isto é – e que as diferenças no comportamento social representam problemas e soluções específicas.

De fato, a partir dos anos 1950 a teoria subcultural assumiu a tarefa de explicar comportamentos desviantes geralmente assumidos como simplesmente irracionais e improdutivos. Mais uma vez, poderiam ser ouvidos ecos dos esforços dos antropólogos para explicar o significado e o propósito de costumes culturais aparentemente bizarros: rituais de parentesco, tabus, fetiches e cultos à carga.[12] Observe, porém, que dessa maneira a teoria subcultural rapidamente se afastou da afirmação mertoniana de que o crime constitui uma alternativa utilitarista para atingir metas consensuais e, e alterou seu foco para comportamentos que pareciam auto-destrutivos, ainda que não totalmente implausíveis.

No clássico texto subcultural *Delinquent Boys: The Culture of the Gang*, Albert Cohen (1955) inicia com o reconhecimento de que a maior parte da delinquência não é um meio para obter os bens materiais desejados, mas sim "[...] não utilitária, maliciosa e negativista." Roubando e descartando mercadorias, quebrando vidros, aterrorizando "bons" filhos, desrespeitando as regras do professor – este é o comportamento "antissocial", em seu núcleo transgressivo. No entanto, Cohen não relega esse comportamento à maldade inconsciente; ele aponta para o *locus* da delinquência na parte inferior da estrutura social. E o que representa isso, pergunta ele, "[...] crescer em um sistema de classes"? A resposta de Cohen é bem conhecida e continua a ser influente. Na escola, os alunos são julgados com base em valores de classe média que crianças de classe baixa têm dificuldade para cumprir. As experiências resultantes de privação de *status* e humilhação são para essas crianças o problema – e elas podem coletivamente, mesmo que provisoriamente, resolver o problema reagindo fortemente contra esses valores da classe média, negando-os e invertendo-os. Assim evolui uma "formação reativa", um processo de energia coletiva, intensidade e trabalho cultural, em que os valores da classe média são invertidos e o *status* subcultural é atingido por esta mesma rebelião.

Duas décadas depois, o teórico subcultural Paul Willis documentou em *Learning to Labour* (1977), um problema similarmente compartilhado por crianças de classe baixa: ser convidado a adequar-se aos padrões da classe média para os quais seus antecedentes mal os preparam, a fim de obter qualificações acadêmicas irrelevantes para seus futuros empregos. Como Willis descobriu, essas crianças culturalmente "resolvem" o problema se rebelando na sala de aula e rejeitando a disciplina do professor, ao mesmo tempo que desenvolvem uma subcultura que recompensa a masculinidade e o embrutecimento físico com status elevado. Similarmente, o estudo de Ken Pryce (1979) sobre jovens negros no Reino Unido descobriu que alguns deles desenvolvem uma cultura de lazer que os ajuda a sobreviver

---

12 N.T.: Um culto à carga é um sistema de crenças entre membros de uma sociedade relativamente pouco desenvolvida, na qual os adeptos praticam rituais supersticiosos, esperando trazer bens modernos fornecidos por uma sociedade tecnologicamente mais avançada.

ao desemprego e ao racismo, e lhes dá condições de rejeitar significativamente os poucos empregos precários disponíveis.

Modelos que reduzem as atividades desviantes da juventude a falhas mentais ou físicas dos indivíduos são desta forma rejeitados – uma vez que tais modelos não explicam a dinâmica significativa e subcultural por trás de tais comportamentos. Teóricos subculturais ousam ver o mundo e seus problemas através dos olhos dos membros de subculturas; eles concedem subjetividade e agência coletiva às subculturas que estudam. Para eles, a subjetividade e a interpretação humana – a cultura humana – são condições *sine qua non* para a compreensão do comportamento humano.

TEORIA PROTO-SUBCULTURAL: ESCREVENDO DE BAIXO

A teoria subcultural é um ato de escavação, um mergulho nas profundezas da sociedade para encontrar o que está borbulhando na parte de baixo dela. Como no trabalho dos historiadores sociais, é escrita sob a perspectiva dos estratos inferiores, dando voz àqueles que estão "escondidos da história". As primeiras manifestações foram na Londres vitoriana, naquela época a maior cidade do mundo, ou em Manchester, a cidade que mais crescia em sua época. Booth, Engels, Mayhew, Morrison, Dickens e outros exploraram estas "Áfricas" da cidade, estes "Continentes desconhecidos" da nova metrópole. A segunda foi Chicago, a nova Manchester, a cidade que se expandiu em um século de um posto de comércio de 300 pessoas para se tornar, em 1910, uma das maiores cidades do mundo, com uma população superior a três milhões. Com a imigração de Afro-americanos do Sul e europeus do Velho Mundo, tornou-se uma cidade de diversidade inigualável – e sede da Escola de Sociologia de Chicago, onde Robert Park exortou seus alunos a "irem sujar as calças" em pesquisa real. A terceira foi a nova teoria do desvio das décadas de 1950 e 1960, equilibrada entre crime, delinquência e o exótico, com etnografias de ruas secundárias e clubes de jazz, de fumantes de maconha e prostitutas. A quarta foi representada pela mudança transatlântica para a Grã-Bretanha, uma transposição de teorias subculturais da delinquência para culturas jovens espetaculares: *skinheads*, *teddy boys*, roqueiros, *mods* e *punks*. O quinto, hoje, vai além das formações subculturais clássicas e espaços físicos para incluir novas esferas de engajamento associadas à modernidade tardia, um mundo em rápida mudança, repleto de gangues globais e cultura de rua global, de culturas *on-line* e presença virtual. Esta é a arena da criminologia cultural de hoje, onde as antigas certezas se perdem em meio ao redemoinho mediado da vida cotidiana.

TEORIA DA ROTULAÇÃO: A REVOLUÇÃO CONSTRUCIONISTA

> O desvio [...] é uma criação da imaginação do público [...]. O caráter desviante do ato está na maneira como é definido na mente do público [...] [o que] tem, é claro, drásticas consequências para a pessoa que o comete. (BECKER, 1965, p. 341)
> Este é um grande passo em relação à antiga sociologia, que tendia a repousar na ideia de que o desvio leva ao controle social. Eu passei a acreditar precisamente no oposto, ou seja, que o controle social leva ao desvio, o que é igualmente sustentável e potencialmente a premissa mais rica para estudar o desvio na sociedade moderna. (LEMERT, 1967, p. v)

A teoria da rotulação revolucionou a sociologia do desvio, produzindo uma reviravolta profunda na compreensão ortodoxa do crime e do desvio. A lente do positivismo ortodoxo havia prometido refletir com precisão a realidade objetiva; a teoria do rotulação mostrou que não há uma realidade objetiva para refletir, apenas um processo de ação e reação em curso, de significado contestado que se modifica conforme a audiência e a situação. Os teóricos da rotulação argumentaram que o "desvio" não é fato objetivo, esperando para ser catalogado e analisado, mas sim um processo coletivo de criação e subjetividade humanas. No entanto, os teóricos da rotulação advertiram que nem todas as criações, nem todos os significados, são de igual importância na construção do desvio. Algumas definições e interpretações carregam autoridade e a potência de sanções legais e estigmas forçados; o processo de rotulação é de poder e marginalização. E assim, como acontece com o *insight* de Edwin Lemert acima, a teoria da rotulação, mais uma vez produz uma reviravolta na compreensão ortodoxa. Se as definições dominantes moldam o que vem a ser "desviante", então pode ser que as principais instituições sociais não sirvam para controlar o desvio – pode muito bem ser que elas o criem. Com base nessa visão, o que consideramos ser "desvio" é produto não do fracasso dos sistemas de controle social, mas de seu sucesso.

Considere um exemplo que talvez soe muito familiar para estudantes universitários: o consumo de álcool. Quando muda o foco de estudante para estudante, de *campus* para *campus*, das universidades de um país às de outro, se constata o quanto é extraordinária a variedade de rótulos designados para esse hábito, bem como a variedade de significados culturais e subculturais que são atribuídos a ele. Alguns abominam a embriaguez, alguns insistem nisso como um prazer merecido. Alguns veem o consumo de álcool como um signo distintivo de masculinidade, outros, como uma muleta para os fracos. Alguns *campi* proibem totalmente o álcool; outros patrocinam uma variedade de *pubs* estudantis e clubes nos quais ele é consumido. Alguns grupos de estudantes transformam o ato de beber em jogos em consumo ritualizado; outros o vêem como sinal de imaturidade social ou impedimento para uma bem-sucedida formação acadêmica. Ser "desviante" em uma subcultura ou em um campus é ser "normal" em outro; beber é simultaneamente normal, desviante, legal e ilegal, dependendo da circunstância e da percepção. Certamente, é um fato objetivo que algumas pessoas consomem álcool – mas qualquer que seja o desvio que a bebida possa ou não representar não é inerente ao ato de beber; é, ao contrário, uma construção cultural, uma atribuição movediça de significados e rótulos.

Mas o que dizer do consumo excessivo de álcool? Certamente há alguma unanimidade sobre o perigo que representa? Bem, não – e não só porque o consumo excessivo de álcool é comumente rotulado como tradição de fraternidade, festa de sucesso do Super Bowl ou prerrogativa de escritores. Mais ao ponto, é a questão do poder, a imposição cultural de significado vinda de cima. Mesmo que todos nós concordássemos que o consumo excessivo de álcool constitui um problema social, ainda haveria a questão da definição contestada. Vários especialistas e organizações competem pela posse de um problema; existem subculturas de controle, assim como há subculturas de desvio, e cada uma desenvolve sua própria legitimidade, linguagem e rótulos. O consumo excessivo de álcool é um excelente exemplo. Se de fato é um problema, é uma falha moral e um pecado? É uma questão de regulamentação legal? Ou é uma doença chamada "alcoolismo"? E sendo assim, o controle social do alcoolismo deve envolver autoridades do *campus*, a polícia, funcionários do Alcoólicos Anônimos ou psicoterapeutas?

Significativamente, cada um desses rótulos cria seus próprios desvios e trajetórias desviantes. Rotular alguém que consome álcool excessivamente como um alcoólatra invoca um regime particular de tratamento, um conjunto particular de suposições sobre doença, responsabilidade e recaída e, portanto, um conjunto particular de consequências para família e carreira. Rotular alguém que consome álcool excessivamente como criminoso invoca um conjunto muito diferente de significados para o *self* e para a sociedade, e assim direciona essa pessoa de modo muito diferente no que diz respeito à carreira e à justiça criminal. E é precisamente nesse sentido que a rotulação constrói o desvio – que Alcoólicos Anônimos decide o significado do alcoolismo, que a polícia e os tribunais constroem a realidade da condução embriagada, que as autoridades do *campus* trabalham para definir o fenômeno do consumo de álcool pelos estudantes.

Além disso, à medida que esse processo de imposição de significado continua, o rótulo atribuído muitas vezes vem a significar publicamente o *status* de uma pessoa, e assim se torna a lente através da qual o comportamento passado e futuro do indivíduo é agora visualizado. Seja ou não atribuído de forma justa, o rótulo de "agressor sexual", por exemplo, fará com que as ações passadas de uma pessoa sejam reconsideradas desfavoravelmente, e futuras ações estarão sob intensa suspeita. Desta forma, a rotulação não apenas impõe significado, mas o remove, excluindo outras opções de *status* ou identidade. Como discutido no capítulo anterior, essa dinâmica é exemplificada na noção de Garfinkel (1956) de "cerimônias de degradação", destinadas a "deculturar" uma pessoa como parte da imposição de um novo *status*. Testemunhe o raspar de cabeças, a remoção de roupas cotidianas, o abuso verbal, a humilhação e a regulamentação rígida imposta, por prisões, centros de reabilitação de drogas, unidades e programas de treinamento militar, que trabalham para construir novas identidades (veja: GOFFMAN, 1961).

VALORES E O DESEJO DE DIVERSÃO

Com a nova teoria do desvio, com a teoria subcultural e a teoria da rotulação, alguns dos fundamentos essenciais para a criminologia cultural foram construídos: o entendimento de que o desvio e a criminalidade inevitavelmente incorporam significados e identidades contestadas; a sensação de que todas as partes envolvidas no crime e no desvio – tribunais, policiais, criminosos, cidadãos comuns, instituições de mídia – envolvem-se em trabalhos culturais quando negociam esses significados e identidades, trabalham para atribuir *status* simbólico e tentam encontrar soluções coletivas; uma sensibilidade para as raízes subculturais do crime e desvio, e para o processo significativo pelo qual os membros de subculturas confrontam seus problemas compartilhados; e uma consciência de que, abrangendo tudo isso, existe uma teia de valores sociais maiores, que carrega consigo as tensões do fracasso e sucesso, e as políticas de inclusão e exclusão.

Essas fundações foram estabelecidas por teóricos americanos, mas antes de cruzarmos o Atlântico para encontrar seus homólogos no Reino Unido, há uma contribuição final americana, uma que complementa e contesta ideias que já vimos. Esta é a contribuição de David Matza e de seu colaborador Gresham Sykes, para o compreensão da cultura, da subcultura e do crime. No final da década de 1950 e início 1960, Matza e Sykes publicaram dois artigos inovadores sobre delinquência juvenil e crime (SYKES; MATZA, 1957, MATZA; SYKES, 1961). Eles argumentaram contra a noção ortodoxa de que a delinquência resulta de uma personalidade anormal, mas eles também questionaram a noção mais recente de que a delinquência era necessariamente o produto de determinadas subculturas desviantes. Diferentemente, eles sustentaram que os delinquentes eram frequentemente de personalidade normal e que eles muitas vezes aderiam aos mesmos valores que o restante da população. Eles sustentaram, em suma, que não havia um grande abismo entre os universos culturais dos cidadãos obedientes à lei e o delinquente, entre o "normal" e o "desviante".

O artigo de 1957, *Técnicas de neutralização*, é o mais conhecido. Nele os autores argumentam que os delinquentes "neutralizam" o apelo dos valores convencionais mediante uma série de "técnicas" normativas, como negar sua própria responsabilidade, ou negar que seus atos causem ferimentos ou vitimização. Tais "vocabulários de motivo" (MILLS, 1940) possibilitam que potenciais delinquentes se afastem por um momento de seus valores convencionais, para afrouxar temporariamente sua ligação com a ordem moral, e assim engajar-se na delinquência. Estas técnicas de neutralização, então, constituem o trabalho cultural necessário para cometer crimes – a criação de uma narrativa que particulariza e justifica um ato delinquente específico, deixando proibições morais maiores intocadas. A motivação de um delinquente para roubo, por exemplo, provavelmente não envolveria a sensação de que o roubo deve ser universalmente aceito, mas sim uma sensação de que em determinadas situações certos grupos merecem ser alvos ou podem suportar a perda de bens roubados. Crime e delinquência, então, não são ocorrências aleatórias, mas relações negociadas, relações significativas, entre infrator e vítima.

Este princípio foi estendido frutiferamente aos crimes de colarinho branco, crimes cometidos por policiais e crimes de guerra (COHEN, 2002). Da mesma forma, Jayne Mooney (2007) examinou como a violência doméstica poderia florescer em uma sociedade "civilizada" onde a violência física é considerada um anátema. Em resposta, ela encontrou situações particulares – traição conjugal, "autodefesa" – onde a violência masculina contra as mulheres foi reconhecida por homens e mulheres como uma resposta provável – não perdoada, particularmente pelas mulheres, mas normativamente esperada.

Mesmo a terrível questão de como as pessoas "normais" podem vir a cometer atrocidades como genocídio coletivo foi respondida em parte por uma compreensão destas técnicas de neutralização (MORRISON, 2004b).

Mas a explicação oferecida pelas "técnicas de neutralização" também se tornou popular na criminologia ortodoxa, na medida em que parece confirmar a existência de uma única cultura consensual e respeitosa da lei à qual todos pertencem, até o momento em que delinquentes ou outros potenciais infratores da lei negociam exceções temporárias. Em suma, não há cultura desviante, não há subcultura criminal, nem nenhum sistema de valor alternativo – somente comportamentos que ocasionalmente se desviam das normas aceitas. Desta forma, o trabalho de Matza e Sykes é visto como um complemento útil à teoria de controle de Travis Hirschi (1969), pois parece explicar os destacamentos temporários da cultura dominante.

No entanto, aqueles que cooptam Matza e Sykes para a criminologia ortodoxa desconsideram seu artigo, "delinquência juvenil e valores subterrâneos" (1961). Aqui, Matza e Sykes admitem que sua própria análise das técnicas de neutralização "[...] deixa sem resposta uma questão séria: afinal, o que torna a delinquência atraente? Em resposta, eles argumentam que ela é algo... divertido." Os delinquentes, eles escrevem: "[...] estão profundamente imersos em uma busca incansável por excitação, emoção e diversão. Para muitos delinquentes, o estilo de vida desejável é o de um aventureiro. Atividades permeadas por exibições de ousadia e carregadas de perigo são altamente valorizadas... O fato de que uma atividade envolve quebrar a lei é precisamente o fato que muitas vezes a infunde com um ar de excitação." (1961, p. 713). Note que subculturas desviantes e sistemas de valores alternativos, aparentemente descartados, agora retornam com força, com emoções, diversão e a adrenalina de estar quebrando a lei! Tudo isso, é claro, lembra Delinquent Boys (1955) de Cohen e o prazer da transgressão – e como outros teóricos subculturais haviam feito, Matza e Sykes adicionam à sua lista de valores subterrâneos a agressão e um desdém pelo trabalho.

Aqui está uma lista provisória de alguns valores subterrâneos – e talvez, hoje, uma lista de valores culturais ascendentes sob a modernidade tardia.

TABELA 2.1 – VALORES SUBTERRÂNEOS

Valores do trabalho formal	Valores subterrâneos
Gratificação diferida	Hedonismo de curto prazo
Planejamento de atividades futuras	Espontaneidade
Conformidade a regras burocráticas	Expressividade do ego
Fatalismo: alto controle sobre os detalhes e pouco sobre direção	Autonomia: controle dos detalhes e da direção
Rotina e previsibilidade	Novas experiências e excitação
Atitudes instrumentais para com o trabalho	Atividades desempenhadas como um fim em si mesmas
Trabalho duro como virtude	Desdém para com o trabalho
Evitar a violência	Admiração pela violência

Então, de fato, de acordo com Matza e Sykes, existe uma cultura delinquente viável – mas é aqui que Matza e Sykes deixam cair sua bomba criminológica: esse é o caso não porque essa cultura se distingue dos valores dominantes, mas porque é de muitas maneiras tão semelhante a eles. Eles argumentam que ousadia, aventura e a rejeição do trabalho permeiam nossa cultura; até valores de violência e agressão circulam desenfreados. A sociedade *mainstream*

> [...] exibe um gosto generalizado pela violência, já que fantasias de violência em livros, revistas, filmes, e televisão são facilmente encontradas. Além disso, avisos sobre conteúdo violento são suspeitos, não simplesmente porque as fantasias de violência são amplamente consumidas, mas também por causa do uso real de agressão e violência na guerra, motins raciais, conflitos industriais e no tratamento dos próprios delinqüentes pela polícia. São numerosos os exemplos de aceitação da agressão e da violência por parte da ordem social dominante. Talvez seja mais importante, no entanto, reconhecer que a ideia crucial de agressão como uma prova de força e de masculinidade é amplamente aceita em muitos pontos do sistema social. A capacidade de utilizar violência para defender os direitos e a reputação de uma pessoa com força, para provar a masculinidade, dureza e coragem física – todos são difundidos na cultura americana (MATZA; SYKES, 1961, p. 717).

Há quase meio século, Matza e Sykes estavam desenvolvendo uma análise que se tornaria fundamental para a criminologia cultural: o entendimento de que a violência pode às vezes ser condenada – mas também é amplamente mercantilizada, consumida e comemorada. E como mostraremos ao longo do livro, isso é incomensuravelmente mais o caso agora do que era então.

Matza e Sykes estavam sugerindo que uma contradição cultural fundamental perpassa todos os estratos sociais – um conjunto de valores subterrâneos coexistindo com, mas também contradizendo valores sociais explícitos ou oficiais. Um exemplo crítico é a busca de excitação e o desejo de diversão. Mesmo dentro da sociedade *mainstream*, certas situações institucionalizadas permitem que tais valores subterrâneos floresçam: celebrações, feriados, carnavais e esportes, momentos nos quais tais valores predominam temporariamente sobre aqueles da existência do trabalho cotidiano (PRESDEE, 2000). Nesse sentido, Matza e Sykes argumentam, o desejo por diversão "[...] não é de modo algum um valor desviante, mas deve ser mantido em suspenso até que o momento apropriado e as circunstâncias para a sua expressão cheguem." (1961, p. 716) Normalmente, esses valores são mantidos em equilíbrio com os demais e contidos dessa forma, encontrado expressão somente no tempo de lazer. Para muitos, esses valores só ocasionalmente se intrometem no zumbido silencioso da vida cotidiana, oferecendo pequenos momentos de descanso da automatização robotizada. Outros indivíduos e grupos, no entanto, acentuam excessivamente esses valores, desprezam as normas de trabalho da sociedade oficial e então, se "desviam", quebrando o equilíbrio que contém a contradição.

Hoje, 50 anos depois de Matza e Sykes, o equilíbrio está mudando – ou talvez a contradição esteja se tornando mais manifesta e menos contida. Na modernidade tardia, trajetórias incertas para o trabalho, imediatismo, hedonismo de curto prazo e agressão mediada empurram a luxúria subterrânea por diversão cada vez mais para a superfície. Considere, como veremos mais cuidadosamente nos capítulos posteriores, a estreita simbiose entre as frustrações daqueles que se encontram na parte de baixo da estrutura social e as narrativas agressivas da grande mídia. Em sua brilhante etnografia do gueto de Filadélfia, Carl Nightingale argumenta que se a quantidade de violência em filmes e programas de TV tem contribuído para o

> [...] aumento recente de homicídios [...] é incerto, mas alguns dos códigos éticos de agressão nas vizinhanças pobres claramente dependem da cultura dominante da violência por legitimidade [...] os esforços dos meninos para

compensar a humilhação e a frustração devem algumas de suas qualidades agressivas a sua identificação com os heróis e valores da cultura americana *mainstream* de violência. (1993, p. 168; ver também: ANDERSON, 1999)

E, como veremos nos capítulos subsequentes, não são apenas as crianças do gueto de Nightingale que hoje roteirizam suas vidas em termos de diversão e violência – são soldados e estudantes, policiais e repórteres também.

A TRANSIÇÃO PARA A MODERNIDADE TARDIA: TEORIA SUBCULTURAL BRITÂNICA

Tendo surgido na Inglaterra Vitoriana, as perspectivas subculturais vieram realmente a florescer com o surgimento da nova teoria do desvio nos EUA dos anos 50 e 60. Nas décadas seguintes, o desenvolvimento da teoria subcultural continuou na Grã-Bretanha, especificamente no trabalho de dois grupos britânicos: a Conferência Nacional de Desvios (NDC), uma organização de criminologistas radicais, e do Centro de Estudos Estudos Culturais (CCCS) da Universidade de Birmingham, amplamente conhecida por seu trabalho em subculturas juvenis e seu papel no desenvolvimento de estudos culturais de modo geral. O *timing* dessa mudança para a Grã-Bretanha resultou tanto do desenvolvimento na Europa de uma sociedade de consumo, quanto da transição geral de todas as sociedades industriais ocidentais para a modernidade tardia.

Como já sugerido, uma "Idade de Ouro" (HOBSBAWM, 1994) de crescimento econômico e estabilidade social surgiu nas sociedades industriais ocidentais após Segunda Guerra Mundial. Os anos que se seguiram, no entanto, viram uma reestruturação generalizada do trabalho e aumento do desemprego, crescente incerteza e insegurança, aumento da separação conjugal, declínio na comunidade e uma contestação generalizada de valores. Enquanto o advento da Idade de Ouro variava – com a América encontrando prosperidade mais cedo do que as sociedades devastadas pela guerra do Reino Unido e da Europa – o momento da sua morte foi praticamente o mesmo. A partir do final dos anos 1960, nos EUA, Grã-Bretanha, França e em outros lugares, tanto uma revolução cultural quanto uma reestruturação econômica estavam em andamento. Elas transformaram a ordem social do mundo desenvolvido; a mudança tectônica para a modernidade tardia havia começado (YOUNG, 1999), e foi neste momento de mudança que uma explosão extraordinária de criatividade ocorreu, desta vez no lado britânico do Atlântico.

Ao longo dos seus cerca de 10 anos de existência, o NDC tornou-se não só um importante local de perturbação intelectual, mas a fonte de uma explosão intelectual que remodelou a sociologia e a criminologia – e preparou o cenário para o que mais tarde se tornaria a criminologia cultural (ver: COHEN, 1981; YOUNG, 1998). Nos cinco primeiros anos, por exemplo, 63 estudiosos britânicos participaram do NDC. Eles produziram pouco menos de cem livros sobre crime, desvio e controle social nos anos subsequentes. E mais do que crime e desvio estavam em questão; outros desenvolveram o trabalho inicial em estudos de gênero e os primeiros esforços do que se tornariam Estudos Culturais. Curiosamente, a base deste trabalho, e do interesse generalizado que gerou, foi o desenvolvimento inicial de temas "pós-modernos". Como Stan Cohen disse, quase 30 anos depois: "Depois de meados dos anos sessenta – bem antes de Foucault tornar esses assuntos intelectualmente respeitáveis e muito longe do Left Bank[13] nosso cantinho das ciências humanas foi tomado por um impulso desconstrucionista." (1988, p. 101). De fato, a chegada em 1977 de uma tradução inglesa de *Vigiar e punir*, de Foucault, não foi uma revelação; seus temas e conceitos já havia sido discutidos dentro do NDC.

Na verdade, o NDC foi completamente desconstrucionista e antiessencialista. Evocou uma miríade de vozes e pontos de vista, e empenhou-se em desvendar a construção social de gênero, propensão sexual, crime, suicídio, drogas e estado mental. Ele inverteu hierarquias, e observou a cultura *mainstream* da perspectiva de estranhos como *mods*, roqueiros, *teddy boys*, *hippies* e *skinheads*. Traçando a bricolagem cultural por meio da qual essas novas culturas jovens "espetaculares" se constituíram, concentrou-se nas suas representações mediadas e na forma com que os estereótipos da mídia moldavam a realidade social. Tudo isso comportava uma crítica da intervenção estatal, do positivismo e classicismo; as duas metanarrativas do progresso moderno, a engenharia social e o estado de direito, estavam sujeitas a críticas contínuas. O positivismo era talvez o principal inimigo. O NDC argumentou que ele eliminou a criatividade e o significado da ação desviante, erigindo um consenso normativo imaginário contra o qual eram julgados e condenados *outsiders*. Sua metodologia elevou supostos especialistas ao papel de "cientistas" que descobriam as "leis" da ação social, e sua política – seja nos hospitais psiquiátricos, agências de trabalho social ou clínicas de drogas – mistificava a ação humana ao mesmo tempo que reduzia seres humanos a uma imagem estreita.

---

13 N.T.: A expressão geralmente se refere a Paris de outra época e sua comunidade artística. O termo implica um sentido de boemia, contracultura e criatividade.

O estado de direito também sofreu um grande escrutínio. O NDC considerou a justiça criminal seletiva e ineficaz – viu que, embora o crime tenha ocorrido endemicamente, o sistema de justiça se concentrou na classe trabalhadora e nos jovens, ignorando os crimes dos poderosos e tolerando o desvio da classe média. E no final deste processo, encontra-se a prisão, brutalizando, culpando e, em última análise, contraproducente; na verdade, duas das acusações mais intensas do sistema prisional, *Psychological Survival* (COHEN; TAYLOR, 1976) e *Prisoners in Revolt* (FITZGERALD, 1977), nascem dessa visão. Além disso, o NDC percebeu que reações sociais irracionais e contraproducentes ao crime não se limitavam às instituições do Estado. Elas também circulam na sociedade civil, com os meios de comunicação de massa mirando em grupos desviantes, criando demônios folclóricos e gerando pânicos morais (YOUNG, 1971; COHEN, 1972).

Como vimos, esse impulso crítico e desconstrucionista começou nos EUA, em torno do trabalho dos teóricos da rotulação. Foi teoricamente revolucionário em seu discurso (é o controle social que gera desvio e não o desvio que necessita de controle social), relativista em sua análise (o desvio não é inerente, é interativo) e anárquico em sua inversão das ortodoxias, pois rejeitou o positivismo e celebrou a diversidade humana. Em suma, foi tremendamente atraente para os jovens e os radicais durante este tempo de fundamental mudança social, na Grã-Bretanha e em outros lugares.

Ao mesmo tempo em que esta literatura radicalmente desconstrucionista estava sendo importada para a Grã-Bretanha, um segundo e mais suave fio da nova teoria do desvio americana chegou: a teoria subcultural, em particular o trabalho sobre gangues e delinquência (COHEN, 1955, CLOWARD; OHLIN, 1961) e estudos sobre subculturas da prisão (CLEMNER, 1940; SYKES, 1958). Sociólogos da London School of Economics tornaram-se um importante canal intelectual para essa teoria, começando com Herman Mannheim (1948), passando por Terence Morris (1957) e Terence e Pauline Morris (1963), e culminando no influente livro de David Downes, *Delinquent Solution* (1966). Dessa tradição também surgiu a tese de doutorado de Stan Cohen (1972) sobre *mods* e roqueiros, e estudos relacionados: o trabalho de Jock Young sobre consumidores de drogas (1971), por exemplo, e a pesquisa de Mike Brake (1980) sobre a cultura da juventude (ver: HOBBS, 2007).

Nos debates e apresentações que animaram o NDC, a teoria da rotulação americana e as teorias subculturais foram transformadas, principalmente por meio de uma síntese das duas. Essa síntese foi facilitada pela lógica de seus dois focos: a teoria da rotulação focada em construções para baixo (a reação contra o desvio) e a teoria subcultural nas construções para cima (ações e respostas desviantes). Além disso, ao tom às vezes enrijecido da teoria subcultural americana foi dado um entusiasmo, um sentimento de criatividade cultural; reações de cima para baixo contra o desvio também foram investidas com essa sensibilidade. Os atos transgressivos e desviantes, por sua vez, receberam uma avaliação mais positiva. Certo ou errado, o desvio era um sinal de resistência, um esforço para superar, uma iniciativa criativa; não era predominantemente um sinal de falha ou adaptação relutante. A sociologia americana do desvio tornou-se um sociologia britânica da transgressão.

Esta síntese, e estes fios de energia e resistência, foram transpostos e entrelaçados na emergente teoria britânica do desvio. Em uma sociedade britânica mais sintonizada do que a sociedade americana com à dinâmica de classes, e durante este período, completamente focada no surgimento efervescente de dinâmicas culturais da juventude, classe e juventude surgiram como as principais áreas de pesquisa (infelizmente gênero e etnia somente entraram em questão mais tarde). Fazendo uma síntese da teoria da rotulação e da teoria subcultural, estudiosos britânicos complementaram a análise inovadora da teoria da rotulação de reação social/interação com a atenção da teoria subcultural à dinâmica do comportamento desviante.

A tarefa da teorização britânica, portanto, era tripla: lidar com as nuances tanto de ação e reação para conceituar atores humanos que não eram nem caprichosamente dotados de livre-arbítrio, nem enfadonhamente determinados, e para localizar as ações dentro do contexto de situações de pequena escala, bem como de quadros sociais mais vastos. Quanto à análise desses quadros sociais mais amplos, o NDC percebeu que tanto a teoria da rotulação quanto a teoria subcultural poderiam ser complementadas. A teoria da rotulação, em particular, preocupou-se muito proveitosamente com o interação entre o ator e o processo de rotulação, mas ofereceu pouco em termos de uma teoria da sociedade total, além de um senso aguçado sobre empreendedores morais e suas iniciativas (BECKER, 1963). A teoria subcultural compreendia a contradição entre estrutura e cultura em um nível social, mas como a teoria da rotulação, não teorizou abertamente a dinâmica da sociedade como um todo (ver: TAYLOR, 1971, p. 148).

A tentativa de alcançar essas sínteses e suplementos fez com que um texto-chave surgisse este período: *The New Criminology*, de Ian Taylor, Paul Walton e Jock Young. Este texto propunha um quadro explicativo que serviria para criar "[...] uma teoria totalmente social do desvio." Baseando-se na famosa exortação de C. Wright Mills em *The Sociological Imagination*

(1959) – de que nós devemos situar a biografia humana na história e na estrutura, e assim conectar a vida interior dos atores com as dinâmicas exteriores da história e cenário social – o livro investigou as origens mais amplas do comportamento desviante dentro da estrutura da sociedade total. No entanto, também tentou entender a origem imediata do desvio na psicodinâmica das subculturas. Além disso, Mills tentou desenvolver essa análise simetricamente, para explicar igualmente a reação social contra o desvio e a subcultura desviante em si mesma. Esse esforço de teoria holística também ficou evidente em *The Drugtakers* (YOUNG, 1971), *Policing the Crisis* (HALL et al., 1978) e *The Sociology of Youth Culture* (BRAKE, 1980).

Uma influência final no desenvolvimento britânico da teoria cultural e subcultural foi o trabalho de historiadores socialistas; este foi especialmente o caso com o Centro de Estudos Culturais Contemporâneos, sob a direção de Stuart Hall. Com a influência de historiadores socialistas como Edward Thompson, Eric Hobsbawm, Sheila Rowbotham, Christopher Hill e Stuart Cosgrove, as subculturas passaram a ser conceituadas como lugares de imaginação e criatividade em vez de lugares de nivelamento e determinismo, locais de resistência em vez de retreatismo. O mundo do lazer surgiu ao lado do mundo da escola e do trabalho como um domínio que valia a pena estudar, e em todos esses mundos, o significado humano triunfou sobre o mau funcionamento mecanicista (ver: COHEN, 1980, DOWNES; ROCK, 2007). Crítica aqui é a noção de "escrever a partir de baixo", da história escrita a partir das "[...] experiências materiais das pessoas comuns e não de cima, nas câmaras da comissão de altos cargos [...]" (PEARSON, 1978, p. 119); o objetivo é revelar o que é "escondido da história" (ROWBOTHAM, 1973). Como o capítulo 8 mostrará, esse espírito de escrever de baixo, de escrever a partir das ruas e vielas, permanece muito vivo na criminologia cultural.

Esta escrita a partir de baixo ofereceu outra vantagem crítica: prestando atenção às atividades e aspirações das pessoas humildes, historiadores sociais e feministas poderiam também descobrir a dinâmica da sociedade total. E assim, para os teóricos subculturais britânicos, surgia uma visão semelhante: subculturas poderiam ser "lidas" como textos, textos que revelavam a natureza do poder e da desigualdade – e a cultura popular poderia ser mais relevante e reveladora do que a alta cultura. Assim, o relato de Phil Cohen (1972) de *skinheads* expõe a dinâmica do deslocamento urbano, a desqualificação da classe trabalhadora e a destruição da comunidade. A análise de mudanças nas formas de cultura jovem por John Clarke e seus colegas (1976) nos dá pistas sobre os processos mais amplos de emburguesamento, cultura de massa e afluência. O estudo atento de Paul Willis (1977) sobre os rapazes da classe trabalhadora, sua intransigência e inclinação para a violência, torna-se também um estudo da resistência Pírrica ao trabalho assalariado e subordinação.

Mas não foi apenas à ação desviante que foi dado maior significado dentro desta análise mais holística; assim também ocorreu com a reação contra o desvio. De forma precisamente paralela, a teoria da rotulação foi retrabalhada e reformulada como teoria do pânico moral (COHEN, 1972). Pois se a teoria subcultural dá sentido a aparente irracionalidade da delinquência, a teoria do pânico moral ofereceu a possibilidade de dar sentido as aparentemente mal concebidas e irracionais reações ao desvio, das autoridades e do público. Assim como o vandalismo delinquente aparece em um nível superficial negativista e improdutivo, mas se torna significativo e compreensível em seu contexto social mais amplo, o pânico moral sobre o crime – embora desproporcional, equivocado e contraproducente – torna-se compreensível e "razoável" quando considerado dentro do contexto dos conflitos societais existentes. Claro, isso não significa dizer que as respostas subculturais são sempre defensáveis ou que os pânicos morais são, em última instância justificados. Pelo contrário, é para salientar, mais uma vez, que tanto a ação desviante quanto a reação contra ela constituem um comportamento humano significativo – repleto como todo comportamento humano de engano e má interpretação, mas dificilmente insensível ou sem implicação.

RUMO À CRIMINOLOGIA CULTURAL

A criminologia cultural é hoje conhecida por seu caráter transnacional; suas teorias e seus teóricos regularmente cruzam o Atlântico no processo de pesquisa, análise e colaboração intelectual. Como deve ser óbvio agora, isso não é acidente. O trabalho combinado de acadêmicos americanos e britânicos, na segunda metade do século XX, em muitos aspectos, estabeleceu o que criminologia cultural viria a se tornar. O trabalho mostrou que a dinâmica subcultural, a representação mediada e a percepção coletiva são partes integrantes da construção do crime e do desvio. Encontrou as raízes de crimes e subculturas particulares em contradições culturais e padrões de mudança social e, por sua vez, demonstrou o papel da mídia em mascarar e refazer essas relações. Finalmente, o trabalho afirmou que as mais importante questões – exclusão e inclusão, crime e controle, a própria identidade humana – não podem ser compreendidas separadas de emoção, significado e poder.

Enquanto o mundo se aprofundou na modernidade tardia – e enquanto a criminologia cultural emergiu como uma criminologia distinta da condição tardo-moderna – este processo intelectual não parou. Afiando a análise já desenvolvida, os teóricos e os pesquisadores a melhoraram ainda mais, explorando tensões e contradições.

Tomemos, por exemplo, a tensão entre afirmar a criatividade cultural de desviantes e criminosos e, por outro lado, reconhecer a claustrofobia e o caráter autodestrutivo de alguns desviantes e comportamentos criminosos. Essa foi, é claro, uma tensão que Albert Cohen confrontou com seus garotos delinquentes – e é aquela que a criminologia cultural contemporânea continua a confrontar. Uma maneira de explorar essa tensão já foi sugerida pela teoria da rotulação, com sua noção de dinâmica social autorrealizável.

Condenar uma pessoa por uso de drogas pode fechar avenidas legítimas de trabalho ou educação, moldar negativamente a autoimagem, e assim predispor essa pessoa ao uso contínuo de drogas. Da mesma forma, uma vida de brutalização na prisão pode muito bem produzir prisioneiros que parecem pouco mais que... brutos. Pesquisas mostram, por exemplo, que o uso pesado de confinamento solitário e celas disciplinares tende a lançar um insidioso aumento de disciplina, com os prisioneiros que estão incapacitados pelo isolamento de longo prazo agindo de modo a invocar novas punições e isolamento (GRASSIAN; FRIEDMAN, 1986).

Esse sentimento de alienação progressiva da sociedade, essa tendência de aumento da reação social e aumento do desvio, também foi codificada no conceito de "teoria da ampliação do desvio" – um conceito particularmente associado com o trabalho do NDC (YOUNG, 1971; COHEN, 1972; DITTON, 1979). Aqui, espirais de rejeição social não são apenas interpessoais, mas mediadas, uma vez que imagens da mídia, opinião de especialistas e o funcionamento do sistema de justiça criminal conspiram para criar "demônios folclóricos" que assim são imaginados. Esta espiral amplificadora opera ainda mais poderosamente hoje – e criminologistas culturais continuam a explorar e a traçar as maneiras pelas quais a imagem se entrelaça com a ação (ver capítulo 6).

Outro aspecto significativo dessa tensão entre criatividade cultural e desumanização envolve, ironicamente, a capacidade de indivíduos e grupos criarem práticas culturais que negam a sua própria criatividade e agência humana, operando como se a ação humana fosse apenas um desdobramento do destino.

Anteriormente, nós consideramos que na obra *Learning to Labour* (1977), Paul Willis mostra que meninos de classe trabalhadora se rebelam contra os padrões da escola de classe média, criando rituais de tenacidade e desobediência. Mas esse não é o fim da história deles, como o subtítulo do livro – *como as crianças da classe trabalhadora conseguem empregos de classe trabalhadora* – sugere. Como Willis mostra, meninos da classe trabalhadora logo começam a perceber que a escola oferece apenas limitadas possibilidades de mobilidade e que a sua tentativa de "ter sucesso" na educação escolar é em grande parte uma vigarice. No entanto, a subcultura que eles criam como resposta – com a sua ênfase no físico e no masculino, a sua rejeição à realização intelectual e a sua elevação da solidariedade sobre a mobilidade social – somente prepara os meninos para uma vida de trabalho manual e duro. Sua percepção de que a estrutura de classe aberta é de fato uma farsa é uma vitória Pírrica, que contribui para assegurar a imobilidade social que eles mesmos sentem. Essa sutil e comovente análise da tensão entre criatividade subcultural e encarceramento social continua a ser imensamente influente, formando a subcorrente teórica, por exemplo, em *In Search of Respect* (1995), de Philippe Bourgois, e *Ain't, No Makin 'It*, de Jay McLeod. (1995).

Uma segunda tensão é igualmente importante – e à medida que continuamos a explorá-la, nos aproximamos cada vez mais dos reinos contemporâneos da modernidade tardia e da criminologia cultural. Para os teóricos britânicos, você se recorda, uma subcultura constituiu um "texto" que pode ser "lido" por seus significados; era um texto, uma história, em que uma subcultura tentou encontrar uma solução significativa para algum problema compartilhado. Os *skinheads* do Leste de Londres dos anos 1970 e 1980, por exemplo, foram lidos como uma resposta ao declínio acentuado do trabalho tradicional, o início da gentrificação e a morte das pequenas indústrias de artesanato. Como todas essas tendências operaram para remover o adereços sociais e econômicos da masculinidade da classe trabalhadora, fundamentados em habilidades e proezas físicas, uma "solução" foi inventada: o machismo revanchista dos *skinheads*, as cabeças raspadas, botas Doc Marten e canções e rituais reacionários (ver igualmente: HAMM, 1995). Essa narrativa subcultural compartilhada, este texto, foi visto como algo claro, unificado e legível com base em seus significados e implicações. Subculturas distintas foram definidas com base em seus estilos e tipos de membros; eles ofereceram sinais de resistência e indicadores de subversão simbólica contra a hegemonia da cultura dominante.

Uma tensão se encontra escondida na ideia de subcultura como texto legível – e ela só cresceu sob a modernidade tardia. Trata-se da tensão entre subcultura e cultura maior; colocada de outro modo, da tensão entre a inclusão e a exclusão, entre a integração e a diversidade. Como sugerimos anteriormente, valores alternativos e "subterrâneos" circulam cada vez mais na cultura tardo-moderna, carregados pela mídia e pela migração global, tanto por anunciantes *mainstream* quanto por adversários subculturais. Como vamos mostrar nos capítulos subsequentes, essa paisagem cultural incerta e inconstante acaba por borrar a distinção entre violência e entretenimento ou entre crime e controle do crime.

Talvez em um mundo assim a identidade subcultural não seja tão distinta, e as mensagens subculturais nem sempre sejam tão dramáticas. Cada vez mais percebemos que pelo menos algumas subculturas devem ser entendidas, nas palavras de Peter Martin, como "[...] fluidas, porosas, amorfas e transitórias [...]" (2004, p. 31), com jovens adotando caprichosamente um papel subcultural ou outro, jogando com identidades subculturais e descartando-as, (MCROBBIE, 1994) ou ocupando múltiplos mundos subculturais de uma só vez. E se permanece um texto de subcultura a ser lido em tais casos, o texto será híbrido, plural e adulterado, fazendo empréstimos de outras subculturas e do sistema subterrâneo mediado de valores da sociedade mais ampla, ao longo do caminho "embaralhando sinais fixos de identidade" (COHEN, 1997, p. 261) e talvez até abraçando a sua própria demonização (MCROBBIE; THORNTON, 1995). Como Ferrell descobriu (1998a), em tais circunstâncias até uma subcultura relativamente distinta pode se definir com base no deslocamento, anonimato e movimento. Nada disso descarta a noção de subcultura, é claro; ao contrário, sugere que, como condições sociais, culturais e subculturais mudam, nossa análise delas também se transforma.

E como vamos discutir no próximo capítulo, é sob essas condições tardo-modernas que uma criminologia cultural se torna essencial. Na modernidade tardia, as placas tectônicas da desigualdade bruta e da estigmatização social generalizada continuam a se mover abaixo da superfície social, irrompem endemicamente no crime e na desordem, e mais dramaticamente em protestos urbanos, terrorismo e nas "batalhas de reconhecimento" (BAUMAN, 2005) associadas aos conflitos contemporâneos. Neste mundo de instabilidade e insegurança vertiginosas, os processos excludentes continuam e se aceleram, impulsionados pela representação mediada e pela fluidez global. Enquanto isso, subculturas de resistência, reação e desespero florescem e desaparecem, recordando-nos de que algo permanece errado, que o mundo social é cada vez mais instável e despedaçado. Aqui, crime e desvio refletem a desordem do cotidiano.

Sob essas condições, a criminologia ortodoxa não será suficiente. O mundo tardo-moderno exige uma criminologia que seja algo mais do que um acessório do sistema de justiça criminal, uma criminologia que represente o significado em vez de desconsiderá-lo. Requer uma criminologia projetada para explorar a representação em massa e a emoção coletiva, não uma criminologia empenhada em reduzir a complexidade cultural à escolha racional atomizada. Se é para se tornar melhor, este mundo não precisa de um cultura criminológica de controle (GARLAND, 2001), fundada na praticidade e conservadorismo, mas de uma criminologia animada pela inovação cultural e dedicada à possibilidade progressista.

Há muito se formando, a tempestade finalmente irrompeu. Não há como voltar atrás.

UMA SELEÇÃO DE FILMES E DOCUMENTÁRIOS ILUSTRATIVOS DE ALGUNS DOS TEMAS E IDEIAS DESTE CAPÍTULO

- *Goodfellas*, 1990, Direção de Martin Scorsese.

Goodfellas é a obra-prima de Scorsese sobre a verdadeira história do gangster Henry Hill e sua associação com a Máfia de Nova York. O filme é ilustrativo de uma série de clássicas teorias criminológicas, incluindo os conceitos de "associação diferencial" e "transmissão cultural", da Escola de Chicago. No entanto, em termos da relação específica com este capítulo, *Goodfellas* é interessante porque involuntariamente evoca duas teorias de David Matza – a noção de "delinquência e deriva" (a ideia de que os indivíduos derivam para o desvio – veja as cenas de abertura do filme que traçam a tentativa de entrada de Hill na máfia); e suas famosas "técnicas de neutralização".

- *This is England*, 2006, Direção de Shane Meadows.

Situado em 1983 em uma pequena cidade litorânea inglesa, *This is England* é a história da breve associação de um menino de 11 anos de idade com um grupo de *skinheads*. Tendo como pano de fundo a Inglaterra de Margaret Thatcher, *This is England* lida com o fascínio de subculturas, mas também com as diferenças pessoais e psicológicas dos membros do grupo – diferenças que acabam por separar o grupo e forçar o personagem central do filme a questionar seus valores.

- *Grin Without a Cat* (título original: *Le Fond de l'Air Est Rouge*), 1977, Direção de Chris Marker.

Este é um documentário sobre as convulsões políticas do final da década de 1960 e início da década de 1970, que retrata o movimento de maio de 68 da Nova Esquerda em Paris, os protestos anti-guerra nos EUA, no Chile, Cuba, Bolívia e além. Com pouco menos de três horas, o filme carece de coerência e de uma narrativa abrangente – no que não é muito diferente dos próprios protestos contraculturais da década de 1960 (ver: HAYWARD; SCHUILENBURG, 2014) mas é notável pelas filmagens e entrevistas que captam a atmosfera inebriante daqueles tempos.

- *A Taste of Honey*, 1961, Direção de Tony Richardson.

Baseado na peça de Shelagh Delaney, *A Taste of Honey*, é uma comédia que se propõe a questionar questões de classe e gênero na Grã-Bretanha dos anos 1960. Como vários filmes clássicos produzidos durante esse período (por exemplo, *Look Back in Anger*, 1959, Direção de Tony Richardson, *A Kind of Loving*, 1962, Direção de John Schlesinger e *The Loneliness of the Long Distance Runner*, 1962, Direção de Tony Richardson), *A Taste of Honey* foi muito influente na forma com que desafiou as noções de "família nuclear" e a rigidez de classe da Grã-Bretanha de meados do século XX.

LEITURA ADICIONAL

- YOUNG, J. Introduction to the 40th Anniversary Edition. In: WALTON, I. Taylor, P. YOUNG, J. (Eds). *The New Criminology*. Abingdon: Routledge, 2013.

Uma revisão perspicaz e abrangente do surgimento da criminologia crítica e como a criminologia cultural se encaixa nessa história.

- MATZA, D.; SYKES, G. M. Juvenile Delinquency and Subterranean Values. *American Sociological Review*, v. 26, p. 712-719, 1961.

Estudo clássico sobre o desvio que mostra que muitos jovens praticam atos delinquentes não por causa de violência física ou ganho monetário, mas por razões de excitação, aventura, prazer e outros fatores culturais e existenciais.

- BECKER, H. S. *Outsiders*: Studies in the Sociology of Deviance. Nova York: The Free Press, 1963.

Estudo antológico sobre o desvio que mostra que as leis não emergem naturalmente de valores sociais ou da indignação pública espontânea; elas emergem dos empreendimentos de quem é poderoso o suficiente para mobilizar apoio, espalhar ideologias particulares e, eventualmente, codificar seus próprios valores e ideologias na lei.

- COHEN, A. *Delinquent Boys*: The Culture of the Gang. Nova York: The Free Press, 1955.

Um trabalho inovador de teoria subcultural que ainda fornece *insights* valiosos em termos de desvios reativos e dinâmica de pequenos grupos, na atualidade (ver, por exemplo: COTTEE, 2009b).

- HAYWARD, K.; MARUNA, S.; MOONEY, J. (Eds). *Fifty Key Thinkers in Criminology*. Abingdon: Routledge, 2010.

Retratando a história do pensamento criminológico através de uma coleção de fascinantes histórias de vida, este livro abrange uma série de pensadores históricos e contemporâneos de todo o mundo, oferecendo uma combinação estimulante de fatos biográficos com contexto histórico e cultural.

- MORRISON, W. *Theoretical Criminology*: From Modernity to Postmodernism. Londres: Cavendish, 1995.

Obra teoricamente sofisticada que traça a história da teoria criminológica, muitas vezes a partir de uma posição intelectual que ressoa com a perspectiva da criminologia cultural.

WEBSITES ÚTEIS

- Jock Young's Criminology World website

<http://www.malcolmread.co.uk/JockYoung/>.
Acesso a uma série de escritos de Jock Young, abrangendo mais de trinta anos de pesquisa criminológica. Um verdadeiro tesouro de criminologia crítica e cultural.

- Howie's Homepage

<http://howardsbecker.com/>.
O *site* do sociólogo infatigável Howard S. Becker.

- *Theoretical Criminology* (London: SAGE)

<http://tcr.sagepub.com/>.
Publicado quatro vezes por ano desde 1997, *Theoretical Criminology* é a revista internacional líder no que diz respeito aos aspectos teóricos da criminologia.

3
A TEMPESTADE IRROMPE: A CRIMINOLOGIA CULTURAL AGORA

Nos dois primeiros capítulos, sugerimos que um novo mundo está surgindo – um mundo de "modernidade tardia" – e que a criminologia cultural é projetada para ressoar com esse mundo, e assim penetrar em seus ofuscamentos e criticar suas injustiças. Este capítulo desenvolve ambas as reivindicações. Primeiro, oferecendo um sentido mais completo do mundo tardo-moderno, para em seguida, voltar sua atenção para o engajamento da criminologia cultural com ele.

MODERNIDADE TARDIA

No mundo da modernidade tardia, espaço e tempo se comprimem sob as forças da globalização econômica e cultural, a cultura se desprende da localidade e realidades materiais e virtuais se misturam, com muitas pessoas experimentando, consequentemente, um profundo sentimento de desincorporação e deslocamento. Aqui, mídia de massa, novas mídias e meios alternativos proliferam, formando uma emaranhada teia de interconexão constante, ainda que virtual. Aqui, o hiper-pluralismo prospera – uma contestada diversidade de valores encontrados na tela e na rua, uma pluralidade sem precedentes de perspectivas culturais que circulam em meio ao Estado e tentativas corporativas de monopolização do significado.

No mundo da modernidade tardia, as certezas que decorriam da justa recompensa e da identidade confiante desaparecem ou reapresentam-se caoticamente. A insegurança ontológica prolifera de modo desenfreado, os estereótipos circulam em torno da estrutura social mediada em um festival de alterização – e assim, a política de identidade ocupa o centro do palco, enquanto os conflitos de classe se transformam em "guerras culturais" contra os pobres e marginalizados.

Toda essa insegurança anômica é trespassada por uma brutal desigualdade econômica e cultural. Enquanto banqueiros bebem coquetéis personalizados de £330 em bares chiques de Londres, trabalhadores irregulares remodelam moradias de US$ 3 milhões no Brooklyn para os ricos e outros vagueiam pelas ruas, coletando garrafas e latas em carrinhos furtados de supermercado. Nos EUA, os 1% mais ricos da população possuem 40% da riqueza financeira, os 80% mais pobres possuem meros 9% – e as desigualdades no Reino Unido não estão muito atrás.

À medida que as desigualdades aumentam dentro do Primeiro Mundo, elas aumentam entre o Primeiro Mundo e o Terceiro Mundo também. Metade do mundo vive agora com menos de US$ 2 por dia; os três homens mais ricos do mundo possuem riqueza igual àquela dos 48 países mais pobres juntos. Com uma mídia e economia globalizadas, tais desigualdades tornam-se ainda mais insuportáveis, ainda mais culturalmente discordantes, e assim, nas zonas de guerra do Oriente Médio, nos projetos do Leste de Nova York, nas propriedades do Sul de Londres, nos suburbios de Paris e nos campos de papoula do Afeganistão, elas se desenrolam. Entre os extremos globais de riqueza e privação, uma "classe média" em pânico continua muito pronta para projetar seus medos na subclasse (YOUNG, 2007) – e os desfavorecidos reagem a sua humilhação, às vezes justamente, às vezes terrivelmente, mas sempre de maneiras que as autoridades rotulam como crime, terrorismo ou imoralidade.

Em meio a tudo isso, nas métropoles e cidades menores, o sistema de justiça criminal e o complexo industrial-prisão continuam a avançar. Se todos aqueles que estão presos ou supervisionados pelo sistema dos EUA fossem colocados juntos, eles constituiriam a segunda maior cidade do país, com apenas um milhão a menos que Nova York. Enquanto isso, nas ruas de Londres raramente alguém está fora do alcance do Circuito Fechado de Câmeras de Televisão (CCTV) – o cidadão londrino médio vê cerca de 500.000 câmeras, 300 vezes ao dia. E mesmo com o crime em declínio na última década, muitas pessoas em Londres, Nova York ou Praga continuam a clamar por mais câmeras, mais policiais oficiais, mais "segurança".

Suspeitamos que esse desejo de "segurança" reflita muito mais do que o simples medo de crime. Se os comentaristas sociais dos anos 1950 e 1960 censuravam uma geração complacente, confortável, com uma sensação de que "tudo nunca foi tão bom", os comentadores de hoje falam de uma sociedade de risco, onde a incerteza social surgiu como dínamo constante da existência. Essa incerteza permeia tanto a produção quanto o consumo.

O mundo do trabalho produtivo foi, para muitos, desvendado; enquanto o mercado de trabalho primário de emprego estável e de carreiras "seguras" encolheu, o mercado de trabalho secundário, de contratos flexíveis e descartáveis de curto prazo, cresceu e, com ele, uma "subclasse" de desempregados e subempregados que gravitam entre ocupações incertas (FERRELL, 2012b). O mundo do lazer e do consumo também foi transformado em um caleidoscópio de escolha e preferência presumida, modificado implacavelmente pela ênfase no imediatismo, hedonismo e auto-realização. E essas circunstâncias anômicas tornam-se ainda mais precárias à luz de duas contradições tardo-modernas: o aumento da demanda por certeza identitária em um tempo no qual a perturbação social generalizada mina qualquer autoconfiança, e o aumento da demanda para os tipos de imediatismo e excitação que uma indústria cultural mercantilizada está ansiosa por promover, mas que dificilmente satisfará.

Pouco disso é inerentemente novo. Migração em massa, flexibilidade laboral, influência dos meios de comunicação de massa e instabilidade social se apresentaram dramaticamente no passado; de fato, como vimos, a tradição subcultural surgiu para dar sentido a precisamente esses desenvolvimentos disruptivos e suas consequências. O novo é a força combinada de tais desenvolvimentos hoje, sua maior órbita e sua justaposição perigosa. Declínios dramáticos na indústria e manufatura do Primeiro Mundo dissolveram não só locais de trabalho estáveis e rendimentos confiáveis, mas estabilidades de identidade e comunidade. Maior mobilidade geográfica e hiperindividualismo desintegraram ainda mais as comunidades humanas tradicionais; o número crescente de casais divorciados e familiares solteiros refletem e exacerbam essa trajetória.

Em última análise, esses fatores conspiram para substituir o Sonho Americano de conforto material com um novo Sonho do Primeiro Mundo, onde significado e expressão são primordiais, onde encontrar-se é uma tarefa contínua de reinvenção incerta e muitas vezes em pânico. Na modernidade tardia, este novo sonho é principalmente roteirizado e comercializado por meio de comunicações mediadas. Televisão e rádio agora ocupam cerca de metade do tempo que os cidadãos passam acordados no Reino Unido e nos EUA – e, claro, a esse tempo devem ser adicionados videogames, filmes populares, entretenimento na internet, telas de celulares e outras diversões mediadas. Na modernidade tardia, os meios de comunicação se transformam e se proliferam, criando e atendendo a uma diversidade de públicos, substituindo comunidades tradicionais enfraquecidas com comunidades de significado virtual e emoção. Nesse processo, duas identidades sociais são criadas e contrastadas, com uma apresentada positivamente – a celebridade – e o outra negativamente, como personificada em vários desviantes, criminosos e párias – embora, como veremos, essas duas identidades sejam frequentemente feitas para se cruzarem. Orientações poderosas, mas ambíguas, para o crime e o controle do crime, para moralidade e a imoralidade, são assim circuladas em um mundo faminto por tal direção. Como a identidade pessoal se desintegra, a identidade virtual se torna mais desejável, mais perigosa – ainda mais "real".

Continuamente, as demandas trabalhistas do capital global e as seduções comodificadas da mídia global violam fronteiras reais e imaginadas, mobilizando tanto desejos quanto populações. Na Europa, populações relativamente homogêneas agora, para o bem ou para o mal, tornaram-se manifestamente multiculturais. Na Europa e em outros lugares, a grande variedade de culturas agora intercaladas entre si – cruzando fronteiras, contestando identidades culturais, compartilhando sonhos mediados – marca o pluralismo da modernidade tardia.

PLURALISMO TARDO-MODERNO, PROBLEMAS TARDO-MODERNOS

Para muitos no mundo ocidental, o pluralismo da modernidade tardia pode ser entendido como uma espécie de hiperpluralismo, uma proximidade de valores discordantes que confunde o global e o local. O choque do plural e a incerteza do hiperplural derivam da exposição cotidiana a uma variedade desordenada de significados culturais, estilos subculturais e definições de propriedade ou desvio. Aqui, os significados se sobrepõem, os valores hibridizam e as identidades colapsam umas sobre as outras – a ponto de que "normal" não é mais uma certeza e o mundo antes tido como garantido começa a ficar borrado. Mandando mensagens para um amigo em Chicago, recebendo um e-mail de um conhecido na Grécia, conversando com seu colega nigeriano antes de sua aula sobre literatura francesa moderna, assistindo a um filme estrangeiro no monitor de encosto de cabeça do seu carro ou lendo os anúncios de aulas de espanhol no ônibus que cruza uma cidade de etnias mistas e subculturas contemporâneas, o mundo cotidiano da modernidade tardia pulsa com uma pluralidade de significado e valor. Mesmo para quem queira escapar disso, recuar para condomínios fechados, pequenas cidades ou recursos confiáveis de mídia, permanecem as vívidas imagens de televisão do Iraque ou da Cisjordânia, as imagens estranhas e escândalos regulares da Internet, e as contínuas incertezas morais da maconha, imigração, aborto, casamento gay e muito mais. Esse choque, essa desfamiliarização, também é uma ocorrência regular para o imigrante, o viajante, o trabalhador sazonal em movimento – partes cada vez maiores da população tardo-moderna. Em movimento, à deriva entre muitos mundos, as rotinas do dia a dia se desfazem e a mais "natural" das tarefas torna-se problemática – até mesmo o "lar" perde sua certeza uma vez que é deixado para trás. Com migração em massa e turismo global, com o influxo constante de outras pessoas e ideias, populações nativas também começam a perder suas cidadelas de segurança simbólica. Sempre em movimento, o mundo vira de dentro para fora e à deriva se torna a única trajetória certa (FERRELL, 2012a; FERRELL, 2012b).

Para o bem ou para o mal, uma espécie de caos cultural acontece. Certezas quanto à igualdade ou a justiça são substituídas por um senso de arbitrariedade; medidas claras de valor pessoal, realização profissional ou inocência e culpa, cedem aos poucos. Pessoas vêm e vão, empregos vêm e vão – os terraços resistentes de uma estrutura de classe anterior são invadidos, arrasados, substituídos por uma ecologia econômica de derrubada e queimada. Não surpreendentemente, as indústrias de sorte – cassinos, jogos de azar *on-line*, torneios de pôquer televisionado, loterias patrocinadas pelo Estado – florescem. Para a maioria, insegurança, incerteza e dívidas ridicularizam a noção de progresso meritório em direção à lenta e progressiva riqueza acumulada ou à aposentadoria segura e confortável. A farsa do sonho de fama instantânea e fortuna, de ganhar um concurso de talentos televisionado ou aposta de loteria, permanece.

Em um nível, o hiperpluralismo e outros deslocamentos tardo-modernos geram grande potencial humano – o potencial para as pessoas rejeitarem o peso pesado da cultura transmitida com sua deferência e aceitação irrefletida, e sua mitologização da tradição. Em outro nível, essas incertezas modernas provocam grande miséria humana, levando ao primeiro plano sentimentos de profunda insegurança, vertigem social e até de vazio existencial. Dentro desta situação, são duas as escolhas: mudar, reinventar e resistir, ou escolher negar a escolha em si mesma, e em vez disso recuar para noções essencialistas e fundamentalistas de si mesmo e dos outros. No que diz respeito à primeira escolha, vamos simplesmente mencionar aqui a multiplicidade de movimentos tardo-modernos de resistência, de ambientalistas pós-industriais radicais a manifestantes antiglobalização, de artistas políticos sul-americanos a ativistas africanas dos direitos das mulheres. Nós também notamos uma ampliação dos horizontes de resistência dentro da modernidade tardia e em capítulos posteriores retornaremos a ela. Uma nova geração de ativistas não está tão interessada em modelos mais antigos de movimentos sociais de massa como está interessada na mineração da hiperpluralidade da vida cotidiana e no lançamento de seus próprios momentos de autodeterminação, autonomia e hibridismo cultural (FERRELL, 2001/2). Esses ativistas também entendem a dinâmica particular da modernidade tardia – entendem que momentos de lazer e prazer podem conter possibilidades radicais, que a rua pode falar de política com a Internet, que representações mediadas podem ser subvertidas e revertidas, que comunidades podem ser reconstruídas nas esquinas do espaço urbano ou nas sombras do ciberespaço.

Mas existe também uma segunda opção – a escolha de essencialização e alterização. Um bálsamo comum para sentimentos de insubstancialidade e inutilidade é manter que existe algo de essencial sobre si mesmo ou sobre as suas crenças que, na verdade, garantem superioridade. Sexo, classe, raça, nação, religião – tudo pode ser invocado na busca pela superioridade auto-avaliada e na criação de um grupo *outsider* que é "naturalmente" inferior. Todos esses critérios fornecem narrativas de diferença, castigo moral do outro, um sistema de divisão simples para um mundo cada vez mais complexo e confuso, e uma hierarquia de mérito inato. Esse não é apenas um processo de desumanização cultural; é um facilitador da violência. Ele age como uma técnica coletiva de neutralização, promovendo tanto a punição vingativa do mestre, quanto a violência transgressora do agressor. As cruéis e incomuns punições do sistema prisional dos EUA, o massacre em massa dos funcionários da Charlie Hebdo em Paris, a decapitação televisiva dos cativos no Oriente Médio, os muitos atos cotidianos de violência doméstica ou ataque racista – todos misturam essencialismo e alterização com desumanização e violência.

FIGURA 1 – PLATE 3.1 SINAIS DE INCERTEZA EM LEXINGTON, KENTUCKY E LONDRES, INGLATERRA.

Créditos: Fotografias de Terry Cox, Keith Hayward and Jeff Ferrell.

INCLUSÃO PRECÁRIA, EXCLUSÃO TENTADORA E BULIMIA SOCIAL

A exclusão social é frequentemente vista de forma binária – a maioria seguramente incluída de um lado, a minoria social e moralmente excluída, de outro. Sob as condições da modernidade tardia, diríamos nós, uma dinâmica muito diferente ocorre – muitos dos incluídos estão descontentes, inseguros e insatisfeitos, e muitos daqueles considerados excluídos estão, na verdade, muito bem assimilados. Na modernidade tardia, a inclusão precária confronta a exclusão tentadora.

Permanecer "incluído" em um mundo tardo-moderno de carreiras precárias e desordem econômica – isto é, manter um padrão de vida "decente", para possibilitar um bem-sucedido estilo de vida, para acalmar o medo constante de falhar – exige esforço além do razoável, autocontrole e contenção. O trabalho é inseguro e o salário não acompanha a inflação, as horas de trabalho são longas e cada vez mais maiores, o fim de semana é curto e breves momentos de satisfação chegam somente com a ajuda libertadora do álcool. Ambos os familiares trabalham – ou o pai ou a mãe solteiro(a) trabalha em dois ou três empregos – e depois existem as atividades escolares e de recreação das crianças. E isso sem mencionar os engarrafamentos durante a longa viagem para o trabalho, o elevado custo da habitação, os custos da gasolina e do aquecimento dentro de casa – e a sensação de que talvez nada disso é suficiente para a identidade ou segurança, que nada disso se equipara ao padrão de vida da geração anterior ou ao último programa de televisão aspiracional assistido.

A posição profundamente precária da maioria dos "incluídos" na sociedade da modernidade tardia, por sua vez, gera raiva, revanchismo e um gosto pela exclusão. A partir dessa posição social precária, pode facilmente parecer que as classes mais baixas vivem injustamente dos nossos impostos e cometem crimes predatórios contra nós. Pode parecer que somos afligidos pelo nosso próprio trabalho duro e decência, enquanto eles estão livres para perseguir prazer. Pode parecer que eles são tudo o que não somos, que eles não são constrangidos pelas mesmas desigualdades tardo-modernas que nos constrangem. Tal processo, claro, não é de simples inveja; os precariamente incluídos raramente estão ansiosos para trocar lugares com os desgraçados e empobrecidos excluídos. Mas a própria existência dos excluídos, sua intransigência moral imaginada e indulgência imerecida, torna as circunstâncias incertas dos incluídos de alguma forma ainda mais insuportáveis.

Naturalmente, a modernidade tardia cria um conjunto diferente de contradições para os excluídos e a subclasse. Em outros lugares, nós investigamos a subclasse negra americana como um tipo de estudo de caso que serviu como teste – um teste, isto é, de exclusão e inclusão na sociedade moderna tardia (YOUNG, 1999) – enfocando particularmente a brilhante etnografia de Carl Nightingale (1993) do gueto de Filadélfia, *On the Edge*. O que Nightingale descobriu rebateu qualquer classificação simples e binária de exclusão e inclusão – pois o gueto, ele descobriu, é a apoteose da América. Aqui está, se encontra, para muitos, uma imersão total na cultura americana *mainstream*: um mundo que venera dinheiro e sucesso, viciado em Gucci, BMW e Nike; um mundo que assiste televisão 11 horas por dia, compartilhando da obsessão da cultura *mainstream* com a violência, formando filas do lado de fora do cinema, até mesmo abraçando de algumas maneiras o racismo da sociedade mais ampla. Da mesma forma, no Reino Unido, o problema dos *sink estates*[14] não é de simples exclusão; ao contrário, é uma inclusão cultural profunda que contrasta com uma forte exclusão sistemática da realização cultural e econômica. É uma situação em que inclusão e exclusão ocorrem concomitantemente – um mundo bulímico onde a cultura massiva de inclusão é acompanhada de exclusão estrutural sistemática (ver: HALL *et al.*, 2008).

No mundo tardo-moderno, então, o assunto fundamental da criminologia – crime e suas causas, controle do crime, medo do crime, policiamento, punição – é redimensionado. Agora, o medo do crime pode emergir da representação mediada e atitudes punitivas da precariedade social e pessoal. Crimes patrimoniais podem agora espelhar as ironias da inclusão cultural tardo-moderna, talvez também incorporando reações viscerais a modos particulares de desintegração tardo-moderna. Formas de criminalidade que eram rastreáveis a locais estáveis, podem agora estar conectadas a emoções individualizadas, busca de identidade perdida ou colisões de culturas migratórias. O sistema de justiça criminal certamente responderá, certamente desempenhará seu papel de exclusão e inclusão e no policiamento da imagem. Será preciso um novo tipo de criminologia para compreender esse mundo.

---

14 N.T.: *Sink Estate* refere-se a conjuntos habitacionais do Conselho Britânico, caracterizados por altos níveis de privação econômica e social. O termo surgiu nos anos 80 e pode ter relação com "estar nas profundezas da sociedade".

UMA CRIMINOLOGIA CULTURAL PARA A MODERNIDADE TARDIA

As transformações e flutuações tardo-modernas aqui expostas foram objeto de muito debate nas ciências sociais; em particular, o debate foi enquadrado em torno de épocas e eras. De um lado está a visão de que tais mudanças sinalizam o desaparecimento da modernidade e uma transição para as condições da "pós-modernidade" (por exemplo: BAUDRILLARD, 1981; LYOTARD, 1984; JAMESON, 1991). A perspectiva oposta, geralmente associada a teóricos como Giddens (1984, 1990), Beck (1992) e Berman (1982), é mais circunspecta, sugerindo que essas mudanças não envolvem nada tão significativo quanto uma mudança de paradigma, e que as transformações econômicas e sociais permanecem situadas no reino da modernidade. O debate gira em torno da questão complicada de saber se as condições contemporâneas representam uma ruptura qualitativa ou apenas uma intensificação quantitativa do que aconteceu antes. Seja qual for o caso, porém, precisamos de uma criminologia que seja não apenas consciente desses debates (a criminologia ortodoxa geralmente não é), mas capaz de compreender, documentar e reagir aos detalhes das circunstâncias contemporâneas.

Estando ou não passando por um período de transformação estrutural, nossa ordem social está sendo claramente tomada por significativas e até mesmo extraordinárias modificações em muitas das premissas e modos de organização associados à modernidade clássica. Para entender os padrões de crime e controle do crime contemporâneos, essas transformações devem ser investigadas – e uma posição "agnóstica" em relação à modernidade/pós-modernidade nos possibilita fazer isso. Adotando essa postura, podemos falar de nossa presença (ou talvez de viajar por meio de) um momento contínuo ainda descontínuo, um período incompleto de hibridismo social e histórico. Portanto, é nossa alegação de que o mundo contemporâneo é, de fato, uma combinação movediça de características modernas e pós-modernas, a que, por uma questão de concisão e clareza, nos referimos como modernidade tardia.

Como criminologistas deste tempo de transição, procuramos identificar não apenas mudanças em curso, mas também as continuidades importantes, pois o período contemporâneo é claramente constituído por ambas. Assim, precisamos de uma criminologia que seja ao mesmo tempo reflexiva e progressiva, moderna e pós-moderna, que se valha de teorias e ideias do passado, abraçando conceitos e métodos contemporâneos, e inventando novas hibridações dos dois. Como já discutimos anteriormente, a criminologia cultural consiste exatamente nessa abordagem. Ela procura ativamente fundir o melhor do nosso passado criminológico com novas teorias e disciplinas, para criar uma criminologia que situa o crime e o controle no contexto da cultura, e demonstra que a dinâmica cultural contemporânea incorpora uma intensificação das tendências existentes.

O que se segue é uma série de constelações teóricas que encapsulam algumas das principais facetas da criminologia cultural. Muitas vezes elas são formas híbridas, respostas tanto às teorias criminológicas existentes quanto aos novos modos de interpretação. Elas sempre oferecem maneiras de ver o crime e a justiça criminal – de "lê-los", nos termos do capítulo anterior – na sua maioria ausentes das análises criminológicas ortodoxas.

EMOÇÃO, EXPRESSÃO, EXPERIÊNCIA

A criminologia toma como objeto de estudo uma área da vida social que é objeto de conversas acaloradas no local de trabalho e no ponto de ônibus, um dos principais temas do cinema e dramas de televisão, o material animado de videogames, a dieta básica dos meios de comunicação e um tema central em uma infinidade de gêneros literários populares, do suspense policial aos romances que envolvem *serial killers*. A criminologia toma como objeto um ato que é frequentemente carregado de maldade, emoção, vergonha e medo – um ato que regularmente galvaniza infratores, traumatiza vítimas e ultraja o público em geral. A criminologia incorpora tudo isso... e o transforma em escória higienizada. Como vamos explorar de modo aprofundado nos capítulos posteriores, tanto a fenomenologia do crime quanto o fascínio do espectador estão perdidos na teoria e métodos da criminologia ortodoxa – às vezes, ao que parece, intencionalmente. Marcus Felson (1998), por exemplo, nos clama a aceitar que a maioria dos crimes contém pouco drama e realmente nada de muito interessante. De fato, ele parece celebrar a natureza mundana do crime, reduzindo-o à massa de eventos da vida cotidiana. No entanto, criminologistas como Felson esquecem que a vida cotidiana é em si um local de drama frequente, tragédia e alegria, e que até mesmo os mais maçantes hábitos e rotinas são frequentemente locais de grande intensidade, refúgios dos medos existenciais, lugares de tranquilidade e consolo (PRESDEE, 2004). A condição humana é uma história de intensidade, nós argumentaríamos, animada pela alegria e medo, paixão e tédio e frustração, quem quer que seja a pessoa, seja qual for a vida. Em contraste com Felson e outros criminologistas ortodoxos, a criminologia cultural procura desenterrar e capturar precisamente essa fenomenologia da vida social, e essa fenomenologia do crime (KATZ, 1988): a sua raiva e adrenalina, o seu prazer e pânico, sua excitação e humilhação e desespero. Colocada em termos históricos, a criminologia cultural é projetada para sintonizar-se não apenas com a fenomenologia do crime, mas também com a fenomenologia da vida cotidiana na era tardo-moderna. A busca por excitação, o refúgio no tédio, a tensão da conformidade – como já vimos, todos se tornam mais vívidos e incertos na modernidade tardia.

No entanto, somos confrontados neste momento por uma criminologia ortodoxa que é desnaturada e dissecada. Seus atores parecem habitar alguns áridos planetas teóricos, nos quais eles são levados para o crime por déficits sociais e psicológicos ou deixados para fazer escolhas oportunistas no mercado de crime. Eles parecem miseráveis ou mundanos. Eles parecem estranhas criaturas digitais de quantidade, obedecendo a leis probabilísticas de desvios; eles podem ser representados pelo simbolismo estatístico de lambda, chi e sigma, seu comportamento capturado nas complexidades da análise de regressão e equação (ver: YOUNG, 2011).

Como sugerimos nos capítulos anteriores e como vamos confirmar nos capítulos seguintes, nós, por outro lado, compreendemos os seres humanos como criativos e culturalmente inovadores, capturados em circunstâncias que não são de sua própria escolha, mas fazendo sentido dessas circunstâncias, fazendo escolhas significativas e também, erros significativos. Nas circunstâncias tardo-modernas de deslocamento e incerteza estrutural, tal criatividade e reflexividade tornam-se ainda mais evidentes e importantes – e ainda há uma ironia: é precisamente neste período culturalmente carregado que um positivismo fundamentalista passou a dominar a criminologia ortodoxa. Sem rodeios, isso constitui um a-historicismo perigoso, um emburrecimento da teoria e um amortecimento da realidade – e por isso é neste momento que uma criminologia cultural se posiciona de modo contrário.

A OPORTUNIDADE BATE À PORTA: A CRIMINOLOGIA CULTURAL E A CRÍTICA DA TEORIA DA ESCOLHA RACIONAL

Atualmente, duas abordagens sobre o crime dominam a teoria criminológica ortodoxa: a teoria da escolha racional – Rational Choice Theory (RCT) – e o positivismo – o primeiro enfatizando o mundano, o segundo, o mensurável. Ambos incorporam narrativas racionais/instrumentais simples. Para a teoria da escolha racional, o crime ocorre por causa da escolha racional – ela deriva da disponibilidade de oportunidade e baixos níveis de controle social, particularmente onde os indivíduos são impulsivos e orientados a curto prazo (por exemplo: FELSON, 1998). De maneira reveladora, toda tentativa intelectual é feita para distanciar o crime de desigualdades ou motivações existenciais. Em vez disso, nos são oferecidos apenas indivíduos calculistas, que cometem crimes sempre que possível, e do outro lado, vítimas que, como alvos prováveis, somente são compreendidas com base em suas tentativas de calcular as melhores estratégias de segurança.

Na segunda abordagem, a do positivismo sociológico, a desigualdade, a falta de trabalho, a desagregação da comunidade e a falta de capital social são, até certo reconhecidas, embora a ponte analítica da privação ao crime, particularmente o crime violento, não seja construída, mas assumida (ver: KATZ, 2002a). Tal como acontece com RCT, resta uma narrativa desesperadamente superficial, onde intensidades de motivação, sentimentos de humilhação e raiva, até momentos de amor e solidariedade são conscientemente ignorados. Se a teoria da escolha racional é a criminologia do neoliberalismo, o positivismo sociológico é o da democracia social de massa, mas na verdade pouco os diferencia. Eles são até parecidos em seu determinismo: a RCT pode ser melhor chamada de positivismo de mercado, pois entre os determinantes de mau caráter e oportunidade para o crime, a criminalidade é reduzida a algo semelhante a tomada de decisão que preside as escolhas do consumidor. Nossa crítica da ciência social positivista e suas metodologias será encontrada no capítulo 7; aqui nós vamos nos concentrar na posição da criminologia cultural em relação à abordagem das teorias da escolha racional sobre o crime.

Embora elas tenham uma história disciplinar muito mais longa, as teorias de escolha racional do crime ganharam força durante os anos 1980 (CORNISH; CLARKE, 1986). Como as taxas de criminalidade e reincidência aumentaram nos anos 70, muitos criminologistas cansaram-se das teorias tradicionais (disposicionais) do crime baseadas em noções de privação social. Sua solução foi desenvolver teorias do crime baseadas em princípios supostamente fundamentais do comportamento humano associados à "escola clássica" da criminologia. Esses "neoclassicistas" combinaram o utilitarismo de Beccaria e Bentham com teorias de dissuasão mais recentes (GIBBS, 1968), Zimring e Hawkins, e teorias econômicas relacionadas ao crime (BECKER, 1968; HIRSCHI, 1969).[15] Os resultados foram construtos de "custo-benefício" como o modelo *homo economicus* da ação humana. Isso,

---

15 "O ponto de partida da RCT é que os infratores buscam vantagem para si mesmos por seus comportamentos criminosos. Isso implica tomar decisões entre alternativas. Essas decisões são racionais dentro das restrições de tempo, habilidade e disponibilidade de informação." Cf.: PEASE, 2006, p. 339.

por sua vez, levou a criação de uma série de modelos (deliberadamente) empobrecidos etiologicamente do comportamento criminoso onde, como na teoria clássica de controle (GOTTFREDSON; HIRSCHI, 1990), não há criminalidade desviante ou patológica especial.

O comportamento criminoso é simplesmente entendido como o resultado de um cálculo e estratégias racionais visando a maximização da utilidade. Alcançando suas formas mais elevadas de abstração em expressões algébricas sofisticadas, teóricos contemporâneos do RC agora testam a eficácia das iniciativas de prevenção do crime, reduzindo a mente de potenciais infratores a uma fórmula estatística: e. $Y_i = \alpha + \beta (XBi) + \beta2 (Xci) + \varepsilon i$ (EXUM, 2002). Com a teoria da escolha racional, o significado humano e a criatividade criminal são literalmente banidas da equação; a criminalidade se torna uma fórmula de duas polegadas (HAYWARD, 2007).

Considerada em conjunto com o relacionado aumento da "Prevenção de Crimes Situacionais" (SCP), essa abordagem para o problema do crime teve algum sucesso notável no combate a certas formas de criminalidade econômica/aquisitiva. No entanto, também abriu as portas para uma nova "criminologia da normalidade" ou "cultura de controle", uma estratégia de controle do crime estreitamente sintonizada com os campos de gestão de recursos, e às abordagens governamentais atuariais sobre a contenção e gestão de problemas sociais (GARLAND, 1997, p. 190). Reduzindo o crime e o controle do crime a um problema gerencial, reduzindo a criminalidade ao cálculo racional de fatores exógenos, a RCT renuncia a qualquer entendimento dos processos psíquico-emotivos internos, qualquer análise da desigualdade estrutural e injustiça – e qualquer esperança de escapar do olhar crítico da criminologia cultural.

Se a escolha racional do crime é caracterizada pela instrumentalidade e uma lógica subjacente que se deve mais a análise econômica moderna do que a sociologia, a criminologia cultural concentrou sua atenção em crimes que incorporam emoções emocionais vívidas ou elementos "expressivos" (ver: MORRISON, 1995, DE HAAN; VOS, 2003) – o que em outros lugares nós nos referimos como os crimes do ator "irracional" (HAYWARD, 2004). De fato, é precisamente esse "estado emocionalmente carregado" que interessa aos criminologistas culturais, que suspeitam que emoções subjetivas e dinâmicas socioculturais repletas de texturas animam muitos crimes, o que ocorre cada vez mais, sob condições tardo-modernas. Contra a calculadora racional abstrata, mecanicista, a criminologia cultural contrapõe o naturalismo do próprio crime. A real experiência vivida de cometer um crime, de concluir um ato criminoso, de imaginá-lo de antemão e revive-lo depois de ser vítima de um crime. Todos esses momentos têm pouca relação com o mundo árido imaginado pelos teóricos da escolha racional. De fato, a adrenalina do crime, o prazer e o pânico de todos os envolvidos, são tudo menos algo secundários à "equação do crime". O crime raramente é mundano e frequentemente não é miserável – mas é sempre significativo.

Nem o crime patrimonial se reduz aos benefícios instrumentais que a RCT sugeriria, nem aos ajustes de déficit que o positivismo sociológico pontua. Como observou o ex-condenado John McVicar (1979), no final, os trabalhadores sempre ganham mais dinheiro do que os ladrões armados – mas é claro que esse não é o ponto. Embora os assaltantes de bancos recebam, certamente, uma "recompensa econômica instrumental" a partir da conclusão de um assalto bem-sucedido, eles também colhem consideráveis recompensas culturais e simbólicas do ato – algo que ficou claro no relato vívido de Jack Katz da dinâmica da visceral envolvida em assaltos (1988). Até ladrões mal sucedidos são frequentemente festejados dentro da fraternidade criminosa e adquirem alto *status* e respeito dentro de ambientes institucionais. Da mesma forma, Richard Wright e Scott Decker (1994, p. 117) descobrem que muitos ladrões estão comprometidos não apenas com a aquisição de propriedade, mas com a "busca de excitação" e "ação ilícita", até mesmo a ponto de assaltar casas ocupadas de modo a aumentar a excitação; um dos criminosos que invadem domicílios que Ken Tunnell (1992, p. 45) estudou diz de forma semelhante que "[...] é emocionante [...] eu gozo saindo pelas portas."

Essas intensidades de "irracionalidade" e emoção se estendem ao longo de todo o processo de crime e de suas consequências, da raiva momentânea do infrator ou mais tarde da vergonha, ao desespero destruído da vítima, à adrenalina da perseguição policial, ao drama do julgamento e ao trauma do aprisionamento. E circulando ao redor de tudo isso, adicionando suas próprias cargas emocionais: a indignação do cidadão, os pânicos morais da mídia e os medos das pessoas nas ruas e em suas casas. Nós dissemos isso antes e vamos dizer de novo:

> [...] [as] emoções fluem não apenas através da experiência da criminalidade [...] mas através das muitas capilaridades que conectam o crime, a vitimização do crime e a justiça criminal. E enquanto estes terrores e prazeres circulam, eles formam uma corrente experiencial e emocional que ilumina os significados cotidianos do crime e do controle do crime. (FERRELL, 1997, p. 21)

Este é o contraponto naturalista, até mesmo existencial, ao desnaturado essencialismo da teoria da escolha racional e seus campos cognatos.

Ao estabelecer este contraponto, a criminologia cultural construiu um substancial corpo de trabalho com um enfoque duradouro em formas arriscadas ou expressivas de crime, da violência simbólica associada à participação em gangues ao envolvimento de meninas na subcultura pró-anorexia. No entanto, ao atingir esse objetivo, também desempenhou papel importante na reprodução da oposição dualista entre "racionalidade" e "emoções" que perdura há muito tempo no pensamento científico filosófico e social. (Esse dualismo veio à tona em um debate incisivo entre Keith Hayward e Graham Farrell nas páginas de Social Policy and Administration (ver: HAYWARD, 2007; HAYWARD, 2012a; FARRELL, 2010). Os criminologistas culturais agora reconhecem que há pouco ou nada a ser ganho simplesmente justapondo a emoção como o oposto da razão. Em vez disso, nosso objetivo agora como criminologistas culturais é produzir análises que possam ajudar a transcender essa delimitação da bifurcação explicativa (HAYWARD, 2012a, p. 31; ver: EKBLOM, 2007). Nesse sentido, um artigo do nosso colega Majid Yar é instrutivo na medida que que busca não apenas evitar as mandíbulas "[…] desses dois monstros criminológicos […]" (YAR, 2009, p. 1), mas desenvolver ativamente uma "[…] reaproximação entre o racionalismo econômico e o tipo de hermenêutica emocional desenvolvida pela criminologia cultural" (YAR, 2009, p. 6). O principal argumento de Yar é simples: em vez de continuar o estabelecido jogo de soma zero, devemos entender as emoções como razoáveis (e, portanto, racionais), e razão como portadora de elementos emocionais importantes:

> Adotando essa visão, as ciências humanas não precisam fazer uma divisão entre polos diamétricos de compreensibilidade (razão) e incompreensibilidade (emoção). É somente assim que as ciências sociais (incluindo a criminologia) poderão continuar a desenvolver uma teoria da experiência e da ação que seja adequada aos desafios interpretativos e explicativos que elas enfrentam. A reintrodução da racionalidade ao reino dos sentimentos e das emoções ao reino da razão também oferece outras vantagens. Em especial, aumenta o poder explicativo da criminologia e das disciplinas cognatas. Uma das principais desvantagens do modelo *homo economicus* da ação racional é que não pode fundamentar nenhuma ciência social explicativa verdadeira. Ele entrega a causação às suposições classicistas sobre "livre arbítrio" e, portanto, não consegue retroceder até às causas de ações; só pode enumerar fórmulas situacionais que descrevem cenários nos quais é provável que uma ou outra "escolha livre" seja feita por um sujeito voluntário. Similarmente, pensar em termos de emoções

"irracionais" torna impossível a explicação causal como tal, porque a capacidade de estabelecer por que as coisas acontecem pressupõe que eles são compreensíveis, o que o irracional, por definição, não é. No entanto, pensando em termos das razões e razoabilidade das ações (fundamentadas na cognição e emoção) podemos entender melhor sua gênese. (YAR, 2009, p. 10)

Curiosamente, esse processo unificador já está em andamento em certas áreas da economia. Por exemplo, em um importante artigo recente, o sociólogo econômico Milan Zafirovski (2012) busca ativamente reexaminar a visão predominante de que a economia neoclássica está interessada apenas na racionalidade. Em vez disso, ele propõe que, implícita dentro da economia política clássica e economia neoclássica de autores como Adam Smith e Jean-Baptiste Say, existe uma verdadeira "Caixa de Pandora" de "escolhas irracionais" e "atos irrazoáveis". Além disso, segundo autores como Robert Shiller, os economistas contemporâneos estão se afastando dos modelos de escolha racionais associados à chamada "hipótese do mercado eficiente",[16] e, em vez disso, estão seguindo o exemplo dos economistas comportamentais, explorando as microrrealidades das forças de mercado (FOX, 2010). Estas incluem os fatores do "mundo real" que tornam os mercados menos que perfeitamente eficientes – por exemplo, os incentivos perversos que os executivos do setor bancário têm para maximizar a assunção de riscos. Também envolve tentar entender os fatores sócio-psicológicos de massa que podem levar ao comportamento da multidão, às vezes, aproveitando diversas disciplinas, como a biologia evolutiva e celular e campos híbridos como a neuroeconomia (COATES, 2012). Em um contexto de crise intelectual, os financiadores estão atualmente examinando tudo, desde incêndios florestais até imunologia para tentar entender a melhor forma de prevenir novas crises. Tal ênfase

---

16   Segundo essa hipótese, graças a milhões de fatores econômicos que agem racionalmente, em um mercado eficiente, os preços refletem com precisão todas as informações conhecidas e, portanto, a qualquer ponto são dados como "certos". Desta observação floresceram milhares de modelos estatísticos nos quais foi incorporada a ideia de que a experiência histórica, que tinha sido encenada por agentes racionais, poderia ser utilizada para prever com segurança o futuro. O quase colapso da indústria bancária e as posteriores consequências econômicas são provas demonstráveis de que a hipótese dos mercados eficientes pode ser uma premissa perigosa – como se viu, os preços de alguns ativos, particularmente de habitação, foram levados muito além dos níveis racionais por investidores eufóricos. Isto levou a um *crash* muito mais extremo do que os modelos baseados na experiência do pós-guerra jamais haviam previsto.

interdisciplinar, casada com uma visão menos abstrata da ação humana, ressoa em voz alta com a meta da criminologia cultural de ver o crime através de uma série de perspectivas intelectuais alternativas, priorizando a "experiência vivida" da vida cotidiana dentro de uma sociedade de consumo do tipo "vencedor-perdedor". Dito isto, superar a dualidade entre racionalidade calculista e expressiva emoção não significa diluir a crítica cultural criminológica das várias teorias e estratégias preventivas associadas às teorias de escolha racional do crime. Muito pelo contrário: hoje, nós argumentamos, criminologia demais é baseada em políticas supostamente "baseadas em evidências" e cujo "custo-eficácia foi comprovada experimentalmente" – a maior parte, não surpreendentemente, vinda de proponentes de políticas de prevenção do crime, defensores da teoria da escolha racional e daqueles que anseiam por uma "criminologia experimental". Aqui, a conversa é sempre com base de dados científicos, com muitos criminologistas até se auto intitulando de "cientistas do crime" (ver: LAYCOCK, 2013). Mas como está se tornando cada vez mais claro, muito dessa ciência é, na verdade, pseudociência na melhor das hipóteses.

TERMINOLOGIA DE PREVENÇÃO/REDUÇÃO DO CRIME

Prevenção situacional do crime: "[...] o uso de medidas dirigidas a formas altamente específicas de crimes que envolvam a gestão, a concepção ou a manipulação do ambiente em que esses crimes ocorrem [...] de modo a reduzir as oportunidades para o cometimento desse crimes." (HOUGH et al., 1980, p. 1).

Teoria das atividades de rotina (RAT): essa teoria afirma que existem três condições para a maioria dos crimes: um provável infrator, um alvo adequado e ausência de guardião capaz, com todos os três se unindo no tempo e no espaço. Em outras palavras: para que um crime ocorra, um provável infrator deve encontrar um alvo adequado com guardiões ausentes.

Teoria da oportunidade: "Uma abordagem para explicar o comportamento criminoso que vê o crime como uma função das características das situações que oferecem a oportunidade, àqueles inclinados a se aproveitarem delas, para se beneficiar de um ato ilegal." (HOLLIN, 2013)

Nos últimos anos, o especialista em redução de crimes e destruidor de mitos criminológicos Mike Sutton descreveu uma série de problemas fundamentais associados com o núcleo de princípios da prevenção do crime situacional e com o conceito associado de teoria das atividades de rotina (RAT). Em particular, ele refuta a teoria da oportunidade – a ideia de que as chamadas "oportunidades criminosas" causam crime – para ele, não se trata de uma teoria, mas de sim um "simples truísmo" baseado na "falácia da equivocação" (SUTTON, 2012a). Sutton afirma que a noção de RAT de oportunidade de crime é uma "falácia *post hoc*" baseada em definições ambíguas, e (crucialmente) a ilógica premissa de que algo que um criminoso ainda não fez é a causa do que ele está fazendo! Sutton não dá sinal de misericórdia quando se trata de rebater a percebida sabedoria em torno de modelos de "orientação política" baseados na escolha racional:

> Teóricos do crime como oportunidade e os cientistas do crime que acreditam que esta estranha noção criminológica de oportunidade é uma causa de crime são pseudoestudiosos e pseudocientistas, principalmente porque, embora aleguem ser criminologistas objetivos ou cientistas "reais", eles acreditam cegamente em seu mundo insular de viés de confirmação autoreferencial, de anedotas e truísmos cada vez mais complexos travestidos como se fossem explicações causais. Eles ainda não estabeleceram sequer uma definição consistente de oportunidade ou tutela. E eles ainda têm de formular um valor mensurável e detectável para a vulnerabilidade de vítima ou alvo que pode ser testado por pesquisa empírica... Se você está feliz com este modelo RAT de crime como oportunidade para a causação do crime então – eu não quero ser rude, mas – posso sugerir que você crie a sua própria igreja para aqueles que acreditam em milagres criminológicos. Por que não a chama de Igreja da ciência do crime? Alternativamente, você pode querer considerar a sensatez dos argumentos acima, que explicam por que a noção atual de oportunidade de crime é irrealisticamente simplista em parte e é, em outro lugar em seu raciocínio, completamente impossível como uma causa do crime. (SUTTON, 2012b, n.p.)

Em um artigo mais recente, Sutton (SUTTON; HODGSON, 2013), por sua vez, aborda a questão fundamental do que constitui efetivamente "evidência" na abordagem baseada em evidências, enfrentando o antigo argumento criminológico de que um policial patrulhando em Londres, em média, somente está a 100 jardas de um roubo residencial uma vez a cada oito anos (CLARKE; HOUGH, 1984). Esta máxima foi citada em inúmeros artigos de periódicos, capítulos de livros e relatórios de pesquisa – como se fosse uma teoria racional e lógica – e é percebida por muitos prevencionistas do crime e departamentos de polícia como um exemplo de "investigação baseada em evidências". O problema, como Sutton e Hodgson habilmente notaram, é que o artigo tão citado de Clarke e Hough é profundamente falho metodologicamente e conceitualmente, tanto em termos de questionável matemática elementar quanto de sua leitura grosseira da natureza do patrulhamento policial. Desafiando três premissas subjacentes associadas com a reivindicação de Clarke e Hough (o que se poderia descrever aqui como "a premissa robótica", "a premissa da distribuição do crime" e "a premissa heurística oficial"), Sutton e Hodgson destacam o perigo de simplificar em demasia as complexas questões criminológicas – neste caso, as diversas realidades e biografias espaciais que constituem as patrulhas policiais diárias.

Todo esse "desmascaramento de mitos" poderia ser visto como diversão se o que estivesse em jogo não fosse tão importante. Mas a triste verdade é que formulações criminológicas como teoria da oportunidade e RAT são frequentemente vistas por autoridades governamentais e privadas como a principal arma da política de controle do crime, e como uma forma de escapar das alegadamente mais abstratas teorizações da criminologia crítica e cultural. Dito de outro modo, tais modelos são ilustrativos de uma abordagem que casa "ciência racional" do crime com análise econômica. Em uma tentativa de produzir medidas eficientes e mensuráveis de redução da criminalidade. Como salientou Lucia Zedner (2006, p. 155-157), em economias neoliberais onde o gerencialismo é o mantra, é este anseio por medidas econômicas e eficientes de curto prazo que supera todas as outras considerações. Mas isto não representa um avanço. Nenhuma posição criminológica pode ou deve ser valorizada sobre todas as outras. Em vez disso, as teorias criminológicas têm papéis específicos para desempenhar em momentos específicos e em configurações e contextos específicos. Consequentemente, o que é necessário hoje é uma biodiversidade de ideias e pontos de vista. Expresso de forma diferente, o que é necessário é uma restauração da afirmação famosa de Max Weber, de que as explicações precisam ser adequadas a nível do significado/interpretação e da análise causal. Em outras palavras, como salientado acima, o caminho a seguir é claramente promover uma discussão (por exemplo: HAY, 2004) sobre a relação entre razão e emoção que seja simultaneamente adequada e crítica dos contornos específicos da sociedade contemporânea.

METAMORFOSES EMOCIONAIS

Reconhecer a importância das emoções humanas no crime, punição e controle social é um primeiro passo para combater o mecanicismo da criminologia ortodoxa; compreender o funcionamento de nossas vidas emocionais compartilhadas e as fontes de nossos estados emocionais é o próximo. Emoções são complexas e misteriosas – mas ainda assim temos de tentar compreendê-las, bem como investigar os estados emotivos que contribuem para a criminalidade.

Embora a criminologia não tenha dado atenção prolongada ao tema das emoções, outras disciplinas deram, dentre elas a psicologia comportamental, a filosofia, a sociologia do direito e os estudos de consumo. Muito progresso também foi feito por estudiosos do novo e diversificado campo da "Sociologia das emoções" (por exemplo: KEMPER, 1990; SCHEFF, 1990; BARBALET, 1998; BENDELOW; WILLIAMS, 1998; WILLIAMS 2001). No entanto, apesar de toda a energia intelectual, o tema da emoção dentro das ciências sociais e humanidades permanece enigmático; consenso teórico é difícil de ser encontrado, mesmo no que se refere às questões fundamentais relativas à fonte das emoções ou as melhores maneiras de estudá-las. Dito isso, a construção social e o significado social das emoções estão sendo reconhecidos e os investigadores estão finalmente prosseguindo com um conjunto muito mais claro de questões de investigação. Além disso, tem havido uma espécie de convergência entre os estudiosos sobre a ontologia de emoções e sua amenabilidade à mediação individual e social.

Cada vez mais, as emoções são vistas como dimensões corpóreas abrangentes (o corpo físico), dimensões cognitivas (processos mentais, interpretações e formas de raciocínio) e dimensões de sentimento ou afeto (como indivíduos diferencialmente socializados e socialmente localizados experimentam os processos corporais que ocorrem dentro de seus corpos). Por exemplo, enquanto a maioria de nós pode muito bem experimentar uma enxurrada de adrenalina quando confrontado por um grupo de *hooligans* de futebol em um vagão de trem (dimensão corpórea), podemos atribuir diferentes significados interpretativos para essa resposta (dimensão cognitiva), em associação com a forma como temos vindo a responder a tais experiências (a dimensão sentimento).

Mesmo aqui, porém, os funcionamentos precisos destes três elementos permanecem mal compreendidos – mas talvez isso não seja de todo ruim. Começar a partir de uma posição que reconhece estados emocionais como algo complicado e diverso pode ajudar os pesquisadores a evitar a tendência à redução analítica. Considere, por exemplo, como as emoções são abordadas dentro de emergentes campos de política de justiça criminal. Seja a estreita lista de verificação "diagnóstica" que sustenta a nova onda de "programas comportamentais cognitivos", ou o conceito desenraizado de emoções que sustenta as encarnações mais pobres da justiça restaurativa, a tendência é de simplificação da complexidade e variedade de emoções. Estados emocionais não são construções unidimensionais ou universais, e assim qualquer abordagem que os reduza a uma lista categórica não só nos falha teoricamente – desumaniza todos os envolvidos. Quando se trata de estudo de emoções, a complexidade serve como um antídoto contra o reducionismo e a simplificação teórica.

Em vez de destilar a emoção humana em uma série de "estados emotivos" uniformes, a criminologia cultural se esforça para entender a base fenomenológica de emoções, para localizar emoções dentro das complexidades do pensamento, consciência, corpo, estética, situação e interação social. Como já vimos, *Seductions of Crime*, de Jack Katz (1988), ajudou a estabelecer o enfoque fenomenológico da criminologia cultural; seu livro posterior, *How Emotions Work* (1999), pode ajudar a desenvolver essa dimensão emocional.[17]

O ponto de partida de Katz é inequívoco: as emoções são enigmáticas. Em um nível, elas parecem estar "além do nosso controle", como quando somos destruídos pela culpa, oprimidos por vergonha ou atingidos por algo histericamente engraçado. Em outro nível, emoções "[...] compõem uma parte de nossas vidas que é intimamente subjetiva." Indivíduos reagem de maneira diferente aos estímulos cômicos, por exemplo, enquanto todos nós possuímos nossa culpa particular e vergonha. Katz (1999, p. 1-2), portanto, coloca questões prescientes para a criminologia cultural: quando vergonha ou raiva inundam a experiência, onde está a fonte da inundação, onde estão os portões que deixam a enxurrada de sentimentos atravessar, se eles são não interiores? Se nós idiossincraticamente possuímos nossas emoções, por que não podemos admitir isso?

Katz propõe uma resposta tripla a estas perguntas:

> 1. Katz descreve as emoções como *projetos narrativos situacionalmente responsivos e situacionalmente transcendentes:* "Qual é o sentido socialmente visível que uma pessoa está tentando fazer na situação imediata de sua ação, e qual é o sentido atual que a situação adquire dentro de sua consciência de que a sua vida se estende para além da situação atual? (1999, p. 5). Analisando uma entrevista policial gravada em vídeo com um assassino, por exemplo, Katz mostra como as lágrimas do assassino durante sua confissão servem a dois propósitos – ajudando nas

---

[17] A psicologia social das emoções de Katz não está livre de críticas (ver, por exemplo, a discussão aprofundada sobre *How Emotions Work* na edição especial de 2002 de *Theoretical Criminology* sobre emoções [especialmente: SCHEFF et al, 2002, p. 369-374]). Esperamos que, assim como criminologistas culturais se engajaram criticamente com o livro anterior de Katz, *Seductions of Crime* e ampliaram sua análise (FERRELL, 1992, FENWICK; HAYWARD, 2000, HAYWARD, 2001; HAYWARD, 2004, p. 148-157; YOUNG, 2003), um processo semelhante começará com *How Emotions Work*.

suas relações imediatas com os interrogadores da polícia, mas também possibilitando compreender as implicações do episódio de interrogação para o seu futuro, que se estreita rapidamente.

2. *Processos Interacionais.* Katz está interessado em como as pessoas moldam sua conduta emocional em relação às leituras e respostas dadas às suas emoções pelos outros. Neste ponto, Katz enfatiza a natureza corpórea de muitos estados emotivos: ao dar forma à conduta, o sujeito também explora recursos para interação que ele encontra em seu próprio corpo ... [nós] vemos as pessoas explorando com criatividade os recursos que encontram à mão para moldar as impressões que os outros tiram de suas emoções." (1999, p. 6).

3. Metamorfoses sensuais. Enquanto as pessoas entram e saem de estados emocionais como a vergonha, raiva e fúria, Katz argumenta, o quadro sensual de suas ações muda. Novamente, este processo pode ser incorporado. Katz leva a sério "o que à primeira vista parece ser hipérbole ou imagens surreais. Por exemplo, trato as queixas dos motoristas de que eles foram 'cortados' como descrições literais; Então eu procuro por evidências do que em sua experiência corporal foi amputado." (1999, p. 6).

A tipologia tripartite de Katz oferece um ponto de partida útil para a análise de emoções da criminologia cultural. Para começar, como o próprio Katz sugere, nos ajuda a superar distinções simplistas entre as experiências em primeiro plano do ator, por um lado, e outros fatores de fundo, como classe social ou educação, que normalmente preocupam a análise sociológica. Tanto em *How Emotions Work* quanto em um artigo relacionado (KATZ, 2002a), Katz amplia uma perspectiva que ele desenvolveu pela primeira vez em *Seductions of Crime*: que, começando com o primeiro plano emocional da experiência, podemos chegar "[...] a condições de fundo como poder, gênero, classe social, etnia etc." (2002b, p. 376).

A análise de Katz também ajuda no desenvolvimento de metodologias apropriadas para o entendimento de emoções. Ele argumenta que as emoções não podem e não devem ser estudadas através de questionários ou em experimentos de laboratório em que as respostas emocionais são provocadas ou estimuladas, uma vez que ambas as metodologias distanciam os pesquisadores da fenomenologia fundamentada do trabalho emocional. (Quando nós discutirmos metodologia no Capítulo 7, vamos mostrar um exemplo particularmente absurdo desse tipo de pesquisa). Em vez disso, Katz (1999, p. 17) prioriza uma abordagem mais etnográfica, incentivando estudiosos da emoção a estudar a forma como as pessoas constroem seu comportamento emocional em ambientes naturais e cotidianos. Como mostraremos na próxima seção deste capítulo e no capítulo 8, a criminologia cultural já desenvolveu metodologias para compreender a experiência emocional do crime e do controle do crime; o trabalho de Katz pode nos ajudar a refiná-las. Como também veremos, a ênfase de Katz nas dimensões "sociais interativas" das emoções e suas ligações com a corporeidade e performatividade transcendente, complementa as perspectivas culturais criminológicas existentes em *edgework*[18] e performance situada:

> É exatamente na intersecção entre o situacional e o transcendente que todos os dias a vida assume sua força emocional. Os dramaturgos bem sabem disso, [e] [...] muitas vezes se concentram em (1) situações de interação conflituosa que (2) carregam significância transcendente e (3) são melhor transmitidas quando o público é levado a se concentrar em como os atores representam o conflito de maneiras corporais idiossincráticas. (KATZ, 1999, p. 77)

Claro, o drama das emoções nem sempre se limita a dinâmicas situacionais passíveis de métodos etnográficos ou análise fenomenológica. Dentro da criminologia cultural, por exemplo, um trabalho interessante sobre as emoções geradas por imagens mediadas e representações coletivas do crime já está bem encaminhado – trabalho que Alison Young (2004; YOUNG, 2007) descreve como uma nova "estética criminológica". Ainda assim, a estrutura tripartida de Katz fornece uma plataforma útil para levar emoções a sério e para considerar os estados emotivos da criminalidade.

EDGEWORK E TRANSGRESSÃO

O crime é um ato de violação de regras, um ato "contra a lei". Ele incorpora atitudes em relação a essas regras, avaliações de sua justiça e adequação, e motivações para violá-las, seja por transgressão direta ou momentânea neutralização. O crime não é, como no positivismo, uma situação em que os atores simplesmente violam as regras mecanicamente impulsionados por algum desiderato; não é, como na teoria da escolha racional, uma questão de atores que apenas procuram buracos na rede de controle social, em seguida, abrindo caminho através deles. Em vez disso, para a criminologia cultural, o próprio ato de transgressão contém emoções distintas, atrações e compensações.

Apontaríamos, por exemplo, para o modo como a pobreza é *vivenciada* e *percebida* na sociedade afluente como um *ato de exclusão* – a humilhação final em uma sociedade definida pela riqueza e pelo consumo. É uma expe-

---

18 N. T.: O conceito de *edgework* pode ser traduzido como "ação limítrofe", como ficará claro no próximo tópico.

riência intensa, não apenas de privação material, mas de injustiça sentida e insegurança pessoal. Isto é exacerbado na modernidade tardia devido a uma mudança na consciência, de tal forma que individualismo, expressividade e identidade tornam-se primordiais e a privação material, ainda que importante, é poderosamente complementada por um senso generalizado de privação ontológica. Em outras palavras, estamos testemunhando hoje uma crise que resulta estar em uma sociedade onde autorrealização, expressão e imediatismo são valores primordiais, ainda que as possibilidades de realizar tais sonhos individualizados sejam restringidas pelo aumento da burocratização do trabalho, o endividamento dos trabalhadores e a mercantilização do lazer e do tempo de lazer. Neste contexto, o crime e a transgressão – inclusive crimes de economia ou patrimoniais – podem ser vistos como uma quebra de restrições, uma realização ilícita de imediatismo, uma reafirmação de identidade e ontologia, não importa quão problemático seja o resultado final. Nestes e outros crimes, identidade e emoção estão entrelaçadas na experiência da quebra de regras.

Dentro da criminologia cultural, esta análise de transgressão, identidade e emoção talvez tenha sido mais plenamente desenvolvida na pesquisa de Stephen Lyng (1990; LYNG, 2005), Jeff Ferrell (2005; FERRELL *et al.*, 2001) e outros em *edgework*. Em estudos de indivíduos envolvidos em atos de extrema tomada de risco voluntário, como paraquedismo avançado, corridas ilícitas de motos e grafite ilegal, pesquisadores descobriram que os participantes não estão perigosamente "fora de controle" nem possuíam algum "desejo de morte" autodestrutivo. Em vez disso, eles se esforçam até o limite e lá se envolvem em *edgework* em busca de adrenalina, identidade autêntica e certeza existencial; eles perdem o controle para assumir o controle. *Edgework* funciona como um meio de recuperar a vida de uma pessoa, arriscando-a, uma maneira de reagir contra as "[...] forças não identificáveis que roubam de alguém suas escolhas individuais." (LYNG, 1990, p. 870).

Aqui, como sugerido na análise das emoções de Katz, o primeiro plano do risco abre o caminho para o pano de fundo da lei, poder e economia. A pesquisa de Lyng (1990), por exemplo, enfatizou especialmente a maneira pela qual *edgework* possibilita que os participantes desenvolvam os mesmos tipos de habilidades que a economia tardo-moderna de trabalho de serviço emburrecido e empregos temporários retira deles. Além disso, essas habilidades importam de maneiras distintamente perigosas, espiralando os participantes cada vez mais perto de um limite que os outros não tem como conhecer. Afinal, quanto mais afiadas as habilidades de alguém como paraquedista ou piloto, mais risco você pode correr – e quanto mais risco alguém corre, mais afiadas essas habilidades devem se tornar. A pesquisa de Ferrell (1996; FERRELL, 2005) descobriu uma dinâmica semelhante e uma que liga *edgework* diretamente à criminalidade, emoção e justiça criminal: se o *edgework* desencadeia uma "enxurrada de adrenalina" viciante, que resulta de sua mistura explosiva de risco e habilidade, então os esforços agressivos de aplicação da lei para impedir os seus praticantes só aumenta o risco do *edgework*, forçando-os a aprimorar ainda mais as suas habilidades, e assim amplificar o desejo por adrenalina que certos grupos de participantes procuram alcançar e as autoridades procuram parar.

Notavelmente, Ferrell (2004a) também explorou a interação entre *edgework* e uma emoção de fundo particular: o tédio. Ele argumenta que algumas características da modernidade tardia geraram um tipo distinto de aborrecimento coletivo e organizado. A degradação contínua do trabalho, o confinamento dos trabalhadores ao balcão de *fast food* e a fábrica globalizada, amplificam a experiência da alienação e negam a possibilidade de ocupação engajada ou excitante. Regimes generalizados de racionalização burocrática e gestão de riscos criaram uma sociedade atuarial, onde nada deve ser deixado ao acaso ou surpresa. Como a Escola de Frankfurt começou a vislumbrar, a indústria cultural infinitamente promete satisfação ou emoção com seu próximo produto mediado, e incessantemente falha em cumprir essa promessa. O resultado cumulativo é uma vasta e vazia uniformização de tédio e frustração dos quais, e contra os quais, emergem movimentos sociais e culturais coletivos, e momentos subculturais de ações limítrofes carregadas de adrenalina. Neste sentido, momentos de *edgework* ilícito e certos outros "crimes de paixão" podem ser entendidos como crimes cometidos não principalmente contra pessoas ou propriedade, mas contra o tédio estrutural. E, nesse sentido, podemos ver que a escolha dos criminologistas culturais não é se concentrar na excitação ou no tédio, no excepcional ou no mundano, mas sim situar todas essas emoções dentro das correntes definidoras da modernidade tardia.

No entanto, o foco original de perseguições de alto risco prototipicamente masculinas da *edgework*, foi criticado por um número de criminologistas feministas (HOWE, 2003, p. 279; HALSEY; YOUNG, 2006), que a veem como evidência adicional da natureza essencialmente de gênero de muita pesquisa de risco (por exemplo: STANKO, 1997; WALKLATE, 1997; CHANE RIGAKOS, 2002). Destacando as atividades extremas mas voluntárias de corredores de rua ou grafiteiros, as críticas argumentam, deixa de levar a sério o cotidiano, os riscos involuntários enfrentados pelas mulheres simplesmente em virtude de serem mulheres em uma sociedade patriarcal – riscos como violência doméstica, abuso sexual e agressão pública. Enquanto estas são certamente críticas válidas para a pesquisa inicial de *edgework*, elas sugerem o tipo de dicotomização que procuramos evitar ao longo deste capítulo. Até como primeiro formulado, por exemplo, o conceito de *edgework* pode nos ajudar a entender a dinâmica de gênero, inclusive o considerável número de crimes que produz "masculinidade hegemônica" (CONNELL, 1995) a partir de uma mistura de riscos e emoções masculinas incorporadas, em detrimento das mulheres. Além disso, pesquisas (FERRELL *et al.*, 2001) descobriram que as mulheres, tanto individualmente quanto coletivamente, muitas vezes constituem alguns dos membros mais qualificados e estimados de subculturas de *edgework* ilícitas.

Ainda assim, a questão de *edgework* e gênero pode ser abordada de forma produtiva a partir de vários outros ângulos. Em sua resposta ponderada à formulação inicial de Lyng (1990) de *edgework*, Eleanor Miller argumenta que o modelo de *edgework* é limitado por causa de seu foco muito estreito em "[...] atividades que são desenvolvidas principalmente por homens brancos com um apego à força de trabalho." (1991, p. 1531). Mas se ela está certa em criticar profundamente este e outros aspectos da tese de Lyng, ela não os descarta de imediato. Em vez disso, ela explora se eles podem ou não ter utilidade para sua própria pesquisa sobre as estratégias de risco adotadas por prostitutas de rua americanas, especialmente aquelas envolvidas em atividades potencialmente perigosas. Revisitando mais uma vez a tensão entre práticas de primeiro plano e estruturas de fundo, Miller vê as circunstâncias do cotidiano das "mulheres de classe baixa" que ela estuda como produtos de desigualdades estruturais e ideologias racistas, mas reconhece também que formas particulares de prática *edgework* entram em jogo "entre aquelas que escolhem atividades especialmente arriscadas."

> No caso em questão, o tipo de *edgework* em que se engajam os membros destes subgrupos não se assemelha exatamente a *edgework* como descrito por Lyng; as estruturas de opressão a que respondem são únicas. Os recursos dos membros dos grupos em questão são geralmente menores e diferentes. No entanto, experiencialmente e em termos de impacto psicológico social, pode ser funcionalmente equivalente em todos esses grupos. Ou pode ser diferente de maneiras que são sociologicamente importantes e interessantes. Mas desviar o olhar em definitivo nos confina a não ver. (MILLER, 1991, p. 1533-1534)

Lyng reconheceu isso observando que o modelo de *edgework* precisa de "[...] elaboração além de sua base empírica atual [...]" (1991, p. 1534) - e de fato em uma coleção editada subsequentemente em *edgework* (LYNG, 2005), ele tenta exatamente isso, com capítulos que exploram a relação entre o trabalho de equipe e o consumo de drogas, seguros vitorianos e indústrias atuariais, delinquência juvenil, até anarquia (veja: BANKS, 2013). O mais importante em termos da nossa preocupação atual, porém, é o capítulo de Jenifer Lois, no qual ela explora as diferenças significativas de gênero no *edgework* associado ao trabalho de equipes voluntárias de resgate em montanhas. Por exemplo, ela mostra como a ansiedade e a confiança emergem como estratégias emocionais de gênero em preparação para o *edgework*; como as reações à "enxurrada de adrenalina" variam por gênero; e como diferenças importantes emergem na gestão de mulheres e homens de assustadoras emoções pós-*edgework*. Ela conclui que "A compreensão norteada por gênero de mulheres e homens sobre emoções influenciou a maneira como eles entendiam seus *selfs* 'autênticos' e, portanto, suas experiências de *edgework*." (LOIS, 2005, p. 150; veja também: LOIS, 2001). Da mesma forma, a criminologista feminista Valli Rajah desenvolveu uma noção de "*edgework* como resistência" em seu estudo de mulheres pobres e de minorias, usuárias de drogas, envolvidas em relacionamentos íntimos violentos. O trabalho de Rajah explora como a "[...] *edgework* pode ser diferente em gênero, classe e raça [...]" e desenvolve "[...] o conceito de resistência especificando quando é provável que a resistência ocorra e quais podem ser as recompensas específicas da resistência." (2007, p. 196).[19] Jeannine Gailey (2009) também empregou a noção de *edgework* para refutar noções essencialistas ou entendimentos medicalizados de anorexia, mostrando, em vez disso, como mulheres anoréxicas empregam habilidades precisas para acelerar sua anorexia e alcançar intensas reações emotivas.

Como este corpo de pesquisa emergente confirma, o conceito de "[...] *edgework* é um modelo intelectual poderoso para explorar a interação de emoção, risco, crime e identidade." E como Lyng argumenta (2005, p. 5), entender essa interação torna-se ainda mais crucial à medida que o *ethos* da tomada de riscos circula cada vez mais dentro das estruturas sociais e institucionais da modernidade tardia.

---

19 Rajah reconhece, é claro, que "[...] *edgework* como uma forma de resistência à violência íntima do parceiro pode oferecer recompensas viscerais, mas não constitui necessariamente uma vitória para as mulheres, e pode até mesmo ajudar a reproduzir a desigualdade de gênero." Cf.: RAJAH, 2007, p. 210.

EDGEWORK NAS RUAS

Em outros lugares procuramos desenvolver a relação entre crime expressivo e *edgework* situando o último dentro de um contexto claramente urbano (FERRELL, 1996; HAYWARD, 2004). Relatos convencionais de *edgework* frequentemente colocam os participantes na face da montanha, no autódromo ou a bordo de um avião prestes a saltar. Mas e quanto a aqueles a que são negadas tais oportunidades, como a maioria é? Para alguns, propriedades degradadas ou bairros "problemáticos" não-transformados tornam-se "espaços paradoxais". Ao mesmo tempo que eles simbolizam a impotência sistemática tantas vezes sentida pelos indivíduos que vivem nestes ambientes, eles também se tornam locais de consumo de risco, que fornecem numerosos avenidas para a prática de *edgework*. Tais espaços servem como "zonas de performance", lugares em que exibições de risco, excitação e masculinidade abundam. Em outras palavras:

> [...] muitas formas de crime frequentemente perpetradas dentro de áreas urbanas devem ser vistas como o que elas são, tentativas de alcançar uma aparência de controle dentro de mundos ontologicamente inseguros. (HAYWARD, 2004, p. 165).

Esta noção aplica-se especialmente a crimes com um forte elemento "expressivo", como direção arriscada, assalto à mão armada ou violência de gangues, que oferecem tanto empolgação quanto um meio ilícito de percorrer, até mesmo de escapar, momentaneamente, a vizinhança socialmente degradada. Podemos até categorizar toda uma série de crimes como incêndios criminosos e o hooliganismo no futebol como tentativas de construir um sentido acentuado do *self* por meio de "*edgework* urbano", envolvendo-se em práticas carregadas de risco na borda metafórica. (HAYWARD, 2004, p. 166)

Esse argumento também pode ser estendido para explicar certos tipos de distúrbios e protestos urbanos. Por exemplo, nos tumultos de Londres em agosto de 2011, muito foi feito do fato de que, longe de uma declaração política significativa, grande parte da violência e saques que ocorreram durante os seis dias de tumultos foi na verdade altamente individualista e ligada aos tipos de expressividade pessoal e autoaperfeiçoamento hedonista associados ao consumismo (TREADWELL *et al.*, 2013).

CRIMINOLOGIA CULTURAL VERDE

Assim como a criminologia cultural emergiu nas últimas duas décadas como uma abordagem projetada para o engajamento crítico com os crimes e as crises específicas da modernidade tardia, o mesmo ocorre também com uma segunda abordagem: a criminologia verde. Em geral, a criminologia verde explora as interconexões entre dano ambiental, crime e controle do crime e questões de justiça social e injustiça. Especificamente, a criminologia verde investiga temas que incluem a poluição e o esgotamento de recursos naturais, o abuso e a exploração de animais, os danos inerentes à produção de alimentos contemporânea e os danos gerados pelo aquecimento global e mudanças climáticas. Como os criminologistas verdes observam, a criminologia dessas questões ecológicas e suas causas, por sua vez, conecta a dinâmica dos danos verdes ou ambientais com as principais preocupações da criminologia como um todo: criminalidade de colarinho branco, criminalidade do Estado, seletividade e questões de responsabilidade pessoal e coletiva. Em tudo isso, criminologistas verdes procuram demonstrar "[...] como é relevante uma criminologia verde em termos de tendências globais e locais que moldam nosso mundo diariamente." (SOUTH et al., 2013, p. 30).

Além de seu objetivo comum de criar uma criminologia que dialogue com questões contemporâneas, a criminologia cultural e a criminologia verde compartilham semelhanças notáveis em relação à própria empresa criminológica. Ambas se desenvolveram dentro da ampla tradição da criminologia crítica, e assim uma análise de poder e desigualdade faz parte de suas perspectivas – e ambas são também abertamente interdisciplinares em seus esforços para expandir a gama analítica da criminologia. Da mesma forma, ambas prontamente ultrapassam os limites convencionais de investigação criminológica para abordar uma série de danos sociais e fenômenos culturais não tradicionalmente definidos como dentro da órbita substantiva da criminologia. Ambas também rejeitam o objetivo de alcançar o *status* de grande teoria ou meta-teoria; a caracterização da criminologia cultural como "[...] uma federação livre de críticas intelectuais fora da lei [...]" (FERRELL, 2007, p. 99) ecoa no termo de responsabilidade da criminologia verde de que "[...] não se destina a ser uma empresa unitária [...]", mas sim "[...] uma capacidade e *perspectiva* em evolução [...] um quadro flexível ou um conjunto de recursos intelectuais, empíricos e orientações políticas." (SOUTH et al., 2013, p. 28, ênfase no original) Esta sensibilidade pós-disciplinar mantém os limites de ambas as abordagens frouxamente emergentes; de acordo com o subtítulo deste livro e apesar das críticas (CARLEN, 2011), ambas as abordagens permanecem abertamente convidativas em sua acolhida de novos acadêmicos e novas perspectivas críticas. Por causa disso, a caracterização de Rob White (2010, p. 423) da criminologia verde descreve a criminologia cultural do mesmo modo. Ele diz que "Criminologia verde"

> [...] é uma perspectiva teórica que é inerentemente desafiadora – da criminologia como um campo analítico e prático bastante conservador da aventura humana, e dos poderes estabelecidos, que prefeririam mais o silêncio a dissidência, ofuscação à transparência e passividade à ação.

Esta subcorrente de convergência entre criminologia verde e criminologia cultural surgiu algumas vezes, como no trabalho de Avi Brisman (2010) sobre a criminalização de atividades pró-ambientais e ativismo, e o trabalho de White (2002) que conectou o dano ambiental à economia política de consumo capitalista tardio. Da mesma forma, criminologistas verdes que mineraram o trabalho existente em criminologia cultural sobre resíduos de consumo, ativismo ambiental e questões relacionadas argumentam que "[...] a criminologia cultural está, em alguns níveis, já fazendo criminologia verde." (BRISMAN; SOUTH, 2013, p. 115). Talvez mais significativamente, criminologia verde e criminologia cultural sugeriram algo da sua convergência de fundamento invocando a "imaginação criminológica" e pedindo sua revitalização na criminologia contemporânea. Se inspirando na conceituação clássica de Mills (1959) da imaginação sociológica, nós temos apelado para o retorno da "imaginação criminológica", observando que para Mills, "[...] a natureza chave da imaginação sociológica era situar a biografia humana na história e na estrutura social [...]", e argumentando que os criminologistas devem conectar "[...] problemas pessoais em várias partes do mundo com problemas coletivos em todo o globo, para tornar o político pessoal [...]." (YOUNG, 2011, p. 2-5) Da mesma forma, Rob White (2003, p. 483-484), escrevendo sobre "[...] questões ambientais e a imaginação criminológica", observou que a criminologia verde exige

> [...] uma avaliação de como os danos são socialmente e historicamente construídos [e] uma compreensão e interpretação da estrutura de um mundo globalizado; as direção para as quais este mundo está indo; e como as experiências dos diversos grupos são moldadas por um mais amplos impacto sociais, políticos e processos econômicos.

Para ambas as criminologias, a imaginação criminológica significa situar o pessoal no social, cultural e histórico, ligando o local e o global; sendo assim, exige o tipo de abordagem aberta e interdisciplinar que pode manter o olhar criminológico crítico em foco através de diferentes campos de estudo e entre várias formas de iniciativa humana.

Recentemente, a confluência dessas duas abordagens foi formalizada mediante pesquisas que abordam diretamente as possibilidades de investigação e análise compartilhada, e com o desenvolvimento de uma "criminologia cultural verde" (BRISMAN; SOUTH, 2013, BRISMAN; SOUTH 2014; FERRELL, 2013a). De modo geral, a criminologia cultural verde procura ligar as principais sensibilidades da criminologia cultural – dinâmicas mediadas, significado contestado, crime e resistência cotidiana – com o projeto da criminologia verde, com o fundamento de que

> Nossa apreciação de danos e crimes ambientais é limitada e incompleta sem uma compreensão da construção social de danos e crimes ambientais [...]. este é um processo que é afetado sinergicamente por imagens de desastre veiculadas na mídia e retratadas na televisão e no cinema; por mensagens que reforçam os princípios capitalistas do consumo conspícuo, da exploração e do individualismo, que contribuem para a degradação ambiental [...]. [...] e em resposta, por várias formas, meios e práticas de resistência a tais danos ambientais. (BRISMAN; SOUTH, 2013, p. 117)

Apropriadamente para duas abordagens comprometidas em conjunto com o envolvimento crítico coma dinâmica distinta da sociedade contemporânea, o trabalho inicial em criminologia cultural verde tem se concentrado especialmente na dinâmica distintamente destrutiva do capitalismo tardio e em formas emergentes de resistência a ele. Como nós e outros argumentaram, as identidades atomizadas, inseguranças fabricadas e desigualdades globais do capitalismo tardio constituem uma força motora para os danos que vão desde violência internacional aos crimes cotidianos de produção, aquisição e retribuição (YOUNG, 1999; HALL; WINLOW, 2005); o que também inclui profanação e exaustão ambiental. O capitalismo tardio é um empreendimento essencialmente cultural, que fabrica inseguranças e desejos como uma forma de expandir infinitamente os mercados para produtos que são projetados para a obsolescência física ou cultural. Ao fazê-lo, cria uma cultura globalizada de consumo, ciclos cada vez mais rápidos de consumo nesse universo de varejo, e, como resultado, uma classe crescente de consumidores insaciáveis. Mas se as consequências vão desde uma mania do Primeiro Mundo de "produtos de estilo de vida" até um Terceiro Mundo repleto de trabalho infantil e incineração, eles também incluem a exaustão descuidada de recursos naturais, a completa mercantilização do mundo natural e uma inundação global de resíduos, já que uma rodada de bens de consumo é previsivelmente descartada em favor da próxima. Por sua vez, a publicidade que inicialmente vende esses bens também funciona como uma campanha contínua de *greenwashing*,[20] escondendo a destruição ecológica do capitalismo tardio por trás de falsas ideologias de conveniência, saneamento e até cidadania ecológica corporativa. No entanto, apesar disso, como criminologistas culturais verdes apontam, a resistência ao capitalismo tardio e seus custos ambientais cresceu, com vários grupos ativistas e resistentes sendo regularmente criminalizados e tornados objeto do foco de estatutos legais e campanhas de policiamento no interesse de proteger a cultura do consumo e os espaços em que ela floresce (FERRELL, 2001/2; FERRELL, 2006a; FERRELL, 2013a; WHITE, 2002; WHITE, 2013; BRISMAN, 2010; BRISMAN; SOUTH, 2013).

Como convém a duas abordagens comprometidas com as críticas emergentes e as análises fronteiriças, inúmeras outras formas de criminologia cultural verde também podem ser imaginadas – algumas já realizadas, algumas esperando para serem desenvolvidas – e todas de extrema importância em meio à interação crescente entre cultura, crime e danos ambientais na sociedade contemporânea. Entre elas, estão o desenvolvimento corporativo, poluição e suas consequências ambientais, conforme documentado e analisado visualmente nos EUA por Kenneth Tunnell (2011) e na Itália por Lorenzo Natali (2013); as políticas culturais e legais da água e os desenvolvimentos mundiais neste campo (KANE, 2013); e a sinistra magia pela qual os medos fabricados de crime afugentam as pessoas da suposta vulnerabilidade de suas bicicletas para automóveis, enquanto a carnificina criminal cotidiana de automóveis desaparece por trás de anúncios de empresas automotivas e petrolíferas (FERRELL, 2004b; LAUER, 2005; MUZZATTI, 2010). E ainda há a estética cultural de paisagismo corporativo, gramados e jardins bem cuidados e campos de golfe sempre cintilantemente verdes, como codificados nas ordenanças da cidade e escorrendo em mesas de água e escoamento tóxico; e a cultura do consumo excessivo de carne vermelha e a penetração da agricultura industrial, com leis agora escritas para ocultar o abuso sistemático de animais que muitos veem como inerente a tal corporativismo agrícola. Dentro do tipo de imaginação criminológica abraçada pela criminologia cultural verde, estas e outras confluências do

---

20   N.T.: Trocadilho com lavagem de dinheiro.

cultural e do ambiental existem não apenas como questões críticas em si, mas como parte de um imediatismo maior. Tomadas em conjunto, eles confirmam a crise ecológica mais ampla que agora está sobre nós, e que agora é parte de nossas vidas diárias, e elas reforçam para criminologistas culturais verdes uma lição tardo-moderna ensinada diariamente por essa crise: a Terra não vai esperar.

CRIMINOLOGIA CULTURAL E MODERNIDADE TARDIA: RECUPERAÇÃO E REVITALIZAÇÃO

Os três capítulos seguintes exploram outras dimensões da vida moderna tardia e da tentativa de retratá-las por meio da criminologia cultural. O capítulo 4, "Rumo a uma criminologia cultural do cotidiano", enfatiza a importância de momentos mundanos e situações cotidianas. Lá sugerimos que a experiência do dia a dia da modernidade tardia é um caldeirão de significado e emoção contestados, às vezes ocultos, outras vezes mediados – em grande parte porque a vida cotidiana é cada vez mais o terreno em que o controle social é incorporado e resistido. Nesse sentido, a vida cotidiana é também o lugar em que dois modos de vida contemporâneos se unem e se confrontam – uma na forma de racionalização, gestão de risco e mercantilização, a outra por informalidades de comunidade, subcultura e estilo (RABAN, 1974; BAKHTIN,1984; DE CERTEAU, 1984; PRESDEE, 2000; MULLER, 2002; MULLER, 2012). Este capítulo também se vale de um dos conceitos fundamentais da criminologia cultural – a análise do espaço urbano e de sua vida subterrânea (ver: FERRELL, 1996; FERRELL, 2001/2; FERRELL, 2006a; HAYWARD, 2004; HAYWARD 2012b; CAMPBELL, 2013) – para explorar essa tensão. Sufocados por regras e regulamentos, os espaços do mundo cotidiano, no entanto, permanecem locais onde a transgressão ocorre, onde a rigidez é subvertida, onde as regras são contornadas ou obedecidas. É um mundo em que o imaginário dos poderosos confronta a vida do cidadão – e é por várias vezes negociado, internalizado e, de vez em quando, resistido.

O capítulo 5, "Guerra, Terrorismo e Estado: uma introdução criminológico cultural", explora o envolvimento crescente da criminologia cultural com questões de Estado e crime governamental, terrorismo e terrorismo de Estado e guerra. Tomando como estudos de caso a guerra no Iraque e a Jihad radical, o capítulo integra análise estrutural, teorias de dinâmica subcultural e comportamento aprendido, e atenta para experiências e emoções visando desenvolver uma criminologia cultural holística do conflito moderno-tardio. Além disso, o capítulo destaca o papel essencial da imagem nos conflitos contemporâneos, e para todos os envolvidos: o Estado, os grupos insurgentes que procuram dominar, e aqueles grupos ativistas que se oporiam ao conflito como um todo. Confrontando as fronteiras cada vez mais imprecisas entre terrorismo, criminalidade estatal, crime e conflito subestatal, o capítulo também defende uma abordagem profundamente interdisciplinar, que se baseia em campos como estudos de terrorismo e relações internacionais e métodos como a análise visual. Além disso, argumentamos que o terrorismo pode ser utilmente entendido como um fenômeno que é tanto existencial quanto político para seus participantes; nós também argumentamos que é preciso considerar criticamente o papel do Estado tardo-moderno com sua militarização dos espaços fronteiriços e culturas policiais, e seu arquipélago penal, em qualquer análise do terrorismo ou conflito global.

No *capítulo* 6, "Mídia, Representação e Significado: dentro do Salão dos Espelhos", nos voltamos para o que é certamente uma das características definidoras da modernidade tardia – um persistente mundo global 24/7 de comunicação mediada – e exploramos as consequências desta *mediascape* para o crime, a justiça criminal e a compreensão cotidiana. Como mostramos lá, imagens do crime e controle do crime são agora tão "reais" quanto o crime e a justiça criminal em si mesmos – "se por 'real'" denotamos as dimensões da vida social que produzem consequências; moldam atitudes e políticas; definem os efeitos do crime da e justiça criminal; geram medo, evasão e prazer; e alteram as vidas dos envolvidos" (FERRELL *et al.*, 2004, p. 4). Em um mundo onde as imagens de mídia do crime e do desvio se proliferam, onde o crime e o controle refletem a face brilhante da cultura popular, a criminologia cultural centra-se em fazer sentido desta turva linha entre o real e o virtual. E, como sempre, esse foco é tanto político quanto teórico: na modernidade tardia, com o poder cada vez mais exercido através de representação mediada e produção simbólica, batalhas sobre imagem, estilo e significado mediado se tornam essenciais na disputa sobre o crime e controle do crime, desvio e normalidade, e a forma emergente de justiça social.

Nestes três capítulos seguintes, como neste, nosso objetivo é desenvolver uma criminologia cultural que esteja bem equipada para entender, criticar e muitas vezes, confrontar as várias transformações em curso na modernidade tardia. Nosso objetivo é constituir uma criminologia cultural progressista, que pode ajudar a moldar um mundo melhor e mais justo. Como este e o capítulo anterior mostraram, esta criminologia deve primeiro *reivindicar a rica tradição histórica da criminologia crítica e sociológica e, segundo, revitalizar e reinventar essa tradição para enfrentar os desafios e desigualdades levantadas pela ordem social tardo-moderna.* Como os capítulos 7 e 8 irão demonstrar, esta criminologia cultural progressista deve também confrontar e superar uma ironia sufocante, que é enfrentada cada vez mais nas investigações sociológicas e criminológicas: no exato momento em que devemos nos envolver com o mundo tardo-moderno e suas crises, as ferramentas intelectuais que podem nos ajudar com esta tarefa estão sob ameaça.

Dentro da academia, a inclinação palpável em direção a criminologias de controle e manutenção da ordem e oportunidades, em grande parte excluiu abordagens mais aprofundadas e críticas. Como resultado, a distância entre o mundo tardo-moderno e a academia só cresceu, com a maioria das análises criminológicas agora confinadas a conjuntos de números e impressões higienizadas de computador. Essa distância se aprofunda ainda mais devido a submissão das pesquisas ao controle burocrático, de modo que formas de pesquisa mais engajadas sejam sufocadas. Entre a gaiola de ferro do conselho de revisão da universidade e o incentivo gentil do financiamento governamental, a disciplina muda sua forma, perdendo sua vantagem crítica e direção progressista. E é neste contexto que pretendemos não só desenvolver uma criminologia cultural progressista e engajada, mas lançá-la como um contra-ataque criminológico à enclausurada covardia institucional que nos aflige.

UMA SELEÇÃO DE FILMES E DOCUMENTÁRIOS ILUSTRATIVOS DE ALGUNS DOS TEMAS E IDEIAS DESTE CAPÍTULO

- *Minority Report*, 2002, Direção de Steven Spielberg.

Deixem de lado as alegorias de ficção científica sobre o *pre-cogs* e *Minority Report* é interessante pela forma com que retrata a noção de *pré-crime*. Em particular, ilustra um deslocamento de teorias etiológicas do crime e do desvio para um sistema de controle com base em risco e gestão de recursos. Embora o Departamento de Pré-Crime pareça muito distante, é estranho como muitas das "futuras" tendências contidas no filme já estão conosco ou no horizonte imediato – tudo, desde *software* de reconhecimento de olhos a uma "paisagem de varredura" de CCTV virtual, da erosão do julgamento pelo júri ao conceito de *Digital Rule* – uma rede de conhecimento com base em registros digitais. De fato, a criminologista Lucia Zdner (2007) argumenta que, como resultado do crescente número de práticas baseadas em medidas de segurança preventivas e aversivas ao risco, já estamos nos movendo em direção a uma sociedade pré-crime.

- *Falling Down*, 1993, Direção de Joel Schumacher.

Em um nível, mais um filme de ação de Hollywood; em outro nível, uma história de colapso metropolitano, como o personagem de Michael Douglas, "D-Fens" destroçado psicologicamente durante uma odisseia através de Los Angeles. *Falling Down* não deve ser lido apenas como uma metáfora da modernidade tardia ou da insegurança ontológica. Pelo contrário, é uma parábola de alienação e inadaptação; a história de um homem cujo tempo se esgota. D-Fens é um homem desiludido e instável que não consegue funcionar em uma ordem social mais complexa e pluralizada – e, como resultado, adota medidas perturbadoras para alcançar sua versão distorcida do Sonho Americano.

- *Fight Club*, 1999, Direção de David Fincher.

"A publicidade nos faz correr atrás de carros e roupas, trabalhando em empregos que odiamos para que possamos comprar merda que não precisamos. Nós somos os filhos do meio da história, cara [...]. Todos nós fomos criados vendo televisão para acreditar que um dia seríamos milionários, deuses do cinema e estrelas do rock. Mas nós não seremos. E estamos aprendendo lentamente esse fato. E nós estamos muito, muito chateados." Assim fala Tyler Durden, o "personagem" central de *Fight Club*, um conto anárquico e controverso de anticonsumismo e frustração masculina. Dependendo do seu ponto de vista, o Fight Club é "[...] uma miscelânea insensata de filosofia infantil e chorona e violência intensa" (Kenneth Turan, *L.A. Times*) ou

"[...] uma obra-prima *pop* selvagem e orgiástica." (Bret Easton Ellis, *Revista Gear*). A verdade se situa em um meio termo, é claro, mas seja qual for a sua opinião, não é um filme que pode ser facilmente descartado. Embora os críticos tenham apontado corretamente para o seu niilismo estilizado, "microfascismo" e sua hiper-violência glamourizada – e certamente todos esses aspectos problemáticos são aparentes – ele também faz algumas observações interessantes sobre a alienação da modernidade tardia e a pressão letal do emprego precário, insatisfatório e chato. Na verdade, o filme é uma contradição ambulante – por exemplo, é ao mesmo tempo uma crítica da sociedade de consumo e um *blockbuster* comercial de Hollywood! Nós o incluímos aqui não porque concordamos com sua mensagem ou apoiamos seus sentimentos, mas por causa de sua capacidade para provocar debate e fazer perguntas. Veja o que pensa dele.

- *Inside Job,* 2010, Direção de Charles Ferguson.

Esta é uma análise útil da crise financeira global de 2008, que custou mais de US$ 20 trilhões e quase derrubou o sistema bancário internacional. Empregando o seu habitual método de pesquisa minuciosa e entrevistas extensas com os principais protagonistas, Ferguson traça como a indústria financeira foi desonesta, corrompendo a política e o sistema de regulação financeira junto com ela. Se você não tem certeza sobre o que causou a atual recessão econômica, profunda e contínua, você poderia fazer pior do que começar aqui.

- *The War on Democracy*, 2007, Direção de Christopher Martin e John Pilger.

Contrariando as afirmações de George Bush sobre "exportar a democracia", este filme mostra como a política externa dos EUA na América Latina na verdade abafou seu progresso. O filme "[...] explora o desencanto com a democracia, concentrando-se naquelas partes do mundo onde as pessoas lutaram com sangue, suor e lágrimas para plantar a democracia, somente para vê-la brutalmente esmagada." <www.warondemocracy.net>. Depois de produzir mais de 50 documentários de TV, o veterano ativista australiano e jornalista John Pilger produziu um filme que mostra vividamente que os princípios duradouros da democracia são mais provavelmente encontrados entre os residentes empobrecidos dos bairros da América Latina do que entre as figuras sombrias que circulam pelos corredores da Casa Branca. Veja também o *site* de Jobh Pilger <www.johnpilger.com/videos> para acesso gratuito a dezenas de documentários da carreira de TV e cinema de Pilger.

- *Spare Parts*, 2003, Direção de Damjan Kozole.

Uma trágica história de imigração ilegal contada através da vida de dois traficantes eslovenos, *Spare Parts* lança luz sobre o desesperado mundo do contrabando transfronteiriço de pessoas.

> LEITURA ADICIONAL
>
> - YOUNG, J. *The Exclusive Society*. Londres: SAGE, 1999.
>
> Trabalho teórico social documentando a transformação do Estado liberal democrático no último terço do século XX, com base no deslocamento de uma sociedade inclusiva de estabilidade e homogeneidade a uma sociedade exclusiva de mudança e divisão. Requer conhecimento criminológico básico antes da leitura.
>
> - YOUNG, J. *The Vertigo of Late Modernity*. Londres: SAGE, 2007.
>
> Sequência do trabalho acima, *The Vertigo of Late Modernity*, mostra como as reconfigurações sociais e econômicas que ocorreram no final do século XX deram origem a erupções de ansiedade, insegurança, tensão e alteração, que agora assombram a vida cotidiana.
>
> - HAYWARD, K. J. *City Limits:* Crime, Consumer Culture and the Urban Experience. Londres: Glasshouse, 2004.
>
> Uma monografia teórica em que o autor apresenta a noção de "nexo crime-consumo" uma estrutura conceitual criminológica cultural para pensar sobre certos crimes urbanos sob as condições do capitalismo tardio.
>
> - KATZ, J. *Seductions of Crime:* Moral and Sensual Attractions in Doing Evil. Nova York: Basic Books, 1988.
>
> A tese central do livro imprescindível de Katz é que há "[...] atrações morais e sensuais em fazer o mal" e que um relato verdadeiramente abrangente do comportamento criminoso deve começar com essa premissa. Katz afirma que o desvio oferece ao agressor um meio de "transcendência do *self*", uma maneira de superar a mundanidade tipicamente associada com as atividades banais da "vida regular" cotidiana.

- LYNG, S. Edgework: a Social Psychological Analysis of Voluntary Risk Taking. *American Journal of Sociology*, v. 95, p. 851-886, 1990.

Longo artigo teórico explorando o conceito de risco extremo voluntário, ou *edgework*. Lyng mostra como certas práticas como o paraquedismo (e por extensão o consumo de drogas ilícitas e outras atividades ilegais) podem ser utilizadas como meio para recuperar o controle sobre a própria vida mediante práticas arriscadas e excitantes; uma maneira de reagir contra as "forças não identificáveis que roubam as escolha individual."

- RAJAH, V. Resistance as Edgework in Violent Intimate Relationships of Drug-Involved Women. *British Journal of Criminology*, v. 47, n. 2, p. 196-213, 2007.

Artigo importante em que a criminologista feminista Valli Rajah desenvolve a noção de "*edgework* como resistência" em seu estudo sobre pobreza, minorias étnicas e o uso de drogas por mulheres que enfrentam situações de violência íntima.

- O'MALLEY, P.; MUGFORD, S. Crime, Excitement and Modernity. In: BARAK, G. (Ed.). *Varieties of Criminology*. Westport: Praeger, 1994. p. 189–212.

Tentativa inicial de ampliar a análise fenomenológica do crime de Katz, contextualizando-a com um pano de fundo mais amplo de racionalidade, risco e outros processos civilizatórios associados com a modernidade.

WEBSITES ÚTEIS

- Crimetalk.org

<www.crimetalk.org.uk/>.
Criador da "teoria da censura" e autor do aclamado livro de 1994 *Sociology of Deviance: an Obituary*, Colin Sumner agora tem seu próprio site criminológico. Dê uma olhada, e enquanto você está fizer isso, por que não pensar em escrever algo para ele? Ele está sempre interessado em receber textos criminológicos bem escritos.

- Vice News

<https://news.vice.com/>.

Vice é um canal internacional de notícias criado por e para uma geração conectada. O *site* inclui artigos escritos e em vídeo sobre notícias de última hora, grupos subculturais e conflitos regionais. Seus relatórios de 2014 sobre o "Estado Islâmico" talvez sejam o melhor exemplo de "jornalismo gonzo"[21] deste século.

- Stopviolence.com and Paul's Justice Page

<http://stopviolence.com/>.
<http://www.paulsjusticepage.com/>.
Mantidos pelo professor Paul Leighton, esses dois *sites* oferecem uma variedade de recursos, ensaios, imagens e *links* relacionados ao crime contemporâneo e ao controle do crime.

- The Internet Journal of Criminology

<www.internetjournalofcriminology.com/>.
Uma nova fonte da Internet que oferece gratuitamente uma ampla gama de artigos de criminologia revisados por pares e uma série de recursos estudantis.

---

21 Uma forma de jornalismo inventada por Hunter S. Thompson. Envolve o repórter relatando a ação enquanto participa dela. É composta por uma parte de experiência e uma parte de ficção.

4
UMA CRIMINOLOGIA CULTURAL DO COTIDIANO

PEQUENOS E GRANDES CRIMES COTIDIANOS

Criminologistas culturais frequentemente focalizam seu olhar analítico nas pequenas situações, circunstâncias e crimes que compõem a vida cotidiana. A criminologia cultural procura por evidências da globalização, não só mediante uma ampla varredura do capitalismo transcontinental, mas também em meio às situações mais locais e transgressões comuns. Ela encontra a maquinaria da cultura de massa mesmo nos mais privados momentos, descobre os resíduos de significado mediado mesmo nos menores trechos de conversas. Em nossa opinião, o assunto essencial da criminologia – a fabricação de significado em torno de questões de crime, transgressão e controle – continua sendo uma empresa contínua, um processo muitas vezes despercebido, que se infiltra em percepções comuns e satura as interações do dia a dia.

Para compreender as formas pelas quais as questões de crime, transgressão e controle vieram a ser animadas com emoção, então, certamente devemos prestar atenção para a dramas policiais televisionados e campanhas políticas – mas também devemos prestar atenção nas pessoas ao nosso redor e em suas construções de experiência e compreensão. Acima de tudo, em um mundo onde a informação e o entretenimento circulam através da vida cotidiana, emanando de incontáveis telas de vídeo e telefones celulares, podemos – devemos – encontrar políticas mediadas na experiência pessoal. Assistindo pessoas na rua, podemos capturar pequenas sombras dos filmes policiais e seriados que passaram na televisão na noite anterior, bem como de todos aqueles que passaram antes deles; ouvindo conversas em um *pub*, podemos ouvir ecos da conferência de imprensa de um político em uma mesa, distorções das notícias diárias em outra. Encontrando na rua ou no *pub* alguns crimes comuns, podemos vir a apreciar a extraordinária importância do crime em si mesmo.

Críticos da criminologia cultural estão conscientes deste foco no cotidiano, mas eles às vezes o veem como algo mais insidioso. Para eles, o foco em pessoas comuns e crimes cotidianos pode sugerir que os criminologistas culturais não estão dispostos a enfrentar questões maiores e mais importantes do crime e de suas consequências políticas. Martin O'Brien (2005, p. 610), por exemplo, conclui sua crítica da criminologia cultural, justapondo a pesquisa dos criminologistas culturais em crimes como "grafite ou condução imprudente de motos" com os crimes mercenários de Mark Thatcher. Filho superprotegido da ex-Primeira-Ministra britânica falecida Margaret Thatcher, Mark Thatcher foi de fato acusado de crimes que vão desde a extorsão e evasão fiscal à negligência, o tráfico de armas e uma tentativa de golpe de Estado – crimes que críticos como O'Brien assumem ser objetiva e evidentemente de maior significado do que formas mais mundanas de criminalidade.

No entanto, embora fosse fácil julgar o comportamento de Mark Thatcher de forma moralmente odiosa, ainda restaria uma questão criminológica séria: em que termos podemos julgar seus crimes mais importantes, ou mais dignos de nossa análise, do que os crimes de indivíduos menos conhecidos? Dito de outra forma, é a excepcionalidade de um crime que deve demandar atenção analítica ou a banalidade? O abuso de uma filha por seu pai é mais ou menos perturbador, mais ou menos revelador do poder e de sua dinâmica, do que o abuso de presos americanos, ou prisioneiros de Guantánamo, trancados durante anos em confinamento solitário? Cidadãos iraquianos mortos por um bombardeio diário após o outro; crianças afro-americanas retiradas das ruas por injunções contra gangues civis e procedimentos de revista policial; crianças britânicas silenciadas ou segregadas por toque de recolher, ordens de banimento e injunções de prevenção sobre o crime; crianças da América Central fugindo através do México em *El Tren de los Desconocidos*, o trem do desconhecido – são essas ocorrências diárias, muitas vezes despercebidas, mais ou menos importantes para a compreensão e enfrentamento da injustiça do que os crimes de Mark Thatcher?

Para os criminologistas culturais, *estas não são questões que podem ser respondidas definitivamente – elas só podem ser interrogadas culturalmente. A diferença entre um crime e outro é negociada, não inata – em última análise, mais uma questão de significado contestado do que de magnitude inerente.*

Na verdade, essa negociação de significado, essa dinâmica fluida entre o cotidiano e o excepcional, pode ser rastreada ao longo de um grande número de trajetórias. Como nós e outros criminologistas há muito documentam, o processo de criminalização – o processo pelo qual novas regulamentações legais são criadas e novas estratégias de fiscalização projetadas – pode transformar a mais mundana das atividades existentes em grandes crimes e fundamento para pânico moral. Coletar lixo, circular sem propósito em público, procurar um lugar para dormir, dançar com os amigos, ficar bêbado ou se drogar – tudo estas atividades, em várias épocas da recente história britânica, europeia e americana, ou foram questões de pouca importância ou manifestações de grave criminalidade. E se esse processo de criminalização às vezes infunde pequenos eventos com grande significado, invoca regularmente padrões mais amplos de poder político e cultural, emergindo das campanhas da mídia, pronunciamentos encenados e do exercício da desigualdade econômica e étnica. Em tais casos, estudar a transgressão cotidiana, ou, mais especificamente, estudar o emergente e frequentemente amplificado significado da transgressão cotidiana, é também estudar a economia política do poder.

Se voltarmos aos crimes de Mark Thatcher, podemos seguir um tipo diferente de trajetória e uma que sugere uma nova dinâmica ligando eventos mundanos e questões maiores de significado. Uma análise criminológica direta e cultural dos crimes de Mark Thatcher certamente seria útil e importante. Essa análise pode explorar as maneiras pelas quais os valores neoconservadores da responsabilidade individual e aquisição pessoal de fato preparam o palco para o mau comportamento entre aqueles que mais publicamente os desprezam. Pode examinar as maneiras pelas quais o privilégio político dos pais gera o privilégio cultural dos filhos, abrindo portas para oportunidades restritas e garantindo irresponsabilidade sem fim. Ela pode até se concentrar nos truques linguísticos oferecidos por caros advogados e consultores de relações públicas de primeira linha, de tal forma que os erros dos poderosos podem, vez por outra, ser ofuscados, reinventados, ignorados – e assim *não* serem construídos como crimes.

ESCOLHAS ESTRATÉGICAS E MORAIS

Realizar bem este tipo de análise, no entanto – para realmente entrar nas sombras douradas que compõem o mundo de Mark Thatcher, para não simplesmente confiar em relatos de jornais e mitologia popular – exigiria um patamar financeiro e conexões que poucos de nós têm. Talvez fosse necessário transitar em círculos sociais que alguns de nós acham desconfortáveis, ou até repugnantes. Mais importante, implicaria no risco de valorizar o próprio fenômeno que desejamos analisar e criticar – correríamos o risco de reproduzir em nossa própria pesquisa e escrita, o olhar mediado já fixado nos Mark Thatchers do mundo. No entanto, apesar destas armadilhas, tal estudo poderia fazer uma contribuição inestimável para a nossa compreensão do crime político e corporativo e suas consequências – mas consideramos que há outras maneiras de conduzir o estudo em questão.

Uma alternativa é rastrear Mark Thatcher nas ruas e becos da vida cotidiana, para documentar seus crimes e suas consequências em momentos mais prontamente disponíveis para nós. Quando, por exemplo, ricos empresários como Mark Thatcher envolvem-se em extorsão e evasão fiscal, podemos efetivamente explorar as consequências de tais crimes no crescente fosso entre os ricos e pobres das nossas comunidades locais, em economias locais dizimadas e fábricas fechadas, em escolas locais e serviços de saúde inadequados (ver: HEDGES; SACCO, 2012) – e também, nos mercados de drogas nas ruas e nas overdoses de drogas não tratadas, no vandalismo escolar e violência cotidiana, e na tensão Mertoniana em relação ao roubo ou no desespero encontrado em pessoas desempregadas ou subempregadas ao nosso redor. Quando alguém como Mark Thatcher se envolve com comércio de armas e agitação política, nós e nossos colegas de outros países podemos alcançá-lo em cada orfanato, podemos ver as consequências de suas ações em um membro decepado ou em uma vida perdida. Como o grande fotógrafo de documentários W. Eugene Smith, que capturou os efeitos horríveis do envenenamento corporativo sistemático de mercúrio nas deformidades provocadas em uma pequena menina, podemos denunciar os crimes dos poderosos por meio de suas consequências cotidianas.

Nesse sentido, o foco da criminologia cultural no dia a dia constitui uma espécie de escolha estratégica. Para alguns criminologistas culturais, a etnografia da vida cotidiana ofereceu um método de pesquisa do tipo "faça você mesmo" mantido felizmente independente de programas de bolsas universitárias, agências governamentais de financiamento e outras influências externas que provavelmente limitarão o escopo crítico do trabalho acadêmico. Circulando pelas esquinas, conduzindo entrevistas atrás de prédios comerciais, entrando em contato com funcionários públicos ou utilizando *software follow-the-money*, os pesquisadores não precisam pedir permissão nem dinheiro – e assim eles podem acompanhar as suas descobertas onde quer que elas possam ir, livre de preocupações financeiras ou sanção oficial. Certamente, estudos críticos podem fluir de diferentes estratégias de pesquisa – mas fluem com particular facilidade de métodos que fazem do pesquisador um *outsider* independente. E se esse tipo de pesquisa mantiver criminologistas culturais fora da órbita do controle burocrático, também tem o benefício de mantê-los dentro de comunidades. Pesquisas sobre crime e transgressão dentro da vida cotidiana tendem a integrar o pesquisador na comunidade local, colocando-o em contato com a vida das pessoas comuns e oferecendo muitas vezes *insights* extraordinários sobre a dinâmica dessas vidas e comunidades.

Neste processo de engajamento humano, o foco da criminologia cultural na vida cotidiana vai além da escolha estratégica e rumo à fundamentação moral e teórica. Tentando compreender o significado do crime e a dinâmica através da qual este significado é fabricado, a criminologia cultural baseia-se em uma constelação de orientações teóricas sintonizadas com a experiência cotidiana. Entre estes estão o interacionismo simbólico, com sua ênfase nas transações diárias pelas quais os indivíduos criam, sustentam e contestam o significado compartilhado; fenomenologia, com sua atenção às características intricadas e distintivas da experiência cotidiana; e etnometodologia, sintonizada com o reflexivo "conhecimento elegante" (MEHAN; WOOD, 1975, p. 117) que anima situações e eventos comuns. Certamente, esses ricos modelos teóricos merecem mais do que essas poucas linhas (LINDGREN, 2005), mas para os propósitos atuais podemos derivar deles um *insight* compartilhado: o mundo social não pode ser entendido à parte das iniciativas daqueles que o ocupam. Embora, é claro, trabalhem dentro de profundas limitações decorrentes de exclusão política e econômica, as pessoas comuns não são, no entanto, incapazes de juízos (GARFINKEL, 1967, p. 67) nem máquinas de calcular; eles são agentes da realidade social, intérpretes ativos de suas próprias vidas. Assistindo notícias de crime na televisão, temendo por nossa própria segurança, decidindo se devemos consertar a fechadura quebrada da porta dos fundos, fazemos o melhor que podemos – e, enquanto o fazemos, continuamos a dar sentido ao mundo à nossa volta e, assim, a contribuir para sua construção coletiva.

O foco da criminologia cultural na vida cotidiana torna-se assim também uma forma de política moral que poderíamos chamar de *humanismo crítico*. Por "humanismo", queremos dizer simplesmente um compromisso acadêmico e moral de investigar as experiências vividas das pessoas, tanto coletivas quanto individuais (ver: WILKINSON, 2005). "Crítico", significa duas coisas. Primeiro, o humanismo crítico significa uma disposição para criticar o que estudamos, para rever até o que é mais caro e elegantemente assumido. Em outras palavras, o compromisso de se envolver com as pessoas em seus próprios termos não significa que esses termos precisam ser aceitos sem crítica; apreciando a construção humana de significado, ainda podemos julgar que o significado é inadequado, não em termos de algum absolutismo moral, mas por preocupação sobre os danos que essa construção de significado pode causar a outros. Em segundo lugar, e relacionado, humanismo crítico denota uma investigação sobre a experiência humana dentro de um projeto maior de crítica e análise. Como já sugerido no caso de Mark Thatcher, nós pretendemos que a criminologia cultural não só dê voz a relatos diários raramente ouvidos, como também reunir essas vozes em um coro de condenação contra estruturas amplas de violência, desigualdade e exploração. Mais uma vez, a esperança é superar o dualismo de iniciativa e estrutura, para ligar o comum e o excepcional e descartar a falsa dicotomia entre crimes grandes e pequenos.

Através deste trabalho, esperamos também afirmar as possibilidades de mudança social progressista dentro das práticas da vida cotidiana. Aqueles que estão ansiosos para distinguir grandes crimes de crimes de pequeno porte são frequentemente ansiosos também para distinguir engajamento político de grande escala das políticas menos consequentes da vida cotidiana. Para eles, Mark Thatcher importa mais do que outros criminosos, precisamente porque ele e sua família importam mais politicamente. E de fato eles importam – mas nem sempre. Por vezes, a mudança social progressista surge das urnas ou de um movimento de massas, de utilização de milhões de eleitores ou milhões de manifestantes para confrontar as estruturas de injustiça social. Mas às vezes a mudança social progressista circula nos pequenos momentos da experiência cotidiana, como um pequeno ato de resistência à rotina diária, aos microcircuitos de controle social, que estabelece o palco para o próximo. Nossa tendência, então, é acreditar que o futuro permanece não escrito, que as revoluções geralmente explodem quando menos se espera, e assim, celebrar os momentos progressistas onde os encontramos. Se por um lado, o cotidiano continua a ser um local primordial para a aplicação da injustiça, por outro lado, também continua a ser um local de esperança e resistência.

UM DIA NA VIDA

O que se segue é ficção verdadeira – uma compilação de situações e eventos cotidianos existente no mundo contemporâneo, aqui ficcionalizados em uma única e integrada narrativa. É também um teste para você e para nós. Se conseguimos até agora comunicar algum sentido do cotidiano e de sua importância, algum senso de como a transgressão e o controle animam a vida cotidiana, a narrativa a seguir deve brilhar com significado à medida que você a percorre. Nela você deve descobrir muitas pequenas janelas para as políticas despercebidas de crime e controle do dia a dia, e algumas pistas sobre que formas uma criminologia cultural da vida cotidiana pode assumir. Mas no caso de termos falhado até agora, ou no caso de você estar prestes a, vamos até fornecer um guia. Cada vez que você ver uma frase em itálico na narrativa a seguir, você pode ter certeza de que há mais a ser dito sobre a situação que é retratada – e antes de dizermos mais tarde, você pode considerar por si mesmo que importância em algum momento inconsequente, alguma situação simples de restrição cotidiana ou transgressão, pode ter para uma criminologia cultural das nossas vidas.

"Ah, cara", ele diz para si mesmo. "Eu tenho que consertar aquelas malditas cortinas." O alarme só vai tocar daqui a 20 minutos e a luz do dia entrando através da janela onde as cortinas se soltam o acordou. Despertar ainda parece parte de um sonho por um momento, com a luz da manhã chegando entre as *barras decorativas de ferro preto*, preenchendo a sala com longas sombras, como alguns filmes *noir* tardo-modernos.

"Já que eu estou acordado, melhor me levantar de uma vez", diz ele. Desligando o sistema de segurança, ele abre a porta da frente e sai para pegar o jornal da manhã, só para descobrir que o *sinal de segurança ADT* plantado em seu jardim da frente foi derrubado. Ele inclina-se para pegar o papel, inclina-se novamente para arrumar o sinal e volta para dentro.

Desde o divórcio, ele não se importa muito com o café da manhã, então depois de um banho rápido e uma xícara de café, ele veste o seu terno e se dirige para uma rápida caminhada até pegar o trem para a cidade. Chegando na estação e percebendo que ele deixou seu jornal em casa, *ele usa seu cartão de crédito para comprar outro jornal* e uma segunda xícara de café e dirige-se para a plataforma. Cabeça enterrada no jornal da manhã, lendo as notícias do crime, ele não percebe as *câmeras de CCTV* montadas em ambas as extremidades da plataforma.

Quando ele se cansa de ficar em pé e se retira para um dos poucos bancos na plataforma, porém, ele percebe alguma coisa. *Essas malditas bancadas não costumavam ser mais confortáveis?* Cruzando e descruzando as pernas, movendo-se de um lado para o outro, ele mal consegue evitar de escorregar para fora do banco enquanto lê o jornal e espera o trem.

Uma vez no trem, encontrando um assento, sentando-se, olhando para cima, ele percebe no corredor uma mulher jovem, metade da sua idade, talvez com cerca de 25 anos. Quando ela o percebe ele desvia o olhar, mas não consegue deixar de olhar novamente. *Ela está usando um lenço de cabeça com estilo do Oriente Médio, camiseta sem manga com estampa de Che Guevara sobre um colete, longo colar cilíndrico, saia preta curta, meia de rede rasgada e botas de caminhada até o joelho; os braços dela são cobertos de tatuagens tribais Maori. Ele a acha tão curiosa quanto atraente; agora olhando para ela pela terceira vez, ele até se sente um pouco desconfortável.* E quando ela percebe seu olhar mais uma vez, franze a testa e muda de posição em seu assento, ele fica ainda mais inquieto.

Virando-se para olhar pela janela do trem, ele consegue evitar mais constrangimento, mas não mais desconforto. O trem está se aproximando da cidade e a quantidade de grafite nas paredes aumenta cada vez mais. Ele percebeu isso antes, mas ainda não compreende: *todo esse descontroladamente ilegível grafite ao longo dos trilhos, às vezes até nas pontes e torres de controle acima das faixas.* Talvez seja o grafite, ou a garota com roupas estranhas, ou as notícias sobre crimes no jornal, mas ele está se sentindo inseguro, incerto de si mesmo, até um pouco irritado.

Voltando atrás, ele tem o cuidado de não olhar para a jovem, mas não precisa; ela desceu do trem enquanto ele olhava pela janela, na parada anterior, a um quarto de milha antes dele.

Na verdade, agora ela já fez a passagem pela estação de trem e entrou na rua. Enquanto ela caminha em direção ao seu trabalho, está um pouco irritada pensando no idiota no trem, aquele que ficou olhando para ela, mas ela sorri quando pensa sobre o colar de cilindro balançando em seu pescoço enquanto caminha. É o favorito dela, o que a sua mãe lhe deu para lidar com caras como ele: *o colar de spray Pepperface Palm Defender.* Realmente, ela teria ficado feliz com o de prata simples, ou mesmo com a versão de ouro de 18 quilates, mas era seu aniversário, então sua mãe conseguiu o topo da linha: o incrustado com cristais Swarovski – e, além disso, parece legal com a camisa Che.

Desde que começou a trabalhar na Starbucks no ano passado, ela percorreu esse caminho centenas de vezes, e para combater o tédio e o pavor de traba-

lhar, criou um jogo que consiste em ver quantas *tags* de grafite diferentes ela consegue identificar. Ela viu alguns deles tantas vezes, em tantas paredes e becos, que ela se sente como se conhecesse os grafiteiros que os deixaram. *Vasculhando um beco em busca de tags enquanto ela o atravessa, percebe duas janelas quebradas no segundo andar e ri para si mesma — lado a lado daquele modo, com os grandes buracos irregulares em cada um deles, eles parecem dois grandes olhos injetados olhando de volta para ela.* Na verdade, depois da bebedeira da noite passada no *pub*, seus olhos provavelmente estão um pouco injetados de sangue também; quando ela chegar ao trabalho, ela diz a si mesma, vai pegar um café enquanto o gerente não estiver olhando.
Ela verifica o relógio, tem receio de se atrasar novamente e retoma o ritmo. O problema é que ela costumava ter um par de atalhos — através do parque pela escola e depois cortando entre a mercearia e a loja *Skeletons in the Closet* — mas *agora o portão do parque fica trancado na maioria dos dias e alguém colocou uma hera espinhosa entre as duas lojas.*
Quando ela chega ao trabalho — 10 minutos atrasada — o cara do trem já estava em sua mesa por 20 minutos, depois de pegar um táxi na frente de sua estação de trem. Ele está trabalhando na primeira tarefa do dia, a primeira tarefa de todo dia de trabalho: limpar *e-mails* da sua caixa de entrada. Spam *de sites pornográficos, transferências de dinheiro africanas, solicitações bancárias falsas para obter informações de cartão de crédito* — o filtro de *spam* da empresa não está funcionando muito bem. Mas que diabos, ele pensa, enquanto checa alguns *sites* pornográficos e exclui *e-mails, a empresa monitora as teclas digitadas por funcionários como uma forma de verificar produtividade,* então, aparentemente eu estou trabalhando. O que ele não sabe é que a empresa também monitora e rastreia o uso da Web e, como mostra o registro de dados corporativos, esta não é sua primeira visita a um *site* pornô no horário da empresa.
Não que ele realmente se importe. Desde que a empresa começou a reduzir as operações e exportar posições para exterior, ele descobriu que é apenas uma questão de tempo até que o mesmo ocorra com a sua posição. É ruim o suficiente sentar na frente de um computador o dia todo, *completamente entediado,* sem ter que se preocupar se você voltará a fazê-lo amanhã. Profundamente endividado, ele está começando a se sentir mais do que perdido. Sem esposa, um desses dias sem trabalho, nada além de contas para pagar — faz um homem sentir saudades dos bons tempos, *como a última viagem que fizeram antes do divórcio. Sua filha queria ir para Walt Disney World para checar o novo sistema MyMagic +, mas em vez disso decidiram passar férias na Espanha, onde os*

guias turísticos os sequestraram e os levaram para as montanhas de Andaluzia. Ele gostou tanto que já está planejando a viagem do próximo ano — mesmo que ele tenha que ir sozinho — está considerando opções como o LA Gang Tour, o Guerrilla Trek no Nepal ou Jonestown na Guiana.

Sonhar acordado sobre Andaluzia e Guiana e excluir e-mails não solicitados acaba com a primeira hora de trabalho, preenchendo os formulários on-line para a auditoria interna da empresa mata outra, e agora é hora de uma pausa para o café no meio da manhã. Antes que o *downsizing* começasse, sempre havia um pote de café na sala de descanso; você colocava algumas moedas no pote de doação e tomava uma xícara de café, talvez conversasse com algum colega.

Hoje ele vai ao Starbucks do outro lado da rua do escritório, mas só pra variar ele decide caminhar até a Starbucks da quadra seguinte. Má decisão, já que a jovem de camiseta do Che trabalha lá — exceto pelo fato de que ela também deu uma pausa rápida no meio da manhã. Não é café Starbucks que ela procura — ela precisa de algo mais forte. Ela está procurando por Cocaine.

"Hey", ela diz para o balconista na pequena loja de conveniência no próximo quarteirão. *"Onde está a Cocaine?"*.

"Estamos sem estoque", ele diz a ela, seu sotaque traindo sua herança iraquiana. "Desde que ela passou no The Daily Show não podemos garantir o abastecimento. Deve chegar amanhã, desculpe."

"OK, bem, obrigada" e logo ela está voltando ao trabalho — terá que se contentar com outra xícara de café da empresa.

A visita dele à Starbucks não foi melhor. Claro, ele tem o seu habitual — *double decaff latte* — e foi tão bom quanto o que ele recebe no outro Starbucks; idêntico, na verdade. Mas então ele foi até o pequeno parque do outro lado da rua para se sentar e se divertir, e... droga, outro banco propositalmente desconfortável. Não há mais nenhum lugar decente para se sentar nesta cidade? Então, enquanto se mexia desconfortavelmente no banco e bebia o café com leite, uma confusão enorme acontece. *O motorista de um carro joga resto de fast food na rua. Uma mensageira de bicicleta pega a comida e a joga de volta pra dentro do carro, gritando "não jogue lixo na minha vizinhança." Ele salta do carro, joga dois cafés sobre ela e agora está pisoteando sua bicicleta e eles começam a brigar. Alguns caras saem da calçada e o puxam para longe dela. Enquanto isso, outro cara com uma câmera continua filmando — mas quando ele tenta fotografar a placa do carro, o cara do carro abre o porta-malas, pega um taco de beisebol e o ataca.*

Cristo, ele pensa consigo mesmo, todo o maldito mundo está desmoronando. *É como aquele filme com Michael Douglas, você sabe, onde ele perdeu o emprego e as pessoas estão brincando com ele e tentando roubá-lo e... qual é o nome daquele filme?* De volta ao escritório, ele procura no Google por um tempo, tentando rastrear o título do filme — mais uso indevido da Internet para o registro da empresa. Desistindo, ele relutantemente retorna aos formulários de auditoria, que o arrastam pela tarde em uma espécie de marcha lenta da morte até a hora da saída.

Na Starbucks, um fluxo constante de pedidos de *latte* e espresso arrastou-a através da tarde também, mas com pelo menos um pouco de emoção. Por volta das 15h, ela suspeitou de duas garotas que demoravam perto do balcão; uma delas tinha uma mochila aberta e parecia-lhe que estavam tentando roubar uma cafeteira. *Então ela e o gerente assistente saíram de trás do balcão, sorrindo e perguntando às meninas se eles podiam ajudá-las com alguma coisa e depois continuaram conversando com elas até que elas deixaram a loja.* E quando as garotas saíram, ela notou algo estranho: uma pequena esfera preta presa na bolsa coberta com LED de outra garota. Estranho de fato — mas não tão estranho quanto aquele dia no mês passado quando um bando de pessoas entrou e começou pegar frutas e *muffins* do balcão e comê-los, como se fosse um piquenique ou algo assim, sem sequer tentar pagar.

O dia de trabalho acabou, ela está voltando para a estação de trem quando percebe que a loja de roupas French Connection UK (FCUK) mudou sua janela de exibição desde que ela a viu nesta manhã. Agora apresenta manequins femininos finos, vestidos com os mais recentes projetos FCUK, trocando socos um com o outro.

Se afastando da janela para ver melhor o quadro estilizado do sexo e violência, ela esbarra em alguém atrás dela e se vira.

Filho da puta, é aquele idiota do trem desta manhã! A janela do FCUK fresca em sua mente, assustada e louca ao pensar que talvez ele esteja a perseguindo o dia todo, um pouco embaraçada por esbarrar nele, ela pega o colar de *spray* de pimenta Pepperface, se atrapalha com ele por um momento, e coloca o dedo no botão de *spray* — mas logo vê que ele está recuando, braços para fora, palmas para cima, dizendo "desculpe, desculpe" — e num piscar de olhos ele desapareceu na multidão na calçada.

Figura 2

Desapareceu na multidão de fato – ele não poderia estar mais mortificado. Para ser honesto, sim, ele estava fantasiando um pouquinho ao olhar para aqueles manequins sensuais na janela do FCUK, e então de repente aquela garota do trem – uma garota de verdade, a verdadeira garota que ele havia conferido no trem esta manhã – estava bem na cara dele. Momento muito estranho, muito assustador, muito embaraçoso – e não foi o primeiro momento estranho na caminhada de volta para a estação de trem do trabalho. *Houve também aquela parada de ônibus com as palavras estranhas e imagens no lugar dos anúncios habituais.*
Acalmando-se, chegando à estação de trem, checando a agenda em seu telefone, ele é lembrado de que sexta-feira é o aniversário da ex-mulher; sua filha vive com ela, então ele gosta de ficar em contato. Chegando cedo demais para o trem, ele mergulha na loja de cartões Hallmark no fliperama ao lado. Olhando os cartões, ele não consegue encontrar um que goste, mas repentinamente ele vê um cartão que, bem, parece perfeito para ela, para seu relacionamento fodido com ela e para o dia que ele teve. "Então, de qualquer forma, estou na fila para comprar um raio de cartão de aniversário", a capa do cartão começa, "e a fila é como se tivesse dezessete bilhões de pessoas." Depois de mais alguns versos semelhantes, a capa termina com "[...] e eu realmente espero que você goste deste cartão."
E quando você abre o cartão, ele diz: "Porque eu o roubei. Feliz Aniversário". Isso faz com que ele ria um pouco. Na viagem de trem para casa ele relaxa e percebe que está com fome, então compra um sanduíche de camarão e

uma Coca-Cola – mas, ele pensa consigo mesmo, é melhor eu não deixar que a minha filha *punk* vegana saiba sobre o sanduíche. *Segundo ela, até um sanduíche de camarão é um crime.*

Então, quando ele sai do trem em sua estação local, ele tem o cuidado de jogar a metade que restou do sanduíche e a lata de Coca-Cola na lixeira da estação – *menos de cinco minutos depois, uma das muitas pessoas sem-teto que ficam nas entradas da estação cuidadosamente retira do lixo o sanduíche, a lata de Coca-Cola e um lenço novo de grife que alguém jogou fora.*

Na caminhada para casa ele ainda está pensando em sua filha – preocupando-se com ela, na verdade. Já é ruim o suficiente que ela tenha sido presa no ano passado por gritar *slogans* sobre direitos dos animais na cara do gerente assistente do McDonald's; agora ela também está com problemas na escola. No último mês, *o conselheiro da escola alertou ele e sua ex-esposa de que ela parecia determinada a assumir riscos, a ultrapassar os seus próprios limites, a testar a si mesma e a seus professores.* O conselheiro informou que o psicólogo da escola tinha diagnosticado sua filha como sofrendo de TDO, Transtorno Desafiador de Oposição, um desrespeito patológico pela autoridade escolar e familiar. Espere um minuto, ele pensa consigo mesmo, talvez isso explique a garota no trem, que o confrontou na frente da vitrine da FCUK – talvez ela também tenha TDO. Mas de volta para sua filha: depois que ele ouviu tudo isso do conselheiro da escola, ele ficou tão preocupado que comprou um novo telefone celular para ela, um com um dispositivo GPS para que ele pudesse rastrear seus movimentos. Mas isso só acabou preocupando-o mais – uma vez ele a rastreou pela cidade e a encontrou em algum tipo de corrida de rua ilegal. Um dia desses, eu ainda vou encontrar ela com aquele monte de *chavs* que ficam no final da estrada."[22]

Em casa agora, ele aquece algumas sobras e cai na sua poltrona grande, surfando canais de TV enquanto come. É o mesmo material de sempre – suspense de assassinato, procedimentos policiais, compilações de câmeras de vigilância – mas de qualquer forma o mantém ocupado por algumas horas. Então, depois de tomar duas daquelas pílulas para dormir que eles anunciam na TV, reativar o sistema de alarme em casa, definir o seu alarme de cabeceira e cair na cama, ele é capaz de pegar no sono e dormir com bastante facilidade. Mas então vem o pesadelo. Não é aquele momento *film noir* que ele experi-

---

[22] N.T.: *Chav* é um termo pejorativo aplicado a certos jovens do Reino Unido, na maioria adolescentes ou jovens adultos agressivos, que costumam brigar e se envolver em crimes. A expressão foi incluída nos grandes dicionários a partir de 2005.

mentou pela manhã; é pior – uma síntese surreal de um dia da sua vida. É um tipo de funeral, com todos sentados em volta do caixão em minúsculos e desconfortáveis bancos. Embalagens de comida rápida e xícaras de café cobrem o chão, cobrem os pés dos presentes, rastejam por suas pernas. E a sua filha está presente, mas longe de todo mundo e vestida com um lenço na cabeça e um longo colar brilhante. Mas espere um minuto, agora ele está coberto em xícaras de café e está no caixão, sua cabeça partida em duas pelo golpe de um taco de beisebol. E a garota do trem, ela também está morta, deitada ao lado dele no caixão.

Exceto pelo fato de que ela não está morta. Ela chegou em casa como ele e agora está dormindo ao lado de sua namorada. Elas foram para a cama cedo. Tendo acabado de sair da cadeia após ter cumprido seis meses por uma acusação de porte de maconha, sua namorada tem um encontro às 8h com seu supervisor de liberdade condicional, e ela tem sua aula de criminologia cultural às 9h da manhã, na universidade. Ela está se formando em criminologia e ajudando a pagar mensalidades com seu trabalho na Starbucks – embora ela ainda esteja conseguindo acumular uma enorme dívida de empréstimos estudantis.

Na verdade, ela está sonhando também. Seu sonho mistura imagens de sua namorada com os estudos dela. *No sonho ela está tentando alcançar sua namorada, tentando puxá-la através de algum tipo da parede, mas ela não consegue segurá-la e ela desaparece, recuando para dentro das entranhas do gulag penal americano, desaparecendo entre dois milhões de outros prisioneiros para quem um dia na vida é algo realmente muito diferente.*

INTERROGANDO O COTIDIANO

Apenas mais um dia na vida de duas pessoas fazendo o caminho entre o lar e o trabalho; algumas coisas desagradáveis aqui e ali, alguma criminalidade mesquinha – mas nada de muita importância, sem violência real, sem crimes de política ou paixão, sem nenhuma grande varredura policial de um bairro perigoso. Então, relatar uma história assim, e prestar atenção a ela, é se distanciar das grandes questões do crime e do controle social, escondidas com segurança dentro das minúcias culturais da realidade mundana.

Ou será que não? Uma criminologia cultural da história acima – isto é, uma interrogação dessa história em busca de significado – revela algo mais. Cuidadosamente considerada, essa história – construída, como lembramos, somente a partir de eventos cotidianos existentes – na verdade revela mudanças globais e tendências históricas monumentais em seu significado. E se olharmos com cuidado, podemos ver as maneiras pelas quais a transgressão é cada vez mais mercantilizada e contida nas economias capitalistas tardias. Nós podemos ver algo de controle social e a maneira pela qual os mecanismos contemporâneos de controle social são transformados, mascarados, codificados e reinventados. Podemos notar que essas formas de controle social, já incômodas e insidiosas, são conjugadas com padrões emergentes de contenção legal e vigilância – e depois, em boa medida, comercializadas para o público sob o disfarce de segurança pública, até liberdade de escolha. Se olharmos com cuidado suficiente, podemos até ver o futuro – e decidir, como outros, confrontá-lo e modificá-lo.

Barras antiassaltantes de ferro preto, sinal de segurança ADT

Desde o ponto de vista da criminologia cultural, grades e sistemas de segurança doméstica fornecem mais do que uma residência fortemente guarnecida; eles oferecem evidências do difundido e politicamente útil medo tardo-moderno de vitimização por estranhos e invasores. Eles também fornecem evidências cotidianas das indústrias de segurança que lucram bilhões de dólares promovendo e lucrando exatamente com esse medo (HAYWARD, 2004, p. 128-137. GOOLD *et al.*, 2010).

Sinais de segurança domiciliar, barras antiassaltantes, cercas altas e outras fortificações domésticas também se tornam sinais em outro sentido, construindo a casa como um texto a ser "lido" por vizinhos, transeuntes e potenciais intrusos (POW, 2013). Os gramados hostis e propriedades armadas que Mike Davis documenta (1990) traem a mitologia moderna da domesticidade, da casa como um refúgio agradável do estresse da vida cotidiana.

E mesmo o medo e a fortificação não são sem a sua estética. Nos Estados Unidos, as empresas de segurança doméstica raramente anunciam "grades contra assaltantes"; em vez disso, elas anunciam e vendem barras decorativas que podem, como observa um site imobiliário, "melhorar ou, pelo menos, não prejudicar a aparência da casa."www.estudo-agents.com.

Ele usa seu cartão de crédito para comprar outro jornal

Sob as condições corporativas coordenadas da modernidade tardia, a mais simples compra com cartão de crédito adiciona informações a uma rede maciça e integrada de bancos de dados que coleta informações sobre as preferências do consumidor, o movimento populacional e hábitos pessoais. Significativamente, esses bancos de dados não só permitem a vigilância corporativa de indivíduos, como acumulam informações exploradas por autoridades legais como parte da "guerra ao terror" ou outras campanhas de controle social. Como Katja Franko (2006) mostrou, até mesmo o corpo humano se torna uma fonte de informação e vigilância sob tais condições, o que ocorre com bases de dados de DNA, passaportes biométricos e testes obrigatórios de drogas (TUNNELL, 2004).

Nathan Garvis, vice-presidente de assuntos governamentais da Target, um dos maiores varejistas dos Estados Unidos, ofereceu um relato incomum da lógica subjacente a este processo de vigilância. Projetado pela Target para explorar as possibilidades de auxiliar o sistema de justiça criminal a se tornar mais eficiente, Garvis veio a perceber que o rastreamento de criminosos "[...] era realmente um problema de gerenciamento de estoque." Então, valendo-se das afiliações já amplamente difundidas da Target com o sistema de justiça criminal, a empresa doou tecnologia de rastreamento e começou a assumir "[...] um papel de liderança no treinamento de agências estatais para combater o crime, através da aplicação da tecnologia de ponta usada em suas 1.400 lojas." A empresa também "doa" seus funcionários para a agências de controle do crime, fornece dinheiro aos escritórios de promotores, coordena operações encobertas e faz um extenso trabalho *pro bono* para governos locais, estaduais, federais e agências internacionais de aplicação da lei. Muito deste trabalho ocorre no laboratório forense "estado da arte" da própria empresa – "[...] um dos principais laboratórios forenses do país, de acordo com o agente especial do FBI Paul McCabe." A Target também executa um Programa Cidade Segura que "[...] usa vídeo e equipamentos de computador para ajudar a polícia a patrulhar bairros por controle remoto, de forma coordenada com os seguranças de empresas participantes." (BRIDGES, 2006, p. A1).

Entrelaçando perfeitamente o controle de estoque com o controle social, a Target traduz a ideologia e tecnologia do consumismo corporativo para práticas de policiamento tardo-modernas. E assim como as distinções entre produto e pessoa são perdidas, também são perdidos os direitos do acusado e a presunção de inocência, com a Target aparentemente não sentindo nenhuma compulsão para fazer doações semelhantes para advogados de defesa, defensores públicos ou bancos de dados que rastreiam quem foi condenado incorretamente. "Fascismo" não é uma palavra que usamos levianamente – mas certamente isso é fascismo tardo-moderno, fascismo de consumidor, uma integração incestuosa do controle corporativo e da autoridade política com o interesse de rastrear indivíduos e construir cidades seguras para consumo. Em breve, talvez, os bancos de dados da Target possam até mesmo fazer os consumidores serem pontuais.

Câmeras de vigilância

O Reino Unido é o líder indiscutível na provisão de televisão de circuito fechado urbano, ou CCTV, com mais câmeras de vigilância no Reino Unido do que no resto da Europa combinada. Como resultado, muitas pessoas no Reino Unido aceitam a invasão panóptica de tecnologia de câmeras na vida cotidiana. Da mesma forma, a pequena cidade dos EUA de Lancaster, Pensilvânia, é vigiada por cerca de 165 câmeras de CCTV, geridas por um grupo privado e monitoradas por civis. "Anos atrás, não havia como fazer isso", diz o chefe de polícia da cidade. "É engraçado como os americanos suavizaram sua posição sobre a questão." Um proprietário de empresa local considera que: "Não há nada de errado em fomentar medo." (DROGIN, 2009, p. A1-A11). Muitas lojas dos EUA empregam câmeras para rastrear e manipular o comportamento do consumidor e cidades dos EUA empregam sistemas de detecção de tiros (que também captam conversas públicas). Aeroportos canadenses são agora equipados com microfones para gravar conversas de viajantes, enquanto em cidades como Baltimore e São Francisco, as autoridades de trânsito estão silenciosamente lançando sistemas de vigilância com microfones ativados em ônibus públicos que lhes dão a capacidade de gravar e armazenar conversas privadas. No Brasil, uniformes escolares com *chips* de computador incorporado agora rastream os alunos dentro e fora da escola.

Com o CCTV e outras tecnologias de vigilância se infiltrando em praticamente todos os aspectos da vida cotidiana, porém, está ocorrendo uma transformação cultural; a vigilância está se tornando não apenas comum e aceitável, mas às vezes *cool*, na moda, até mesmo algo a ser aspirado. A CCTV é agora usada por artistas (veja as obras inspiradas em vigilância de Julia Scher, Kyle McDonald e Marko Peljhan), anunciantes (uma propaganda recente de jeans perguntou: "Você está em uma câmera de vídeo 10 vezes por dia. Está preparado para a ocasião?"), designers de restaurantes e bares e programas de TV no horário nobre.

Aqui, vemos uma relação emergente entre sociedade e vigilância que transcende as sensações de segurança e tranquilidade associadas à produtos de segurança, enquanto depositam as ansiedades da liberdade civil ao registro obsoleto da modernidade inicial. Este é um mundo onde o Big Brother é apenas irônico e o Mundo Real apenas irreal, um mundo onde a vigilância ininterrupta se torna uma fonte de prazer, lucro e entretenimento.

No entanto, embora as câmeras possam adicionar uma sensação de satisfação *voyeurista* ou performativa ao "estilo de vida" do ambiente social, elas não são capazes de construir comunidades unidas ou espaços públicos pluralistas e vibrantes. Neste ponto, é interessante refletir sobre as diferentes abordagens de CCTV no Reino Unido e na Europa continental. No Reino Unido, o CCTV é tipicamente o primeiro passo na tentativa de "galvanizar" comunidades degradadas, uma abordagem que ilustra até que ponto o regulamento foi readotado como "comunidade", ou, mais precisamente, uma forma de inclusão higienizada. Enquanto isso em países como Itália e Espanha, onde os laços comunitários e familiares permanecem fortes em cidades regionais, a demanda por vigilância é quase inexistente.

Esses malditos bancos não costumavam ser mais confortáveis?

Sim, eles eram. Como parte do Prevenção do Crime através do Design Ambiental (CPTED) nos EUA e estratégias semelhantes de controle espacial do crime no Reino Unido e em outros lugares, os espaços públicos são regularmente refeitos de modo menos confortável e convidativo àqueles que podem demorar, deixar de consumir, ou praticar ofensas públicas. Essas estratégias incluem a reconstrução de assentos públicos de maneiras que desestimulem que as pessoas fiquem muito tempo sentadas, e instalar ofendículos de solo e sistemas de aspersão para banir pessoas sem-teto. Desse modo, ideologias de controle, vigilância e exclusão vêm a ser construídas, literalmente, no ambiente cotidiano.

Ela usando um lenço de cabeça com estilo do Oriente Médio, camiseta sem manga com estampa de Che Guevara sobre um colete, longo colar cilíndrico, saia preta curta, meia de rede rasgada e botas de caminhada até o joelho; os braços dela são cobertos de tatuagens tribais Maori. Ele a acha tão curiosa quanto atraente; agora olhando para ela pela terceira vez, ele até se sente um pouco desconfortável.

A liquidez da modernidade tardia e o fluxo global de produção e consumo podem ser vislumbrados na bricolagem de estilos que constituem a moda cotidiana e especialmente a *street fashion*, como foi inventada e exibida em grandes áreas metropolitanas.

Sob tais condições, o significado se solta de suas amarras originais; estilos e imagens específicas ressurgem como referências flutuantes para serem re-costurados em estilo individual e de grupo. Che Guevara, o revolucionário latino-americano dos anos 50, há muito renasceu como ícone cultural e acessório de moda; ao longo da popular Kensington High Street, em Londres na década de 1980, a loja de roupas Che vendeu o mais recente em vestuário de marketing de massa e hoje a The Che Store <www.thechestore.com> comercializa camisetas e boinas "[...] para todas as suas necessidades revolucionárias." O "colete tático" é uma peça de armadura estilizada e sexualizada para mulheres, um dos muitos artigos populares de vestuário à prova de balas/armaduras que agora alegam ser a expressão "[...] de uma mentalidade defensiva intensificada recentemente devido a preocupações com o terrorismo, aumento dos índices de criminalidade (sic) e a instabilidade econômica." (LA FERLA, 2010, p. E7).

Essa mistura tardo-moderna de significado não deixa de ter suas consequências. No que permanece sendo a análise definitiva de tais exibições estilizadas, Dick Hebdige (1979, p. 90) nos adverte para não "subestimar o poder significante da subcultura espetacular [...] como um mecanismo real de desordem semântica: uma espécie de bloqueio temporário no sistema de representação." Então, enquanto sua roupa evacua o significado político dos revolucionários latino-americanos ou tatuagens maoris, não obstante, retém o poder de causar inquietação, até mesmo convulsão, para aqueles que testemunham isso – ou tentam policiá-lo.

Ainda assim, essas tatuagens maoris constituem uma fraude espetacular. Elas na verdade não são tatuagens: fazem parte de uma linha de camisas e mangas de malha pura, comercializadas pela designer de moda canadense Susan Setz, que enganam o observador levando-o a pensar que o seu portador é de fato tatuado.

O criminologista Wayne Morrison (2004b, p. 76) acharia essas "tatuagens" particularmente divertidas, deslocadas dos maoris e até da pele em si mesma. Como ele mostrou, Cesare Lombroso, fundador da criminologia positivista, já havia roubado seu significado 125 anos antes, reduzindo-os "[...] a verdadeira escrita do selvagem [...]" e comparando-as – erroneamente – com a criminalidade comum.

Todo esse grafite descontroladamente ilegível ao longo dos trilhos, às vezes até nas pontes e torres de controle acima dos trilhos

O Grafite é um dos crimes mais difundidos e visíveis da modernidade tardia, decorando e desfigurando paredes, prédios e pontes nos EUA, América do Sul, Grã-Bretanha, Europa, Oriente Médio e outros lugares. Suas formas são tão variadas quanto as subculturas dos seus autores. Emaranhados nas paredes e edifícios, as várias formas de grafite produzem mais uma mistura de significado incerto, codificando o espaço urbano com o pluralismo da vida moderna tardia. Mas no meio deste enxame de significação, algumas coisas são prováveis, embora não sejam certas:

- se o nosso passageiro de trem achou o grafite particularmente difundido e em grande parte ilegível, provavelmente era o que já foi chamado de grafite hip hop, agora na maior parte apenas chamado de *graff*, uma forma altamente estilizada de pintura pública, não afilada a gangues através da qual "escritores" de grafite competem e se comunicam;
- se o nosso passageiro ficou um pouco irritado ou desconfortável ao ver grafite, é muito provável que isso tenha resultado de campanhas anti-grafite, que trabalham para definir o *significado* do grafite, buscando intencionalmente confundir grafites de gangues com *graff* e outras formas de grafite, e associando de modo espúrio o grafite a ataques violentos e estupros;
- e se o nosso passageiro pensa que ele certamente viu todo o grafite que há para ver, ele certamente está errado – desde que o recente Projeto Underbelly escondeu e depois revelou, existem catedrais inteiras de arte de rua desconhecida e grafite nos subterrâneos da cidade (FERRELL, 1996 ; FERRELL, 2013b; SNYDER, 2009; WORKHORSE ; PAC, 2012).

FIGURA 3 – O PROJETO UNDERBELLY

ATORDOADO E CONFUSO

Podemos ter a esperança de que os autores de livros de criminologia dedicados à análise acadêmica da delinquência juvenil esclareçam as distinções perdidas na confusão induzida pela mídia sobre os tipos e consequências do grafite juvenil. Dito de outro modo, podemos ter a esperança de que os estudantes de criminologia venham a conhecer mais sobre grafites urbanos do que o típico passageiro de trens ou o leitor de jornais. Na maioria dos casos, essa esperança seria infundada. De fato, longe de abordar essas questões, muitos livros sobre delinquência juvenil perpetuam a confusão – e exibem sua confusão nas capas para todos a vejam.

Um livro dos anos 90 apresenta em sua capa o que parece ser uma imagem de grafite de *hip hop*, por volta de 1980, mas é difícil saber, já que o grafite *hip hop* não aparece no sumário ou no texto da obra (JENSEN; ROJEK, 1992). O livro de Bynum e Thompson de meados da década de 1990 (1996, p. 288-290, 473) *Juvenile Delinquency: a Sociological Approach* oferece ao leitor uma capa aparentemente composta de figuras de grafite geradas por computador; na obra há apenas uma seção curta que lida somente com grafites de gangues, e uma entrada no glossário que define "grafite" exclusivamente como "[...] a linguagem/simbolismo distintivo das gangues de rua." Na sétima edição, uma década depois (BYNUM; THOMPSON, 2007), uma capa nova e mais elegante reproduz uma seção de um mural de graffiti *hip hop*, a primeira página do livro mostra outro sofisticado mural, introduções de capítulo e resumos repetem essas imagens *hip hop* – e os erros do texto e do glossário permanecem inalterados. A quinta edição de *Juvenile Delinquency*, de Bartollas (2000) traz uma capa com uma esteticamente deslumbrante parede de murais de grafite de *hip hop* multi-coloridas e *tags* – e nenhuma menção sobre grafite *hip hop* no sumário, texto, ou glossário. Na sétima edição (BARTOLLAS, 2006, p. 112-134) esta capa é substituída por um desenho de um jovem segurando uma lata de *spray* e pintando uma parede de grafite genérico. No interior, o livro inclui uma foto de um jovem pintando *hip hop* grafite, como uma ilustração de "destruição de propriedade" e "formação reativa" de Albert Cohen; outra foto sem legenda mostra uma jovem latina segurando uma arma na frente de uma parede coberta de inscrições e marcações variadas; e ainda, nenhuma menção ao grafite *hip hop* no índice, texto, ou glossário. *Juvenile Delinquency* de Schmalleger e Bartollas (2008) vem com uma capa apresentando uma fotografia escura e atmosférica de murais de grafite *hip hop* pintados em trens. Pela aparência dos trens e do grafite, pode ser em Nova York ou Filadélfia, por volta de 1980, talvez Londres, cinco anos depois, mas nunca vamos saber – o livro omite o grafite de seu índice e texto. A nona edição de *Juvenile Delinquency* de Bartollas e Schmalleger (2011) também não menciona grafite no texto, mas inclui grafites multicoloridas ao redor das capas frontal e traseira – a tinta do grafite escorre fluindo para cima, o que aparentemente resulta de uma imagem invertida que passou despercebida.

Em outros livros também pode ser encontrada essa discordância entre capa e conteúdo. As capas de *Annual Editions: Juvenile Delinquency* de Struckhoff (2006) e *Juvenile Delinquency* de Burfeind e Bartusch (2006) trazem um jovem com uma lata de *spray* na frente de grafite estilo *hip hop*, mas nenhuma das obras acima consegue integrar uma análise de grafite *hip hop* ao próprio livro. Uma imagem de grafite genérico adorna a capada de *Delinquence in Society* de Regoli e Hewitt (2006), e é repetida como pano de fundo dentro do livro, que não retrata grafites juvenis. A oitava edição do livro (REGOLI et al., 2010) está repleta de imagens de grafite – capa e contracapa, páginas de introdução de capítulos, até mesmo uma seção de "tópicos especiais" que começa com a mesma foto usada na capa de Burfeind e Bartusch (2006) – mas o grafite é omitido no índice e no texto, com exceção de uma frase sobre grafite de gangue e território. Já a coleção organizada por Springer e Roberts (2011), *Juvenile Justice and Delinquency*, traz uma capa com tinta escorrendo na frente de um jovem encapuzado e sentado sob uma parede tridimensional de grafite *hip hop*. Mas nenhum de seus 21 capítulos concentra-se em tal situação. Da mesma forma, *Juvenile Justice in America*, de Bartollas e Miller sobrepõe as silhuetas de cinco jovens ao longo de um mural de grafite *hip hop* do tamanho de uma parede, mas ignora esse tipo de fenômeno em seu texto.

Mais drasticamente, *Juvenile Justice*, de Whitehead e Lab (2006, p. 125) traz um exemplo espetacular de mural de graffiti de *hip hop* em torno de sua capa e contracapa, literalmente encadernando o livro em uma explosão de estilo *hip hop* e cor, somente para falhar espetacularmente em se envolver com sua própria imagem. Das suas 472 páginas de texto, o livro dedica cinco linhas ao grafite, sob o título "Comportamento de gangues e tipos de gangues.".[23]

---

23 A editora Jones & Bartlett Learning parece particularmente apaixonada por grafite – ou pela imagem do grafite, de qualquer maneira. Dos cinco livros sobre delinquência juvenil ou justiça juvenil listados em seu catálogo de Justiça Criminal de 2013, quatro apresentam grafite *hip hop* em suas capas. Aumentando a confusão, a edição de outono de 2013 do *Boletim do National*

Compreendemos que as decisões sobre as capas dos livros são feitas tanto pelos editores como pelos autores; como Burns e Katovich (2006, p. 111) notaram em seu estudo de imagens melodramáticas em textos introdutórios sobre justiça criminal, "[...] o altamente competitivo mercado de livros didáticos [...] influencia o design de livros didáticos." No entanto, essas capas de grafite, quando inseridas em livros que consistentemente não conseguem lidar com a complexidade das formas de grafite – que em muitos casos falham em abordar os grafites juvenis – constituem uma forma de fraude intelectual. Não é só que os livros não cumprem o que prometem com suas capas; em muitos casos, justapondo imagens de grafite *hip hop* com discussões de grafites de gangues, eles reforçam as percepções muito equivocadas que poderíamos esperar que eles dissipassem. Ironicamente, enquanto o uso repetido de tais capas tacitamente reconhece o poder estético do grafite *hip hop* para chamar atenção e gerar envolvimento, os textos se afastam desse engajamento, ignorando a forma publicamente mais visível e esteticamente significativa de delinquência juvenil. Tendo descaracterizado o grafite tanto na imagem quanto na análise, Bynum e Thompson (1996, p. 228; BYNUM; THOMPSON, 2007, p. 347) observam que "[...] uma compreensão do grafite é muito importante para os policiais."

Também é muito importante para os estudantes.

Colar de spray *de pimenta Pepperface Palm Defender*

"Ouvimos todas as estatísticas sobre estupros e outros ataques violentos", escreve Alyson Ward (2006, p. 3G) num artigo de jornal endossando entusiasticamente o novo Pepperface Palm Defender, "Mas quantas de nós estão realmente carregando uma vasilha desajeitada de *spray* de pimenta?".

A solução é o Palm Defender. Seu fabricante, Ward explica,

> [...] está transformando segurança pessoal em moda [...]. Na verdade, ele espera que comecemos a pensar nisso como pensamos em nossos telefones celulares ou MP3 players – como um equipamento útil e bonito que nós carregamos sempre conosco.

O melhor de tudo é que "[...] um jato irá incapacitar um atacante por pelo menos meia hora. O que te dá uma chance de fugir, garota."

Gang Center financiado pelo governo dos EUA (Cf.: NATIONAL GANG CENTER, 2013, p. 2.) inclui o artigo, *Recursos de grafite de gangues*, ilustrado com uma foto de um jovem pintando um grafite distintamente não relacionado a gangues.

Claro, se Ward tivesse realmente lido as estatísticas, ela lembraria seus leitores que o lugar mais importante para usar o Palm Defender seria em casa, já que as mulheres permanecem muito mais propensas a serem vitimadas por conhecidos ou parceiros íntimos do que por estranhos. Mas não importa – a verdadeira questão aqui é o consumo estético da prevenção do crime. Nenhuma protuberância feia de desajeitadas latas de *spray* de pimenta ou grandes armas escondidas – o alvo elegantemente guarnecido prefere o Palm Defender ou talvez um dos menores e mais finos revólveres que os fabricantes de armas americanas agora comercializam para mulheres, as "[...] menores, mais leves, armas sofisticadas para garotas que apresentam detalhes finos em ouro de 24 quilates." (ULRICH, 2006). Vinte e quatro quilates de ouro vêm de fábrica com as pistolas compactas do designer Ted Noten, que também incluem "[...] marca de batom no cano e pílulas (inclusive Viagra) na câmara de carregamento [...] e um pen drive de 4 *gigabytes*" (PHILLIPS, 2011, p. ST3) – tudo por apenas US $ 17.000.

Em breve em uma loja perto de você: a nova linha de stilletos ultrafinos para a mulher elegante – e nós não queremos dizer saltos altos.[24]

Dá-lhe garota.

Analisando um beco em busca de marcações enquanto ela o atravessa, ela percebe duas janelas quebradas no segundo andar e ri para si mesma – lado a lado assim, com os grandes buracos irregulares em cada uma, elas parecem dois grandes olhos vermelhos olhando fixamente para ela.

Na verdade, ela não deveria estar rindo – pelo menos não de acordo com um popular modelo criminológico.

Talvez a abordagem mais proeminente do crime nas últimas décadas tenha sido as "janelas quebradas"[25] o modelo de causalidade do crime de Wilson e Kelling (2003, p. 402-404). Utilizado como ponto de referência acadêmico para uma variedade de estratégias reacionárias e punitivas de policiamento público desde seu surgimento na década de 1980, "janelas quebradas" é frequentemente vista como uma abordagem direta e sem rodeios de controle do crime. Na realidade, é uma análise profundamente *estética* da etiologia do crime – e também uma análise profundamente equivocada. De acordo com este modelo, janelas quebradas e exibições públicas semelhantes de negligência e criminalidade insignificante fun-

---

24 N.T.: O termo também pode ser utilizado para pequenas adagas afiadas.

25 N.T.: Teoria também conhecida no Brasil pelo original, *broken windows*.

cionam como convites simbólicos à criminalidade, na medida em que "[...] sinalizam que ninguém se importa" ou talvez "[...] parecem sinalizar que ninguém se importa." Do mesmo modo, "[...] comportamentos de outra forma inofensivos, como grafite de metrô" comunicam para os passageiros "[...] o inescapável conhecimento de que o ambiente [...] é descontrolado e incontrolável [...]." Em tais casos, Wilson e Kelling argumentam, "[...] os moradores vão pensar que o crime [...] está em ascensão", criminosos em potencial perceberão esses sinais de desatenção como incentivos para o mau comportamento acelerado e uma espiral descendente de desordem será colocada em movimento. Reivindicando desta forma enfrentar questões de imagem, exibição pública e percepção, "janelas quebradas" sucede ou fracassa em sua análise estética do crime.

E ela fracassa.

Uma justificativa útil para o controle conservador de crimes do cotidiano como o grafite e a mendicância, um pretexto pseudoteórico para o policiamento agressivo das populações urbanas marginalizadas, o modelo é decididamente menos útil como uma estética do crime. Imaginando os contornos do simbolismo e percepção, em vez de investigá-los, o modelo constrói uma série de significados abstratos, unidimensionais, que arbitrariamente atribui a imagens deslocadas e audiências idealizadas. De fato, como qualquer morador da cidade sabe, a textura simbólica da paisagem urbana é muito mais ambígua e complexa. Se uma "janela quebrada" funciona como um símbolo, pode simbolizar qualquer tipo de atividade para inúmeras audiências, dependendo da situação e do contexto: resistência da comunidade à propriedade não ocupada, um rancor pessoal, o fracasso na observância do código local, a acomodação ilícita dos sem-teto ou um jogo de beisebol nas proximidades.

Da mesma forma, dependendo das particularidades do conteúdo e do contexto, o grafite de gangues pode simbolizar a história intergeracional de um bairro, sugerir mudanças nos padrões de ocupação étnica ou conflito, ou até mesmo reforçar o grau de autopoliciamento da comunidade. Uma proliferação de grafite estilizado não produzido por gangues (uma distinção ignorada por Wilson e Kelling) também pode sugerir declínio na violência criminal – isto é, pode levar alguns moradores do bairro a entender que o crime de gangues está em declínio – e de fato pode prenunciar uma ordem social menos violenta agora negociada através dos próprios símbolos que Wilson e Kelling representaram de modo tão inadequado (SANCHEZ-TRANQUILINO, 1995; FERRELL, 1996; PHILLIPS, 1999; MILLER, 2001; SNYDER, 2009).

Então, um homem em um trem pode considerar uma exibição de grafite desconcertante, uma mulher a caminho do trabalho pode achar janelas quebradas algo divertido, e outros terão ainda diferentes percepções do ambiente urbano. Como criminologistas culturais, o nosso trabalho é investigar este ambiente e essas percepções, para explorar estes vários significados – não, como Wilson e Kelling, para impor nossas próprias percepções a serviço do Estado.

JAMES Q. WILSON E O ESTRANHO CASO DO OBITUÁRIO PREJUDICADO

Quando James Q. Wilson morreu em 2012, seu obituário saiu na primeira página do *The New York Times* (WEBER, 2012, p. A1-B8). Não surpreendentemente, o extenso obituário destacou seu trabalho "mais conhecido" e mais influente: o modelo "janelas quebradas" de percepção e controle do crime. Na mesma edição do *The New York Times*, outra história entrou em contradição direta com o obituário: seu conteúdo negava as reivindicações da primeira página. Parece que cabras vermelhas grafitadas tinham começado a aparecer em Kingston, Nova York, e se espalharam rapidamente nos EUA e no Canadá. Alguns cidadãos e autoridades municipais em Kingston condenaram as cabras como vandalismo; outros cidadãos e autoridades da cidade os adotaram como arte. Eventualmente, as cabras tornaram-se tão populares que o prefeito de Kingston as considerou "[...] boas para a imagem de Kingston." O jornal local escreveu um editorial endossando-as como "um grande símbolo" (APPLEBOME, 2012, p. A15). Mas foi o título do artigo que talvez mais sucintamente tenha colocado em questão as certezas de Wilson quanto ao significado singularmente negativo do grafite e revelou a ambiguidade interpretativa inerente ao ambiente urbano: "Como as cabras de grafite [...]", dizia, "[...] se tornaram um símbolo de [...] alguma coisa."

Loja Skeletons in the Closet

Existe um próspero mercado de varejo para as armas e pertences pessoais de assassinos e outros criminosos do passado e do presente, com algumas peças rendendo milhares de dólares em leilão; como um relatório observa, "[...] evidências de morte violenta parecem aumentar o apelo e os preços." (KAHN, 2012, p. C24; ver também: VINCIGUERRA, 2011). Velhas *mugshots*[26] da década de 1950 também estão vendendo bem, e na loja Skeletons in the Closet, operada pelo Departamento Legista do Condado de Los Angeles, *tags* de dedos do pé podem ser adquiridas por apenas cinco dólares cada, isso quando elas não estão esgotadas (MEDINA, 2010; ROSEN, 2011).

---

26 N.T.: A palavra indica a foto que é tirada na delegacia quando alguém é preso.

Mas agora o portão do parque fica trancado na maioria dos dias e alguém plantou uma hera espinhosa entre as duas lojas

Na cidade capitalista tardia, os espaços públicos – parques, praças e áreas de lazer – são cada vez mais privatizados como base nos interesses do desenvolvimento econômico e do controle social; como Randall Amster (2004; AMSTER, 2008) mostrou, até as calçadas da cidade são privatizadas e, portanto, tornadas indisponíveis para atividades públicas. Da mesma forma, essa nova hera espinhosa não foi ideia do jardineiro; foi sugerida pelo designer ambiental consultor de segurança, ou pelo policial da vizinhança. Dentre as estratégias ambientais atuais para regular o movimento humano em áreas urbanas encontra-se "o plantio de barreiras" (FERRELL, 2001/2, p. 5-6) – o plantio de arbustos com potencial para ferir aqueles que podem procurar atalhos. Como se constata, a política do cotidiano está presente até na flora.

Sites *pornográficos, transferências de dinheiro africanas, pedidos de informações de cartão de crédito*

O sociólogo Gary Marx (1995) observou que "[...] novas tecnologias de telecomunicação exigem novas forma adequação." Com cada novo avanço na tecnologia de comunicação mediada, uma nova cultura de comunicação deve emergir também, um novo conjunto de códigos interacionais e modos simbólicos apropriados à tecnologia. A gramática estrutural da carta escrita dá lugar à velocidade casual do *e-mail*; a expectativa de resposta gerada pela mensagem telefônica difere da expectativa gerada por uma mensagem de *e-mail*; os códigos simbólicos da mensagem instantânea se compactam e se abreviam em relação ao tamanho compactado e a velocidade da tecnologia em si.

As novas tecnologias também exigem novos crimes e novas culturas de crime. Uma carta enviada oferecendo dinheiro fácil oferece um tipo de sedução, uma mensagem de *e-mail* prometendo uma transferência de dinheiro da África, outra. Com o *e-mail* e seu anexo, as informações do destinatário podem ser violadas mais profunda e rapidamente – se o remetente conseguir utilizar símbolos e marcadores apropriados para convencer o destinatário de intenções honestas ou necessidade de emergência. Claro, as vítimas pretendidas de tais crimes aprendem novas maneiras, novas salvaguardas contra roubo de identidade ou fraude do consumidor, a partir de sua própria experiência e outras pessoas.

Podemos até dizer que toda tecnologia recebe o crime que merece.

A empresa monitora as teclas digitadas pelos funcionários como forma de verificar produtividade... a empresa também monitora e rastreia o uso da web

Novas tecnologias também geram novas formas de controle – formas de vigilância hoje embutidas no avanço das tecnologias de comunicação tão seguramente quanto os controles espaciais são inseridas no ambiente social reconstruído. Entre estes estão pesquisas no disco rígido, monitoramento de digitação de teclas, *spyware* e *software* de visualização de tela, visualização remota de telas de computadores domésticos e comerciais em tempo real. "No entanto, como acontece com todas as formas de vigilância [...]", observa Richard Jones, "[...] quanto mais consciente é a pessoa (potencialmente) sob vigilância sobre práticas de vigilância que provavelmente serão usadas contra ela, mais estratégias empregará para tentar escapar da vigilância."(2005, p. 484; ver também: JONES, 2000).

Terrivelmente entediado

Como documentamos em outro lugar (FERRELL, 2004a; ver também: BENGTSSON, 2012), o tédio parece ser uma das experiências definitivas da modernidade tardia; crianças queixam-se dele, os trabalhadores o suportam, e ativistas de todos os tipos citam isso como uma condição contra a qual protestam e se organizam. Construído tanto na linha de montagem e em escritório minúsculos quanto em *fast foods* e no currículo escolar, o tédio permeia as operações cotidianas de uma ordem social racionalizada. Até aqueles caminhos que prometem uma fuga do tédio do cotidiano – entretenimento televisionado, novos lançamentos musicais, parques temáticos e passeios de aventura – eles próprios rapidamente tornam-se rotina, em última análise, pouco mais do que pacotes previsíveis de experiência mercantilizada.

Nesse sentido, o tédio calibra, de segundo em péssimo segundo, a experiência do enfadonho mundo tardo-moderno. Como um artefato cultural, ele também delimita a distância entre a promessa tardo-moderna de realização por meio do trabalho e a realidade de uma economia de serviço desqualificado, a distância entre o *marketing* ofegante da excitação individual e a entrega de McEmoções fritas. Sob um ponto de vista mertoniano, o tédio emerge da tensão, da expectativa humana e experiência tensionando as falsas promessas da modernidade tardia. E como Merton (1938) iria prever, esta tensão – este desejo de desejo, parafraseando Tolstoi – pode levar a toda espécie de adaptações ilícitas.

Como a última viagem que fizeram antes do divórcio. Sua filha queria ir para Walt Disney World para checar o novo sistema MyMagic +, mas em vez disso decidiram passar férias na Espanha, onde os guias turísticos os

sequestraram e os levaram para as montanhas de Andaluzia. Ele gostou tanto que ele já está planejando a viagem do próximo ano – mesmo que ele tenha que ir sozinho – e ele tem como opções o LA Gang Tour, o Guerrilla Trek no Nepal ou Jonestown na Guiana

Com o novo sistema MyMagic+ da Disney, os clientes usam pulseiras de borracha Magic Band codificadas com informações de cartão de crédito e outros dados pessoais que a Disney utiliza para "[...] acompanhar o comportamento dos hóspedes nos mínimos detalhes" (BARNES, 2013, p. B1-B7), e que possibilitam, aos personagens da Disney, por meio de sensores ocultos, oferecer saudações personalizadas para os visitantes.

Valendo-se da mitologia romantizada dos *bandoleros* espanhóis do século XIX, a empresa espanhola Bandolero Tours oferece sequestros de dia inteiro ou meio dia (a 100 ou 50 euros, respectivamente), em que os turistas pagam para serem sequestrados, levados para as montanhas da Andaluzia e lá "[...] entretidos com lendas sobre grandes *bandoleiros*" (ABEND, 2006, p. V2) antes de serem libertados. No Nepal, uma empresa oferece a Guerrilla Trek, que possibilita que viajantes de férias sigam os passos dos combatentes maoístas que lutaram durante o conflito de uma década no país (HORTON, 2011, p. 46). Por US $ 65 (almoço incluído) e uma isenção de responsabilidade assinada, LA Gangland Tours, em Los Angeles, leva os clientes em uma excursão em "[...] áreas de gangues de destaque e principais locais onde ocorrem crimes" e até oferece uma oficina de grafite (a SideTour, em Nova York, também oferece aulas de grafite) (ARCHIBALD, 2010, p. A1; HARRIS, 2011).

"Passeios de pobreza" e "passeios de favela" também oferecem acesso para turistas às favelas brasileiras e às favelas sul-africanas (FREIRE-MEDEIROS, 2012) e "[...] aventuras reais proporcionam aos clientes experiências interativas com atores que se apresentam como pessoas desabrigadas." (WEINER, 2011, p. 46). Os índios Hnahnu do México oferecem a *caminata nocturna* – uma caminhada noturna – para os turistas que pretendam replicar a experiência de atravessar ilegalmente o Rio Grande nos EUA (HEALY, 2007); completo com perseguição por agentes da Patrulha da Fronteira e um rio substituto, uma *caminata* é uma pechincha por apenas 200 pesos (US $ 11). Mas talvez a mais perturbadora assombração em termos de reciclagem de violência histórica como entretenimento de férias é a proposta de "turismo escuro" que envolve a reforma da decadente Jonestown, local da Guiana, onde mais de 900 seguidores de Jim Jones foram assassinados ou cometeram suicídio em

1978. Por outro lado, como observou um hoteleiro local, "[...] o que esta área realmente precisa é de um cassino." (ROMERO, 2010, p. A6).

Onde está a cocaína?

Concorrente no crescente mercado de bebidas energéticas voltado para jovens, a Cocaine vem em latas vermelhas com o nome da bebida escrito no que parecem ser linhas de pó branco. O nome e a lata, desta maneira, referenciam tanto a droga cocaína quanto a bebida Coca-Cola. Mas enquanto a Coca-Cola nos anos iniciais de produção continha quantidades significativas de cocaína, ela não pode ser encontrada no energético Cocaine. Em vez disso, ele contém 280 miligramas de cafeína, mais do que suficiente para contribuir significativamente para o crescente fenômeno que os médicos chamam de abuso juvenil de cafeína.

Nós temos algumas perguntas. O nome provocante do produto é principalmente uma questão de *marketing* de transgressão mercantilizada para jovens? (Sim.) A controvérsia em torno da bebida ajudou a promovê-la e consolidar sua imagem fora da lei? (Sim). Como é que a Coca-Cola, uma bebida que de fato continha cocaína, é agora o refrigerante preferido da classe média americana, enquanto a Cocaine, uma bebida que jamais conteve cocaína, é agora a mais radical das bebidas para os jovens e os inquietos?

Em outras notícias sobre drogas como imagem, "devotos ilustres" da linha de roupas Geração da Morfina incluem Brad Pitt, Scarlett Johansson e Lindsay Lohan (VESILIND, 2008), e a Internet está cheia de receitas para bebidas como "cocaína líquida", "crack líquido" e "heroína líquida", todos contendo grandes quantidades de bebida alcoólica e sem cocaína, crack ou heroína. Mas pequenos pacotes cobertos por imagens em *glassine* contêm, e assim, um grupo de artistas encenou um show chamado "Heroin Stamp Project" apresentando centenas de pacotes vazios de heroína retirados das ruas. Projetado para "[...] examinar a intersecção entre publicidade e vício" (MOYNIHAN, 2010, p. C1), o show inclui pacotes com referências culturais como White Fang, Last Temptation e Tango e Cash.

O motorista de um carro joga resto de fast food *na rua. Uma mensageira de bicicleta pega a comida e a joga de volta pra dentro do carro, gritando "não jogue lixo na minha vizinhança". Ele salta do carro, joga dois cafés sobre ela e agora está pisoteando a bicicleta dela e eles começam a brigar. Alguns caras saem da calçada e o puxam para longe dela. Enquanto isso, outro cara com uma câmera continua filmando – mas quando ele tenta fotografar a placa do carro, o cara do carro abre o porta-malas, pega um taco de beisebol e o ataca.*

Esta incidência de conflito urbano explodiu no lotado Mercado Kensington de Toronto, alguns anos atrás. Ao testemunhar a cena, o fotógrafo Adam Krawesky começou a tirar fotos dela – mas essa foi apenas a primeira reviravolta em uma espiral de crime e cultura. Quando ele postou as fotos para o *site* CityNoise (KRAWESKY, 2006; <www.citynoise.org>), milhares de respostas começaram a surgir, e rapidamente as fotos e a história se tornaram de interesse de inúmeros outros *sites* e *blogs*. Enquanto isso, um jornal diário, o Toronto Star, publicou três das fotos sem a permissão de Krawesky como parte de um artigo sobre o conflito de rua, as fotos e as respostas na *web* para ambos (POWELL, 2006). À essa altura, Krawesky recebia ligações da mídia nacional e internacional, trabalhando com outro jornal diário, e, como ele nos disse, aprendendo sobre o poder das imagens mediadas para enganar e mitologizar (KRAWESKY, 2006). Afinal, como ele enfatizou, ele não tinha conseguido fotografar todo o incidente – e mesmo assim, pessoas ao redor do mundo agora tinham certeza de que entendiam o que havia ocorrido, tinham certeza de suas opiniões sobre isso, certeza de que compreendiam os fatos mediante o emprego de termos como justiça de rua, conflito de gênero, ou cenas semelhantes do filme de Hollywood *Crash* (Direção de Paul Haggis, 2004).

FIGURA 4 – UMA IMAGEM DE CONFLITO URBANO

Crédito: KRAWESKY, Adam (2006). [com autorização]

É como aquele filme com Michael Douglas, você sabe, onde ele perdeu o emprego e as pessoas estão brincando com ele e tentando roubá-lo e ... qual é o nome daquele filme?

O nome desse filme é *Falling Down* (1993), dirigido por Joel Schumacher e estrelado por Michael Douglas e Robert Duvall. Filmes como este capturam algo da vertigem tardo-moderna que assola as classes médias outrora seguras; talvez eles também exacerbem essa vertigem.

Então ela e o gerente assistente saíram de trás do balcão, sorrindo e perguntando às meninas se eles podiam ajudá-las com alguma coisa e depois continuaram conversando com elas até que elas deixaram a loja

Um tempo atrás, Jeff Ferrell encontrou um *Gap Loss Prevention Manual*,[27] em uma lixeira nos fundos de uma loja de roupas Gap. O manual enfatiza aos funcionários que "Atendimento ao cliente" é a melhor proteção contra roubo em lojas e outros tipos de "escassez", pois "[...] um ótimo serviço mantém nossos clientes voltando e previne a entrada de ladrões de lojas." O manual oferece sugestões específicas para atendimento ao cliente e prevenção de crimes – "dê um caloroso olá aos clientes e ofereça sua assistência" – e até sugere scripts: "Olá, você está comprando para si mesmo ou para um presente?", "O que você acha das nossas novas cores de outono?".

Se esta estratégia preventiva falhar, os funcionários são aconselhados a usar "declarações de recuperação" para recuperar mercadorias roubadas em lojas. Experimente diferentes cenários com seus gerentes, eles disseram: "Pratique usando declarações de recuperação APROPRIADAS, NÃO ACUSATÓRIAS, ORIENTADAS POR SERVIÇOS DE ATENDIMENTO." "Declarações específicas são novamente sugeridas, incluindo "Esse vestido é realmente fofo. Eu comprei um para minha sobrinha no outro dia."

Esse gerenciamento da interação verbal tem seu equivalente no gerenciamento da emoção (HOCHSCHILD, 2003). "Lembre-se de permanecer positivo!" Ao fazer declarações de recuperação, o manual indica; mesmo quando responde a um alarme de loja, "Não acuse o cliente nem permita que a conversa se torne conflituosa". Sob as diretrizes para a temporada agitada de liquidações, os funcionários são encorajados a contatar a Linha Direta de Prevenção de Perdas se eles suspeitarem de problemas internos na loja (todas as chamadas confidenciais, recompensa de até US$ 500), mas na próxima linha incentiva "divirta-se!!! as liquidações são um momento perfeito para escolher sua atitude!!!". Mais apoio emocional é fornecido pelos Concursos de Prevenção de Perdas, com funcionários recompensados com certificados de presente ou passes de cinema pelo conhecimento de procedimentos de prevenção de perdas.

---

27 N.T.: Em tradução livre: "Manual de Prevenção de Perdas da Gap".

Se essas duas garotas na loja não estão fazendo nada mais do que furtar um CD da Starbucks, essas técnicas de controle suave, de atendimento ao cliente como prevenção de crimes, podem ter sucesso. Por outro lado, as garotas podem estar praticando furto reverso ou *shopdropping* – ou seja, ilicitamente colocando CDs independentes ou produtos politicamente alterados em lojas corporativas (URBINA, 2007).

E se eles fazem parte da nova consciência de "precariedade" que agora está confrontando as condições precárias da modernidade tardia, então é quase certo que os controles suaves da loja não funcionarão. Os praticantes da precariedade argumentam que a globalização dinâmica do capitalismo tardio – *flex scheduling*, empregos de meio turno, trabalho terceirizado, contratos zero horas[28], trabalhos temporários sem benefícios ou garantias de longo prazo – deixam mais e mais pessoas, especialmente jovens, com nada além de incerteza emocional e econômica. No entanto, esta mesma incerteza – esta precariedade – cria um novo tipo de comunidade, talvez uma nova classe social amorfa, onde "imigrantes, trabalhadores de *shoppings*, *freelancers*, garçons, posseiros... um trabalhador imigrante e uma pessoa de vinte e poucos anos (KRUGLANSKI, 2006, n.p.) juntos passam pela anomia da modernidade tardia. Assim, a própria precariedade substitui o local de trabalho como um lugar para organizar o desorganizado, para encontrar algum terreno comum escorregadio – e aqueles que navegam neste terreno escorregadio até inventam San Precario (Santo Precário), o santo padroeiro brincalhão da incerteza tardo-moderna.

---

28 N.T.: Contratos nos quais o empregador não é obrigado a estabelecer um número mínimo de horas.

FIGURA 5 – SAN PRECARIO, PADROEIRO TRANSGÊNERO DOS PRECARIZADOS E UM "*DETOURNEMENT*[29] DA TRADIÇÃO POPULAR" (TARI; VANNI, 2005).

Crédito: <chainworkers.org>, com base em imagem de Chris Woods.

Afinal, se para uma geração anterior "[…] o trabalho era um instrumento de integração e normalização social", hoje os empregos são apenas instrumentos temporários que usamos para obter o dinheiro que precisamos para viver e socializar com o mínimo de humilhação possível (KRUGLANSKI, 2006, n.p.). Mas o salário mínimo que alguém recebe por um trabalho de meio turno nunca é suficiente e a humilhação só aumenta – lembre-se daqueles jovens trabalhadores da Gap, forçados a imitar o manual. "Sorrir está funcionando – onde meu verdadeiro sorriso começa?", Kruglanski pergunta (KRUGLANSKI, 2006, n.p.), "[…] se sua amizade é contaminada pela sombra de rede, ou sombreada por 'Olá, como estamos hoje?' Meu nome é Rob e eu lhe atenderei hoje." E assim, com o contrato social efetivamente anulado pelas predações fluidas do capitalismo tardio, os funcionários e atendentes sorridentes acionam as próprias situações que os prendem e pensam em maneiras de se afastar delas (FERRELL, 2012a).

---

29   N.T.: Termo concebido por Guy Debord e pelo movimento Situacionista Internacional da década de 1960. É uma espécie de plágio no qual o sentido original é subvertido para criar algo novo.

Mas espere um minuto; como esses jovens sabem tanto sobre o capitalismo tardio? Ah, é isso mesmo – *eles foram forçados a ler o manual.*

Uma pequena esfera preta presa à bolsa coberta de LED de uma garota

A esfera preta é o acessório de vigilância de alta moda da ExisTech: uma câmera sofisticada, que não se diferencia das que você vê verificando suspeitos em lojas de departamento, mas aqui utilizada pelos defensores de um processo conhecido como "Sousveillance". Combinação das palavras francesas *sous* (abaixo) e *veiller* (assistir), o *sousveillance* desafia as práticas de vigilância onipresentes da modernidade tardia. Baseia-se na prática *detournement* do "reflexionismo" – isto é, "[...] apropria-se de instrumentos de controle social e recria essas ferramentas de maneira desorientadora." (MANN et al., 2003, p. 333). Sousveillance não só permite que os vigiados façam alguma vigilância – como Mann e seus colegas descobriram em uma série de Performances de Pesquisa – ele também perturba agentes de vigilância e guardas de segurança.

Em um caso, praticantes de *sousveillance* usaram "trajes de invisibilidade" – sistemas de computador ligados a monitores de tela plana usados como mochilas – que projetam imagens de uma pequena câmera de vídeo montada na cabeça. As costas do usuário se tornam "janelas" e dão a impressão de realmente enxergar através do usuário. Se por um lado este tipo de exibição pública faz com que praticantes de sousveillance entrem em conflito com a equipe de segurança, por outro, "[...] o usuário argumenta que a motivação para usar a câmera é ter proteção contra ser visto por câmeras de vigilância. Assim a objeção do agente de vigilância a câmera de sousveillance se torna uma objeção a sua própria câmera de vigilância." (MANN et al., 2003, p. 355)

A bolsa coberta por LED é projetada por Adam Harvey, como parte de sua coleção de *stealth wear*; se ela quiser bloquear a fotografia indesejada, a proprietário da bolsa pode ativar os LEDs extra-brilhantes, de modo a desfocar a fotografia (WORTHAM, 2013).

Quando um grupo de pessoas entrou e começou a pegar frutas e muffins do balcão e a comê-los, como se fosse um piquenique ou algo assim, sem sequer tentar pagar

Na França, trabalhadores de fábricas recentemente encenaram várias "retenções" – isto é, impediram a saída de patrões e gerentes nas fábricas para protestar contra as demissões em massa e fechamentos de fábricas. Além disso, ativistas realizaram "piqueniques selvagens" em supermercados – coletivamente comendo das prateleiras até serem expulsos pelas autoridades – para protestar contra os altos preços dos alimentos (PERELMAN, 2009).

A loja de roupas French Connection UK (FCUK) mudou sua janela de exibição desde que ela a viu nesta manhã. Agora apresenta manequins femininos finos, vestidos com os mais recentes projetos FCUK, trocando socos um com o outro

Como era de se esperar, uma rede de lojas cujo nome joga com gírias sexuais provocantes também exibe seu vestuário em meio a um quadro estilizado de violência e vitimização feminina. Aqui, a transgressão é duplicada, primeiro na própria "marca" que configura a identidade da rede, e então reconfirmada nas violentas poses congeladas na vitrine.

Enquanto isso, ao longo da Madison Avenue, em Nova York, um revendedor de antiguidades europeias entra com um processo de US $ 1.000.000 contra três moradores de rua cuja transgressão consiste em sentar na calçada em frente a sua vitrine. De acordo com o processo, o comerciante "[...] gasta grandes somas a cada ano na preparação cuidadosa da vitrine da loja", e por sua falta de moradia, os três homens impedem que os clientes a apreciem adequadamente (BURKE et al., 2007, n.e.).

Seguindo a liderança do FCUK, ele pode considerar, em vez disso, permitir que os três estabeleçam residência dentro da vitrine da loja, talvez dando socos um no outro, ou segurando uma das antiguidades de vez em quando.

Havia também aquele abrigo de ônibus com as palavras e imagens estranhas no lugar dos anúncios usuais

Essas palavras e imagens não comerciais são cortesia da Campanha Publicitária Pública <www.publicadcampaign.com>, um grupo que remove ilicitamente propagandas urbanas e os substitui com arte pública como um ato de "desobediência civil" contra a monopolização do espaço público e da percepção pública. Campanhas acontecem em Nova York, Madri, Frankfurt, Paris e outras cidades; na costa oeste dos EUA, o Departamento de Correções da Califórnia <www.correctionsdepartment.org> da mesma forma "corrige" anúncios ofensivos sem ter permissão para tanto.

FIGURA 6 – CAMPANHA PUBLICITÁRIA PÚBLICA (COM A PERMISSÃO DE PUBLIC AD CAMPAIGN)

De acordo com ela, até um maldito sanduíche de camarão é um crime

E talvez seja.

Como Martin O'Brien (2006, p. 6) mostrou, os camarões nesses sanduíches são o resultado de um sistema global de produção e distribuição de camarão em grande escala, que produz ao mesmo tempo "[...] assassinato, abuso, exploração, roubo e danos ambientais." A cultura de consumo global não só distancia o consumidor do processo pelo qual um item de consumo é produzido; distancia o consumidor dos abusos criminosos de pessoas, animais e meio ambiente que são inerentes a esse processo. De miçangas do Mardi Gras (REDMON, 2005; REDMON, 2015) a figuras de Natal (FERRELL, 2006a, p. 165-166), os criminologistas culturais tentam percorrer essa distância, ligando os objetos do consumo cotidiano às condições de sua produção globalizada. Como a brilhante desconstrução da motoneta italiana de Dick Hebdige (1988, p. 77-115), procuramos as correntes de significado incorporadas nos materiais da vida cotidiana.

Menos de cinco minutos depois, uma das muitas pessoas sem-teto que ficam nas entradas da estação cuidadosamente retira do lixo o sanduíche, a lata de Coca-Cola e um lenço novo de grife que alguém jogou fora

A vasta desigualdade econômica que assombra a modernidade tardia é confirmada a cada vez que um catador de lixo empobrecido chega a uma lixeira, cavando por sobrevivência em meio ao que foi descartado; os altos e baixos do capitalismo tardio ocupam esse momento.

Na extremidade superior, o hiperconsumismo que impulsiona as economias do capitalismo tardio produz quantidades surpreendentes de resíduos entre os privilegiados o suficiente para o adquirir o próximo terno de grife ou Iphone. Um século atrás, o grande sociólogo e economista Thorstein Veblen (1953 [1899]) começou a notar padrões de "consumo conspícuo" – consumo baseado não na satisfação da necessidade físicas, mas na conspícua conquista do *status*. Um século depois, como a propaganda satura a vida cotidiana com a mitologia do perpetuamente novo e aperfeiçoado produto, este tipo de consumo é generalizado, com os consumidores adquirindo bens por causa de estilo de vida e *status*. Mas é claro que esses bens de consumo se acumulam, perdem o brilho visível e são descartados para abrir espaço para a próxima onda de consumo. Lixeiras transbordam com bens descartados, muitos deles não utilizados, mas agora indignos (FERRELL, 2006a).

Na extremidade inferior, o mesmo sistema econômico que gera consumo generalizado e descarte massivo também geram pobreza generalizada e falta de moradia. As circunstâncias econômicas desses "trabalhadores precarizados" de tempo parcial e dos trabalhadores em regime flexível vistos anteriormente são realmente precárias; com baixos salários e sem garantias de manutenção de emprego, eles permanecem sempre à beira do desemprego, em situação de quase miséria, em muitos casos, apenas a um salário distantes da falta de moradia. Para mais e mais mulheres, a família monoparental ou o fim de um casamento ruim deixam elas igualmente vulneráveis à perda de renda ou moradia – e, portanto, abrigos para sem-teto começam a ficar lotados com mulheres e seus filhos. Adicione a isso a destruição constante da habitação de baixo custo, no interesse do "desenvolvimento urbano", e do *downsizing* e *outsourcing* que definem a economia global tardo-moderna, e não é de admirar que mais e mais pessoas sem teto e desempregadas – bem como trabalhadores assalariados "subempregados" – encontram-se dependentes dos desperdícios de consumo alheios.

Contra todas as probabilidades, essas pessoas encontram não apenas latas e roupas, mas às vezes um mínimo de dignidade, compartilhando técnicas de coleta e inventando momentos de desenvoltura autônoma. Outros misturam lixo com o ativismo político DIY.[30] O grupo Food Not Bombs coletou comida descartada, a cozinhou e a serviu de graça para pessoas sem-teto. Projetando a ética do-não-dano de uma dieta vegana no reino do consumo, os *freegans* rejeitam as compras no varejo e mergulham em lixeiras[31] em busca de alimentos e roupas "[...] de modo a não dar

---

30 N.T.: O ativismo *Do it Yourself* (DIY) inclui a realização de atividades por conta própria e sem o auxílio de serviços pagos.

31 N.T.: Trata-se da prática conhecida como *dumpster diving*.

poder econômico à máquina capitalista de consumo." (<http://freegan.info/>; ver: CLARK, 2004). Nos EUA, estudantes universitários também se envolvem em mergulho de lixo ativista, realizando oficinas de *dumpster diving*, vasculhando o lixo das escolas da Ivy League, e até mesmo fazendo um filme para servir "[...] como um veículo de propaganda para desenvolver programas de reciclagem em faculdades." (KIMES, 2006, p. 13).

Então, aquele catador de lixo cavando na lixeira da estação de trem poderia muito bem estar com fome e sem lar, mas também poderia ser um trabalhador de salário mínimo, um ativista político, um artista de objetos encontrados, um *punk* de sarjeta ou um aluno universitário engajado. E esse catador de lixo está circulando distante dos olhares e ao redor das bordas da estação porque ele ou ela é quase certamente também um(a) criminoso(a) – isto é, quase certamente está violando um dos muitos estatutos legais contemporâneos que proíbem a coleta de lixo urbano e, em particular, moradores de rua em geral. Em muitas cidades, os ativistas da Food Not Bombs também não têm permissão para alimentar os sem-teto, e são multados ou presos por alimentá-los sem permissão; Las Vegas e outras cidades americanas vão mais longe, proibindo qualquer provisão de comida aos desabrigados em parques no centro da cidade. Nos EUA, as leis proíbem sentar ou se deitar nas calçadas, "acampar" em público, e até odor corporal em biblioteca pública; na França, o governo coloca restrições de tempo na mendicidade (ERLANGER, 2011; WOLLAN, 2012). Como as economias urbanas passam a depender cada vez mais do extremo superior do capitalismo tardio – do consumo de varejo de alto nível em ambientes higienizados – autoridades urbanas prontamente criminalizam aqueles que, vivendo dos excessos do consumo podem, de alguma forma, interrompê-lo (FERRELL, 2001/2; FERRELL, 2006a).

Essa dinâmica de consumo e desperdício não se limita à riqueza relativa dos EUA, do Reino Unido e da Europa Ocidental. Na Índia, muitos dos indigentes vivem de lixeiras urbanas, em alguns casos, até do cultivo de vegetais na compostagem do desperdício. Na Faixa de Gaza, os palestinos furtam a sucata abandonada de assentamentos israelenses. Camponeses mexicanos tecem bolsas e cintos de embalagens de doces e pacotes de *cookies*; os pobres do Brasil colecionam e vendem lixo na tradição do *garrafeiro* ou "colecionador de garrafas", e procuram por recicláveis como catadores ou catadores de lixo, conforme documentado no filme indicado ao Oscar *Waste Land* (WALKER et al., 2010). Como mostrado em outro documentário indicado ao Oscar, *Recycled Life* (IWERKS, 2006), gerações de guatemaltecos empobrecidas também extraem sustento do aterro da Cidade da Guatemala, o maior da América Central. Os *cartoneros* ("pessoas de papelão") que buscam papelão e papel de sucata em Buenos Aires, na Argentina, até montam seu próprio "trem fantasma" de e para seu trabalho noturno no centro da cidade. Enquanto isso em Guiyu, China, 60.000 pessoas trabalham em meio a metais tóxicos e escoamento ácido, desmontando computadores antigos – uma tarefa de risco, que eles compartilham com milhares de detentos em prisões federais dos EUA, que ganham apenas 23 centavos por hora para desmontar equipamentos eletrônicos (ver: BLOCH, 1997; O'BRIEN, 2008).

O conselheiro da escola alertou a ele e sua ex-esposa que a sua filha parece determinada a assumir riscos, a romper seus próprios limites, a testar a si mesma e seus professores

Como você viu nos capítulos anteriores, as teorias culturais criminológicas sugerem algumas explicações para o comportamento da filha e a percepção do conselheiro. Como seu pai, ela pode estar respondendo ao tédio – ao tédio que a escola aplica através de códigos de vestuário, requisitos de frequência e currículos geralmente drenados de pensamento crítico. Como os meninos delinquentes de Albert Cohen (1955), ela e seus amigos podem ser garotas delinquentes, invertendo e resistindo aos padrões pelos quais são julgados. Ou, como vimos no capítulo anterior, ela pode ser uma das muitas meninas e mulheres agora envolvidas em *edgework* e assim procurando o senso de *self* aguçado que a escola racionalizada a nega (ver: GAROT, 2007b; GAILEY, 2009).

É o mesmo material antigo – mistérios de assassinato, procedimentos policiais, compilações de câmeras de vigilância

Tão grande é o mercado da morte que ele transcende a própria morte. "Estamos realmente vendo o dia dos zumbis", diz o editor *Don D'Auria*. "Como um monstro, está falando com as pessoas." (JOHN, 2006, p. 1; BOLUK; LENZ, 2011). Nós achamos que ele está dizendo algo sobre ansiedade apocalíptica e um senso exagerado de que o perigo espreita sempre em meio ao cotidiano. Mas em qualquer caso, como os filmes de zumbis, os romances e os videogames proliferam, o mesmo ocorre com as oportunidades de ler sobre a humanidade perseguida por um terror que duplica a morte, para ver como os mortos-vivos comem os cérebros dos que estão prestes a morrer. Não vamos mais de bom grado para o repouso eterno; agora nós anunciamos a jornada e voltamos para levar os outros conosco. A popularidade dos programas de assassinato e policiamento empurra esta cultura da morte de modo ainda mais profundo na vida cotidiana. Aqui, o longo processo de justiça criminal é perdido no momento pseudocientífico, e o drama da morte está nos detalhes – carne cortada e rasgada, manchas de sangue, feridas de entrada e saída de balas, tudo para ser analisado em *close-up* em câmera lenta (CAVENDER; DEUTSCH, 2007). Se a violência mediada é pornográfica em sua objetificação de dor e vitimização, esses espetáculos são filmes pornôs *hard core*: close-ups de ação de balas atingindo a carne ou partes do corpo roídas por roedores, todas concebidas para excitar até os mais saciados consumidores de morte na televisão. De fato, parece que somos viciados na cultura da morte, dançando todos os dias com violência e morbidade, e inventando tantos zumbis, *serial killers*, terroristas e acidentes de carro multi-fatais quanto necessário para nos mantermos bem... felizes.

Pode ser uma surpresa, então, que uma sociedade agarrada às indulgências da pornografia forense televisionada – uma sociedade que encontra na televisão violenta e na violação um tipo triste de socorro existencial – deseja apenas as mais dolorosas consequências punitivas para aqueles que traficam na criminalidade real? Esse relacionamento de amor/ódio é principalmente dois lados de uma mesma excitação. O criminoso deve ser construído e punido como "o outro" para servir com sucesso à fuga *voyeurística* do espectador do cotidiano; o amor escapista do criminoso televisionado e o ódio punitivo do criminoso real são ambos atos de distanciamento, de exclusão, e assim ambos são salvaguardas necessárias para o consumidor de notícias e entretenimento sobre crimes. Um casamento sadomasoquista de medo e fascínio é consumado, e com isso uma linha fina de fato entre o amor e ódio.

E a propósito: o que podemos pensar de uma sociedade onde muitos dos seus programas de televisão populares retrataram e endossaram os princípios do fundamentalismo religioso? Estaríamos preocupados com uma teocracia apoiada pela mídia? Se muitos dos nossos shows mais populares apresentavam pornografia sexual hardcore, poderia até mesmo o mais liberal entre nós se preocupar que os cidadãos estavam um pouco preocupados demais com a gratificação sexual, com exclusão de outros assuntos? Então, com nossos programas mais populares orientados para as representações mais gráficas da morte, com a cultura do zumbi subindo como um cadáver da sepultura, e agora? Uma thanatocracia, uma cultura zumbi comercializada consumida por seu próprio desejo de morte (JARVIS, 2007; BROWN, 2009; LINNEMANN et al., 2014)?

No sonho ela está tentando alcançar sua namorada, tentando puxá-la através de algum tipo de parede, mas ela não consegue segurá-la e ela desaparece, recuando para dentro das entranhas do gulag penal americano, desaparecendo entre dois milhões de outros prisioneiros para quem um dia na vida é algo muito diferente mesmo

Mais e mais ocupantes do mundo tardo-moderno encontram-se descompassados dos ritmos habituais do cotidiano, em alguns casos pela violência criminal que ele impuseram ou sofreram, em outros, pela maquinaria desigual da justiça criminal contemporânea, conforme incorporada na sentença obrigatória e diferencial, seletividade de perfis raciais, programas de defesa pública voltados contra os empobrecidos e "guerras" contra as drogas, gangues e terror. Como mostramos no capítulo 3, essa máquina de encarceramento agora aprisiona mais de dois milhões de americanos, com mais milhões submetidos a vigilância do Estado em liberdade condicional.

E, no entanto, essa loucura carcerária gerou sua própria crítica, deu origem a Frankensteins eruditos mais do que dispostos a se voltar contra seus criadores, e ao fazê-lo, revelar o monstro real. Emergindo das experiências daqueles que se transformaram seu próprio encarceramento em crítica informada, a criminologia dos condenados mistura exposição interna, pesquisa qualitativa e teoria crítica para produzir uma devastadora crítica do encarceramento em massa. Deixados com poucas escolhas a não ser de "[...] gastar considerável quantidade de tempo observando a cultura da prisão de hoje e seus impactos sobre os carcereiros e os condenados" (AUSTIN *et al.*, 2001, p. 20), estes criminologistas condenados do mesmo modo mesclam imersão etnográfica e sofisticação teórica para construir uma crítica cultural da pesquisa "gerencial" nas prisões que oferece "Pouca empatia pelos prisioneiros" e "desconsidera os danos perpetrados pelo processamento judicial de indivíduos presos, acusados e condenados por crimes" (RICHARDS; ROSS, 2001, p. 177).

Um ato coletivo de coragem intelectual, a criminologia dos condenados pode ser considerada a criminologia cultural da vida cotidiana com a qual ninguém se importa o suficiente para dar atenção.

UMA SELEÇÃO DE FILMES E DOCUMENTÁRIOS ILUSTRATIVOS DE ALGUNS DOS TEMAS E IDEIAS DESTE CAPÍTULO

- *Traffic*, 2001, Direção de Steven Soderbergh.

Traffic é um filme envolvente de múltiplas camadas que explora as complexas interconexões do comércio de drogas ilegais na América contemporânea. Os cruzamentos da trama do filme enfocam vários aspectos do tráfico de drogas, desde a dinâmica interna dos cartéis de drogas até os problemas enfrentados pelos agentes da Agência Antidrogas, da hipocrisia política em torno da "guerra às drogas" aos hábitos de drogas das classes médias. Veja também a série de 1990 do British Channel 4, *Traffik* (na qual o filme de Hollywood *Traffic* foi baseado).

- *Mardi Gras: Made in China*, 2005, Direção de David Redmon.

Ilustrando vividamente as desigualdades e ironias do capitalismo global, o documentário do criminologista cultural David Redmon expõe a ligação entre os excessos do New Orleans Mardi Gras e as duras realidades das fábricas chinesas que empregam trabalhadoras femininas. O filme "[...] revela a verdade gritante sobre os verdadeiros beneficiários do trabalho duro das trabalhadoras chinesas e expõe o contraste extremo entre a vida das mulheres e a liberdade em ambas as culturas." (Meredith Lavitt, Sundance Film Festival) Veja também o livro relacionado de Redmon, *Beads, Bodies and Trash* (2015).

- *Brick*, 2006, Direção de Rian Johnson.

Filme *noir* tardo-moderno para a geração Y, Brick é a história de adolescentes disfuncionais em uma escola californiana anônima. Todos os componentes clássicos de filmes *noir* estão em evidência aqui – *femmes fatales*, diálogo expositivo acelerado e traição – só que desta vez eles são reenergizados pela sua inserção em subculturas escolares de tráfico de drogas. De interesse aqui é a maneira como os jovens são tornados adultos, enquanto o mundo adulto real é marginalizado ao ponto de insignificância (sobre este último ponto, ver o trabalho de Keith Hayward [2012c, 2013] sobre a dissolução dos estágios da vida e especialmente os processos de "adultificação" e "infantilização" na criminologia e além).

- *Recycled Life*, 2006, Direção de Leslie Iwerks.

Vida reciclada é um pequeno documentário sóbrio e, em última análise, comovente, sobre gerações de famílias que chamam o depósito de lixo da Cidade da Guatemala de lar. Abandonados por seu governo, milhares de guatemaltecos são hoje forçados a uma luta de sobrevivência diária, enquanto subsistem reciclando lixo. O filme de Leslie Iwerks expõe esse mundo oculto e documenta com simpatia como é viver no sopé do maior e mais importante aterro tóxico da América Central.

- *Waste Land*, 2010, Direção de Lucy Walker, Karen Harley e João Jardim.

Waste Land registra a notável colaboração estética e social entre o artista Vik Muniz e os catadores que trabalham para recolher materiais recicláveis do gigante aterro sanitário na região do Rio de Janeiro, Brasil.

- *The Greatest Movie Ever Sold*, 2011, Direção de Morgan Spurlock.

O diretor de Super Size Me, Morgan Spurlock, se propõe a fazer um filme sobre produtos, *marketing* e publicidade, onde todo o filme é financiado por produtos, *marketing* e publicidade. O resultado é um documentário que ilustra a estreita associação entre marcas, artistas e patrocínio corporativo.

- *Our Currency is Information: Exposing the Invisible*, 2013, Tactical Technology Collective.

Parte de uma série de documentários curtos do projeto Expondo o Invisível, este filme de 20 minutos acompanha o ativista romeno Paul Radu, que usa recursos *on-line* e *software* "*follow-the-money* para investigar corrupção financeira e crime. Disponível para assistir gratuitamente no *site* Exposing the Invisible <https://exposingtheinvisible.org>.

LEITURA ADICIONAL

- PRESDEE, M. *Cultural Criminology and the Carnival of Crime*. Londres: Routledge, 2000.

Esta monografia fez muito para promover a criminologia cultural no Reino Unido. Nos termos deste capítulo, é especialmente útil para destacar como bens e práticas culturais são muitas vezes criminalizados por governos que procuram regular formas de resistência ou prazeres ilícitos.

- PRESDEE, M. Volume Crime and Everyday Life. In: HALE, C.; HAYWARD, K.; WAHIDIN, A.; WINCUP, E. (Eds.). *Criminology*. 2. ed. Oxford: Oxford University Press, 2009.

Capítulo útil de coletânea que introduz os alunos de graduação ao conceito de "crime em volume" — os crimes cotidianos que constituem o grosso das estatísticas criminais.

- FERRELL, J.; ILAN, J. Crime, culture, and everyday life. In : HALE, C.; HAYWARD, K.; WAHIDIN, A.; WINCUP, E. (Eds.). *Criminology*. 3. ed. Oxford: Oxford University Press, 2013.

Introdução acessível sobre as relações entre crime, cultura e controle na sociedade ocidental contemporânea.

- FERRELL, J. *Empire of Scrounge*. Nova York: New York University Press, 2006.

Uma etnografia inspirada na criminologia cultural em que Jeff entra em um mundo de pilhas de lixo e consumo conspícuo descartável, na qual ele passa um ano "mergulhando no lixo" e vivendo do "lixo" reciclado de uma cidade americana afluente para destacar o excesso de consumo no capitalismo tardo-moderno.

- MILLER, J. *Getting Played*: African American Girls, Urban Inequality, and Gendered Violence. Nova York: New York University Press, 2008.

Uma importante investigação sobre vitimização e processos de negociação de risco experimentados por jovens afro-americanas desfavorecidas à medida que enfrentam sua rotina diária na sociedade americana contemporânea.

- GAROT, R. *Who You Claim:* Performing Gang Identity in School and on the Streets. Nova York: New York University Press, 2010.

Um estudo etnográfico sobre como os jovens constroem estilos de vida e negociam suas identidades de gangue em comunidades urbanas.

- HAYWARD, K. Five spaces of cultural criminology. *British Journal of Criminology*, v. 52, n. 3, p. 441-462, 2012.

Artigo sobre criminologia cultural e espaço que inclui introduções críticas da Escola de Sociologia de Chicago e desenvolvimentos mais recentes em geografia cultural. Veja também o artigo subsequente de Elaine Campbell (2013) sobre o espaço e a criminologia cultural na mesma revista.

WEBSITES ÚTEIS

- Carnivalesque Films

<http://carnivalesquefilms.com/>.
O *site* dos cineastas David Redmond e Ashley Sabin. Muitas vezes inspirados por teorias da criminologia cultural, os documentários pungentes de Redmond e Sabin contam histórias sobre como a disrupção, a celebração, o excesso e a transgressão acontecem na vida cotidiana.

- Green Criminology Website

<http://greencriminology.org/>.
O *site* de criminologia verde do nosso amigo Avi Brisman, onde você pode se manter atualizado com todos os desenvolvimentos mais recentes neste novo campo.

- The Convict Criminology Website

<www.convictcriminology.org/>.
Link para o *site* de Criminologia dos Condenados de Stephen Richards e Jeff Ross. A Criminologia dos Condenados é uma perspectiva relativamente nova e controversa no campo do correcionalismo e da criminologia acadêmica.

5

GUERRA, TERRORISMO E ESTADO: UMA INTRODUÇÃO EM CRIMINOLOGIA CULTURAL

CRIMINOLOGIA CULTURAL E GUERRA

Será que realmente precisamos de "uma criminologia de guerra" – ou, ainda, de uma explicação sociológica da contra insurgência? Não é verdade que violações dos direitos humanos, ou violações das convenções militares, que ocorrem em situações de conflito, já estão cobertas pelo formalismo do Direito Internacional Humanitário e uma série de tratados ratificado por comitês internacionais? O que é, se é que há algo, que a criminologia pode trazer para o debate? Vamos tentar responder a essas questões considerando o conflito do nosso tempo: a longa guerra curta do Iraque.

Entre os muitos documentos e relatórios confidenciais entregues ao *site* de denúncias WikiLeaks, pelo soldado Bradley Manning, dos EUA, estava um arquivo digital contendo imagens de mira de dois helicópteros AH-64 Apache, do Exército dos EUA.

A gravação mostra um dos helicópteros abrindo fogo, com um canhão de 30 milímetros, em um grupo de iraquianos (predominantemente desarmados), incluindo dois funcionários da agência de notícias Reuters. Inevitavelmente, todos no grupo foram despedaçados. Momentos depois, quando chega uma van para ajudar as vítimas, ela também é atingida por um canhão de helicóptero; dentro da van, outros três homens desarmados são mortos, e duas crianças são gravemente feridas. Embora seja doloroso de assistir, o vídeo é importante, por várias razões (entre elas, a percepção que ele fornece sobre a natureza da comunicação que ocorre entre o pessoal militar, ao avaliar tais situações – uma mistura de eficiente discurso militar, gracejos e autocongratulação). Para nossos propósitos, porém, o que é mais interessante é a resposta pública ao vídeo, depois que ele se tornou viral, via WikiLeaks.

O incidente foi imediatamente condenado em todo o mundo, com muitos comentaristas rapidamente classificando o ataque como um "crime de guerra". Mas essas alegações apaixonadas de ilegalidade eram justificadas? A resposta curta, como qualquer advogado militar lhe dirá, é "não". Apesar de todos os ruídos feitos na mídia e em outros lugares sobre a "proporcionalidade" dos ataques, ou a "certeza razoável" da hostilidade do alvo, do ponto de vista legal, não há nada sobre o ataque aéreo de Al-Amin al-Thaniyah que tecnicamente viole as leis da guerra, como atualmente configuradas. A seguinte citação do advogado e autor Chase Madar ilustra este ponto sucintamente:

> A reação dos profissionais de direitos humanos ao vídeo da mira da arma foi silenciosa, para dizer o mínimo. As três grandes organizações de direitos humanos – Human Rights Watch (HRW), Anistia Internacional e Human Rights First – responderam não com documentos de posição e comunicados de imprensa furiosos, mas com silêncio. A HRW omitiu qualquer menção a ela em seu relatório sobre direitos humanos e crimes de guerra no Iraque, publicado quase um ano após o lançamento do vídeo. A Anistia Internacional também manteve silêncio. Gabor Rona, diretor jurídico da Human Rights First, disse que não havia provas suficientes para verificar se as leis de guerra haviam sido violadas e que sua organização não tinha pedidos de Lei de Liberdade de Informação em andamento para descobrir novas evidências sobre o assunto. Essa não-resposta coletiva, deve-se ressaltar, não ocorreu porque esses grupos humanitários, que fazem um trabalho muito valioso, seriam covardes ou corruptos. A razão é: todos os três grupos de direitos humanos, como a própria doutrina dos direitos humanos, estão preocupados principalmente com questões de legalidade. E simplesmente, por mais atroz que fosse o evento, não havia nenhuma violação clara das leis de guerra para fornecer um apoio aos profissionais de direitos humanos. (MADAR, 2012, n. p.)

Se o Direito Internacional Humanitário não é capaz de ir além das concepções de criminalidade definidas pelo Estado, ou, como Madar mais provocativamente coloca, está "[...] menos preocupado em restringir a violência militar do que em licenciá-la [...]", então como entender o ataque aéreo? Al-Amin al-Thaniyah – e/ou, aliás, ataques de drones contra "inimigos do Estado", campanhas de genocídio ou regimes sistemáticos de tortura que acontecem em locais secretos, e prisões clandestinas, em Estados do mundo inteiro?

FIGURA 7 – AINDA DE 12 DE JULHO DE 2007, AL-AMIN AL-THANIYAH, ATAQUE AÉREO, BAGDÁ, IRAQUE.

Fonte: YOUTUBE. Vídeo completo disponível em: <http://en.wikipedia.org/wiki/July_12,_2007_Baghdad_airstrike>.

Tais questões preocuparam criminologistas radicais e críticos durante décadas. Para os criminologistas críticos, o objetivo declarado tem sido o de estender a ontologia crítica da criminologia, de modo que a disciplina não mais se baseie apenas nas concepções de crime definidas pelo Estado (por exemplo: SCHWENDINGER; SCHWENDINGER, 1970; CHAMBLISS, 1989; GREEN; WARD, 2000, GREEN; WARD, 2004, MORRISON, 2006). Nos últimos anos, esta posição tem sido refinada – muitas vezes como resultado de debates em torno da dimensão política embutida da produção de conhecimento dentro da criminologia (HILLYARD et al., 2004) – por estudiosos associados à perspectiva de "dano social" (por exemplo: HILLYARD; TOMBS, 2004; HILLYARD et al., 2005; COLEMAN et al., 2009). Os proponentes dessa abordagem argumentam que, quando as abordagens legalistas nacionais e internacionais do crime são inválidas, torna-se necessário que a criminologia amplie seus horizontes para além da esfera legal e pense em atos como violência estatal, destruição ecológica ou poluição transfronteiriça (ver capítulo 3) não simplesmente em termos de regras violadas ou não, mas como danos sociais e físicos. Embora deva ser enfatizado que a perspectiva de dano social tem seus próprios problemas de definição, é claramente uma ferramenta útil para pensar o Estado como um facilitador da violência, dentro e além de suas próprias fronteiras. De fato, vários criminologistas críticos já realizaram estudos sobre as ações do Estado durante a guerra do Iraque, e a subsequente ocupação militar (KRAMER; MICHALOWSKI, 2005, KAUZARLICH, 2007, WHYTE, 2007, WHYTE, 2010).

Esse é um trabalho útil, mas, como criminologistas culturais, também estamos cientes de suas limitações. Especificamente, ao praticar a atenção crítica somente sobre a entidade do "Estado" (seja como expressão ideológica ou abrangente aparato estrutural de poder), esses relatos tendem a ignorar o fato de que o poder estatal, seja exercido em uma zona de guerra ou como parte de uma *black operation* ou operação encoberta, é implementada principalmente no nível do solo por indivíduos altamente comprometidos, na verdade, muitas vezes zelosos, que estão dispostos a empreender o que o pessoal militar ou os operadores dos serviços secretos chamam de *wet stuff*, ações sujas, (ver GOLDHAGEN, 1996), ou seja, invasões de casa em casa, prisões ilegais, tortura e missões de busca e destruição. Aqui, acreditamos que a criminologia cultural pode ser muito útil, não apenas como uma maneira melhor de analisar a dinâmica nebulosa entre as leis de guerra e as realidades locais associadas à sua implementação, mas como um meio de fornecer uma visão mais profunda, e uma compreensão mais significativa das fragilidades da condição humana, em termos de sua suscetibilidade à perversão ou corrupção, em circunstâncias extremas (CUSHMAN, 2001, p. 82).

Consideremos novamente a situação no Iraque. Uma das características marcantes da guerra foi a ampla reviravolta legislativa, promulgada pela Autoridade Provisória da Coalizão (CPA) e o governo dos EUA, para administrar a ocupação. Ao aprovar legislação como a Ordem Executiva Presidencial 13303 (que concedia aos civis e militares dos EUA imunidade contra processos sob a lei iraquiana) e o FRAGO 242 (que instruiu o pessoal da coalizão dos EUA a não intervir para impedir atos de violência praticados por iraquianos contra iraquianos), a CPA, em essência, foi uma forma de estabelecer o que os estudiosos do Direito chamam de "estado de exceção" (AGAMBEN, 2005). Ao fazer isso, a CPA tornou extremamente difícil para os advogados humanitários internacionais processar os abusos dos direitos humanos, ou as práticas coercitivas do Estado empreendidas durante a Guerra do Iraque. Na prática, o governo dos EUA estava essencialmente permitindo que seus soldados e empreiteiros privados contornem, se não se divorciem completamente, de tratados internacionais importantes, como a Convenção de Genebra, que regula as provisões feitas para civis e detidos em conflitos internacionais (LEPARD, 2006). Em algumas partes do Iraque, o resultado foi violência, livre de processos e sancionada pelo Estado. Mas mesmo que o Estado (através do disfarce do CPA) tenha criado as condições legais pelas quais cidades como Bagdá e Falluja se tornassem essencialmente "zonas de fogo livre", ainda eram atores humanos, funcionando dentro de dinâmicas de pequenos grupos, que estavam puxando gatilhos, derrubando portas, espancando e torturando prisioneiros – assim como ocorria antes, sob o regime despótico de Saddam Hussein (MAKIYA, 1998), e tal como ocorre hoje com os membros do Estado Islâmico, que realizam suas ações vergonhosas desde o Levante, destruindo igrejas cristãs, e executando civis, pelo que eles definem como violações da Sharia. É aqui que a criminologia cultural pode ajudar, enfatizando a importância da experiência humana, e dos procedimentos na condução de uma guerra, insurgência e contra-insurgência (ver: MORRISON, 2004a; COTTEE, 2011).

Como foi bem documentado, em contextos de conflito e zonas de guerra, a participação na violência em massa, e assassinatos militares, dependem da relação que indivíduos e grupos têm com seu ambiente social e situacional imediato. (BROWNING, 1992; TANNER, 2011). No Iraque pós-invasão, por exemplo, essa relação costumava ser altamente conducente a práticas estatais coercitivas e atos de brutalidade. De fato, para alguns criminologistas críticos, os esforços desordenados da CPA para governar o Iraque pós-invasão eram simplesmente um reflexo das motivações estruturais para invadir o país em primeiro lugar (por exemplo: SCHWARTZ, 2007; RUGGIERO, 2010). Desde os bombardeios de "choque e pavor" que iniciaram a campanha, para o colapso cívico ocorrido após a queda de Saddam Hussein, o caos do Iraque pós-invasão gerou uma cultura de hiperagressão, do "ataque-primeiro", que moldou a "identidade coletiva" e a "dinâmica de pequenos grupos" daqueles encarregados de processar a guerra no nível da rua:

> Quando colocados no contexto subcultural de atores envolvidos na Guerra do Iraque, podemos ver esse processo ocorrendo, através de uma combinação da imunidade de acusação concedida ao pessoal da coalizão, e a contra-insurgência focada no inimigo. Esses dois fatores contribuíram para a construção de comportamentos desviantes normalizados, como a tortura e abuso de detidos, o uso excessivo de força em civis nos postos de controle e execuções extrajudiciais por forças de coalizão e PMCs, como conduta aceitável dentro da contra-insurgência. [...] esse processo contribuiu para que os envolvidos nessa violência continuassem a se comportar dessa maneira, sem questionar seriamente a legitimidade de suas ações, ou as consequências para suas vítimas. (BURROWS, 2013, p. 235-236)

Da mesma forma, após o levante sírio de 2011 e o caos cívico ocorrido em partes do norte do Iraque após o colapso do governo xiita de Nouri al-Maliki, os combatentes *jihadistas* associaram-se primeiro à Al-Qaeda no Iraque e depois à Frente al-Nusra; e o Estado Islâmico prosperou no clima de medo e violência sectária que caracterizou o ambiente circundante naquela época – reunindo violência com violência, e brutalizando os seus brutalizadores anteriores.

E assim uma criminologia cultural da guerra começa a emergir. Como a citação acima sugere, ela reúne a influência macro da estrutura (na forma de governança e ideologia) com teorias de subcultura e "transgressão aprendidas" de nível médio – uma combinação que também permite uma análise de como crimes de Estado e assassinatos em massa podem ser "neutralizados" (ver capítulo 2) tanto pelo estado quanto pelas forças coletivas envolvidas em violações de direitos humanos (HAMM, 2007a).

No entanto, nenhuma análise criminológica cultural estaria completa, a menos que incluísse o terceiro elemento da estrutura triádica original na qual a criminologia cultural é fundada: uma compreensão em nível micro, das dinâmicas experienciais e fenomenológicas que obrigam um ator a se envolver em violência transgressora, e outro, no mesmo cenário sóciocultural, a renunciar à violência. Aqui, a criminologia cultural baseia-se na pequena literatura subterrânea da sociologia e da história militar, que ilumina poderosamente as sensações e emoções, associadas à guerra e ao combate (ver COTTEE, 2011, para uma útil introdução criminológica cultural; ver também: GRAY, 1959; HEDGES, 2002; WRIGHT, 2004). Consideremos, por exemplo, a seguinte citação do brilhante estudo micro-sociológico de combate de Sebastian Junger, *War* (2010), no qual ele tenta explicar o fascínio dos tiroteios para soldados de infantaria dos EUA que servem no Afeganistão:

> A guerra é um monte de coisas, e é inútil fingir que a excitação não é uma delas. É incrivelmente excitante. O maquinário de guerra, e o som que ele faz, a urgência do seu uso, e as consequências de quase tudo sobre isso, são as coisas mais excitantes que alguém envolvido na guerra jamais conhecerá. Soldados discutem esse fato uns com os outros e, eventualmente, com seus capelães e seus psiquiatras, e talvez até com seus cônjuges; mas o público nunca vai ouvir falar sobre isso. Não é algo que muitas pessoas querem reconhecer. A guerra deve ser ruim, porque inegavelmente coisas ruins acontecem nela, mas para um garoto de 19 anos, na coronha de uma metralhadora calibre 50, durante um tiroteio em que todo mundo sai bem, a guerra são a vida, multiplicada por um número que ninguém jamais ouviu falar. De certa forma, vinte minutos de combate é mais vida do que você poderia juntar em uma vida inteira, fazendo outra coisa. (JUNGER, 2010, p. 144-145)

Da mesma forma, na citação a seguir pelo veterano do Vietnã e autor Phillip Caputo, as seduções experienciais de combate próximo, a corrida de adrenalina de trabalhos manuais militares com risco de vida é expressa em termos Katzianos quase puros (ver capítulo 3):

> Quem lutou no Vietnã, se for honesto consigo mesmo, terá que admitir que apreciou a atraente atratividade do combate. Foi um prazer peculiar, porque foi misturado com uma dor proporcional. Sob o fogo, os poderes de vida de um homem aumentam em proporção à proximidade da morte, de modo que ele sente uma euforia tão extrema quanto seu medo. Seus sentidos se aceleram, ele alcançou uma acuidade de consciência ao mesmo tempo prazerosa e excruciante. Era algo como um estado elevado de consciência, induzida por drogas. E poderia ser muito viciante, pois fazia com que qualquer coisa que a vida ofereça, no sentido de delícias ou tormentos, parecer sem graça. (CAPUTO, 1977, p. xvii)

Na próxima seção, exploraremos essa síntese de elementos macro, meso e micro, em mais detalhes, relacionados aos debates em torno do terrorismo. Por enquanto vamos expor, em termos práticos, o que uma criminologia cultural de guerra constitutiva pode parecer. Para ajudar nessa tarefa, recorremos e aprimoramos a recente análise cultural criminológica multidimensional de Daniel Burrows (2013) sobre o crime estatal na Guerra do Iraque.

Com base na apreciação de Hayward (2011) da interconectividade dos processos macro, meso e micro, dentro da criminologia cultural e, assim, espelhando a abordagem descrita acima, Burrows esboça um número de "tropos teóricos"[32] que ele afirma serem essenciais para a construção de uma abordagem integrativa e interdisciplinar, na compreensão do crime estatal (de guerra). Parafraseando Burrows, eles poderiam ser resumidos da seguinte maneira: primeiro, há uma necessidade de situar a análise criminológica da guerra dentro de uma ampla dinâmica histórica. Por exemplo, nenhuma análise da Guerra do Iraque é viável sem considerar a história problemática do Iraque – tanto em termos do reino de terror de Saddam (MAKIYA, 1998) quanto nas antigas divisões étnicas que caracterizam o país – ou as semelhanças entre os dois países.

As técnicas de contra-insurgência passadas e presentes dos EUA (ver: HAMM, 2007a; KLEIN, 2007), para não mencionar a longa história de intervenção violenta dos EUA e da Europa nos assuntos do Oriente

---

32 N.T.: Na Filosofia, *tropos* são mais que figuras de linguagem; tratam-se de argumentos classificáveis, no sentido de provar uma assertiva.

Médio. Em segundo lugar, há um reconhecimento geral das limitações do Direito Internacional Humanitário e da necessidade de desenvolver conceituações mais amplas, de danos sociais e pessoais, que melhor identifiquem e tornem visíveis as brutalidades e atrocidades – grandes e pequenas – que ocorrem em zonas de guerra.

Terceiro, há uma prontidão para se engajar nas macro análises estruturais existentes, associadas à disciplina de política e relações internacionais, que veem as ações militares dos Estados como expressões de interesses de segurança nacional, e objetivos econômicos particulares. Sem rodeios, como pediu o estudioso de segurança global Doug Stokes (2009, p. 91): o Oriente Médio teria estado sujeito a tantas intervenções, golpes apoiados pelo Ocidente, e regimes autoritários apoiados pelos EUA, se o principal produto de exportação da região não fosse petróleo, mas abacates? Quarto, a cultura que sustenta a ação militar e suas consequências deve ser cuidadosamente analisada, especialmente nos casos em que a soberania temporária é estabelecida e uma campanha de contra-insurgência é travada. Em particular, a ênfase deve ser focada sobre como as culturas e subculturas de nível "meso" (mediano) – sejam elas estatistas ou cada vez mais corporativas (LEA; STENSON, 2007; WELCH, 2009) – criam e valorizam formas de comportamento aprendido que são, técnica e normativamente, proibidas e indesejáveis. Quinto, nenhuma criminologia de guerra pode ser completamente sem um foco nas atrações micro-experienciais e seduções emocionais de combate, e suas atividades associadas "molhadas" (sujas). Em particular, precisamos focar a atenção em como os perigos, riscos e excitações da guerra podem moldar a afinidade/identidade de pequenos grupos e fornecer aos indivíduos um senso de significado que transcende a norma. Como Chris Hedges argumenta, em seu brilhantemente perspicaz e perturbador livro, *War* é uma força que nos dá significado; este talvez seja o principal apelo do conflito:

> Mesmo com sua destruição e carnificina, ele pode nos dar o que ansiamos na vida. Pode nos dar propósito, ou seja, uma razão para viver. Somente quando estamos no meio do conflito é que a superficialidade e insipidez de grande parte de nossas vidas se tornam aparentes. Trivialidades dominam nossas conversas, e cada vez mais nossa mídia de massa. E a guerra é um elixir sedutor. Isso nos dá determinação, uma causa. (2002, p. 3)

Para isso, nós adicionamos a questão da masculinidade (tóxica). Isso pode ser considerado em qualquer uma das seis áreas, mas parece especialmente importante quando se considera a natureza do "significado" associado às atrações emocionais e experienciais da guerra. Em sexto lugar, e finalmente, compreender como a grande mídia molda a violência sancionada pelo Estado, por um lado, legitimando e celebrando narrativas de guerra e conquista e, por outro, afastando do debate popular outras formas de crime estatal.

> Depois da enchente: Blackwater
> No rescaldo do furacão Katrina, as águas poluídas das enchentes, gangues violentas e policiais violentos não foram as únicas ameaças tóxicas que grassaram em Nova Orleans. Patrulhando as ruas, ao lado de policiais tradicionais e da Guarda Nacional dos EUA (pelo menos o que restou depois de implantações em massa no Iraque e no Afeganistão) estavam membros da Blackwater Security Consulting, uma empresa militar privada. Desde 2002, a Blackwater e seus vários *spinoffs* (a empresa frequentemente muda seu nome, por razões óbvias; em 2009, tornou-se "Xe Services LLC" e, em 2011, se renomeou novamente, desta vez, hilariamente, como "Academi") rapidamente acumulou contratos com o governo dos EUA totalizando mais de meio bilhão de dólares, em grande parte como resultado da privatização da "guerra ao terror". Enquanto a equipe da Academi (da Blackwater), oferece uma ampla gama de serviços paramilitares, seu principal papel, desde o 11 de setembro, foi como um "exército sombra" de mercenários privados, que trabalham ao lado do Exército dos EUA, no Iraque pós-invasão. Durante o auge do conflito, mais de 100.000 mercenários foram mobilizados no Iraque, mas foram os agentes da Blackwater que causaram a maior controvérsia. A partir de 2004, empreiteiros da Blackwater estiveram envolvidos em uma série de assassinatos polêmicos de civis iraquianos, incluindo o incidente de 11 de setembro de 2007 em Nisoor Square, Bagdá, onde, apoiados por seus próprios helicópteros, empregados da Blackwater abriram fogo indiscriminadamente contra um grande grupo de iraquianos inocentes. Apesar de seu histórico lamentável, a Blackwater continua sendo um alvo nebuloso para os promotores, tanto no Iraque quanto nos EUA. Decisões do ex-chefe da administração civil, liderada pelos EUA no Iraque, Paul Bremner, ajudaram a criar uma área legal cinzenta em torno das forças de segurança privadas contratadas, e como resultado, a Blackwater continuou seus negócios com aparente impunidade (SCAHILL, 2007). Além disso, a Blackwater/Academi tem pressionado agressivamente para garantir que não esteja sujeita às mesmas formas de lei militar que se aplicam às forças de combate mais tradicionais. A Blackwater é criação de Erik Prince, um banqueiro cristão ultraconservador do Partido Republicano. Usando seus contatos poderosos, Prince construiu um pequeno exército privado de ex-militares e agentes de inteligência,

> que ele agora aluga para o governo dos EUA sempre que a força bruta sob controle remoto é necessária – daí a presença dos veículos sem placas da Blackwater, nas ruas de Nova Orleans após o Katrina. Com seus coletes à prova de balas, equipamentos camuflados de combate no deserto, e armas automáticas sempre prontas, os agentes da Blackwater afirmaram estar em Nova Orleans para "[...] deter os saqueadores e os criminosos [...]". Mas com sua falta de responsabilidade pública, e sua atitude arrogante em relação ao estado de direito, talvez devêssemos nos perguntar: o que a Blackwater realmente queria parar? E quem realmente representa a maior ameaça às liberdades civis – a população deslocada por conta de um desastre natural, ou os cães de ataque do capitalismo neoliberal da Blackwater?

Esta sexta dimensão – o papel da mídia, imagens e discurso popular – é de particular potência e importância. Em fevereiro de 2003, por exemplo, por insistência do governo Bush, a tapeçaria de Guernica (uma enorme cópia da pintura de 1937 de Picasso, sobre o bombardeio nazista da cidade de Guernica, durante a Guerra Civil Espanhola) foi primeiro coberta, e depois removida da Sala de Segurança do edifício das Nações Unidas, em Nova York. Aparentemente, o tramado dos horrores da guerra não era mais um pano de fundo apropriado para Colin Powell, e outros diplomatas americanos, fazerem declarações na mídia, pedindo a invasão do Iraque. O que os neoconservadores do governo Bush sabiam muito bem era que, quando se trata de exercer o poder, no estágio global moderno, o gerenciamento de imagens é tão importante quanto o gerenciamento do campo de batalha. Em outras palavras: a peça pode ser ruim, mas não há desculpas para não montar adequadamente o cenário. Se estivesse vivo hoje, Guy Debord certamente teria sorrido. Estrela guia da Internacional Situacionista de 40 anos atrás, Debord declarou então que, se a acumulação capitalista continuasse incontestada, exigiria novas formas de controle estatal que detivessem "[...] domínio sobre o domínio da imagem [...]". Seu argumento era simples: à medida que o Estado eleva seu envolvimento no dia a dia de seus cidadãos através da "colonização da vida cotidiana", o controle de imagens – especialmente através das chamadas "máquinas perpétuas de emoção" como a televisão – torna-se cada vez mais vital para a manutenção da ordem social capitalista. No entanto, isso dá origem a um paradoxo: quanto mais o Estado depende da imagem, mais fica vulnerável à manipulação de imagens.

Então, de volta à Guerra ao Terror: em um artigo sobre a reação dos EUA aos ataques de 11 de setembro, o Coletivo de Contestação argumentou que "um Estado que vive cada vez mais em e através de um regime da imagem não sabe o que fazer quando, por um momento, morre por seu próprio veneno. Não importa que 'economicamente' ou 'geopoliticamente' a morte possa ser uma ilusão. Espetacularmente, ela foi real. E a morte da imagem – a derrota da imagem – não é uma condição que o Estado possa suportar" (RETORT COLLECTIVE, 2004, p. 20). Isso não é simplesmente um recuo para o mundo do "hiper espetáculo" de Jean Baudrillard – algo que o Coletivo de Contestação está disposto a evitar. Pelo contrário, é um chamado para uma compreensão mais clara da interação geopolítica entre o simbólico e o material – uma linha de investigação que, sem dúvida, um intervencionista radical como Debord teria dado boas-vindas. Como o Coletivo de Contestação deixa claro, "Nenhum nível de análise" – econômico "ou" político, "global ou local, focando nos meios de produção material ou simbólica – fará justiça à atual estranha mistura de caos e design grandioso." (2004, p. 7). Devemos lutar por modos de crítica que permitam fundir esses domínios, combinando imagens e análises, como ferramentas para "vulnerabilizar" o Estado e desafiar sua hegemonia sobre o "reino da imagem" (BROWN, 2014; SCHEPT, 2014; WALL; LINNEMANN, 2014). Isso pode parecer abstrato, mas considere novamente o ataque aéreo Apache em Al-Amin al-Thaniyah. Sem as imagens de vídeo viscerais, este evento certamente passaria despercebido na história. Apenas outro relatório de inteligência anônimo dos EUA; uma das várias centenas de milhares de relatórios carregado para a Internet nos "Registros de Guerra" do WikiLeaks. Este, no entanto, se destacou. Destacou-se precisamente porque era uma imagem. Destacou-se precisamente porque seu poder visual fez o evento parecer real (e observe aqui a inversão da famosa hipótese de Jean Baudrillard em *The Gulf War Did Not Take Place* 1995]). As imagens de vídeo não expurgadas tinham, portanto, o poder de vulnerabilizar o Estado, independentemente do que o direito humanitário internacional tivesse a dizer sobre isso.

Em um artigo interessante intitulado "Toward a Cultural Criminology of War", Josh Klein (2011) mostra como "ação criminal militar de elite" depende do "alistamento ideológico parcial" do público "e, portanto, do" envolvimento indireto de leis e de cidadãos residentes, em crimes internacionais" (2011, p. 86-87). Klein usa dados de opinião pública para ilustrar como as tendências associadas à guerra contra-insurgência – nacionalismo beligerante, chauvinismo, nativismo, odiar os de fora do grupo (*outsiders*) – são ideologicamente legitimadas em casa, através de várias formas culturais populares manipuladas por elites políticas, e viés de mídia associado. No entanto, se a opinião pública pode ser manipulada pela natureza propagandística da cobertura televisiva, incluindo jornalistas "incorporados" e imagens de guerra oficialmente aprovadas (RYAN; SWITZER, 2009; BONN, 2010), ela também pode ser influenciada, "limitada" e moralmente subvertida, por imagens que destacam claramente a disjunção entre a reportagem centrada no Estado, e a criminalidade militar de elite. A crítica de mídia que se seguiu após o escândalo sobre as fotos do abuso de prisioneiros de Abu Ghraib, talvez seja o exemplo mais óbvio.

Assim, vemos o valor da imagem como um meio de verificar o poder do Estado no mundo multimídia de hoje. É uma abordagem tão viável em uma zona de guerra quanto em uma zona de transbordo. Por exemplo, seja a fotografia e a gravação de multidões e indivíduos em manifestações políticas e marchas de protesto, ou a instalação de câmeras de vídeo miniaturizadas e montadas em capacetes por integrantes das tropas de choque, o poder da imagem não é algo que o Estado e seus agentes possam possuir ou controlar totalmente (entretanto, sobre o tema, veja: MCELROY, 2010). Longe disso – a força da imagem, o poder e o espetáculo do visual são simplesmente multidimensionais ao extremo. As imagens permeiam o fluxo de significado cultural de várias maneiras e, da mesma forma que podem ser usadas para servir os militares e outros ramos do aparato estatal, também podem ser usadas para criticá-lo e enfraquecê-lo. Assim, as práticas "mão pesada" de prisão policial, são agora rotineiramente combatidas por cidadãos com câmeras, enquanto os organizadores de manifestações políticas frequentemente empregam seus próprios *videomakers* (e cada vez mais *drones*, equipados com câmeras aéreas) para monitorar possíveis abusos do Estado. Como no caso do ataque aéreo de Al-Amin al-Thaniyah, do mesmo modo que agentes estatais buscam controlar ou possuir uma imagem para seus próprios propósitos, outro grupo pode roubá-la, sujeitá-la a um sequestro cultural, e à inversão radical do significado.

Neste ponto, a maioria das criminologias de guerra, ou, na verdade, a maioria das críticas esquerdistas do militarismo estatal, tende a chegar a um fim abrupto, contentes simplesmente em dar no Estado um bom chute, oferecer algumas sugestões progressistas, e então seguir em frente. Entretanto, esta não é a abordagem da criminologia cultural. Para retornar novamente à Guerra do Iraque e suas consequências – e, portanto, aos vários tropos teóricos que sustentam nossa criminologia cultural exploratória da guerra – argumentaríamos que foi uma falha intelectual de muitos comentaristas não (ao menos) reconhecer a complexidade dos eventos em torno da ocupação e da insurgência que se seguiu. No entanto, o caso da "mudança de regime" no Iraque foi apresentado pelo inepto governo Bush-Cheney (ou, aliás, o governo de Blair no Reino Unido), e independentemente da posição dominante sobre os méritos e deméritos da intervenção militar, não se deve perder de vista que, depois que o alvo original foi derrubado – o regime baathista de Saddam Hussein – surgiu um novo e muito dedicado inimigo para combater a ocupação da Coalizão. Um inimigo cujas fileiras foram inchadas por milhares de combatentes não-iraquianos que cruzaram a fronteira, vindo não apenas da Síria e da Jordânia, mas de países ostensivamente aliados dos EUA/Ocidente, como Arábia Saudita e Paquistão; milhares de combatentes estrangeiros também viajaram para o Iraque, a partir do Reino Unido e outros Estados da UE, com grandes populações muçulmanas. Menosprezado e até desculpado por certos pensadores proeminentes da esquerda (o cineasta americano Michael Moore afirmava que a "resistência" iraquiana era o equivalente dos Minutistas Revolucionários, enquanto o jornalista britânico-paquistanês Tariq Ali pedia solidariedade aos "insurgentes"), era o fato de que grupos como a Al-Qaeda, no Iraque, estavam resistindo, não simplesmente à Coalizão, mas a democratização, a uma nova constituição e ao recém-adquirido poder dos xiitas iraquianos. Além disso, a intenção imediata da AQI e dos insurgentes sunitas não era apenas desestabilizar o Iraque, mas precisamente criar a estabilidade de um Estado teocrático islâmico baseado na Sharia – uma posição ideológica que acabou por gerar o Estado Islâmico do Iraque e o Levante, e finalmente, o Estado islâmico repressivo de Abu Bakr al-Baghdadi (COCKBURN, 2015). Em uma corrida para criticar o militarismo americano e britânico, muitos comentaristas não entendem a natureza da resistência *jihadista* no Iraque, interpretando-a, falsamente, como um movimento essencialmente anti-imperialista.

Em nítido contraste, qualquer criminologia cultural emergente reconheceria a pluralidade e a complexidade das motivações por trás da guerra e atividades insurgentes (e contra-insurgentes) e, principalmente, que essas motivações não devem ser mal interpretadas para fins político-polêmicos (isto é, porque *jihadistas* estrangeiros, no Iraque além de matar civis, atacavam soldados americanos, eles devem ser anti-imperialistas – pelo contrário, eles eram imperialistas de primeira ordem, em seu desejo de recriar um Califado global). Além disso, uma criminologia cultural da guerra precisa reconhecer que qualquer relato abrangente a respeito do por quê de homens e mulheres se envolvem na guerra, deve reconhecer os aspectos não racionais ou irracionais da guerra, e especialmente o papel da religião nisso (algo geralmente minimizado por luminares à esquerda, como Naomi Klein e Noam Chomsky). A religião não deve ser automaticamente despejada na política, e deve ser reconhecida como uma poderosa força modeladora, em si mesma. A criminologia cultural está sintonizada unicamente, para capturar o potente apelo, e o fascínio da violência religiosa ou "teísta", a promessa de bem-aventurança transcendental, e de validação heroica que ela oferece (ver: COTTEE, 2014). De fato, é para esse assunto que nos voltamos agora.

CRIMINOLOGIA CULTURAL E TERRORISMO

Como as fronteiras entre crime, terrorismo, criminalidade estatal e conflito subestatal continuam a se confundir – com "narcoterrorismo", assassinatos por ataques de *drones*, financiamento internacional para organizações terroristas, tráfico organizado de armas – em certas regiões a distinção entre insurrecionistas de fato, e grupos criminosos locais, fica opaca (HAMM, 2007b). A necessidade de a criminologia melhorar seu diálogo com disciplinas como Relações Internacionais, e estudos sobre terrorismo, torna-se cada vez mais aguda. Nesta seção, damos peso a este processo, baseados nos recentes desenvolvimentos em estudos sobre o terrorismo, de modo a desenvolver um esboço de criminologia cultural do terrorismo. Como disciplina independente, os estudos sobre terrorismo não são isentos de problemas. Em especial, a disciplina é arruinada por cismas ideológicas de longa data, e sucateada por uma série de facções concorrentes, de realistas a antirrealistas, de ortodoxos a pós-estruturais. Aqui, não tentamos oferecer uma visão ampla do campo e de suas controvérsias; em vez disso, selecionamos alguns desenvolvimentos recentes, importantes dentro dos estudos sobre terrorismo, que podem atender melhor às necessidades da criminologia cultural – e especialmente o tipo de macro, meso e micro abordagens, delineadas na seção anterior.

Um movimento recente, que tem aplicação óbvia é o subcampo dos "Estudos Críticos sobre Terrorismo".[33] Conduzida por um grupo pequeno mas determinado de estudiosos (por exemplo, GUNNING, 2007; JACKSON, 2007; JACKSON *et al.*, 2009a), a CTS criou um nicho impressionante, embora às vezes controverso, para si mesma, dentro da disciplina mais ampla de Relações Internacionais.[34] Comparando a CTS

---

33 N.T.: "Critical Terrorism Studies" no original.
34 Estudos críticos sobre terrorismo não estão isentos de críticas - veja, para análises ponderadas, por exemplo: HORGAN; BOYLE, 2008; WEINBERG;

com a Criminologia cultural, é claro que existem algumas semelhanças marcantes. Para começar, ambos os subcampos se estabeleceram como contrapontos intelectuais e teóricos, a muitas das orientações tradicionais que formam sua disciplina de acolhimento, e ambos partem da premissa de que há uma dimensão política embutida na produção de conhecimento dentro de seus sujeitos mestres. Em outras palavras, cada subcampo teme que as abordagens mais comuns do terrorismo/crime sejam simplesmente tentativas de manter e reificar o *status quo* político e econômico – isto é, as estruturas de poder e circunstâncias sócio-históricas existentes, que constituem e definem os respectivos problemas, em primeiro lugar. Esse desafio ao que poderíamos descrever como normas disciplinares centradas no Estado, precipita três outras semelhanças. Primeiro, ambos os subcampos expressam preocupação de que abordagens putativas de "solução de problemas" distorçam a agenda de pesquisa da respectiva disciplina, enfatizando em demasia os epifenômenos óbvios, em detrimento de questões maiores e mais complexas – exemplos notórios são, inicialmente, o foco concentrado nas motivações psicológicas dos terroristas suicidas islâmicos, ao invés de produzir análises rigorosas da história/política/ideologia religiosa do Oriente Médio nos principais estudos sobre terrorismo; e seguida, a priorização da vigilância em nível de rua pelos criminologistas de governo, em detrimento de qualquer preocupação substantiva com crimes corporativos, ou de colarinho branco. Em segundo lugar, tanto os estudiosos da CTS quanto os criminologistas culturais são altamente críticos em relação à forma como a teoria da escolha racional (ECR) foi adotada e utilizada dentro de suas disciplinas (ver capítulo 3). Gunning (2009, p. 167), por exemplo, teme que os ECRs do terrorismo enfatizem excessivamente os fins/interesses estratégicos dos grupos militantes, "[...] com pouca referência à suas ideologias, imaginário ou identidades." Terceiro, ambos os subcampos preocupam-se com a forma como dados quantitativos supostamente "objetivos" operam cada vez mais como uma fachada "científica" diante da apresentação pública de suas respectivas disciplinas (ver RAPHAEL, 2009, p. 50-57; SLUKA, 2009, p. 144, e o capítulo 7 deste volume).

Essas linhas críticas compartilhadas são parte da razão pela qual tanto a criminologia cultural quanto a CTS estão dispostas a submeter seus respectivos campos à influência multidisciplinar (ver: HAYWARD, 2004, p. 147; FERRELL; HAYWARD, 2011, p. 10; JACKSON *et al.*, 2009b, p. 216-225; RANSTORP, 2009, p. 24-32; TOROS; GUNNING, 2009, p.

EUBANK, 2008; e JOSEPH, 2011.

98). Falando praticamente, isso se manifesta na chamada da CTS para estudos sobre terrorismo, para se engajar mais completamente em disciplinas como antropologia (SLUKA, 2009), estudos na área do Oriente Médio (DALACOURA, 2009), estudos de mídia (JACKSON, 2005), estudos de migração, estudos de gênero (SYLVESTER; PARASHAR, 2009), psicologia social e teoria dos movimentos sociais (GUNNING, 2009). A Criminologia cultural, entretanto, tem procurado se envolver, entre outras, com a geografia cultural, sociologia visual, estudos de mídia e cinema, antropologia cultural, filosofia, genocídio e estudos de guerra, e estudos culturais e da juventude. Inevitavelmente, muito desse desejo de pluralismo intelectual pode ser atribuído à ênfase que ambos atribuem aos significados, e à contestada construção (cultural) de seus objetos particulares de estudo – uma posição que sem dúvida ajuda os críticos, que veem ambas as subdisciplinas como excessivamente discursivas e carentes de rigor materialista. No entanto, dada a natureza evolutiva do terrorismo e da criminalidade, uma forte ênfase na ambiguidade de significados e definições é, sem dúvida, uma força, quando se desenvolvem explicações alternativas e promovem novas estruturas conceituais. Consideremos, por exemplo, o conceito de David Kilcullen (2009) de "guerrilha acidental", um termo usado para descrever as fronteiras confusas, em cenários de conflito entre insurgentes comprometidos e membros da tribo local, interessados apenas em si mesmos, ou os relatos contestados de quem (ou de fato o quê) na verdade, constitui o Taleban no Afeganistão, e as Áreas Tribais Federalmente Administradas. Além disso, quando se trata de desenvolver análises do poder estatal – ou, nesse sentido, de organizações terroristas que desejam confrontar e desestabilizar o poder do Estado – em torno do tipo de estrutura micro, meso e macro delineada acima, então, um enfoque interdisciplinar é essencial. Mais obviamente, seja o apelo da criminologia cultural por uma criminologia visual melhorada, ou o entusiasmo da CTS em se apropriar da análise de conteúdo e outros modos metodológicos de "revelação textual" dos estudos da mídia (JACKSON, 2009, p. 67; ver também: JACKSON, 2005; ALTHEIDE, 2006; BONN, 2010), ambas subcampos enfatizam a *influência em multi-nível* da mídia, seja como uma ferramenta para disseminar propaganda terrorista, ou como uma maneira de evitar a atenção dos efeitos do chamado "terrorismo de estado" (BLAKELEY, 2009). Da mesma forma, um interesse comum na antropologia cultural também exige que os etnógrafos que trabalham nessa área vinculem suas descrições "básicas" à teoria de nível macro e meso. Jeffrey Sluka (2009, p. 153), por exemplo, salienta que "[...] os antropólogos fizeram, e continuam a fazer, uma importante contribuição para a

STC e nossa compreensão do terrorismo, estudando-a como uma realidade empírica e uma construção política e cultural." Da mesma forma, Ranstorp afirma que "[...] a antropologia cultural pode fornecer uma perspectiva granulada mais profunda nos aspectos comunicativos e no simbolismo [...]" da ação terrorista (2009, p. 32; ver também: SLUKA, 2008).

Mas depois de bastante discurso conceitual sobre uma fusão disciplinar de CTS e criminologia cultural, como seria uma criminologia cultural do terrorismo? Mais importante ainda, como já sugerido, ela deve ser capaz de funcionar nos níveis macro, meso e micro de análise. Deve, como Martha Crenshaw disse, sintetizar fatores estruturais com uma análise da dinâmica de grupo, influência ideológica, incentivos individuais e motivações pessoais (GUNNING, 2009, p. 166). Deve também, como já dissemos, estar aberta à interdisciplinaridade – porque esta é realmente a única maneira de garantir uma compreensão verdadeiramente abrangente de como as explicações macro, meso e micro impactam umas nas outras. Assim, por exemplo, quando olhamos para os dados econométricos sobre a pobreza estrutural que produzem o apoio palestino para as brigadas militares do Izz ad-Din al-Qassam, também devemos aplicar métodos visuais para analisar de que modo os cartazes de mártires e outdoors nas ruas de Gaza se reproduzem, e sustentam uma cultura bizarra de celebridades de rua, que engrandece os bombardeios suicidas e outras formas de *istishahad* (e pensar que alguns estudiosos do terrorismo afirmam que não há nada intrinsecamente novo ou distinto sobre a atividade terrorista, hoje). Da mesma forma, quando nós (com razão, acima) colocamos a questão geopolítica sobre se o Iraque e outros países do Oriente Médio teriam sido objeto de tantas intervenções apoiadas pelos EUA, se a sua exportação primária não fosse petróleo, mas abacates, não deveríamos encerrar nossas análises lá. Em vez disso, devemos empreender novas formas de pesquisa antropológica, situacionalmente sintonizadas nas considerações locais (micro), tais como as técnicas específicas empregadas pelas forças de ocupação quando patrulham vizinhanças desconhecidas, e coletam informações de interesse militar, ou, por falar nisso, as rupturas/sectarismo religiosos pré-existentes, e que podem constituir a realidade espacial nas áreas dessas vizinhanças, em primeiro lugar. Essa abordagem multidimensional, no estudo do terrorismo, reflete de perto a abordagem da criminologia cultural ao estudo da criminalidade (isto é, conceitua certos comportamentos transgressores como tentativas de resolver conflitos psíquicos/individuais internos, que são gerados pelas condições ambientais ou estruturais mais amplas, associadas à modernidade tardia). A seguir, oferecemos para discussão uma interpretação multinível do jihadismo islâmico contemporâneo, que sintetiza bem as referências aos níveis macro, meso e micro. Reconhecemos, é claro, que existem numerosas outras formas e teatros da atividade terrorista contemporânea. No entanto, a atividade terrorista associada à Jihad radical é esmagadoramente a mais proeminente e potente manifestação contemporânea; portanto, nós a selecionamos para discussão aqui.

Há muito que se poderia dizer sobre questões macro e terrorismo. Muitos comentaristas, por exemplo (erroneamente), respondem pela ascensão do terrorismo islâmico recorrendo apenas a amplos fatores estruturais. É uma linha de lógica que também tem sido uma peça central na Estratégia Nacional dos EUA para o Combate ao Terrorismo, que inclui o programa adjunto "Guerra à Pobreza", em um esforço para reduzir o apoio e o recrutamento para o terrorismo (citado em ATRAN, 2004). No entanto, embora seja verdade que a maioria dos terroristas islâmicos certamente não está sofrendo de privação econômica (GURR, 2007), ainda é possível supor que o apoio ao islamismo radical será especialmente agudo, entre aqueles cujas oportunidades legítimas de alcançar realização pessoal ou comunitária são severamente limitadas, consequentemente, surge o apoio renovado para a Irmandade Muçulmana extremista no Egito de hoje, ou o aumento do recrutamento para o Exército Mahdi no Iraque pós-invasão. Essa linha de argumentação é o instrumental de muitos estudos ortodoxos sobre terrorismo. Mas, como apontou o antropólogo social Scott Atran e outros, esse estruturalismo contundente não explica por que alguns indivíduos são levados a adotar posições radicais, enquanto outros rejeitam a violência e a destruição. Da mesma forma, o fenômeno recente do "terrorista lobo solitário" (SPAAIJ, 2011; MICHAEL, 2012; HAMM, 2015) também é difícil de explicar por meio de uma lente estrutural. Neste ponto, devemos ampliar as análises macro do terrorismo islâmico, misturando problemas de fundo (como a pobreza estrutural e a exclusão social) com os desencadeantes de nível meso (subcultural e ideológico) e, de modo importante, micro-nível (subjetivo e existencial). O relato a seguir de um repugnante ato terrorista islâmico ocorrido nas ruas da Holanda faz exatamente isso.

Ao rever o livro de Ian Buruma (2007) *Murder in Amsterdam: The Death of Theo van Gogh and the Limits of Tolerance*, o criminologista Simon Cottee (2009a) faz uma série de observações interessantes; a principal delas é a maneira como Cottee usa a teoria criminológica subcultural para ampliar a biografia de Buruma, sobre o assassino de van Gogh, o holandês marroquino de 26 anos, Mohammed Bouyeri. O ponto de partida de Cottee é o clássico subcultural de Al Cohen, de 1955, *Delinquent Boys: the Culture of the Gang* (ver capítulo 2). Em termos simples, o objetivo de Cohen era entender como as gangues de delinquentes de rua funcionam, e por que elas são "[...] distribuídas como são, dentro de nosso sistema social [...]" (1955, p. 18). Entre outras observações, Cohen identificou a qualidade "negativista" da delinquência, observando que os valores da gangue não estão apenas em desacordo com os valores da "sociedade respeitável", eles são uma "inversão" direta deles:

> [...] a subcultura delinquente toma suas normas da cultura maior, mas as inverte, colocando-as de cabeça para baixo. Essa "reação-formação" estabelece um conjunto de critérios de status (resistência, "desafio" etc.) em termos pelos quais o garoto pode mais facilmente ter sucesso, permitindo-lhe retaliar contra as normas, cujo impacto seu ego sofreu. (1955, p. 168)

Como Cottee sugere: "A gangue delinquente, então, é criada para resolver o problema da frustração de status entre os meninos da classe trabalhadora. É uma "solução" coletiva para um "problema" estruturalmente imposto." (2009a, p. 1126).

Voltando ao assassinato em Amsterdã, Buruma (2007) afirma que Bouyeri pode ser entendido através de processos psicossociais semelhantes, especificamente os de frustração de *status* e confusão de identidade. Suas ambições e aspirações bloqueadas a cada passo, a vida de Bouyeri como imigrante muçulmano de segunda geração na Holanda era, como documentos de Buruma, um catálogo de fracassos e decepções que o deixavam às vezes ressentido e zangado.[35] Essa frustração de *status* foi intensificada pela confusão de identidade de Bouyeri – sua dupla alienação tanto da cultura de seus pais quanto da cultura da sociedade holandesa tradicional. O retrato de Bouyeri de Buruma – seguindo Magnus Enzensberger – é de um "fracassado radical", alguém que não consegue "suportar viver consigo mesmo" e (como os membros de gangue de Cohen), quer fazer o resto da comunidade afundar com eles. No entanto, como Cottee infere da biografia de Buruma, figuras como Bouyeri "[...] nunca podem se livrar inteiramente da suspeita de que sua situação é auto-infligida, de que elas mesmas são responsáveis por sua humilhação

---

35   Veja também Young (2007, capítulo 8) para uma análise criminológica cultural relacionada do terrorismo, a dialética da "alternância" e da vida "dentro e fora do Primeiro Mundo".

e não merecem a estima que anseiam" (2009a, p. 1127). É nesse ponto que Cottee sugere que, como a gangue delinquente para os americanos da classe trabalhadora, a subcultura do *jihadismo* serve como uma "solução" para os problemas que os jovens imigrantes muçulmanos de segunda geração enfrentam nas avançadas sociedades seculares do Ocidente: problemas especificamente ligados ao status e à identidade:

> A subcultura *jihadista* não apenas fornece um vocabulário poderoso para expressar o total desprezo pelos valores "ocidentais" – valores que humilham, desprezam e zombam do *jihadista*, já que não podem viver de acordo com eles; confere também um status heroico a seus membros, e legitima a vingança violenta contra as fontes de sua frustração. Além disso, proporciona-lhes um poderoso sentido de identidade, e um guia inequívoco e infalível para negociar suas vidas em face do leque vertiginoso de escolhas, possibilidades e tentações que as sociedades ocidentais avançadas têm a oferecer [...]. Visto sob essa luz, as raízes do *jihadismo* não repousam no Islã, mas em como os homens muçulmanos respondem a sentimentos pessoais de fracasso sobre quem ou o que são. Isso não significa que a ideologia do islamismo violento seja, causalmente, sem importância: ao contrário, ela fornece a narrativa justificadora e excludente que permite aos *jihadistas* superar restrições morais civilizadas. Buruma claramente reconhece isso e dá à ideologia seu devido peso causal, como um mecanismo para aproveitar e desencadear uma fúria assassina. Mas ele também reconhece que o *jihadismo* tem suas raízes nas experiências emocionais subjetivas dos verdadeiros *jihadistas*. (2009a, p. 1127)

Nesta importante citação, Cottee nos mostra como os problemas de fundo, em nível macro provocam reações subculturais e ideológicas de nível meso. Mas, apesar de problemático, esse relacionamento, por si só, não faz um terrorista – pois, como argumentamos em outro lugar (COTTEE; HAYWARD, 2011), também devemos nos engajar em uma análise em nível micro do terrorismo. No nível micro, a criminologia cultural tem suas raízes na natureza dinâmica da experiência (individual), como exemplificado pela fenomenologia de Jack Katz, o naturalismo subterrâneo de David Matza e a microssociologia de Erving Goffman (ver capítulos 2 e 3). O objetivo desses estudiosos era desenterrar as emoções humanas enigmáticas, e os impulsos existenciais por trás de diferentes formas de criminalidade. Esse interesse pelo comportamento emocional foi útil, porque ajudou a tirar as emoções do campo da psicopatologia, mas também cimentou a noção de que as emoções são situacionalmente responsivas, e socialmente contingentes; como Morrison (1995) sugere, as emoções são "[...] estimuladas pela interpretação cultural e apreciadas ou menosprezadas na interação social." A criminologia cultural deu continuidade a essa tradição, mas a ampliou, de maneira significativa, ao equilibrar esse foco nas motivações existenciais com uma preocupação com os fatores essenciais de fundo (FERRELL, 1992, p. 118-19; YOUNG, 2003; HAYWARD, 2004, p. 152-166). Consideremos, por exemplo, a seguinte citação do criminologista cultural, Wayne Morrison, e como as palavras podem ser aplicadas a, digamos, extremistas revolucionários islâmicos educados no Ocidente:

> Tornar-se autodefinidora é o destino que a estrutura social da modernidade tardia impõe sobre sua individualidade socialmente criada. O indivíduo é chamado à ação; ações que se destinam a expressar-se e permitir que o destino do indivíduo seja criado a partir das contingências de seu passado [...]. E enquanto os recursos diferem, todos estão sujeitos a variações de uma pressão semelhante, à medida que a modernidade se move para o pós-modernismo, isto é, o da sobrecarga do eu, na medida em que o "eu" se torna a fonte última de segurança. As tarefas solicitadas à pessoa tardo-moderna exigem altos graus de habilidades sociais e técnicas. Controlar o "eu", e guiá-lo pelo desequilíbrio das jornadas da modernidade tardia é a tarefa imposta à pessoa tardo-moderna; mas, e se as experiências de vida do indivíduo não o equiparam com esse poder? [...] Muito do crime são tentativas do *self* [36] de criar momentos sagrados de controle, de encontrar maneiras pelas quais o *self* pode exercer controle e poder, em situações em que poder e controle estão todos, muito claramente, alojados fora do *self*. (1995, p. iv)

Considere, nesse sentido, o conceito de Mark Hamm (2013) de "o buscador". Estudando uma série de ataques terroristas planejados e instigados por ex-prisioneiros, Hamm se interessou por um grupo crescente de jovens que se converteram a formas radicais de islamismo, enquanto estavam encarcerados em prisões norte-americanas. Surpreendentemente, os prisioneiros em sua amostra já haviam se envolvido em gangues de rua e/ou gangues de prisioneiros. Hamm concluiu que sua recente conversão ao islamismo radical era simplesmente a próxima parada do trem subcultural, e que essa última "busca pela espiritualidade" poderia ser explicada como uma tentativa de "interpretar e resolver o descontentamento". Esses *jihadistas* encarcerados, concluiu ele, têm "procurado por

---

36 N.T.: Não há tradução direta. *Self* é o ser essencial de uma pessoa, o que a distingue das demais, especialmente considerado como objeto de introspecção, ou ação reflexiva: o "si mesmo".

uma narrativa", por todas as suas vidas (muitas vezes caóticas). Em outras palavras, como Cottee delineia acima, em uma declaração importante que vale a pena repetir,

> [...] embora seja necessário dar à ideologia da *jihad* seu devido peso causal, como um dispositivo para aproveitar e desencadear a violência, também é preciso reconhecer que o *jihadismo* ocidental tem suas raízes as experiências emocionais subjetivas dos verdadeiros *jihadistas*.

Essa linha de argumentação pode ser expressa de outra maneira. A pesquisa tradicional sobre terrorismo tem se concentrado principalmente em duas questões:

1. como os terroristas agem;
2. como os terroristas pensam.

Ao fazê-lo, tipicamente negligenciou uma terceira questão muito importante: como os terroristas se sentem? Ao adotar esse enfoque, os estudos sobre terrorismo priorizaram a ideologia e a instrumentalidade em detrimento da emotividade. Felizmente, surgiu um segundo desenvolvimento no campo que prioriza a análise em nível micro do terrorismo e, portanto, aborda essa deficiência (ver: POST, 2005; COTTEE, 2009a, COTTEE, 2009b; WRIGHT-NEVILLE; SMITH, 2009; ATRAN, 2010; COTTEE; HAYWARD, 2011; MCBRIDGE, 2011). Simon Cottee e Keith Hayward (2011) adiantam a possibilidade de que o terrorismo seja, ou possa ser, tanto um fenômeno existencial quanto político, e que parte do que o torna atrativo como atividade comportamental é seu fascínio como modo de vida, ou modo de ser. Organizando seus dados empíricos a partir de uma série de disciplinas, como estudos de guerra, sociologia, criminologia e psicologia, e temas como assassinatos por encomenda, roubos de rua, combate e biografias terroristas, eles apontam três "(e) motivos terroristas" (o "e" referindo-se à existência): desejo de excitação, desejo de significado definitivo, e desejo de glória.[37]

---

37 As três seções a seguir se aproximam de Cottee e Hayward (2011).

DESEJO DE EXCITAÇÃO

Embora o terrorismo seja indiscutivelmente um ato político, nunca devemos perder de vista o fato de que ele também envolve violência e, como tal,

> [...] envolve a imposição deliberada de danos físicos ou ferimentos em seres humanos. Para colocá-lo mais fortemente, os atos terroristas são propositadamente projetados para explodir corpos humanos, arrancando membros e despedaçando carne. As organizações terroristas consistem em pessoas cujo objetivo principal é orquestrar e realizar esses atos. O terrorismo é sangrento, destrutivo e brutal; os terroristas são assassinos profissionais, agentes do dano físico e da destruição. A fim de compreender adequadamente o terrorismo, é essencial reconhecer plenamente isso: que os terroristas não são apenas agentes políticos, mas também são agentes violentos. Isso levanta a possibilidade de que parte da motivação por trás do terrorismo esteja nas várias experiências emocionais, ou atrativos sensuais associados a atos violentos. Destaca-se entre estes, a excitação. (COTTEE; HAYWARD, 2011, p. 996)

Essa lógica foi explorada anteriormente neste capítulo em relação ao fascínio do combate como articulado por nomes como Sebastian Junger, Philip Caputo e Chris Hedges. A questão que agora colocamos é: os terroristas são igualmente fascinados e seduzidos pela excitação louca da violência? Baseando-se no modelo de Cottee e Hayward, acreditamos que pelo menos alguns deles são – algo fundamentado quando se reserva tempo para ler as declarações autobiográficas de terroristas reais.

Em *Memoirs of an Italian Terrorist*, o autor e ex-membro do Brigate Rosse,[38] que se identifica apenas como "Giorgio" (provavelmente seu nome de guerra), lembra um episódio em que ele disparou uma arma contra a polícia durante uma manifestação. Giorgio descreve o momento logo depois que ele descarregou seu revólver:

> Eu não estava nem um pouco com medo; eu estava correndo com facilidade, sem esforço. Havia algo atrás de mim, e eu estava fugindo, mas não era de medo. Meu único pensamento foi chegar ao resto da manifestação. Mas enquanto eu corria, um passo depois do outro, minha garganta se apertou com um sentimento secreto e privado: eu senti vontade de rir, sorrir, saltar para o ar. (GIORGIO, 2003, p. 79).

---

[38] A Brigate Rosse, ou "Brigadas Vermelhas", era uma organização paramilitar marxista-leninista, ativa na Itália durante as décadas de 1970 e 1980.

Experiências emotivas semelhantes são relembradas por Michael Baumann, um dos principais membros do movimento alemão de 2 de junho, em sua autobiografia, *Terror or Love?*:

> Tiramos os molotovs do carro e os jogamos nos caminhões da Springer. Isso foi muito bom [...]. Muita coisa louca aconteceu naquela noite: você ganha energia com isso, é uma alta real. É claro que também foi bom porque havia muito humor, e isso transformou muitas pessoas também. (BAUMANN, 1979, p. 41)

Voltando ao terrorismo islâmico contemporâneo, Aukai Collins, um ex-jihadista internacional e informante do governo dos EUA, é ainda mais franco sobre os prazeres do combate violento. Descrevendo seu primeiro tiroteio contra as tropas russas na Chechênia, ele escreve: "Enquanto corríamos, eu sentia o sangue correndo em minhas veias, a cada batida do coração, sentia cada respiração, sentia o suor escorrer pelo meu rosto. Eu nunca me senti tão vivo. Isso foi real. Não havia outro jeito a não ser isso [...]", concluindo mais tarde: "Na Chechênia, eu adorava andar, e até perdi a perna, mas aqui estou eu de novo. A maioria dos tolos ama a guerra até que eles a experimentem. Naquele dia, percebi que estava entre os poucos que conheciam a guerra e amavam mesmo assim" (COLLINS, 2006, p. 72-203). Tais comentários pessoais sugerem que

> [...] a excitação da violência deriva em parte de sua intensidade emocional e do elevado estado de consciência que isso produz. Por causa de seus perigos e riscos, a violência emerge, e desperta nossos sentidos, liberando essa convulsão de adrenalina que a torna tão atraente, e até viciante. (COTTEE; HAYWARD, 2011, p. 969)

Acrescente a isso a excitação, e a consciência de si mesmo que deriva das atividades clandestinas associadas ao terrorismo, como recrutar cúmplices dispostos, planejar o ataque, evitar a detecção, coletar informações ilegais sobre fabricação ou armamento de bombas, até mesmo o drama e a aventura de viajar para o exterior; e é claro que o terrorismo oferece oportunidades ilimitadas para um elevado e emocionalmente carregado *modo de ser*.

Para os gostos de "Giorgio", Michael Baumann, Aukai Collins e vários outros terroristas que deixaram vestígios de autobiografia (ver, por exemplo, o manifesto de 1.500 páginas do terrorista norueguês Anders Breivik; e Sandberg (2013) para um comentário), terrorismo e excitação estão indissoluvelmente ligados. Além disso, e aqui retornamos ao território teórico social mais amplo, evocado tanto na citação de Wayne

Morrison acima quanto no conceito de Mark Hamm de "o buscador", essa busca por excitação está frequentemente ligada à busca de segurança ontológica. Em outras palavras, se, como sugere Michael Baumann, os terroristas estão de fato "ansiando por algo" (1979); então, talvez, devêssemos também considerar a possibilidade de que grande parte da ideologia terrorista seja simplesmente uma narrativa exculpatória, usada pelos indivíduos para justificar seus atos, e proporcionar um sentido adicional de *significado existencial*.

DESEJO POR SIGNIFICADO DEFINITIVO

> Além da certeza existencial, o grupo terrorista também proporciona aos seus membros um senso de significado último: isto é, a sensação de que o indivíduo é participante ativo em uma batalha cósmica para defender o sagrado [...]. Ao defender o sagrado, o indivíduo experimenta algo maior que ele (ou ela) mesmo, um significado que se eleva gloriosamente, tornando insignificantes as frequentemente frívolas e banais preocupações pessoais. Experimenta-se um sentido e um propósito definitivos, pelos quais viver, e até morrer. (COTTEE; HAYWARD, 2011, p. 973)

Dado que a grande maioria dos terroristas opera em grupos, células e milícias insurgentes, o serviço ao sagrado envolve necessariamente a defesa tanto da causa (Islã, Nação, O Oprimido) como dos companheiros. Esta última preocupação é especialmente importante, na medida em que destaca a questão da fidelidade ao grupo, e da satisfação derivada de dedicar a vida a um chamado ideológico ou fraternidade. Mais uma vez, um paralelo com o combate militar é instrutivo. Sabemos, a partir de estudos históricos (como aqueles realizados com soldados nazistas que "lutaram obstinadamente até o fim") que o que tipicamente galvaniza tropas de combate não são noções abstratas de nacionalidade ou ideologia política, mas os laços mais pessoais e emocionais que unem os soldados, como amigos e companheiros. Essa sensação de compromisso feroz um com o outro, foi descrita por Sebastian Junger em seu livro *War*, não apenas como a afeição profunda forjada em combate, mas como uma forma de amor (JUNGER, 2010, p. 239). Será que esse foco nas emoções das tropas de combate da linha de frente também nos diz algo sobre a dinâmica de grupos terroristas? (Para que não nos esqueçamos, inúmeros terroristas ao longo da história se definiram como soldados, combatentes em uma "guerra justa" contra um adversário maligno). Afinal de contas, como soldados combatentes, os terroristas geralmente funcionam como parte de uma rede estreitamente unida; ao ingressar na organização, eles são despojados de seu *status*, e solicitados a abandonar aspectos de seu estilo de vida anterior; e, mais importante, eles são solicitados a assumir um compromisso, que pode resultar em morte e destruição. Tais comparações, como sugerem Cottee e Hayward, merecem um sério exame:

> A pesquisa sobre as motivações por trás do terrorismo tende a se concentrar no papel das emoções negativas e terroristas; nesta literatura, eles(as) são comumente retratados como figuras dignas de pena: humilhados, frustrados, alienados, zangados ou odiosos. Esses retratos, nos casos específicos aos quais eles são aplicados, podem ser válidos. Mas também é possível que, em outros casos, os atores terroristas possam ser animados por emoções positivas, como amor, solidariedade e compaixão. Talvez seja moralmente perturbador sugerir que os terroristas são ativados pelo amor, da mesma forma que é moralmente perturbador descrevê-los como corajosos. Mas pode ser empiricamente válido em casos específicos, e merece maior exploração como possível fonte da motivação terrorista. Também pode ajudar a colocar em foco uma das principais atrações existenciais do terrorismo: a luta violenta e o auto-sacrifício a serviço do sagrado. (2011, p. 975)[39]

DESEJO DE GLÓRIA

Contribuindo para um fórum na Internet em 7 de agosto de 2006, o *jihadista* americano Omar Hammami escreveu: "Onde está o desejo de fazer algo surpreendente? Onde está o desejo de se levantar e mudar a si mesmo – para não mencionar o mundo e outras questões mais distantes? Parem de grudar na terra e deixem sua alma voar!".[40] Tais declarações fornecem um exemplo notável do terceiro "(e)motivador terrorista" de Cottee e Hayward – o desejo de glória, ou mais especificamente, a ideia de terrorismo como um projeto de identidade, uma forma profundamente falha de autoafirmação. O pensamento aqui é que os terroristas podem estar usando narrativas ideológicas violentas e vingativas para dar expressão dramática ao seu senso de quem são e do que pretendem ser. Não seria assim então, por exemplo, que "[...] parte do que torna os grupos terroristas atraentes é o escopo que eles oferecem a seus membros para definir ou refazer-se como *figuras heroicas*, pertencentes a uma

---

39 Por exemplo, em sua pesquisa sobre o terrorismo suicida palestino, Ami Pedahzur, Arie Perliger e Leonard Weinberg (2003) sugerem que altruísmo, em conjunto com desespero fatalista, são motivação significativa para os terroristas suicidas palestinos.

40 Citado em Elliott (2010).

elite glorificada?" (COTTEE; HAYWARD, 2011, p. 976). Nos últimos anos, vários acadêmicos em terrorismo começaram a desenvolver essa linha de argumentação especificamente, mas não exclusivamente, em relação a homens-bomba e *salafi-jihadistas* (ver, por exemplo, OLIVER; STEINBERG, 2005; KRUGLANSKI *et al.*, 2009, SAGEMAN, 2010 e, relacionado, JUERGENSMEYER, 2001). Cottee e Hayward baseiam-se nesses trabalhos para argumentar que, pelo menos parte do apelo de viajar para lugares como a Síria, Somália e Iêmen, em uma tentativa de promover a *jihad* internacional em nome de Alá, e a restauração do Califado, é a oportunidade de se tornar um elevado *guerreiro justo*, uma figura heroica em uma luta cósmica. Os bombardeadores suicidas, igualmente, sentem uma sensação de enobrecimento:

> Desde o momento em que aceita sua missão, até o momento em que a realiza, o homem-bomba experimenta e assume ativamente uma nova identidade como guerreiro sagrado, e mártir em espera. Assim, intrigante e paradoxalmente, ao realizar uma missão suicida, o homem-bomba se engaja, simultaneamente, em um ato de autodestruição, e em um ato de auto-recriação. (2011, p. 976)

No entanto, talvez a declaração mais importante sobre tais assuntos, tenha sido feita por Marc Sageman, que aplica o rótulo de "aspirantes a terroristas", em jovens atraídos pela propaganda jihadista:

> Eles sonham em se tornar heróis nessa "Guerra contra o Islã", tomando como modelos os guerreiros muçulmanos do século VII, que conquistaram metade do mundo, e os Mujahedin, que derrotaram a União Soviética no Afeganistão, na década de 1980. Muitos esperam emular esses predecessores, lutando no Iraque contra as forças da Coalizão. Sua interpretação, de que o Ocidente está envolvido em uma "Guerra contra o Islã", é apenas uma frase de efeito, e tem pouca profundidade para isso. Pessoas que bombardeiam cidades ocidentais e se voluntariam para o Iraque, não estão interessadas em debates teológicos, mas em *viver suas fantasias heroicas*. (SAGEMAN, 2010, p. 31)

Como Sageman sugere, a chave para entender o comportamento de muitos dos jihadistas de hoje não é descobrir como eles pensam, mas como eles *se sentem* – especialmente sobre si mesmos e sobre seu lugar no mundo. Em outras palavras, ao invés de simplesmente repetir a abordagem seguida por muitos estudiosos do terrorismo (e agora muitos criminologistas trabalhando com o terrorismo), buscando normalizar o agente terrorista, a tarefa mais urgente é *humanizá-lo*. Pois como mencionamos acima, no final do dia são as *pessoas* que plantam bombas e decapitam prisioneiros, e portanto é essencial que entendamos as variáveis pessoais e interacionais que compelem indivíduos e grupos a empreender a violência terrorista. Pode ser um pensamento intragável, mas há uma criatividade distorcida associada a muitos atos terroristas (HUGHES, 2011), assim como há um elemento exuberante e carnavalesco na violência sistemática e na barbárie. Não reconhecer isso, e ao invés, continuar a ver os perpetradores desses atos como simples cifras cognitivas, é de fato uma falha de inteligência.

O mundo atual dos conflitos internacionais está mudando rapidamente e é complexo, prejudicado por problemas como o desenvolvimento irrestrito do poder militar privado (BALKO, 2014) e o perigoso ressurgimento do interesse pelas doutrinas religiosas ortodoxas que vão contra a corrente da iluminação e da razão (COTTEE, 2014). Como tal, torna-se ainda mais importante que desenvolvamos uma criminologia capaz de compreender o caos social que tais desenvolvimentos causam. Ao fazer isso, devemos sempre permanecer vigilantes ao criticar os processos pelos quais os crimes de guerra são definidos e construídos, e o poder do Estado é alcançado e aplicado (CHOMSKY, 2002; BLAKELEY, 2009). Mas igualmente devemos também nos proteger contra a tendência de nos concentrarmos apenas nas estruturas de poder existentes e nas contingências sócio-históricas que constituem o poder do Estado, para que nossas análises não se tornem contundentes, ou unidimensionais. Pelo contrário, como afirmamos ao longo deste capítulo, nossa abordagem desse campo de estudo é constituída a partir dos níveis macro, meso e micro, em um processo contínuo de fertilização cruzada intelectual, no qual cada nível incorpora algo do outro, informa o desenvolvimento do outro, e assim se torna mais do que qualquer nível poderia isoladamente.

Felizmente, esse processo já está em andamento, à medida que criminologistas culturais de todo o mundo realizam suas próprias sínteses em vários níveis de preocupações relacionadas a estado, guerra e terrorismo – do uso de fotografias e pinturas de Wayne Morrison (2004a, MORRISON, 2006) para revelar a verdade por detrás da negligência dos estudos de criminológicos a respeito do genocídio e do crime estatal na modernidade, à pesquisa de Tyler Wall (2013; WALL; MONAHAN, 2011) sobre vigilância por *drones* e outras M.O.U.T.[41] tecnologias, agora sendo usadas pelas forças policiais domésticas; de Fahid Qurashi (2013)

---

41 N. T.: M.O.U.T. significa Military Operations in Urban Terrain, e em tradução livre "Operações Militares em Terreno Urbano".

pesquisa sobre a cultura islâmica contemporânea *Radical Rudeboy*, um estilo de rua ocidental crescente que emprega alusões linguísticas e semióticas ao terrorismo *jihadista* como uma sedução subcultural "revolucionária" (ver também: VIDINO, 2010, sobre cultura de rua híbrida islâmica), ao crescente quantidade de edificação de muros, muralhas e sistemas de fortificação associados à territorialidade inter e intraestatal divisiva de hoje – um processo virulento em andamento em toda parte, de Bagdá a Botsuana, da Cisjordânia a West Hollywood (CALDEIRA, 2001, DAVIS, 2005; BROWN, 2010; LARA, 2011; HAYWARD, 2012b, p. 453-455; ZEIDERMAN, 2013). Mas essas são apenas as salvas iniciais, no que deve ser uma campanha mais ampla e abrangente; até porque, há muito a ser estudado. Tortura, o estupro sistemático de mulheres civis por militares, o uso de mídias sociais por terroristas e insurrecionistas, o papel dos esquadrões da morte em "guerras por procuração" contra governos inimigos, a performance encenada das decapitações *jihadistas* [...] a lista continua. Só uma coisa é certa: não devemos nos esquivar do desafio, pois estamos decididamente numa corrida contra o tempo.

SELEÇÃO DE FILMES E DOCUMENTÁRIOS ILUSTRATIVOS DE ALGUNS DOS TEMAS E IDEIAS DESTE CAPÍTULO

- *Restrepo*, 2010, Direção de Tim Hetherington e Sebastian Junger.

O falecido jornalista Tim Hetherington e o autor Sebastian Junger passaram um ano com um pelotão do exército americano estacionado em um dos vales mais perigosos do Afeganistão; o resultado é esse inigualável e extraordinário documentário, que mostra a vida na linha de frente, à medida que as vidas dos soldados oscilam entre os aspectos prosaicos da vida no exército, e a exultação dos tiroteios com os talibãs. *Restrepo* capta lindamente a camaradagem de grupos militares, muito unidos. Veja também o livro de 2010 de Sebastian Junger, *War*, um dos relatos mais realistas da vida no campo de batalha já escrito.

- *The Battle of Algiers*, 1966, Direção de Gillo Pontecorvo.

Vencedor de vários prêmios, *The Battle of Algiers* usa intenso realismo para representar a luta da Frente de Libertação da Argélia, contra o poder colonial francês. Com cenas de violência, tortura policial, assassinatos políticos e atentados terroristas, o filme combina cenas dramáticas e recriações de eventos historicamente precisos, para mostrar o desdobramento da violência colonial e pós-colonial, e seu papel na criação da ordem mundial contemporânea. Curiosamente, afirma-se que o filme foi exibido na Casa Branca, antes da invasão do Iraque.

- *Four Hours in My Lai*, 1989, Direção de Kevin Sim.

Originalmente produzido pela Yorkshire Television, no Reino Unido, em 1989, esse documentário contém uma série de entrevistas, fascinantes e assombrosas, com vítimas sobreviventes e perpetradores do massacre de My Lai, de março de 1968, quando membros da Charlie Company (C Company, O 1º Batalhão, 20ª Infantaria, 11ª Brigada de Infantaria Ligeira, do Exército dos EUA) cometeram uma matança, na aldeia vietnamita de Tu Cung. Não apenas as entrevistas com ex-membros da Companhia Charlie são extremamente comoventes, como também destacam como os soldados "neutralizaram" seu comportamento, e negociaram seu nível de envolvimento. (O filme está disponível no YouTube.)

- *No End in Sight*, 2007, Direção de Charles H. Ferguson.

Um documentário sensato, que se concentra no rosário de equívocos e erros de julgamento, cometidos pelo governo Bush, no período de dois anos após a invasão do Iraque. Com comentários de membros da equipe de campo de Bush, e de militares, o filme rompe a enrolação política, para apresentar uma história perturbadora, de presunção e arrogância neoconservadores. *No End in Sight* ridiculariza a expressão "Missão Cumprida", e outras frases de efeito.

- *Poster Girl,* 2010, Direção de Sara Nesson.

Documentário indicado ao Oscar, que acompanha uma ex-líder de torcida transformada em artilheira do Exército americano, Robynn Murray, em uma tentativa de lidar com os sintomas do transtorno de estresse pós-traumático (TEPT) depois de enfrentar as brutalidades da guerra no Iraque.

- *The Believer,* 2000, Direção de Henry Bean.

Um longa-metragem emocionante (estrelado pelo jovem Ryan Gosling) sobre um neo-nazista que odeia a si mesmo, na América contemporânea, e sua luta para chegar a um acordo com sua herança étnica – uma luta que o leva a um mundo de violência, e a um caminho de autodestruição. Útil para pensar nas seduções existenciais do terrorismo e dos crimes de ódio.

- *The Act of Killing*, 2012, Direção de Joshua Oppenheimer, Anônimo, Christine Cynn.

Uma incrível, quase surreal obra-prima, que registra os testemunhos de membros do esquadrão da morte indonésios, responsáveis pelo massacre de cerca de um milhão de pessoas de etnia chinesa, entre 1965 e 1966. Um ex-membro, que vemos solto, como um homem livre, afirma ter garroteado mais de mil vítimas durante a carnificina. Trata-se de uma análise verdadeiramente angustiante do genocídio.

- *Come and See* , 1985, Direção de Elem Klimov.

Apontado por alguns críticos como o retrato da guerra mais perturbador já realizado, este é um filme húngaro raro, que traça a história de um menino bielorrusso que é forçado a lutar, ao lado de um movimento de resistência soviético desesperadamente mal equipado, contra a forças de ocupação alemãs. Enquanto cada cena de terror se torna ainda mais terrível, o menino luta para manter sua inocência e, finalmente, sua sanidade.

- *The Hurt Locker*, 2008, Direção de Kathryn Bigelow.

Um filme vencedor do Oscar, sobre as vidas da elite militar de especialistas em eliminação de bombas, do Exército dos EUA, estacionados no Iraque. O filme oferece uma visão sobre as atrações existenciais do conflito violento, e o custo que essas atrações causam na vida dos soldados.

- *First Kill*, 2001, Direção de Coco Schrijber.

Relatos de primeira mão dos altos e baixos do combate, por veteranos norte-americanos da Guerra do Vietnã. Os veteranos descrevem como se sentiram ao matar pela primeira vez e como esses sentimentos ainda os assombram.

- *Why We Fight*, 2005, Direção de Eugene Jarecki.

Tomando como ponto de partida o famoso discurso do ex-presidente dos EUA Dwight D. Eisenhower no qual ele cunhou o termo "complexo industrial militar", o documentário coloca várias questões importantes, tais como: a política externa americana é dominada pela ideia? de supremacia militar? Os militares se tornaram importantes demais na vida americana? O trabalho de Jarecki parece dar uma resposta afirmativa a cada uma dessas perguntas.

- *Vice-News: The Islamic State*, 2014, Direção de Medyan Dairieh.

Uma das mais notáveis peças do videojornalismo "gonzo" do século XXI, Medyan Dairieh passou três semanas filmando sozinha dentro do autoproclamado Califado do Estado Islâmico (na realidade, as faixas sitiadas de terra devastada pela guerra, anteriormente pertencentes ao Iraque e à Síria). Este documentário parcial, mas ainda assim fascinante, mostra, em termos inequívocos, que a Jihad do século XXI tem tanto a ver com poder, micro e meso-fascismo, e violência machista, quanto com noções politizadas de islamismo. Este documentário está disponível para assistir gratuitamente, em: <https://news.vice.com/show/the-islamic-state e www.filmsforaction.org/>. Faça um favor a si mesmo: assista.

Leitura Adicional

- COTTEE, S. We need to talk about Mohammad: Criminology, Theistic Violence and the Murder of Theo Van Gogh, *British Journal of Criminology*, v. 54, n. 6, p. 981-1001, 2014.

Artigo de revista científica, no qual Simon Cottee discute um assunto largamente negligenciado por criminologistas: a questão da violência *jihadista*, e a questão mais ampla que levanta, sobre a relação entre religião e extremismo violento

- MORRISON, W. *Criminology, Civilization and the New World Order*. Londres: GlassHouse, 2006.

Monografia teórica, que examina a questão de por que a criminologia, como uma disciplina acadêmica, ignorou amplamente as questões que cercam o genocídio e outras formas de crime estatal.

- BLOOM, M. *Bombshell:* Women and Terrorism. Filadélfia: University of Pennsylvania Press, 2014.

Uma das principais estudiosas de terrorismo do mundo, Mia Bloom explora o papel das mulheres no terrorismo, hoje. Indo além dos estereótipos de gênero para examinar as condições que realmente influenciam a violência feminina. Bloom argumenta que, enquanto as mulheres terroristas podem ser tão sanguinárias quanto suas contrapartes masculinas, suas motivações tendem a ser mais complexas e multifacetadas.

- JUNGER, S. *War*. Londres. Fourth Estate, 2010.

O livro que inspirou o filme, *Restrepo* (veja acima). Junger documenta a vida cotidiana de um único pelotão de infantaria dos EUA, durante um período de 15 meses, no posto mais perigoso, o do Vale do Korengal, no Afeganistão.

- HEDGES, C. *War is A Force That Give Us Meaning*. Nova York: Anchor Books, 2002.

O correspondente veterano de guerra, Chris Hedges, baseia-se em sua experiência em zonas de combate, para nos mostrar como a guerra seduz não apenas os que estão na linha de frente, mas sociedades inteiras, corrompendo a política, destruindo a cultura e pervertendo os desejos humanos mais básicos.

- HAMM, M. S. *The Spectacular Few*: Prisoner Radicalization and the Evolving Terrorist Threat. Nova York: New York University Press, 2013.

Com base em uma série de narrativas de prisioneiros, o criminologista cultural e estudioso do terrorismo, Mark Hamm, descreve como a radicalização e o recrutamento de terroristas podem ocorrer dentro das instalações prisionais.

Websites Úteis

- Sebastianjunger.com

<www.sebastianjunger.com/>.
A *homepage* do autor e cineasta Sebastian Junger. Para fotos, *clipes* de filme e detalhes de contato relacionados aos relatórios e redação sobre o combate de Junger.

- Statewatch

<www.statewatch.org/>.

Website que monitora os excessos do poder estatal e a erosão das liberdades civis na Europa. Atualizado semanalmente, o site tem um banco de dados de mais de 30.000 artigos gratuitos pesquisáveis sobre temas como crime estatal, crime ambiental, hipervigilância e atividade paramilitar.

- *Website* de John Pilger

<http://johnpilger.com/>.
Link para os filmes e trabalhos jornalísticos do veterano jornalista australiano e correspondente de guerra, John Pilger. O *site* inclui acesso gratuito a mais de 60 documentários de Pilger, incluindo *The War on Democracy* (2007) e *The War You Don't See* (2010).

- Terrorism and Political Violence (Londres: Routledge)

<www.tandfonline.com/loi/ftpv20#.VK_t2tKsV8E>.
Revista acadêmica interdisciplinar, interessada no significado político da atividade terrorista. Publica trabalhos sobre violência por parte de rebeldes e por Estados, e sobre as ligações entre violência política e crime organizado, protesto, rebeliões, revoluções e Direitos Humanos.

6

MÍDIA, REPRESENTAÇÃO E SIGNIFICADO: DENTRO DO HALL DOS ESPELHOS

Não há mais nada a explicar... Contanto que as palavras mantenham seus significados e os significados, suas palavras. (*Alphaville*, Dirigido por Jean-Luc Godard, 1965)
A priori, estávamos sendo atacados em um nível de imagem e, portanto, deveríamos ter preparado e respondido em um nível de imagem, no nível narrativo, e poderíamos ter vencido isso. (Einat Wilf, membro do parlamento israelense, comentando as repercussões da mídia, depois que tropas israelenses abordaram um navio de ajuda turco com destino a Gaza, no Newsnight da BBC2, em 1º de junho de 2010)

O senso da criminologia cultural, de que o significado do crime e do controle do crime está sempre em construção, ganha um foco especialmente nítido quando consideramos nosso mundo contemporâneo de festival de mídia e espetáculo digital (ver HAYWARD; PRESDEE, 2010). Para muitos de nós, na verdade, é um dia raro quando não interagimos com o *mediascape* moderno (APPADURAI, 1996, p. 35), um pacote de mídia que fabrica informações e divulga imagens, por meio de um conjunto crescente de tecnologias digitais. Neste mundo envolvente de *Mediapolis* (De JONG; SCHUILENBURG, 2006), o significado é feito em movimento. As formas difusamente populares de comunicação contemporânea constituem agora o principal indicador pelo qual avaliamos o valor e a importância dos eventos atuais – do mais grave ao mais banal. A cultura *pop* se confunde com a reportagem da mídia, imagens do crime e da guerra são reapresentadas como um escapismo digital divertido, e momentos irreais de *reality shows* moldam os valores morais e as normas sociais. Neste mundo, a rua rotula a tela e a tela rotula a rua (HAYWARD; YOUNG, 2004, p. 259); não há uma sequência claramente linear, mas sim uma interação entre o real e o virtual, o factual e o fictício. A sociedade moderna tardia está saturada de significado coletivo, e impregnada de incerteza simbólica, à medida que as mensagens da mídia e os traços culturais se agitam, circulam e vacilam.

Essas são as condições que os interacionistas simbólicos e os teóricos da rotulagem anteciparam décadas atrás, com seu senso de transgressão como uma negociação sequenciada da identidade social instável (ver capítulo 2); só agora a situação foi intensificada. Entre os teóricos do chamado "pós-moderno", um conjunto de sábios de *boulevard*, composto de intelectuais predominantemente franceses, buscavam compreender as flutuantes transformações socioculturais e epistêmicas associadas ao cenário mediático. Enquanto Jean-François Lyotard, Michel Maffesoli e Paul Virilio tiveram todos a sua opinião sobre esta época fluida e mediada de "[...] desengajamento, evasão, fuga fácil e perseguição sem esperança" (BAUMAN, 2000, p. 120), foi o autointitulado "terrorista intelectual", Jean Baudrillard, o mais influente. Em termos simples, Baudrillard argumentou que a sociedade é agora constituída em torno de "sinais" e "códigos" reflexivos, que têm pouca ou nenhuma referência a uma "realidade" que não a deles, daí seu mundo de simulação "hiper-real" – um ambiente saturado de mídia, de "[...] conexões, contatos, contiguidade, *feedback* e interface generalizada [...] uma pornografia de todas as funções e objetos em sua legibilidade, sua fluidez, sua disponibilidade [...] sua performatividade [...] sua polivalência" (BAUDRILLARD, 1985, p. 126-134; ver também: BAUDRILLARD, 1983; BAUDRILLARD 1996).

Coisas intelectuais inebriantes – mas se um dos objetivos da criminologia cultural é ir além da análise interacionista perspicaz, mas datada dos anos 60, ela também reluta em aceitar sem críticas essa sensibilidade pós-moderna; enquanto Baudrillard pode habitar um "[...] mundo vago de sinais vazios e desejos insatisfeitos [...]", muitos outros acham que o crime é dolorosamente tangível e imediato em seu impacto. No entanto, enquanto muitos atos criminosos mantêm seu imediatismo sensual, a *cultura* de tais atos se assemelha cada vez mais a uma entidade ou domínio estático como *fluxo*, um fluxo que carrega consigo os significados contestados de crime e criminalidade. Parafraseando Marshall McLuhan, é esse movimento que em muitos aspectos é a mensagem; esse fluxo constante de significado coletivo é em si mesmo significativo, ele mesmo um circuito de significados, abrindo possibilidades de controle social e de protesto social indisponíveis sob circunstâncias mais sólidas. Os abusos da autoridade legal e política desafiam o confronto direto, escapando da mesma maneira que podemos capturá-los, circulando e escapando por meio de comunicados de imprensa habilmente torcidos e fotografias perdidas e achadas. A resistência a tal autoridade também não é certa, sempre em perigo de se tornar o meio pelo qual é implementada, ou mesmo aquela a que resiste – e essa mesma incerteza oferece novas possibilidades para uma política de subversão, para uma "estado de guerrilha semiótica", que luta e recua (ECO *apud* HEBDIGE, 1979, p. 105). Os criminosos e os crimes que eles cometem também parecem, muitas vezes, em movimento, entrecruzando as contradições de uma economia política globalizada, outras vezes enredados em suas próprias representações mediadas. Os termos do engajamento cultural e político, o significado de crime e resistência e controle, permanecem incessantemente indefinidos.

Esta situação é perfeitamente ilustrada quando se considera a onda de revoltas, protestos e distúrbios civis, geralmente referidos como a Primavera Árabe. No Irã, por exemplo, após a manipulação de votos que resultou no presidente Mahmoud Ahmadinejad controversamente reeleito, para um segundo mandato em junho de 2009, os partidários do candidato da oposição Mi-Hossein Mousavi tomaram as ruas; ocorre que, desta vez, eles estavam carregando celulares e câmeras digitais, junto com seus cartazes. Em poucas horas, o primeiro de uma série de vídeos icônicos de telefone celular, mostrando a polícia de choque iraniana batendo em manifestantes estava sendo carregado no YouTube. Um vídeo em particular, com a punição coletiva de uma multidão, incluindo ataques violentos contra várias mulheres, indicava que "[...] o *slogan* já abandonado do movimento antiglobalização se tornou uma realidade: o mundo inteiro estava assistindo." (MASON, 201, p. 35):

> Ao anoitecer, esse vídeo estava circulando pelas redes Farsi globais por meio de blogs, YouTube, Twitter e Facebook. Se tivesse sido feita por um cinegrafista de TV, essa única tomada, de 58 segundos, teria sido premiada. Ele captura a realidade de uma forma que raramente se vê nos noticiários da TV: terror, caos, inocência, o súbito tremor no rosto do policial, quando ele bate de novo no cameraman. Mas o mais importante sobre o vídeo, é que ele não foi filmado por uma equipe de notícias, nem foi mostrado na íntegra em qualquer rede de TV. O poder da mídia social de apresentar uma realidade não mediada nunca foi melhor demonstrado. (2012, p. 34)

Entretanto, não devemos esquecer, esses mesmos canais de comunicação também podem estar abertos à manipulação e exploração.

Oeste do Irã, e outra crise de legitimidade do Estado: desta vez a sangrenta luta pelo poder na Síria, devastada pela guerra civil. Nos estágios iniciais da insurreição, o regime de Assad proibiu jornalistas estrangeiros de informar sobre a repressão militar. Então, desesperados para divulgar sua mensagem para um mundo que assiste, ativistas locais "videojornalistas" (VJs) enfrentaram balas de atiradores de elite e brigas de rua para documentar a crise. A partir de centros de transmissão improvisados, esses cidadãos VJs suplantaram as tentativas do governo de interferir nas conexões de internet, utilizando antenas parabólicas portáteis, contrabandeadas para a Síria por ativistas pró-democracia. No entanto, embora sua coragem e inovação não estivessem em dúvida, sua abordagem à coleta de notícias quebrou as convenções jornalísticas. Obstinadamente empenhados em transmitir sua mensagem, os VJs frequentemente carregavam (e/ou descarregavam) armas, e usavam táticas como atear fogo deliberadamente a pneus de carros, como pano de fundo para seus relatórios, para sugerir que estavam sob ataque direto das forças de Assad. Em tais mundos voláteis, a produção auto-organizada da mídia tem benefícios óbvios, mas não se a verdade e a imparcialidade se tornarem apenas outras vítimas do conflito.

Se o nosso objetivo é o desenvolvimento de uma criminologia cultural engajada, devemos dar conta desse movimento cultural, devemos imaginar maneiras de rastrear o significado, à medida que ele se move através da política criminal e do controle social. Certamente não podemos esquecer as consequências experimentais do crime, nem renunciar à nossa postura crítica em relação à sedução da incerteza cultural, ou dos jogos de salão pós-modernos. Mas também não podemos esquecer a dinâmica da cultura; uma fotografia, um quadro congelado, pode capturar um momento em um processo emergente, mas, em última análise, não substitui uma imagem em movimento do processo em si. Devemos conceituar o fluxo do significado coletivo, mergulhar nele – e, ao nos aprofundarmos, talvez descubramos formas de levar essa fluidez cultural a fins progressivos. Um dos principais objetivos deste capítulo, portanto, é introduzir e analisar algumas das maneiras pelas quais o significado do crime circula dentro do cenário midiático moderno. Afinal, enquanto as noções de "movimento" cultural ou "fluxo" implicam instabilidades de significado coletivo, elas não precisam sugerir que esse movimento é aleatório, ou que esse fluxo é irrestrito, ou não estruturado. Longe disso: as economias políticas da cultura contemporânea regularmente colocam o sentido em movimento e, pelo menos inicialmente, estabelecem os termos e parâmetros de seu movimento; assim como, muitas vezes, as tecnologias emergentes inventam novos canais, através dos quais as percepções mediadas podem se mover ou ser confrontadas. Mesmo em andamento, o significado coletivo deixa traços de influência e compreensão, e oferece até trajetórias, em meio a todo o movimento.

LOOPS[42] E ESPIRAIS: CRIME COMO MÍDIA, MÍDIA COMO CRIME

Para o crítico cultural Paul Virilio (1986, 1991), uma característica axiomática da vida, na moderna tardia, é o que ele chama de "lógica da velocidade". Os vários escritos de Virilio sobre a chamada "cultura da velocidade" ativam a percepção de que a velocidade na qual algo acontece, em última análise, determina sua natureza. Considere, por exemplo, notícias de 24 horas. Nesse ambiente de transmissão hipercompetitivo, é óbvio que "[...] aquilo que se move rapidamente passa a dominar o que é mais lento." Para Virilio, então, é a velocidade do movimento, ou mais precisamente a velocidade da circulação, que determina o que ele descreve como nossa "lógica da percepção" pós-moderna. Concordamos com Virilio; pelo menos quando se trata de compreender a notável velocidade da informação no panorama midiático contemporâneo. No entanto, o que talvez seja mais importante é a própria natureza da circulação: isto é, à medida em que imagens e pedaços de informação, que se movem rapidamente, reverberam e se curvam, criam uma porosidade fluida de significados, que definem a vida na moderna tardia, e a natureza do crime e da mídia dentro dela, mais do que faz a velocidade em si mesma.

> Fato ou ficção?
> Há alguns anos, Jeff Ferrell estava sendo entrevistado para uma reportagem sobre malandragem urbana,[43] feita por um produtor de investigação sênior, receptivo e de boa índole, para uma estação de televisão local. Depois da entrevista, eles conversavam amigavelmente; então o produtor diz:
>
>> Ei, avise-me se você tiver alguma ideia sobre histórias de crimes locais. Nós temos todas aquelas séries, CSI [Investigação Criminal] e *Cold Case* [arquivo morto], das 9 às 10 da noite, e nós gostamos de usá-las como *lead-ins* (introduções) para as histórias de crime, no noticiário das 10h.

---

42 N.T.: Essa palavra, literalmente, significa "rotação", ou "laço" mas aqui se refere a uma acrobacia aérea específica, um voo em círculo, que retorna ao ponto de partida, realizada tanto por aviões de acrobacia como por caças, mas também em esportes como esqui, ou mesmo em montanhas-russas.

43 N.T.: *Urban scrounging*, sem tradução direta, é procurar obter algo (especialmente comida ou dinheiro), à custa de, ou através da generosidade de outros, ou ainda por furto, nas cidades.

LOOPS

Desse ponto de vista, a cultura contemporânea pode ser conceituada como uma série de ciclos, um processo contínuo pelo qual a vida cotidiana se recria em sua própria imagem. A saturação de situações sociais com representação e informação, sugere que o sequenciamento linear do significado está agora praticamente perdido, substituído por um mundo *doppelgänger*,[44] onde os fantasmas da significação voltam para assombrar e reviver aquilo que eles significam. Peter Manning (1995, 1998) descreve um mundo social de telas e reflexões, e especificamente um mundo televisado de "loops de mídia", em que uma imagem se torna o conteúdo de outra; em outros lugares, descrevemos uma "sala de espelhos" mediada onde "imagens [...] saltam incessantemente umas sobre as outras" (FERRELL, 1999, p. 397). Não importa a metáfora, cada um pega algo do mesmo processo: uma fluidez cultural circulante que desafia qualquer distinção certa entre um evento e sua representação, uma imagem mediada e seus efeitos, um momento criminoso e sua construção permanente dentro do significado coletivo. É importante ressaltar que esse processo em loop sugere para nós algo mais do que a hiper-realidade pós-moderna de Baudrillard, seu senso de "irrealidade" definido apenas por imagens de mídia e ofuscação cultural. Muito pelo contrário: queremos sugerir um mundo tardo-moderno em que a dura realidade do crime, da violência e da justiça criminal cotidiana é perigosamente confundida com sua própria representação.

Se esse sentido de *looping* cultural constitui um ponto de partida para dar sentido ao significado contemporâneo, ele também é um ponto de partida para a criminologia cultural. A natureza mediada da cultura contemporânea não apenas carrega o significado de crime e criminalidade; volta atrás para amplificar, distorcer e definir a experiência do crime e da própria criminalidade. Em tais circunstâncias, o crime e a cultura permanecem irremediavelmente confundidos – e, portanto, qualquer criminologia destinada a dar sentido ao crime e controle contemporâneos, e a mover essas circunstâncias para possibilidades progressivas, não pode fazê-lo isolando artificialmente o que está intimamente e inevitavelmente entre-

---

44 N.T.: "Duplo ambulante", em alemão, termo que remete a uma antiga lenda germânica, segundo a qual um ser maligno fantástico copia exatamente o corpo da pessoa que ele decide seguir, o que implicaria em que todos poderíamos ter uma cópia exata de nós, andando pelo mundo. Um(a) sósia, obscuro e maligno.

laçado. Em vez disso, poderíamos argumentar que uma criminologia útil da vida contemporânea deve ser, ao menos, *culturalmente reflexiva* – isto é, auto-sintonizada com imagem, símbolo e significado como dimensões que definem e redefinem a transgressão e o controle social.[45] E quando trata do crime, transgressão e controle, essa circularidade em *looping* oferece dinâmicas que entrelaçam o ridículo com o malicioso. Consideremos, por exemplo, *Cheaters*,[46] um programa americano de *reality shows* (atualmente em sua 14ª temporada) que (supostamente) expõe casos extraconjugais. Em um episódio, os produtores planejam e filmam de inúmeros ângulos

---

45 Reconhecemos, é claro, a massa de excelentes pesquisas existentes sobre o nexo entre crime e mídia. Entretanto, grande parte dessa erudição tradicional se baseia em leituras relativamente estereotipadas da apresentação do crime na mídia ou, alternativamente, nos "efeitos" dessa apresentação sobre atitudes e comportamento (ver: ERICSON, 1995; KIDD HEWITT; OSBORNE, 1995; REINER, 2002; CARTER; WEAVER, 2003; TENDÊNCIA, 2007; CARRABINE, 2008; GREER, 2009; JEWKES, 2011; GREER; REINER, 2012, para resumos abrangentes; para uma análise criminológica especificamente cultural, consulte as páginas 125-129 da primeira edição da atual texto e *Yar*, 2010). Essas abordagens estabelecidas (como "análise de conteúdo", "pesquisa de efeitos" e "observação da produção de mídia") têm lugar na criminologia cultural, com a preocupação da criminologia cultural em entender representações mediadas do crime, seus efeitos no comportamento individual e coletivo e sua conexões ao poder, dominação e injustiça. No entanto, nenhuma dessas abordagens parece suficiente para desvendar as complexas e não-lineares relações que existem entre o crime e a mídia em nosso mundo, cada vez mais saturado de mídia, de televisão global por satélite e websites em duelo, Facebook e YouTube, WhatsApp e Snapchat, Tumblr e Instagram. O que é necessário agora são novos modos de análise, que utilizem aspectos das abordagens acima sem reproduzir seus antigos dualismos: muito ou pouco conteúdo de mídia em relação ao crime, efeitos ou nenhum efeito de imagens violentas, cobertura de mídia democrática ou elitista. Como Carter e Weaver (2003, p. 16) deixam claro, a única maneira de avançar é repensar radicalmente "os termos de um debate que se tornou intrinsecamente binário". O objetivo da criminologia cultural, então, é 'reorientar intelectualmente' e 'repolitizar radicalmente' o estudo do crime e da mídia, explorar as fluidez de significados pelas quais a dinâmica crime-mídia 'socializa e direciona nosso pensamento e ações em um gama de formas hierárquicas, complexas, cheias de nuances, insidiosas, gratificantes, agradáveis e largamente imperceptíveis" (CARTER e WEAVER, 2003, p. 167), por isso a abordagem mais holística, para traçar o fluxo contemporâneo de significado entre o crime e a mídia, oferecido aqui.

46 N.T.: Uma boa tradução seria "infiéis" ou "trapaceiros".

um confronto entre um marido afastado e sua esposa traidora. Saindo de seu local de trabalho, para telefonar para a polícia sobre problemas com o marido, a mulher é contida por um guarda de segurança de Cheaters, e confrontada por seu marido, que, ao confrontá-la, viola uma ordem judicial de restrição, e se vê acusado de agressão.

Um especialista em violência doméstica argumenta posteriormente, no jornal local, que o programa "revitimou" a esposa; O advogado do marido afirma que "[...] o vídeo não mostra um ataque, na minha opinião." Enquanto isso, mais vídeos, feitos pela produção do show, vão ao ar – desta vez da esposa juntamente com o seu amante – e provocam problemas para o amante; ele é rebaixado e suspenso de seu trabalho, como [...] Supervisor da divisão de investigações criminais do Departamento de Polícia (BOYD, 2005a, BOYD, 2005b; BRANCH; BOYD, 2005).

Em outra notícia – desta vez do mundo das celebridades – a supermodelo britânica Kate Moss vê sua carreira despencar em ritmo acelerado, à medida que suas tendências à cocaína são expostas no circuito dos tabloides, pelo mundo. A interação resultante de choque, indignação moral, sedução e normalização final diz muito sobre a relação ambígua e mediada da sociedade contemporânea com o uso de drogas. Moss e seus pares supermodelos há muito tempo ganham a vida vendendo produtos corporativos que tocam noções limítrofes do proibido: perfumes como *Opium*, *Poison* e *Obsession*, *Lolita*[47] como sexualidade, estética anoréxica, alusões ao sexo ilícito e sadomasoquismo, e a infame estética da "heroína chique". No entanto, nada ocorre; só depois que Moss foi secretamente filmada cheirando cocaína, é que a mídia a ataca. Com fotos da câmera escondida espalhadas pelos jornais dominicais britânicos, Moss é publicamente ridicularizada, e a maioria de seus patrocinadores corporativos a abandonam, como a uma batata quente, alegando que sua imagem de consumo de drogas agora é inconsistente com as mensagens ligadas a entorpecentes, que eles fornecem aos seus clientes jovens. E o *loop* mediado de sexo, drogas e *commodities* sobe. Moss entra na reabilitação, como penitente num convento modernista – e estimulada pela notoriedade de seu divulgado arrependimento, e sua "batalha pessoal contra as drogas", sua carreira decadente é rapidamente regenerada. Um grande número de corporações multinacionais agora lutam entre si, para assinar

---

47 N.T.: Referência ao romance clássico de Vladimir Nabokov (*Lolita*, 1955), que descreve um caso de pedofilia, o abuso sexual de uma menina por seu padrasto, e foi adaptado para o cinema duas vezes, em 1962 e 1997.

com a nova e melhorada Moss "fora-da-lei"; uma combinação estranha, mas muito comercializável de atrevimento, malandragem e redenção.[48]

A justiça criminal também se depara com sua própria imagem. Durante um certo tempo, fomos brindados com o espetáculo de câmeras montadas em painéis de viaturas de polícia, uma janela para o crime, que transforma policiais em artistas, e paradas de trânsito em vinhetas disponíveis para o noticiário noturno ou, mais tarde, programas de compilação no horário nobre, como o *World's Wildest Police Videos*[49] e *Police, Camera, Action*.[50] Juntamente com séries como o COPS, essa forma de entretenimento alega representar a "realidade" do policiamento cotidiano, e tornou-se tão popular, que agora constitui seu próprio gênero: o chamado formato *criminal verité*. No entanto, enquanto o COPS, o Top COPS e programas de "realidade" semelhantes tornaram-se elementos básicos da televisão, COPS sozinho permaneceu em produção por mais de 30 anos, e mais de 700 episódios, arrecadando cerca de 250 milhões de dólares no processo: a realidade que eles retratam é, na verdade, um processo de *looping*, construído em conjunto com câmeras de televisão e departamentos de polícia locais. Para começar, programas como *COPS, Borders Wars, Traffic Cops, Cops with Cameras, Road Wars, Sky Cops, Police Interceptors,* e *Real Vice Cops Uncut* (junto com versões bizarras de celebridades de fachada, como *Steven Segal: Lawman, Armed and Famous, de Vinnie Jones Toughest Cops*) inevitavelmente registram as maneiras pelas quais a presença de suas câmeras altera e exacerba a realidade dos encontros entre policiais e suspeitos. Embora esteja louvando o realismo supostamente não-filtrado do programa, o produtor fundador de COPS, por exemplo, admite que "[...] é como uma formação de elenco. Procuramos os policiais mais proativos e interessantes". Um policial que se apresentou no programa argumenta que "[...] o que você vê é o que está acontecendo lá fora [...] [as pessoas] sabem exatamente o que passamos todos os dias [...]", acrescentando que "[...] o único problema que tive foi [...] o cara do som me fazendo sinal para continuar falando" (WALKER, 1999; MAYHEW, 2006; WOODSON, 2003). As perseguições policiais também se desenrolam como filmes interativos, feitos para a televisão; depois de uma persegui-

---

48 Veja também Young (2007, capítulo 8) para uma análise criminológica cultural relacionada do terrorismo, a dialética da "alternância" e da vida "dentro e fora do Primeiro Mundo".

49 N.T.: "Os Vídeos Policiais Mais Selvagens do Mundo".

50 N.T.: "Polícia, Câmera, Ação".

ção mortal, em que um cinegrafista do banco de trás do carro-patrulha pede para o policial "Vá pegá-lo!", um processo de homicídio culposo é apresentado com base na gravação de vídeo (VICK, 1997). Mais preocupante ainda é a maneira como esses programas moldam visões populares sobre policiamento, assim como as mentalidades de cidadãos, eleitores e recrutas das academias de polícia. Como Richard Rapaport (2007) sugere, tanto a polícia quanto o policiado agora acreditam que "[...] a aplicação apropriada da lei se correlaciona com perseguições em alta velocidade, bloqueio e enfrentamento, armas puxadas, e uma mentalidade de atirar primeiro e pensar depois [...]". Enquanto isso, no tribunal, os jurados americanos esperam cada vez mais evidências que coincidam com as imaginadas nos populares programas Crime Scene Investigation (CSI); em resposta, os promotores recorrem regularmente a programas de televisão em suas declarações de abertura, alteram suas apresentação de provas e participam de aulas de representação teatral (DRIBBEN, 2006). Criminologistas até começaram a investigar um "efeito CSI" específico – "jurados que confiam demais em descobertas científicas e, inversamente, são céticos quanto ao potencial de erro ou fraude humana ou técnica [...] jurados [...] que exigem que a promotoria forneça o mesmo tipo de provas irrefutáveis que assistem na TV" (MOPAS, 2007, p. 111), apesar do fato de que muitas das técnicas forenses empregadas no CSI foram descartadas como "flagrantes bobagens'" (ROANE apud CAVENDER; DEUTSCH, 2007). No tribunal, como em outros lugares, a realidade e a representação se confundem.

E não são apenas os jurados que ficam confusos. Por exemplo, durante o julgamento do falecido *rapper* ODB (Ol 'Dirty Bastard; nome verdadeiro, Russell Tyrone Jones) pela acusação de usar colete à prova de balas ilegalmente, seu advogado de defesa argumentou que "[...] devido à sua fama, ele está em risco de vida; [...] ele esteve em batalhas, e é por isso que ele estava usando um colete à prova de balas"; o procurador-geral adjunto contestou, sugerindo que ODB "[...] lidera uma gangue de rua chamada Wu-Tang Clan!" Mais de uma década depois, a confusão continua. Em 2012, a tentativa de homicídio do traficante de drogas de Nova Jersey, Vonte Skinner, foi anulada por um tribunal de apelação depois que descobriram que as letras de *rap* gráfico escritas por Skinner (muito antes do suposto crime) haviam sido usadas como prova pela acusação, para fazer Skinner parecer um criminoso violento, aos olhos do júri. Após a decisão do tribunal de apelações, de que as letras eram inadmissíveis, advogados trabalhando em nome da União Americana das Liberdades Civis de Nova Jersey, escreveram um *amicus brief*[51] instando o Supremo Tribunal Estadual a adotar um conjunto mais rigoroso de normas, para orientar os tribunais a admitir como provas as expressões ficcionais e artísticas de um acusado criminal. E parece que essas diretrizes são extremamente necessárias; o documento identificou mais 18 casos nos quais os promotores tentaram usar as letras de *rap* contra um réu (PETERS, 2013). Em casos como esses, testemunhamos uma outra dinâmica em loop: a da "criminalização cultural" (FERRELL, 1998a), em que a publicidade mediada supera os procedimentos legais na construção de percepções de culpa e identidade criminal.

ESPIRAIS

Às vezes, *loops* como esses permanecem relativamente autocontidos, atuando como pequenos episódios que se curvam sobre si mesmos; mais frequentemente emergem dentro de processos maiores de significado coletivo, como apenas uma reviravolta ou reviravolta em uma espiral contínua de cultura e crime. Nesse sentido, a noção de *loops*, embora certamente capte algo da reflexividade fluida da cultura contemporânea, às vezes oferece apenas alguns quadros de um filme mais longo. O significado coletivo do crime e do desvio não é feito uma única vez, mas de vez em quando, como parte de uma espiral amplificadora que segue seu caminho de um lado para o outro através dos relatos da mídia, da ação situada e da percepção pública. Espiralando dessa maneira, o próximo *loop* de significado nunca volta, em vez disso, continua indo e voltando para novas experiências e novas percepções, o tempo todo ecoando, ou em outras vezes, minando significados e experiências já construídos. Tal como acontece com os *mods* e *rockers*[52] de Cohen, as espirais de crime e cultura de hoje continuam a se enrolar e desenrolar; apenas de maneira mais rápida e mais furiosa.

Alguns dos *loops* já notados poderiam ser reconsiderados como espirais. Quando as câmeras de *reality shows* da TV, como o COPS, alteram a própria realidade que registram, quando policiais atuam para a câmera,

---

51 Documentos apresentados em casos de apelações em juízo, por não-litigantes com interesse no assunto. Os escritos informam o tribunal de informações ou argumentos adicionais relevantes que o tribunal possa considerar.

52 Subculturas rivais londrinas, do final dos anos 50 e início dos 60, que se caracterizavam por estilos próprios, incluindo roupas, penteados, tipos de veículos e gostos musicais. Essa rivalidade levava a eventuais batalhas entre esses grupos.

e os produtores dão instruções e recomendações, quando tudo isso é enquadrado, editado e transmitido como a "realidade" não mediada do cotidiano do policiamento, isso é apenas o começo. A partir daí, "o melhor" dos *reality shows* e compilações são montadas para venda, a partir de programas já veiculados – e com outros programas de televisão alegando, em contraponto irônico, expor o crescente mercado negro de *fake reality* em gravações de vídeo. Como já sugerido, ações judiciais por homicídio culposo ou invasão de privacidade ou falsa prisão são arquivadas, com imagens de vídeo oferecidas como evidência e contra-evidência, e, claro, cobertura completa da mídia dos julgamentos em si. Os departamentos de polícia e os policiais, por sua vez, utilizam esses programas como ferramentas de recrutamento, e como dispositivos informativos para acompanhar os desenvolvimentos em outros departamentos de polícia; um oficial até informa que ele usa o COPS como "material de treinamento". Isso me ajuda a me remeter a situações em que estou na rua (WOODSON, 2003, p. 11F). Rapaport (2007) documenta ainda como outros permutações populares de *vérité criminal* – polícia SWAT (esquadrões especiais de armas e táticas) como Kansas City SWAT, Dallas SWAT e Detroit SWAT – serviram para "[...] culturalmente consagrar atividades que historicamente têm sido a domínio de engajamentos militares, em lugares onde o Bill of Rights não se aplica." Tais programas, ele argumenta, "[...] nos convidam a celebrar as pistolas Heckler e Koch, os fuzis de precisão Parker-Hale Modelo 85, as granadas *flash-bang*, veículos blindados e outras parafernálias do que é, essencialmente, o combate de infantaria transferido para as ruas americanas." Por si só, as práticas de aplicação da lei que favorecem o confronto sobre a conversa, e a aversão ao risco sobre a avaliação de risco são ruins o suficiente; mas quando apoiadas por armamentos militares e veículos do exército, é difícil imaginar que as relações entre polícia e comunidade serão melhoradas (2014)[53] Basta perguntar aos cidadãos de Ferguson, Missouri.[54]

---

53 Em seu livro *Rise of the Warrior Cop: The Militaryization of America's Police Forces*, o jornalista investigativo Radley Balko (2014) estimou que o número de equipes da SWAT em municípios americanos com população entre 25.000 e 50.000 habitantes, aumentou em cerca de 300% entre 1984 e 1995.

54 N.T.: Referência ao homicídio de Michel Brown, em 9 de agosto de 2014, em Ferguson, periferia de St. Louis, Missouri, USA. As circunstâncias do crime, envolvendo racismo, deflagraram grandes manifestações populares, locais e nacionais, algumas violentas, reprimidas com táticas e armamento militares, e gerando muitas críticas.

Quando rappers como o ODB são levados a julgamento, quando os promotores distritais confundem um grupo de rap multi-platina com uma gangue de rua, isso também não é uma única colisão entre música e lei. É apenas mais uma vez, em uma dança velha de décadas, entre artistas de *rap*, gravadoras, promotores locais e empreendedores morais, os quais encontram problemas e potencialidades na mistura de *gangsta rap*, gangues e história criminal. Para as gravadoras e os *rappers*, uma imagem fora da lei cuidadosamente elaborada, até mesmo um registro criminal, move o produto; para promotores locais e conservadores religiosos, campanhas públicas de alto nível contra essas imagens também movem o produto, se bem que de um tipo um pouco diferente. Para um advogado que representa um assassino acusado, essa espiral pode até se tornar uma estratégia de defesa. Quando Ronald Howard foi condenado por matar um soldado estadual do Texas, seu advogado de defesa recordou sua estratégia de defesa fracassada: ele seria inocente, por causa do rap. "Ele cresceu no gueto e não gostava da polícia, e esses eram seus heróis, esses *rappers* [...] dizendo a ele: se você está parado, apenas detone", disse o advogado Allen Tanner. "Isso o afetou. Isso era uma defesa séria e totalmente válida." E, de fato, pouco antes de atirar no policial estadual, Howard estava ouvindo um *rap*, Tupac Shakur – que fala sobre atirar em um policial, e lembrar o vídeo de Rodney King (GRACZYK, 2005).

Duas outras espirais são também dignas de nota pela sua trágica integração de *loops* mediados, espirais representacionais e consequências concretas. No primeiro, Andrea Yates afoga seus cinco filhos na banheira da família e, no julgamento, a acusação, buscando assegurar a condenação, chama o psiquiatra e analista forense Park Dietz. Especialista perito frequente em tais casos, e consultor da série da televisão NBC, *Law and Order*, Dietz é contratado para reforçar a alegação da promotoria de que Yates desenvolveu seu plano de assassinatos, ao assistir episódios específicos de *Law and Order*, os quais se baseavam em casos reais de mães que mataram seus filhos. Quando a defesa desafia suas credenciais profissionais, o Dr. Deitz responde descrevendo com algum detalhe o episódio específico de *Law and Order* que forneceu a Yates o roteiro perfeito para suas ações; exceto que tal episódio *nunca existiu*. Acontece que Dietz havia confundido "[...] os fatos de três casos de assassinato de crianças em que ele havia trabalhado, com os dois episódios de Lei e Ordem baseados neles." Por causa disso, a condenação por assassinato de Andrea Yates foi anulada em recurso, e um novo julgamento foi determinado; nenhuma palavra ainda sobre se o Dr. Dietz vai ajudar a converter este segundo julgamento, ou o primeiro, em um episódio de *Law and Order* (WYATT, 2005).

A segunda tragédia é de duração consideravelmente mais longa, descendo em espiral por décadas. Assim como na criminalização da maconha nos anos 1930, a guerra contemporânea contra as drogas, nos EUA, desde o início torneou imagem e ideologia, de forma a construir o próprio problema que pretendia abordar; e assim moldado, o "problema" continuou a espiralar de volta à campanha que o construiu. Como observamos anos atrás, a criminalização das drogas cria consequências criminais, consequências que exigem adiante uma aplicação mais agressiva, e maior criminalização (YOUNG, 1973). Como Clinton Sanders e Eleanor Lyon (1995) documentaram, policiais e promotores trabalhando sob a pressão de campanhas antidrogas contemporâneas, definem quase todos os assassinatos como "negócios de drogas que deram errado", quase todos os assaltos como brigas por drogas, quase todos perpetradores como usuários de drogas. Como Ferrell (2004b) mostrou, os usuários de drogas em tais circunstâncias, por vezes colocam em risco o público – especialmente quando a polícia os está perseguindo em alta velocidade, como ameaças públicas. E assim, à medida que o fluxo de drogas e o pânico das drogas se autoconfirmam, reportagens inventadas de viciados em heroína, de 8 anos de idade, ganham o Prêmio Pulitzer (REINERMAN; DUSKIN, 1999), documentários falsificados sobre "mulas"[55] colhem prêmios internacionais, funcionários da Organização Mundial da Saúde escondem relatórios sobre a relativa inofensividade da maconha, e o processo de espiralamento, assim construído, continua a colocar pessoas na prisão e políticos no poder.

Falar de tais *loops* e espirais é sugerir, talvez, uma certa suavidade de movimento, uma trajetória suave, como o significado do crime e da justiça criminal que circula pela cultura popular. Mas é claro que as trajetórias podem mudar e dramaticamente; movimentos espiralados de significado podem ser feitos para alterar o rumo, e servir a novos chefes políticos. Em meio aos escombros políticos dos ataques do World Trade Center de 2001, por exemplo, a espiral que é a guerra contra as drogas foi girada para uma nova direção. Jogando com os medos do público, percebendo que uma guerra poderia ser levada para outra, os defensores da guerra às drogas agora projetavam uma confluência cultural de drogas e terror. A Campanha Nacional da Mídia Antidrogas para a Juventude, sediada na

---

55 "Mula", gíria que designa pessoas que assumem alto risco de prisão, em aeroportos e fronteiras, por transportar drogas, ocultas em veículos, ou mais frequentemente, em seus corpos, tanto externa como internamente. Geralmente pobres e sem ligações com o tráfico, costumam ser seduzidas por estes com promessas de alto ganho financeiro, rápido e fácil.

Casa Branca, produziu uma série de impressos e vídeos que associavam o uso recreativo de drogas ao terrorismo violento; criando, como Michelle Brown (2007, p. 13) diz, "[...] vínculos pelos quais, semioticamente, se encadeiam indivíduos às preocupações estruturais de criminalidade, violência e terror." A espiral descrita por Reinerman e Duskin (1999, p. 85), por meio da qual as campanhas antidrogas em andamento "[...] forjam um público preparado para engolir o próximo estereótipo de viciado, e se alistar na próxima guerra às drogas [...]", tinha agora sido virada novamente para a extrema direita, desta vez em direção a uma nova guerra, e a um novo conjunto de estereótipos.

> Loops e espirais – estudo de caso 1
> A música *rap* e a reconstituição da realidade: pensar diferentemente sobre sinais [de mídia] e códigos [de rua].
>
>> A linguagem, como código cultural, relaciona-se com um mundo de significados. Todo conhecimento e linguagem são culturalmente codificados. Assim, o conhecimento, ou até mesmo uma consciência sobre a delinquência, é um produto social. É precisamente aqui, no reino do conhecimento, que as ideologias são contestadas, resistidas ou aceitas. (VISANO, 1996, p. 92)
>
> Com suas dimensões intrinsecamente transgressivas, a música *rap* é um lugar óbvio para analisar a apologia do crime e a confusão de identidade ilícita e *status* de consumidor. É também um lugar interessante para observar os processos em *loop* e em espiral, que conectam a cultura popular, a violência urbana e a guerra às drogas (ver: BOGAZIANOS, 2012 para uma explicação criminologia cultural mais detalhada).
> Desde o surgimento do estilo de vida *hustla*[56] associado aos filmes *Blaxploitation*[57] dos anos 1970, a cultura de cafetões *retromack* de East Oakland e as violentas guerras de gangues de South Bronx, Nova York e South Central Los

---

56 Termo usado por rappers para referir traficantes de drogas, mas também é um termo usual, de rua, designando cafetões, ou qualquer um que ganhe dinheiro ilegalmente nas ruas; também pode significar que a pessoa está ganhando muito dinheiro, fazendo o que ela faz melhor.

57 Gênero de filmes americanos, famoso nos anos 1970, dirigidos às plateias negras, com negros nos papéis principais, fazendo muitas piadas de brancos, e principalmente conduzindo suas próprias vidas, e denunciando a exploração dos trabalhadores negros. Muito criticados, por colocar os negros em papéis estereotipados, ligados a crimes e violência, e pela ausência de uma estética negra.

Angeles, o *rap*, e subsequentemente a música *hip hop*, tornaram-se as formas musicais mais vendidas do mundo. Embora a música *rap* tenha muitas formas estilísticas ("festa", "persuasão", "realidade", etc.; ver: KRIMS, 2000) e regionais ("intenso", "pulo", "*boom-rap*"), e é comprada principalmente pela juventude branca, como fenômeno sociológico, a música rap é normalmente analisada como um elemento constitutivo da cultura urbana negra contemporânea. Por exemplo, em seu artigo sobre o assunto, Charis Kubrin (2005) começa por associar de perto o *gangsta rap* com o conjunto de trabalhos etnográficos estabelecidos, sobre o modo como as condições estruturais nas comunidades negras urbanas dão origem a adaptações culturais, que se materializam em um "código de rua" (ANDERSON, 1999). De acordo com este conjunto de trabalhos influente, mas agora datado, uma ordem local, hiper-masculina, desenvolve-se dentro de comunidades negras desfavorecidas, com seus próprios códigos e rituais de autenticidade: disposição para usar violência na construção de reputação, valorização da promiscuidade e conquista sexual, consumo conspícuo (de ostentação) como meio de estabelecer a autoimagem e ganhar "respeito", e um pronunciado antagonismo em relação à polícia e a outras autoridades. Construindo a partir daqui, o objetivo de Kubrin é claro: examinar até que ponto esse "código da rua" está presente não apenas no nível da rua, mas também na música *rap*.

Kubrin explica que a erudição padrão, nesse campo, aborda o *gangsta rap* como a expressão de uma ordem subcultural clássica, com o código de rua existente servindo de inspiração para as letras de *rap*, que então refletem esse código. A abordagem de Kubrin, no entanto, é mais sutil; ela vê o nexo cultura/música/identidade de uma perspectiva "constitutiva". O *gangsta rap*, diz ela, deve ser entendido como um "recurso interpretativo", uma maneira de "organizar" ou talvez *reconstituir* com mais precisão a realidade, segundo a qual "[...] as narrativas dos *rappers* [...] alcançam reflexivamente um senso de realidade – para si e para os outros". O *rap*, nesse sentido, "[...] cria entendimentos culturais da vida urbana que tornam a violência, o perigo e a imprevisibilidade, normativos" (KUBRIN, 2005, p. 366-376; ver, similarmente: KANE, 1998).

Em vez de tentar isolar qualquer "efeito de mídia" puro (ver: BANDURA *et al.*, 1961; BANDURA *et al.*, 1963; PAIK; COMSTOCK, 1994 para exemplos clássicos), Kubrin mostra como a influência da mídia opera ao lado de práticas culturais e sociais, relacionadas em um processo complexo de troca e interação. E no que diz respeito ao *gangsta rap*, outros *loops* e espirais também são abundantes. Eric Watts (1997), por exemplo, observa as dezenas de artistas de *rap* famosos, que foram perpetradores ou vítimas de atividades criminosas – desde o envolvimento de Snoop Dogg com as gangues de rua de Long Beach, até o assassinato de Tupac Shakur – e assim confirmam que, no *gangsta rap*, o crime e sua representação estão irrevogavelmente entrelaçados. Mas Watts está mais interessado em uma análise material do *rap*, explorando o modo pelo qual o consumismo funciona como um esquema interpretativo, para definir e esclarecer as relações entre a cultura *hip hop*, narrativas de *gangsta rap*, e a interposição de um complexo industrial de *rap* em expansão.

Watts foca-se em uma música/vídeo clássica de "velha escola": New Jack Hustla, de 1991, de Ice-T. Aqui, somos presenteados com uma fatia familiar de imagens do *rap* dos anos 90 – rappers empunhando Uzis,[58] exaltando seu compromisso com a violência, como expressão do poder do gueto – e assim parecendo fazer uma confirmação da imagem dos *rappers* como vulgares, bárbaros e niilistas. Uma análise cuidadosa, no entanto, revela algo mais, e algo diferente: pistas para a estreita simbiose entre o rap e o capitalismo de consumo.

Superficialmente, "New Jack Hustla" parece oferecer uma validação direta da tese de Kubrin (2005) de que o "código de rua" se integra à música *rap*, com a lírica da música sobre violência instrumental, armas, prostitutas e dinheiro. Hustla, de Ice-T, justifica seu modo de vida, esclarecendo sua autoimagem e, mais importante, validando o estilo de vida 'Hustla' escolhido. No entanto, Watts argumenta que este retrato da "bravata niilista" não é bem o que parece. Em outros momentos, a música oferece uma espiada por trás da "máscara de invencibilidade" do *rapper*; de fato, uma análise mais próxima da letra, revela outra *psique* para o Hustla. Juntamente com os tiroteios de carro e tiroteios a pé, Ice-T está empenhado em articular o que ele chama de sua "enxaqueca capitalista". Não é para ele passar a vida trabalhando no "Micky Ds",[59] falido e inutilizado, ele nos assegura. E a solução? Sua própria versão distorcida do Sonho Americano, onde "[...] os fins justificam os meios, esse é o sistema [...]", onde "[...] eu não tinha nada e eu queria / você tinha tudo e você o exibia / transformava os necessitados em gananciosos / com cocaína o meu sucesso veio rápido." Watts explica:

---

58 N.T.: Pistola-metralhadora compacta, de fabricação israelense.

59 N.T.: Forma abreviada para designar a cadeia americana de lanchonetes "Mc Donald's".

> Uma vez que o ser do Hustler é constituído através das pressões de um código de rua, e uma vez que parece ser uma conclusão inevitável que alguém irá encontrar algum tipo de morte prematura no gueto, a pobreza representa uma espécie de insignificância viva [...]. (G)angsta rap articula uma perspectiva importante sobre a triste estagnação da personalidade dispensada – a recusa, cultivada por uma sociedade de consumo canibal, em reconhecer sua incapacidade de cumprir suas fabulosas promessas para a subsistência. E assim, o Hustler é uma fachada espetacular, cujas apresentações públicas refutam e sustentam seu status como uma imagem glamurosa. (1997)

Ou, como Ice-T pergunta, enquanto expõe o paradoxo central do *rap* e da sociedade de consumo: "Me encontrei distorcido, preso a um paradoxo [...] isso é um pesadelo ou é o sonho americano?". Letras como essas oferecem momentos de "revelação textual". Originalmente, o Hustla de Ice-T só conseguia entender o mundo através de um código internalizado da rua. Mas, à medida que a música continua, uma nascente consciência transcende essa postura: preso na claustrofobia econômica do materialismo dominante, o código da rua cria um jogo perdido, uma armadilha e algumas más políticas para iniciar.

No entanto, no início do século XXI, quando o *rap* e a música *hip hop* se tornaram mais comerciais e mais tradicionais, o paradoxo que ficou tão evidente na música de 1991 de Ice-T, evaporou-se completamente. *Rappers* da Old School como Ice-Cube e Tim Dogg costumavam fazer *rap* sobre tênis Nike de US $ 60, e garrafas de 1,2 litros de Colt 45; mas uma década depois, os novos gigantes do *hip hop* corporativo como P. Diddy e Jay-Z preferiram exaltar as virtudes das malas Louis Vuitton, champanhe Cristal e o novo Porsche Cayenne. A "trituração" no nível da rua deu lugar à comercialização em nível de suíte. A publicidade, o *marketing* e o consumismo eram agora exibidos com uma espécie de autoconsciência, ou como De Jong e Schuilenburg (2006) apontaram, desde que "a rua" e "o urbano" permanecessem referenciados, por sua autenticidade simbólica, o rap e a indústria do *hip hop* poderiam movimentar produtos de alta qualidade; mesmo quando o gênero se afastou ainda mais dos ambientes empobrecidos, de onde se originou. No vídeo de sucesso de Snoop Dogg e Pharrell Williams, *Drop It Like It Hot* (2004), por exemplo, carros de luxo e acessórios incrustrados de joias, parecem ter a intenção de funcionar como significantes, tanto do sucesso consumista quanto na vida urbana, com posição transgressora e autovalor, agora confundidos em simples códigos de mercadorias, tão interpretáveis como um tênis Nike *swoosh*, ou um monograma Gucci.

Mas como a cultura do *rap* e do *hip hop* cresceu em popularidade, os *loops* e espirais dessa fusão particular de crime e consumismo, transgressão e música popular, continuaram a girar. Do outro lado do Atlântico, os jovens negros de Londres começaram a criar seu próprio modo distinto de música urbana, baseado no *rap* americano, no jamaicano *dancehall* e na música britânica *garage* e *jungle*. Derivado de Bow, East London e baseado nas primeiras gravações de Wiley, Dizzy Rascal e Lethal Bizzle, a cena *grime*[60] do Reino Unido começou a decolar em 2001. Alguns *rappers* grime do Reino Unido seguiram suas contrapartes americanas para inspiração nas letras, referenciando "feudos" locais violentos "código postal", símbolos "embandeirados" de gangues de rua, e sinais em seus vídeos de *rap*. A música rapidamente desenvolveu uma associação com a violência nas ruas, esfaqueamento e crimes com armas, graças em grande parte ao uso frequente, por artistas de grime, de tecnologia de informação e comunicação como um veículo para divulgar seus vídeos musicais caseiros, muitas vezes ameaçadores. Nada de novo aqui, pode-se pensar: apenas mais uma variante internacional do *rap* americano. Mas nos últimos anos, partes da cena grime do Reino Unido sofreram uma espécie de transformação. Como documentou o criminologista cultural Johnny Ilan (2012), *rappers grime* famosos, como Tinchy Stryder e Tinie Tempah começaram a descartar os códigos tradicionais de crime e violência, e adotaram temas mais universais, como beber, festejar e socializar com o sexo oposto. É importante ressaltar que não se trata apenas de abraçar ou validar a vida exuberante do hiperconsumismo, à maneira dos *rappers* americanos, como Drake ("eu compro papel"), ou Lloyd Banks (pés de Juelz Santana) ("Beamer, Benz ou Bentley"). Em vez disso, muitos artistas *grime* estão agora defendendo estratégias empreendedoras "respeitáveis", muitas vezes necessárias para viver uma vida sustentável moderadamente rica: obtendo qualificações educacionais, construindo cuidadosamente pequenas empresas a partir do zero, e respeitosamente comparecendo ao trabalho." (ILAN, 2014, p. 74)
Se pensarmos que está tudo muito longe do violento e masculino "código da rua" de Elijah Anderson (1999), é isso. Basta comparar a seguinte letra do JME, o renomado grime underground MC, com a estrofe anterior do Ice-T:
Eu fiquei na escola tenho o meu diploma
Mesmo que eu pegue um 2.2,
Eu fiz isso, tempo gasto para ninguém,
Este ano eu tinha 22 anos
Meu pai quer que eu faça um mestrado

---

60 N.T.: No original, literalmente, "sujeira".

> E minha mãe quer que eu também.
> (JME, de '123', em 'Famous', Boy Better Know, 2008, citado em Ilan, 2012, p. 47)
> Com os Grime MCs de hoje defendendo "comportamentos complacentes" e apresentando-se como modelos em revistas de ex-alunos de universidades, parece que as coisas mudaram bastante desde o paradoxo da "enxaqueca capitalista" de Ice-T. Mas eles realmente mudaram? Viaje de volta aos EUA e entre no mundo da "gangosfera *on-line*", e está claro que elementos do passado violento do *rap* ainda estão muito vivos e funcionando. O *site* <worldstarhiphop.com>, por exemplo, emergiu recentemente como a plataforma *du jour* não apenas para o tipo de bricolage, vídeos de *rap* caseiros que impulsionaram artistas Grime britânicos para o sucesso, mas também para difusão de vídeos de ameaças de morte entre gangues, e as violentas lutas discutidas na próxima seção. No <worldstarhiphop.com> e em *sites* similares, a distinção entre *rap*, *hip-hop* e "bandido" é mais uma vez indeterminável, já que os jovens se filmam brigando ou denegrindo panelinhas urbanas rivais, enquanto gritam "Worldstar" para a câmera, tudo muito consciente de que o site edita uma compilação da melhor luta da semana (AUSTEN, 2013). Em nosso próximo estudo de caso, mais adiante neste capítulo, nos aprofundaremos mais na relação entre crime e violência no *mundo on-line*, onde, como esperamos mostrar, a única coisa certa é a mudança. Por enquanto, vamos simplesmente observar que as espirais de mídia associadas aos sinais e códigos de rua da música urbana transgressora permanecem tão imprevisíveis quanto incontroláveis. Qual direção eles tomarão a seguir? Ninguém sabe.

A MERCANTILIZAÇÃO DA VIOLÊNCIA E A COMERCIALIZAÇÃO DA TRANSGRESSÃO

> As pessoas trabalhavam há tantos anos para tornar o mundo um lugar seguro e organizado. Ninguém percebeu o quão entediante se tornara [...]. Ninguém havia deixado muito espaço para aventura, exceto talvez o tipo que você poderia comprar. Em uma montanha russa. Em um filme. Ainda assim, seria sempre esse tipo de excitação falsa ... E porque não há possibilidade de desastre real, risco real, ficamos sem chance de salvação real. Verdadeira exaltação. Real excitação [...]. As leis que nos mantêm em segurança, essas leis nos condenam ao tédio.
> (PALAHNIUK, 2000, p. 59)

É rápido, assustadoramente rápido ... e então "lembrem-se deste momento para o resto da sua vida"; rapidamente. Persiga o momento. (Publicidade para o Lexus IS 350)

O jogo de tabuleiro para família, *Monopoly* existe há gerações. Recentemente, no entanto, experimentou uma série de reformas temáticas. Nos EUA, o *Ghettopoly* é um jogo no estilo do Banco Imobiliário, no qual os "playas"[61] se deslocam da "Loja de Armas do Tyron" para o "Salão de Massagem da Ling Ling", construindo bocas de fumo e vendendo armas, à medida que avançam. Enquanto isso, no Reino Unido, uma empresa de jogos abriu recentemente uma polêmica, com sua variante, Chavopoly. Aqui, as propriedades incluem um "Apartamento do Traficante" e "Parada de Ônibus Vandalizada" e o tradicional "Fundo da Comunidade" do *Monopoly*, tornou-se a "Praga da Comunidade"![62] Se jogos de tabuleiro não são sua preferência, que tal esportes e recreação? Farto de dietas da moda e programas de *fitness* endossados por celebridades? Então, por que não tentar um regime mais austero? Se você é um "eterno atleta", por £ 10,99 você pode adquirir um exemplar de *Felon Fitness: How to Get a Hard Body Without Doing Hard Time* (KROGER; TEUFEL, 2011). Baseado no ideal de "detento sarado", o livro é uma criação do advogado criminalista William "Bill" Kroger e do guru do *fitness* Trey Teufel. Ao visitar seus clientes na prisão, Kroger notou que "eles estavam sempre em ótima forma"; então ele convocou Teufel para elaborar um regime de exercícios, baseado na seguinte rubrica: "Se você é carne fresca, querendo ficar forte, os agachamentos e flexões vão fazer você ficar pronto para o pátio da cadeia, em menos de três meses [...]. Cada exercício vem direto da ala de celas, e as séries são as dos verdadeiros detentos. É o treino de uma vida inteira – de caras que estão cumprindo de vinte e cinco anos a perpétua." Prefere o ritmo mais calmo do tiro ao alvo? Bem, que tal ordenar o novo tipo de alvo, retratando uma figura sem rosto, encapuzado, segurando um chá gelado e um saco de bolachas? Se esse alvo parecer familiar, é porque é para isso mesmo. O alvo foi projetado para se assemelhar a Trayvon Martin, o jovem negro desarmado de 17 anos, abatido pelo vigilante de bairro George Zimmerman na Flórida, em 2012. A absolvição de Zimmerman pode ter provocado protestos generalizados e tensão racial em toda a América, mas também se mostrou favorável para os negócios do empreendedor anônimo da Flórida que produziu os alvos do Trayvon: "A resposta foi esmagadora [...]. O estoque se esgotou

---

61   N.T.: Adaptação de *players*, que significa jogadores.

62   N.T.: No original: "Community Chest/Community Pest".

em dois dias" (DEMBY, 2012, n.p). Para o olho destreinado, o desenvolvimento de tais produtos pode não significar muito. No entanto, para os criminologistas culturais, isso exemplifica uma tendência mais difundida. Esses exemplos não apenas revelam a relação entre criminalidade e estilo de vida do consumidor, mas também ilustram a tendência mais ampla em direção à *mercantilização da violência e ao marketing da transgressão*.

É uma ironia notável que, quanto mais os governos ocidentais tentam controlar o problema do crime juvenil, impondo uma série de controles externos; tudo, desde os toques de recolher e ordens de restrição no Reino Unido, até a implantação de patrulhas policiais nas escolas, e o chamado "corredor da escola para a prisão"[63] nos EUA, mais fazem surgir, entre os jovens, não uma racionalidade adequada, mas uma emotividade exacerbada. Assim, há uma interação, em que as "respostas irracionais" dos jovens ao controle estatal provocam medidas cada vez mais punitivas do Estado, com a cultura jovem tornando-se ao mesmo tempo o local de excitação, contestação e experimentação. Que este seja o caso, não é surpreendente. A natureza transgressora das práticas culturais juvenis há muito provoca indignação entre políticos, interessados em agradar a "maioria moralizada", atacando a imoralidade dos jovens. Seja criminalizando desnecessariamente, mais e mais jovens por ofensas menores, ou prendendo crianças em idade escolar por infrações de regras de sala de aula, os governos ocidentais estão oprimindo os jovens, submetendo não apenas seus prazeres contestadores a um crescente punitivismo estatal, mas também suas legítimas práticas culturais; todos os dias.

Todo o tempo, o mercado alimenta essa dinâmica, contribuindo para mantê-la, e mercantilizando-a. Como vimos, os pânicos morais se desdobram hoje em uma série muito mais complexa de ciclos e espirais do que quando Stan Cohen (1972) articulou o conceito pela primeira vez. Agora, outra reviravolta: uma boa dose de indignação moral, por parte das autoridades tradicionais, pode constituir a prova de fogo de um esforço juvenil verdadeiramente opositor, e portanto, proveitoso. E como McRobbie e Thornton (1995) deixam claro, até mesmo essa resposta é frequentemente cooptada e incorporada, já que as corporações usam o pânico moral fabricado – a ameaça da censura, uma sugestão de escândalo sexual – para seus próprios fins lucrativos. Na verdade, as imagens de crime e desvios que induzem ao pânico, agora são ferramentas de *marketing*

---

63 N.T.: *School to prision pipeline*, no original, é a tendência, estatisticamente observada nos EUA, de os adolescentes e adultos jovens passarem mais tempo encarcerados , em razão do endurecimento das políticas criminais.

de primeira linha, para a venda de produtos no mercado jovem. Em certo nível, não há nada intrinsecamente novo nisso; a natureza irresistivelmente lasciva de certos atos criminosos garantiu uma audiência pronta para o crime, ao longo do século XX. O que mudou, no entanto, foi a força e o alcance da mensagem ilícita, e a velocidade com que ela ressoa e reverbera. O crime e a transgressão são agora embalados e promovidos como símbolos culturais, sofisticados e elegantes, com a transgressão emergindo, assim, como uma decisão desejável do consumidor (ver FENWICK; HAYWARD, 2000). Aqui, dentro da cultura do consumo, o crime torna-se estética, estilo, moda: consideremos, por exemplo, as grifes britânicas *Criminal e Section 60*, as quais retiraram seus nomes do poder da polícia para reter e procurar[64] (ver TREADWELL, 2008); e assim, a distinção entre a representação da criminalidade e a busca da excitação estilizada, especialmente a excitação juvenil, se evapora.

Hoje, as corporações confiam cada vez mais em imagens de desvio como ferramentas de *marketing* para vender produtos, com crime e punição, caracterizando-se como tropos regulares em grandes campanhas publicitárias: mais uma vez, não um fenômeno inteiramente novo, mas definido por uma mudança qualitativa, no alcance e no tom de violência apropriada pelos anunciantes.[65] Considere como exemplo o modo como o automóvel é frequentemente anunciado na sociedade contemporânea. Com carros, cultura de carros e perseguições de carros, um dos principais produtos da indústria do entretenimento (pense na série de filmes *Velozes e furiosos*, desfiles de carros como Pimp My Ride, Overhaulin

---

64   O Artigo 60 da Lei da Justiça Criminal e Ordem Pública de 1994, do Reino Unido, dá à polícia o direito de procurar pessoas, em uma área definida durante um período de tempo específico quando os policiais acreditem, motivadamente, que ocorrerá violência severa, e seja, portanto, necessário usar esse poder para evitá-la.

65   Embora esta área permaneça insuficientemente investigada dentro da criminologia, um estudo focado nos EUA é útil nesse sentido. Em 2000, Maguire e associados analisaram 1.699 comerciais, televisionados entre 1996 e 1997, concluindo que, embora a violência nas propagandas de televisão fosse "geralmente mansa" e inócua por natureza, houve um aumento de 100% no conteúdo violento em anúncios de televisão em 1997, comparado a 1996 (citado em: CARTER; WEAVER, 2003, p. 120). Apesar das limitações deste tipo de pesquisa, é interessante notar que quase duas décadas após o estudo de Maguire *et al.*, essa tendência se acelerou, com os anunciantes recorrendo regularmente ao crime e à criminalidade como características centrais de suas campanhas.

e Monster Garage, e os videogames mais vendidos, como Grand Theft Auto e Carmaggedon), talvez fosse apenas uma questão de tempo, até que os fabricantes de carros começassem a empregar tropos de transgressão e crime, aliados a motivos visuais de desobediência conspícua, em suas campanhas publicitárias e de *marketing* (HAYWARD, 2004, p. 171; MUZZATTI, 2010). Basta olhar para a seguinte lista: *joyriding*[66] (Nissan Shogun), bombardeio terrorista suicida (Volkswagen Polo), esportes radicais (Nissan X-Trail), direção imprudente (Lexus IS 350), salto básico (Suzuki Grand Vitara e Nissan 370Z), graffiti (Plymouth Neon) e roubo de carros urbanos (Volkswagen Jetta). Até a normalmente conservadora fabricante alemã Audi entrou em cena, usando piromania (uma fascinação por incêndios) como um tropo em um comercial para o seu modelo A3, e empregando o astro britânico Jason Statham, para reprisar seu papel em filmes centrados em carros, como *Transformers* (4 e 5) e *Death Race*, em sua campanha A6 de 2009.

FIGURA 8 – CARTAZ DO APARELHO DE SOM KENWOOD: "QUEREMOS SER LIVRES – PARA FAZER O QUE QUEREMOS FAZER". ANÚNCIO PARA ESTÉREOS DE AUTOMÓVEIS KENWOOD. CORTESIA, KENWOOD ELECTRONICS.

---

66   Furto de veículos apenas para diversão: passeios e velocidade.

É claro que a indústria da publicidade confiou por muito tempo na sexualidade explícita e nos estereótipos de gênero patriarcais para movimentar o produto (BERGER, 1972, capítulo 7; WILLIAMSON, 1978; GOFFMAN, 1979; JHALLY, 1987); mas agora as mulheres são cada vez mais retratadas como vítimas, ou cúmplices passivas do crime e da violência. No capítulo 4, vimos a vitrine da FCUK e sua exposição de mulheres violentamente se vitimando umas às outras; Kilbourne (1999) destaca casos semelhantes de *marketing* violentamente misógino, com homens apontando armas para as cabeças das mulheres, ou atacando uma mulher em um anúncio de *jeans* com o *slogan* "Use e faça gritar". Um anúncio de relógio Baby-G, na lateral de um ônibus, retrata de forma semelhante uma mulher nua amarrada com relógios gigantes (CARTER; WEAVER, 2003, p. 126). Mais recentemente, a supermoderna grife de moda Dolce e Gabbana foi forçada a retirar anúncios de jornal, após um clamor público sobre seu conteúdo, violentamente sexista. Na Espanha, um anúncio mostrando uma mulher jogada ao chão por um homem seminu, foi condenado por funcionários do Ministério do Trabalho como ofensa à dignidade das mulheres, e um "incitamento" à violência sexual. Na Grã-Bretanha, a Autoridade de Normas Publicitárias decidiu banir outro anúncio de Dolce e Gabbana, muito parecido com a vitrine da FCUK, que mostrava mulheres ensanguentadas, com facas; (outro *poster* mal julgado na campanha, mostrava uma cena que parecia suspeitamente com um estupro homossexual em grupo, ocorrendo no vestiário de um clube de luxo). Tais imagens podem ou não "incitar" diretamente a violência, na tradição do modelo de efeitos de mídia, mas claramente contribuem para a banalização cultural da violência contra as mulheres, para uma espécie de "socialização epistêmica" (BENNETT; FERRELL, 1987) por meio da qual espectadores e consumidores aprendem a ver as mulheres como vítimas em potencial.

Um exemplo final do profundo e subjacente desprezo que alguns anunciantes ainda têm pelas mulheres vem (inevitavelmente talvez) da indústria automobilística. Em 2013, a Ford Motor Company e a empresa de publicidade WPP foram forçadas a apresentar uma série de pedidos de desculpas apressados, depois que esboços de anúncios do Ford Figo chegaram à internet (STENOVEC, 2013). Um dos anúncios mostrava caricaturas de desenhos animados de três mulheres, em trajes sexualmente reveladores, com as mãos e os pés amarrados e as bocas amordaçadas, enfiadas na traseira de um Ford Figo. Olhando para trás, do banco do motorista (e exibindo um sinal de paz) está uma figura que parece suspeitamente com Silvio Berlusconi, o ex-primeiro-ministro da

Itália, que em 2011 se envolveu no infame escândalo sexual da festa "bunga-bunga", envolvendo prostitutas menores de idade (uma segunda versão contou com Paris Hilton, sequestrando três membros da família Kardashian; presumivelmente isso foi bom, porque contou com violência entre meninas!). De acordo com o WPP, os anúncios não eram destinados a lançamento geral, mas sim modelos experimentais, para discussão interna. Seja como for, eles também ilustram a disposição das grandes corporações e seus anunciantes de mercantilizar a violência sexual, na tentativa de vender seus produtos. Com *fashionistas* insensatos como Dolce e Gabbana ignorando o significado mais amplo de seus anúncios, com empresas fazendo acordos para colocar seus produtos de consumo em vídeos de *rap* misóginos, e com empresas de publicidade revelando inadvertidamente o sexismo profundamente enraizado no centro de sua indústria, uma interação particular entre o crime, a mídia e o lucro eclode: é a disposição das grandes corporações e de seus anunciantes de retratar as mulheres como cifras passivas e sem emoção, no polo receptor da violência transgressora.

Navegue pela TV via satélite no final da noite e você poderá experimentar a sensação televisiva da "TV extrema". Aqui, a ênfase muda da cultura de carros extremos ou anúncios misóginos, para momentos incorporados de transgressão visceral: ossos quebrados, concussões, lacerações. Livre de restrições de censura no horário nobre, esse gênero de TV juvenil, agora estabelecido, constitui um depósito de excitação ilícita, um recurso pronto para o consumo voyeurístico de dor e de transgressão. O popular programa de TV e séries Jackass filme, e seus muitos shows derivativos (por exemplo: *Sánchez Sujo*, na Grã-Bretanha e o show finlandês *Os Dudesons*), misturam o niilismo *pop*, o hedonismo generalizado e os extremos de violência autodestrutiva (cortes autoinfligidos, *spray* de pimenta autoaplicado) para criar entretenimento convencional rentável. Melhor ainda – ou pior ainda – é a fusão da "realidade" extrema da TV com o gênero CSI. Agora estão disponíveis os "documentários" de crimes explícitos, como o hiper-violento *Telepolicial* boliviano, e a oferta russa de horário nobre, *Criminal Russia*, os quais incluem tomadas de cenas de crime reais – assassinatos de rua e do mundo das gangues, no caso de *Telepolicial* e assassinatos em série infames (resolvidos e não resolvidos) no caso de *Criminal Russia*.

Mas, para os verdadeiros extremos da violência mediada, esqueça a televisão. Borbulhando sob a superfície da mídia existe um submundo de sites, DVDs e *podcasts* sem censura, que apresentam crimes brutalmente reais como entretenimento ilícito. De compilações de "tapas felizes"[67] bastante inofensivas a vídeos hardcore de brigas em pátios de escolas, e *downloads* de brigas de rua, grande parte desse material circula, agora que "produtores" começaram a estratificar seu produto, na tentativa de atender às demandas desse nicho. Juntamente com a dieta padrão, como o *Agg Townz* brigas de pátio de escola/de rua, ou o favorito do eBay, *Beatdowns and Scraps*, os consumidores agora podem selecionar DVDs ou *downloads* que apresentam lutas entre prisioneiros federais norte-americanos recém-libertados (*Felony Fights, Volumes 1-5*), gangues de rua organizadas (*Urban Warfare: Gangs Caught on Tape*) e com protagonistas "Só garotas": (*Spotlight Honies* vs. *Worldwide Honies: Good Girls Gone Bad, Extreme Chick Flicks and Queen of the Hood*) (ver: SLATER; TOMSEN, 2012). E depois há os infames *Bumfights* – a inspiração inegável para a maioria, se não todos, dos títulos acima. Aqui, a premissa é simples: encontrar moradores de rua, talvez usuários de drogas ou alcoólatras, persuadi-los a lutar uns contra os outros por bebida ou dinheiro, filmar os confrontos, sincronizar os golpes e quedas em uma trilha sonora animada de *skate punk*, e empacotar tudo numa série de lançamentos de vídeo elegantes. Acha que o consumo desse tipo de barbárie encenada está confinado a uns poucos parasitas sociais? Pense de novo. Estima-se que, ao lado de vários milhões de visualizações on-line, mais de 600.000 DVDs impressos (lembrem-se deles) dos vários vídeos do *Bumfights* foram vendidos em todo o mundo.

Em meio ao panorama midiático contemporâneo, o crime e a violência se transformam em mercadorias baratas, esvaziadas de suas consequências inerentes, vendidas como seduções do entretenimento e do espetáculo digital. Essas últimas transformações na violência mediada, por sua vez, reafirmam os estereótipos de gênero e classe, e destacam uma cultura contemporânea de agressividade comercializada e machismo hiper-violento (BRENT; KRASKA, 2013). Ao longo do caminho, elas obliteram velhas distinções entre o real e a imagem, entre causa e efeito mediados, incorporando-se às culturas cotidianas da juventude e do consumo. E então, uma questão preocupante: como essas tendências podem se desenvolver no futuro, à medida que a tecnologia do entretenimento se torna cada vez mais sofisticada e penetrante?

---

67 *Happy Slapping* é a prática de um grupo atacar um estranho, escolhido a esmo, enquanto filmam tudo, para postar online. Estudiosos de mídia responsabilizam shows de TV, como *Jackass*, pelo surgimento do fenômeno.

CRIMINOLOGIA CULTURAL E VIRTUALIDADE REAL: CRIME, INTERNET E A "VONTADE DE REPRESENTAÇÃO"

Como a Internet e as redes sociais transformaram a sociedade, a criminologia tem sido empregada para explicar e combater as inúmeras formas de crime, perigo e desvio que rapidamente apareceram na esteira da revolução digital. Algum trabalho útil surgiu no florescente campo dos crimes na Internet (para uma visão geral, ver: JEWKES; YAR, 2010). No entanto, embora o *cibercrime* seja uma área consagrada de atenção criminológica, a maioria das pesquisas se concentra em explicar e identificar várias formas de crime *on-line* (por exemplo, *hacking*, *scamming*, roubo de identidade) ou no desenvolvimento de maneiras de combatê-lo, seja através de regulamentação e leis de internet, seja pelo policiamento da internet e computação forense. Isso é compreensível, pois há grandes problemas a resolver e, além disso, esses problemas são fluidos, mutáveis e estão em constante evolução, refletindo a natureza de "contorção rápida" da internet e suas formas de tecnologia digital associadas. No entanto, poderíamos argumentar que até agora a criminologia apenas arranhou a superfície, quando se trata de entender como a comunicação digital está moldando a prática social. Nesta seção, delineamos algumas áreas alternativas (e esperançosamente complementares) de engajamento, que podem ser úteis para criminologistas que buscam entender melhor o ciberespaço e como os seres humanos o usam e abusam.

Conceitualmente, o trabalho criminológico e jurídico em curso, sobre cibercrime, está preocupado prioritariamente com a *difusão*, seja em termos das oportunidades criminais aumentadas proporcionadas pelas redes descentralizadas, ou a potencial difusão de vitimização associada a crimes digitais, como *phishing scams* ou roubo de identidade. Considere, por exemplo, a resposta legal/preventista à compactação e ao compartilhamento de arquivos de música digital. O pânico inicial da indústria da música foi seguido por dispendiosos litígios, e uma subsequente enxurrada de legislação/proibição excessiva, que não apenas perdeu o objetivo, mas acabou perdendo o sentido: apesar das alegações em contrário, os conglomerados de mídia continuaram a crescer e lucrar, em grande parte porque eles adotaram novos modelos de negócios, que trabalham a favor, e não contra a "geração *downloads*".

Como criminologistas culturais, não estamos interessados em estabelecer distinções rígidas e falsas entre as experiências virtual e do mundo real. Pelo contrário, como já vimos em nossas outras abordagens ao "crime e mídia", nossa linha de análise tenta ir além das fórmulas antigas e dualismos estabelecidos. Consequentemente, poderíamos argumentar que, em vez de se concentrar apenas em modelos de difusão ou pensar na internet como uma simples ferramenta digital, devemos nos concentrar na *experiência da internet*: como ela funciona de maneiras específicas, para fins específicos. Isso, por sua vez, nos permite pensar em atividades digitais/criminais (*on-line*) como um *processo*, isto é, como fenômenos em constante diálogo e transformação com outros fenômenos/tecnologias. Aqui, entramos no território familiar de Manuel Castells (1996), tanto em termos de seu trabalho no "espaço de fluxos" em rede, quanto, e mais importante, em sua noção, agora clássica, de "virtualidade real": a maneira como nossa cultura de mídia incorporada, "constantemente invade a realidade física, resultando nas categorias do "real" e do "virtual" cada vez mais hibridizadas. Tal pensamento nos permite pensar de maneira diferente sobre o espaço online e a cultura digital, desenvolvendo conceitos como "virtualidade", "telepresença", "convergência" e "presença", todos com considerável potencial de aplicação criminológica.

O termo "convergência" será bem conhecido por muitos especialistas em crimes cibernéticos, pois em um nível descreve a convergência direta dos recursos tecnológicos (os recursos de rede, compactáveis e manipuláveis, característicos do formato digital) e os processos regulatórios associados à experiência de mídia digital. Aqui, fala-se de "dinheiro sem peso" (por exemplo, transferências de dinheiro), "produtos sem peso" (por exemplo, *eBooks*, e "bens virtuais" em plataformas de jogos *on-line*) e a "economia sem peso" (por exemplo, "propriedade intelectual" e "colonialismo da informação"). Essas áreas interessam criminologistas, é claro, porque geram fenômenos criminógenos, como "lavadores de dinheiro sem peso", "falsificadores leves" e "PI e bio piratas sem peso". Em outro nível, entretanto, a convergência é um processo mais complexo, especialmente quando considerado em relação ao discurso teórico em torno da *virtualidade e a distinção nebulosa entre o virtual e o atual*. Considere, por exemplo, crimes on-line perpetrados contra perfis / identidades cibernéticas, como avatares de jogos. Tribunais em várias jurisdições já receberam inúmeros processos envolvendo roubo online, fraude e até mesmo *cyber-bullying* e assalto em jogos multiplayer de RPG *on-line*, como *Second Life* e *World of Warcraft*.

Embora muito badalada, essa indefinição do virtual e do real é normalmente limitada a questões monetárias, à medida que os jogadores descobrem dinheiro real como resultado do roubo, por exemplo, de "bens" virtuais ou "terra". No entanto, de vez em quando, esse processo de indefinição é mais complexo e espacialmente interessante. Recentemente, a Linden Lab, a empresa por trás do *Second Life*, encontrou-se no centro de uma tempestade de mídia, depois que a emissora de TV alemã ARD alegou que um jogador do *Second Life* pagava por sexo, com jogadores menores de idade, ou jogadores posando como menores (digitais). Por fim, constatou-se que os jogadores envolvidos no incidente eram um homem de 54 anos e uma mulher de 27 anos, que usavam seus avatares *on-line* para representar um ato sexual virtual entre um homem e um avatar infantil. Em um nível prático, legal, este incidente destaca questões de jurisdição: o jogador envolvido era alemão, e na Alemanha, sexo "simulado" com crianças é punível com até cinco anos de prisão (em outros países não é uma ofensa). No entanto, o que é mais interessante é como esse incidente destaca a natureza e o papel da intencionalidade dentro do espaço virtual. Há algum tempo, a intencionalidade tem sido uma causa suficiente para processos judiciais em casos da vida real, envolvendo o aliciamento *on-line* de menores por pedófilos. No entanto, o caso do *Second Life* ilustra que ações/intenções virtuais também podem levar a consequências *reais*. A ARD encaminhou as imagens a um procurador do estado, em Halle, enquanto a Linden Lab contatou as autoridades e subsequentemente deixou claro que não toleraria, em seus *sites*, jogos eróticos com adultos falseando sua idade, e fariam tudo o que pudessem, no futuro, para levar pedófilos virtuais e reais à justiça.

Indo além das questões legais de intencionalidade, esses incidentes levantam outras questões sobre como o espaço *on-line* é navegado e concebido pelos indivíduos. A chave aqui é a noção de "telepresença", que tem sido usada para descrever a experiência imersiva associada a certos aspectos da cultura digital. Em termos simples, as tecnologias de comunicação têm o potencial de alterar a maneira como vivenciamos a sensação de *estar* em um ambiente:

> [...] a presença é relativamente sem problemas em situações não mediadas, *estamos* onde *"estamos"* [...]. No entanto, quando a comunicação mediada ou interação de longa distância é introduzida, a equação, as coisas, começam a mudar. Nesta situação, ganhamos a capacidade de existir simultaneamente em dois ambientes diferentes ao mesmo tempo: o ambiente físico no qual o nosso corpo está localizado, e o "espaço" conceitual ou interacional que nos é apresentado através do uso do meio. (MILLER, 2011, p. 31)

O "espaço interacional" associado à telepresença tem conotações criminológicas interessantes. Obviamente, a tecnologia digital cria o que se poderia descrever como *espaços de subjetividade* porosos, nos quais os movimentos feitos através da Internet rizomática[68] e hiperlinkada parecem materialmente ou espacialmente insignificantes, mas na realidade têm consequências tangíveis. Exemplos óbvios, aqui, incluem o surfe para imagens sexuais clandestinas (sobre as práticas subculturais online associadas à pornografia infantil, ver: JENKINS, 2001), e o discurso de ódio que é uma característica tão comum das áreas de "comentários"/"mensagens". De fato, a natureza "espacial" das "comunidades" *on-line*, na verdade, presta-se a *dumping emocional*[69] e outras manifestações de autoexpressão pessoal que nunca seriam toleradas no espaço físico: desde *virtual revenge talk*[70] e "vigilantismo *on-line*" (COTTEE, 2010), ao *cyber bullying* e à perseguição *on-line*.

A telepresença tem sido muito discutida pelos sociólogos interessados na cultura digital. No entanto, o que é ainda mais relevante para os criminologistas (especialmente aqueles preocupados com a difusão da vitimização), é o crescente interesse na "presença" digital (LICOPPE, 2004). Mais importante aqui é o trabalho recente do geógrafo Vince Miller sobre como o *self on-line* é carregado e apresentado através de perfis de rede, fóruns ativos e não ativos, registros de salas de bate-papo, *blogs* abandonados, contas de compras *on-line*, e o que ele descreve como comunicação "fática", tais como atualizações de *status*, gestos sem informação ("cutucadas"), congratulações de *microblog* e outras formas de interação digital que priorizam "[...] conexão e reconhecimento sobre conteúdo e diálogo" (MILLER, 2011, p. 205). Tal informação, Miller argumenta, constitui nossa "presença" digital, uma "persona" virtual quase privada, que existe em vários pontos da arquitetura da internet. Se, historicamente, a privacidade girava em torno do sigilo, do anonimato e da solidão, hoje há um vasto reservatório *on-line* de informações pessoais sobre todos e cada um de nós, desde fotos marcadas por upload até nossas preferências e hábitos de navegação. No espaço virtual nunca dormimos, estamos sempre por aí, "vivos" por assim dizer. Além disso, os "vestígios pessoais" digitais, ao contrário das "cópias impressas",

---

68 N.T.:Referência ao conceito de "rizoma", desenvolvido no livro *Mil Platôs*, de Deleuze & Guatari; suas características são: conexão, multiplicidade, heterogeneidade, ruptura assignificativa, cartografia e decalcomania.

69 N.T.: "lixão emocional".

70 N.T.: "conversas virtuais de vingança".

têm vida permanente. Como Miller sugere, não há mais "esquecimento social"; nossa "presença" virtual está lá para ser fisgada, garimpada pelos dados, e perfilada por todos, desde agências de crédito e de consumo, até a vigilância anônima de dados e organizações de vigilância. O conceito de Miller de "presença" tem uma aplicação criminológica óbvia; não apenas em termos de crimes cibernéticos específicos como roubo de identidade, mas em outras áreas, como a reabilitação de criminosos e como a identidade pós-soltura/processo pode ser afetada pela presença *on-line* residual; ou em relação a outras áreas da pesquisa digital, como a noção de Mark Poster (1995) de "superpanóptico digital", e questões conexas sobre as dimensões legais da privacidade e da coleta de dados.

Essa linha de pensamento pode ser desenvolvida com base no trabalho de nosso colega Majid Yar (2012) e, em particular, em seu importante conceito cultural criminológico de "vontade de representação".[71] O ponto central de Yar, como o nosso, é que os interessados, ao estudar a relação entre crime e mídia, precisam ir além da ideia de que o público é simplesmente um interiorizador passivo da comunicação de massa, e reconhecer, em vez disso, que um grande número de "pessoas comuns" são agora produtores primários de representações mediadas autogeradas. Graças às redes sociais, câmeras de mão, *webcams*, *blogs*, *vlogs* e outras novas formas de mídia, o sujeito de hoje "[...] não mais interpreta ou atende a representações produzidas em outros lugares, mas torna-se a fonte dessas representações" (2012, p. 248). Assim, somos confrontados com o espetáculo de indivíduos e grupos realizando, gravando, compartilhando e publicando seus atos de desvio; tudo, desde *bullying* no pátio da escola até tumultos, e até mesmo terrorismo. Em si, isso não é especialmente novo, mas o que é interessante é a afirmação de Yar de que o nexo de conteúdo gerado pelo usuário e o desejo dos indivíduos de se mediarem por meio da auto-representação podem *ser um fator motivador para o comportamento ofensivo.*

> Esse tipo de "vontade de comunicar" ou "vontade de representação" pode ser visto, em si, como um novo tipo de indução causal ao comportamento de quebrar leis e regras. Pode ser que, na nova era da mídia, os termos do questionamento criminológico devam ser às vezes revertidos: em vez de perguntar se a "mídia" instiga o crime ou o medo do crime, devemos perguntar como a própria possibilidade de se mediar a um público a auto-representação pode estar ligada à gênese do comportamento criminoso. (2012, p. 246)

---

71 O conceito de "vontade de representação", de Yar, é derivado da obra filosófica clássica *O mundo como vontade e representação*, de Arthur Schopenhauer (1967).

A vontade de representação, então, torna-se crucial para a compreensão de um mundo contemporâneo onde os indivíduos "desejam ser vistos, estimados ou celebrados por outros por suas atividades criminosas." Consequentemente, agora encontramos cada vez mais o fenômeno criminogênico de atos desviantes e criminosos, sendo projetados ou instigados especificamente para serem gravados, e depois compartilhados através de redes sociais e outras plataformas da internet.

Este conceito rapidamente se estabeleceu. Por exemplo, na primeira edição deste livro, discutimos o caso do tiroteio da Virginia Tech University, em 2007. Nosso objetivo, então, era destacar a interação de comunicações digitais de alta velocidade e sites gerados por usuários; nosso enfoque era o imediatismo das redes sociais: os alunos presos em prédios da Universidade estavam postando, via *smartfones*, filmagens digitais dos tiroteios no *campus*, no *site* do Facebook da universidade, com 45 mil membros, muito antes das notícias 24 horas estarem efetivamente cobrindo a história. Como coda à vinheta, mencionamos de passagem que o agressor, Seung-Hui Cho, tomou a iniciativa de enviar um vídeo de si mesmo, delineando suas intenções para a mídia nacional. Avancemos sete anos, para outro massacre universitário, desta vez no campus da Universidade da Califórnia, em Santa Bárbara, onde Elliot Rodger, de 22 anos, matou seis estudantes e feriu outras 13 pessoas, antes de atirar em si mesmo. Rodger tinha uma história de problemas de saúde mental, mas também tinha um histórico de *blogs*, e postava vídeos sobre si mesmo *on-line*. Embora essencialmente casos muito semelhantes – tanto Cho quanto Rodger deixaram confissões em vídeo gravadas, e escreveram extensos "manifestos", explicando sua motivação; é interessante notar até que ponto a vontade de representação é mais explícita no último caso. O vídeo de Cho, apesar de arrepiante, foi gravado pouco antes do tiroteio, e dá uma sensação quase superficial (embora desconcertante). Rodger, por outro lado, tendo crescido com as mídias sociais, estava muito mais consciente da importância de administrar sua autoimagem na mídia após seu suicídio. Assim, ele produziu um manifesto digital de 107 mil palavras (intitulado *My Twisted World: The Story of Elliot Rodger*[72]) e uma série de vídeo *blogs* bizarramente interessantes, nos quais ele se filma sentado em seu carro ou ao lado da estrada, calmamente discutindo sua frustração por não encontrar uma namorada, a sua virgindade e o seu ódio por minorias étnicas e casais inter-raciais. Rodger é um narcisista abjeto, é claro, e seus vídeos, cuidadosamente enquadrados

---

72 N.T.: *Meu Mundo Distorcido: A História de Elliot Rodger.*

e maravilhosamente iluminados pelo sol da Califórnia, testemunham seu egocentrismo. Mas eles também ilustram outra coisa: a consciência de sua "presença" digital não degradável, *seu ser eterno mediado*. Em outras palavras, os vídeos também são um testemunho de sua vontade de se representar, tanto antes quanto depois de sua própria morte física. Rodger é um candidato óbvio, para ilustrar a vontade de representação, mas não é preciso procurar muito, para encontrar outros exemplos de como os crimes violentos não estão apenas sendo cometidos, mas sim *representados* para a câmera. No mundo das gangues de rua dos EUA, por exemplo, é mais provável que se ouça o termo *driller* ("perfurador") – nome dado a membros de gangues que agitam e criam problemas no Facebook, Twitter e Instagram – do que os rótulos de gangue da velha guarda, como Original Gangster (OG). O uso da Internet como um meio para iniciar uma briga, aumentar a reputação e chamar outras panelinhas é agora tão comum, que um vídeo de um membro de gangue perfurando um rival na cidade, enviado para o YouTube ou Instagram pela manhã, pode resultar em um tiroteio diretamente relacionado a ele, mais tarde, no mesmo dia (AUSTEN, 2013). De fato, tornou-se muito comum para membros de gangues postar fotografias de armas novas, ou fazer alegações sobre incidentes violentos ou futuros atos de retaliação *on-line*, que os departamentos de polícia agora têm equipes especiais, monitorando a "ganguesfera", procurando por provas para iniciar revogações de liberdade condicional. Yar documenta uma série de outros exemplos, incluindo um ataque que ocorreu no subúrbio de Werribee, em Melbourne:

> Aqui, um grupo de oito adolescentes agrediu sexualmente uma garota, urinou nela e tentou incendiá-la. Eles não apenas filmaram o ataque, mas posteriormente editaram as filmagens e gravaram DVDs, que eles vendiam em várias escolas próximas, por AU$ 5 (dólares australianos) por cópia. (YAR, 2012, p. 253)

Mas o exemplo mais notório da vontade de representação é, certamente, encontrado entre os terroristas e insurgentes islâmicos de hoje. É algo irônico, dados os sentimentos antiocidentais e antimodernos de seu Jihadi médio, que os partidários ocidentais do Califado medieval tenham se tornado tão hábeis em usar os novos modos de comunicação digital, para espalhar sua mensagem venenosa. Seja o lançamento intermitente de vídeos bárbaros, embora cuidadosamente coreografados, de decapitações ou de propaganda mais sutil, em *posts*, em *blogs* e *vlogs*, postados por muçulmanos europeus documentando suas vidas na Síria, como forma de estimular outros a se juntarem a eles (CARR, 2014), está claro que a Jihad de hoje, no levante e em outros lugares, depende fortemente do espetáculo mediado, e da vontade de representação.

Loops e espirais – estudo de caso 2

Notícias da guerra real, jogos de guerra reais

> Isto não é um videogame. Esta é uma guerra real. (General Norman Schwarzkopf, conferência de imprensa, Primeira Guerra do Golfo, em De Jong e Schuilenburg, 2006, p. 26)

> Pelo menos um fuzileiro naval parece em êxtase por estar em uma luta armada de vida ou morte. O cabo Harold James Trombley, 19 anos, está esperando o dia inteiro permissão para disparar sua metralhadora [...]. Agora, Trombley está abraçado à sua arma, disparando freneticamente [...]. Trombley está fora de si. "Eu só pensava numa coisa, quando nos metemos nessa emboscada", ele se entusiasma: *Grand Theft Auto: Vice City*. Eu senti como se estivesse vivendo o jogo, quando vi chamas saindo das janelas, o carro explodido na rua, caras rastejando e atirando em nós. Foi legal pra caralho. (WRIGHT, 2004, p. p. 6-7)

Nessa vinheta, nos voltamos para outro exemplo em *loop*, da violência como espetáculo digital mercantilizado: o uso do exército dos EUA e violência insurgente como entretenimento virtual, no rapidamente mutável, e perigosamente criativo mundo dos jogos digitais. Onde melhor considerar o "estado de suspensão" entre o real e o virtual?

Em Mediapolis (2006), Alex De Jong e Marc Schuilenburg investigam o que eles chamam de "complexo militar de entretenimento", mostrando como o Exército dos EUA converteu uma série de videogames, desde títulos dos anos 1980 como Battlezone e Army Battlezone, e até lançamentos posteriores como *Doom* (1993), *Medal of Honor* (1999) e *Counterstrike* (2001), em exercícios simulados de condicionamento de combate, para soldados de infantaria. O fato de o Exército dos EUA utilizar videogames para fins de treinamento não é especialmente surpreendente, uma vez que a maioria dos jovens militares foi criada em ambientes onde o videogame era comum (ver WRIGHT, 2004). Mais surpreendente, talvez – e certamente mais importante do ponto de vista criminológico – é a medida em que a distinção entre treinamento virtual simulado, vida real e soldados em campo está se evaporando. Essa fusão é o resultado de dois processos inter-relacionados, agora bem estabelecidos. Primeiro, as inovações da indústria de jogos facilitaram a recriação aprimorada dos ambientes do mundo real. Comercializado com o *slogan* "Notícias da Guerra Real, Jogos da Guerra Real", *Kuma War* (2004), por exemplo, incorporou imagens de notícias de TV em *download*, das zonas de guerra do Afeganistão e do Iraque. Isso permitiu que os jogadores *on-line* participassem da caçada americana por membros da Al Qaeda no Vale Shah-i-Kot, no leste do Afeganistão, ou que experimentassem os "sangrentos acontecimentos no centro de Fallujah" (DE JONG; SCHUILENBURG, 2006, p. 21). Em segundo lugar, o próprio Exército dos Estados Unidos há muito tempo experimentou uma série de jogos de tiro em primeira pessoa "autênticos", temporal e espacialmente. Não contente em simplesmente converter plataformas de videogame existentes, em 2002 o Exército dos EUA lançou *America's Army: Operations* (seguido em 2005 pelo *America's Army: the Rise of the Soldier*).[73]

FIGURA 9 – CAPTURA DE TELA DE *SPECIAL FORCES EXTRACTION ALPHA', DO AMERICA'S ARMY.*

Crédito: DE JONG; SCHUILENBURG, 2006. [com permissão]

Ao custo de mais de US$ 6 milhões para desenvolver, *America's Army* se tornou um dos cinco principais jogos de ação *on-line*, durante a ocupação do Iraque, com mais de 5,5 milhões de usuários registrados, em todo o mundo. Destinado a ser um sargento de recrutamento digital, o Exército da América não apenas recriava o treinamento militar básico, desde instrução de armas até procedimentos médicos rudimentares no campo de batalha, ele reproduzia cenários reais de combate em detalhes gráficos e, mais importante, em tempo real. O objetivo principal, claro, era aculturar os jogadores às táticas e nuances do combate. Mas não foi

---

73 Veja também *Full Spectrum Warrior* (THQ, 2004) e sua sequência *Full Spectrum Warrior: Ten Hammers* (THQ, 2006); inicialmente desenvolvidos pelo Exército dos EUA como sofisticados simuladores de combate, esses materiais de treinamento também foram posteriormente liberados para o público em geral, como videogames de múltiplos formatos.

um festival de tiro livre em primeira pessoa. De fato, um dos objetivos não escritos do Exército dos Estados Unidos era encorajar os jogadores a pensar mais e atirar menos; os jogadores amantes do gatilho foram desencorajados. Os participantes foram obrigados a aderir aos mesmos regulamentos que regem todo o pessoal do Exército. Violações das regras levavam os jogadores a ser banidos do *site*, enquanto aqueles que passaram com sucesso nos testes e cumpriram os regulamentos, passaram para níveis mais altos.[74]

Apenas mais um videogame de guerra, ainda que particularmente realista? Ou uma ferramenta insidiosa de recrutamento internacional, projetada para desenvolver treinamento e *ethos* militares, para uma nova geração de jogadores de videogame? Bem, sim. E assim, outra dicotomia, ambos/ou, desaparece, à medida que o mundo ilusório dos videogames flui para o mundo muito violento da guerra contemporânea. Este não é o último *loop* da espiral também. Como os sociólogos da internet, que falam sobre o "estado hibridizado de suspensão" entre a vida real e o ciberespaço (ROBBINS, 1996; TURKLE, 1997), De Jong e Schuilenburg (2006, p. 13) veem os desenvolvimentos no espaço virtual como ecos, talvez imagens espelhadas, de outras tendências ainda em curso na vida cotidiana. Eles veem o *America's Army, Kuma War* e outras formas de entretenimento real/virtual como o filme de 2006 *The War Tapes*, um documentário dirigido por Deborah Scranton, que contou com centenas de horas de cenas reais de combate da Guerra do Iraque filmadas e postadas na Internet pelo sargento Steve Pink, Especialista Mike Moriarty e Sgt Zack Bazzi (POOLE, 2006) como manifestações de uma crescente "militarização do espaço público":

> [...] uma rede de controle militar foi lançada por toda a cidade e a malha foi sendo puxada cada vez mais, levando a uma experiência alterada da própria identidade, bem como à instalação de um regime específico de regras e sanções. Os renomados jogos de guerra, como *America's Army e Full Spectrum Warrior*, representam essas mudanças radicais melhor do que o último relatório policial, ou manuscrito acadêmico. Esses jogos indicam como a militarização da vida se tornou o insumo mais importante de uma cultura orientada para a segurança. (DE JONG; SCHUILENBURG, 2006, p. 13)

---

74 O uso de simuladores de videogames militares também se estende à reabilitação pós-conflito. *Virtual Iraq* (2006) é usado pelas clínicas militares dos EUA para ajudar os veteranos a reviver os sons e as cenas que podem ter provocado lembranças dolorosas de suas missões no Iraque. Afirma-se que a exposição a esses ambientes simulados pode ajudar a combater o transtorno de estresse pós-traumático (TEPT).

FIGURA 10 – CAPA DO UNDER SIEGE

Crédito: Afkar Media (2004).

No espaço virtual, como na vida "real", toda ação tem uma reação – e, assim, outro *loop* ou dois desenrolares. Enquanto o "complexo militar de entretenimento" dos EUA cuida de seus negócios, em outras partes do mundo, reunidas em torno de radiantes telas de computador, pequenas equipes de programadores experientes em jogos, usam tecnologia similar para alavancar suas próprias mensagens ideológicas. Mesmo antes de o *America's Army* estar disponível como *download*, apoiadores dos palestinos estavam lançando videogames *on-line*, com recriações digitais de cenas reais de combate do atual conflito entre israelenses e palestinos. Seus objetivos com jogos como *Under Ash* (Afkar Media, 2001), *Under Siege* (Afkar Media, 2004) e *Special Force* (Hezbollah, 2003) tinham dois objetivos:[75] primeiro, retratar por sua própria conta a luta pela Palestina, e segundo, ir contra a hegemonia mundial dos jogos de guerra projetados pelos americanos. Em um desses jogos – dedicado aos mártires palestinos – os jogadores que utilizam apenas pedras (virtuais) para enfrentar os soldados israelenses,

---

75 Embora *Special Force* e os jogos da *Afkar Media* sejam todos da mesma região geográfica, são muito diferentes em termos de posição sócio-política e jogo. Embora *Special Force* possa ser considerado um reflexo árabe do *American Army* ou do Full Spectrum Warrior, *Under Ash* e *Under Siege* são diferentes, porque se baseiam em histórias de vida real, do sofrimento humano causado pela ocupação.

são lembrados de tirar o jogo de seu ambiente virtual, e levá-lo para as ruas. "Esta não é uma lição no movimento contínuo do mundo real para o mundo virtual e vice-versa?", Perguntam De Jong e Schuilenberg (2006, p. 67). "A lógica do movimento repousa no fato de que cada virtualidade se torna realidade, e que cada realidade afunda no mundo virtual." Tudo isso pode soar como um exercício esotérico na teoria hiper-real, mas um desenvolvimento em loop final, sobre os jogos de guerra, nos traz de volta para a realidade com um estrondo retumbante: em 2013, uma controvérsia surgiu quando um soldado francês em serviço ativo, no Mali, foi fotografado usando uma máscara de caveira, semelhante à usada por um personagem em *Modern Warfare*, uma subsérie do bem-sucedido videogame *Call of Duty*. Este foi um "comportamento inaceitável", segundo um coronel francês de alta patente, e as autoridades francesas rapidamente iniciaram uma investigação. Mas havia um problema. Soldados de combate usam máscaras de caveira, como essa, há anos; na verdade, tornou-se uma espécie de tendência entre as Forças Especiais em todo o mundo. Além disso, como Luke Plunkett (2013, n.p.) explica:

> [...] a máscara não foi inventada por *Call of Duty*, ou seus desenvolvedores *Infinity Ward*. De fato, sua presença no jogo foi inspirada pelo uso da máscara por soldados na vida real, como eram usadas por tropas dos EUA, que primeiro a adotaram como uma alternativa na moda para equipamentos regulares (começou como uma máscara de esqui), no início da Guerra do Iraque, há quase uma década, muito antes de ter começado o desenvolvimento da série *Modern Warfare* [...] a máscara está em *Call of Duty* porque está associada a soldados reais, e não o contrário.

Apenas mais um ciclo, na interminável espiral pela qual a comunicação, mediada por computador e circulada pela Internet, estoura as barreiras entre o virtual e o real.

Pensar criticamente sobre "crime e a mídia", de modo a ultrapassar recursos simples de conteúdo de mídia ou efeitos de mídia, e num sentido de *loops* e espirais, de fluidez e saturação, não é apenas entender a dinâmica do crime e da transgressão na modernidade tardia, é também imaginar novas trajetórias para a justiça social. Quando a política criminal é feita na mídia, quando os tribunais ecoam as expectativas cridas pela mídia, quando os policiais se apresentam para suas próprias câmeras, os criminologistas precisam encontrar maneiras de penetrar nessas dinâmicas, se quiserem humanizá-las. Quando o crime descarrila em mercadoria, a guerra em entretenimento, e a realidade em virtualidade, os criminologistas precisam encontrar novos caminhos de investigação intelectual, mais apropriados a essas circunstâncias confusas.

No entanto, é improvável que eles sejam bem-sucedidos, se aderirem ao tipo de criminologia social-científica saneada, que dominou as últimas décadas. Em vez disso, os criminologistas precisarão de críticas que possam dialogar com a cultura em geral, métodos que possam surfar os fluxos de significados da modernidade tardia; conhecimento que pode desafiar os entendimentos dominantes. O capítulo 8 explorará os métodos pelos quais esse conhecimento fluido e perigoso pode ser criado. O livro termina com uma tentativa de insinuar esse conhecimento, no fluxo de significado metodológico em torno do crime e da justiça, e assim girar a espiral em direção a uma compreensão progressiva.

SELEÇÃO DE FILMES E DOCUMENTÁRIOS ILUSTRATIVOS DE ALGUNS TEMAS E IDEIAS DESTE CAPÍTULO

- *Nightcrawler*, 2014, Direção de Dan Gilroy.

"Para capturar o espírito do que nós transmitimos, pensemos em nosso noticiário como uma mulher correndo pela rua, gritando, com sua garganta cortada". É o que diz a personagem de Rene Russo, Nina Romina, ao jovem cinegrafista de notícias local Lou Bloom (Jake Gyllenhaal), no filme de Dan Gilroy sobre os valores noticiosos americanos contemporâneos. Embora *Nightcrawler* tenha muito a dizer sobre o estado problemático das notícias sobre crimes, são as sensibilidades televisivas sobrepostas, de Romina e do sociopata borderline, que talvez sejam mais reveladoras.

- *Network*, 1976, Direção de Sidney Lumet.

Uma sátira ácida da mídia tradicional, *Network* conta a história de uma rede de televisão fictícia, Union Broadcasting System, e como ela usa métodos inescrupulosos para lidar com seus índices de audiência. "Eu sou louco de atar e não vou mais aceitar isso!!!", grita o personagem de Peter Finch, logo após ameaçar se matar ao vivo. No entanto, em vez de demiti-lo de seu emprego como âncora de notícias do UBS, a rede lhe oferece seu próprio programa!

- *The Pervert's Guide to Cinema*, 2006, Direção de Sophie Fiennes.

O divertido filósofo Slavoj Žižek nos leva a uma jornada visual através de alguns dos filmes mais famosos da história do cinema, só que desta vez somos convidados a nos aprofundar na linguagem cinematográfica oculta, em uma tentativa de revelar o que os filmes realmente nos dizem sobre nosso "eu" psíquico. Saltando sem esforço de *The Marx Brothers* (Os Irmãos Marx) para Hitchcock, e para David Lynch, Žižek explica como fantasia, realidade, sexualidade, subjetividade, desejo e materialidade estão profundamente enraizados no DNA do cinema moderno. Assista completo, ou partes deste filme, e você nunca mais assistirá filmes da mesma maneira.

- *Killing Us Softly*, 1979, Direção de Margaret Lazarus e Renner Wunderlich; *Still Killing Us Softly 1987*, Direção de Margaret Lazarus e Renner Wunderlich; *Killing Us Softly 3*, 1999, Direção de Sut Jhally.

Baseando-se no trabalho acadêmico de Jean Kilbourne sobre o estudo da representação de gênero na cultura popular, a trilogia *Killing Us Softly* mergulha no mundo das propagandas e comerciais de TV (centenas são analisadas) para mostrar como, embora a imagem das mulheres na publicidade tenha mudado Nos últimos 20 anos, muitas das tendências subjacentes ao sexismo e ao patriarcado permanecem as mesmas.

- *Bus 174*, 2002, Direção de José Padilha.

Descrito como "a trajetória de uma tragédia", *Bus 174* é um documentário contundente sobre o sequestro de um ônibus no Rio de Janeiro, no Dia de São Valentim de 2000. O filme conta duas histórias paralelas. A primeira descreve a vida de privação social do sequestrador, nas favelas do Rio, e as suas experiências subsequentes no brutal sistema penitenciário do Brasil. A segunda é a história do próprio sequestro, que foi transmitido ao vivo na TV por mais de quatro horas. Juntas, as duas histórias ilustram o porquê de o Brasil e outros países com problemas sociais e econômicos similares serem tão violentos (ver: <www.bus174.com>).

- *Starsuckers*, 2009, Direção de Chris Atkins.

Um dos nossos *grafitti stencils*[76] favoritos dos últimos anos é o que declara simplesmente: "Parem de fazer pessoas estúpidas famosas". O documentário britânico *Starsuckers* parece concordar, propondo expor as "farsas e as fraudes envolvidos na criação de uma cultura de celebridades perniciosa". Se você está interessado, ou está farto de como ficamos tão obcecados por celebridades, esse filme é para você.

---

76 Grafites rápidos, produzidos por escrita ou desenhos vazados em estêncil, os quais são facilmente aplicados em muros ou paredes, e recebem um jato de tinta *spray*.

Leitura Adicional

- HAYWARD, K.; PRESDEE, M. (Eds). *Framing Crime*: Cultural Criminology and the Image. Londres: Routledge-Cavendish, 2010.

Uma coleção editada de doze ensaios de criminologia cultural destinados a ajudar o leitor a compreender as formas pelas quais a "história do crime" contemporânea é construída e promulgada através da imagem. Facilmente, cada capítulo inclui uma breve seção de "métodos" para aqueles interessados em realizar suas próprias análises de mídia.

- JEWKES, Y. *Crime and the Media*. 2. ed. Londres: SAGE, 2010.

Claramente definido, e escrito de forma nítida, o livro de Jewkes quebra as barreiras entre os estudos de mídia e criminologia, oferecendo uma série de *insights* sobre o papel desempenhado pelo poder e pela política no nexo crime-mídia. Altamente apropriado para estudantes de graduação.

- FERRELL, J.; WEBSDALE, N. (Eds). *Making Trouble*: Cultural Constructions of Crime, Deviance and Control. Nova York, NY: Aldine de Gruyter, 1999.

Criminólogos culturais e construcionistas sociais de renome exploram a dinâmica cultural mediada, em torno de uma série de controvérsias contemporâneas, desde o crime televisivo dos tabloides, até a construção social do estranho perigoso.

- GREER, C. *Crime and Media:* a Reader. Abingdon: Routledge, 2009.

Uma coletânea fácil de ler, impregnada de criminologia cultural, e que oferece um bom ponto de partida para lidar com os principais debates e teorias relacionados com o crime e os media.

- YOUNG, A. *The Scene of Violence:* Crime, Cinema, Affect. Londres: Routledge, 2009.

Um texto recente de Alison Young, que enfatiza os processos afetivos associados à representação do crime. Argumentando que o crime como imagem conecta os corpos, Young nos leva a pensar sobre como as imagens do crime visceral nos afetam, não apenas em termos de política social ou prática de justiça criminal, mas também corporalmente.

- DE JONG, A. ; SCHUILENBURG, M. *Mediapolis*. Roterdam: 010 Publishers, 2006.

Mais adequado para estudantes avançados, o trabalho de De Jong e Schuilenburg sugere que os desenvolvimentos no espaço virtual estão sendo ecoados no espaço público contemporâneo.

Websites Úteis

- Wall of Films

<www.filmsforaction.org/walloffilms/>.
Website que fornece acesso gratuito a centenas de documentários políticos de alguns dos cineastas mais influentes do mundo.

- Mediastudies.com

<www.mediastudies.com/>.
Um *site* que fornece centenas de *links* para *sites* de mídia internacional.

- Visual and Cultural Criminology

<www.facebook.com/groups/116285838427174/?fref=ts>.
Para aqueles de vocês com uma conta no Facebook, vejam a página de criminologia visual e cultural de Chris McCormick, para postagens diárias sobre criminologia visual, arte e crime, e uma série de outros aspectos associados com o crime e sua representação.

7

CONTRA O MÉTODO CRIMINOLÓGICO

Mark Hamm (1998, p. 111) certa vez se descreveu como "[...] um zelador da criminologia acadêmica [...]", varrendo e separando entre descartes sociais – *skinheads*, terroristas, agressores, corruptores, que outros criminologistas não se importam em encontrar. Em parte, a criminologia cultural fornece um tipo similar de serviço de zeladoria. Durante décadas, a criminologia ortodoxa consignou vários artefatos culturais ao cesto de lixo intelectual, considerando-os indignos de análises acadêmicas sérias. Quadrinhos e programas de televisão, jogos de futebol e campanhas antidrogas, fotografias de cena de crime e memoriais públicos, hinos extremistas e desfiles nacionalistas, tudo isso pode ser divertido ou cativante o suficiente, foi o que pensaram, mas certamente não merecem a mesma seriedade de investigação que, por exemplo, o assassinato, o roubo e o peculato. Os criminologistas culturais, ao contrário, passaram a entender esses fenômenos culturais como parte do processo pelo qual o crime e o controle do crime adquirem significado coletivo; e assim, eles varrem e recolhem os descartes intelectuais da criminologia, e tentam posicioná-los no centro da investigação criminológica. Podem as imagens e os enredos de histórias em quadrinhos nos dizer algo sobre crimes juvenis, empreendedores morais ou noções populares de justiça? (NYBERG, 1998, PHILLIPS; STROBLE, 2006, PHILLIPS; STROBLE, 2013) Os programas de televisão e as manchetes dos jornais sobre crimes, ajudam a criar as percepções do público que sustentam políticas equivocadas de justiça criminal, ou, em outras ocasiões, impulsionam a justiça social? (GRIMES, 2007; LINNEMANN *et al.*, 2013) A violência organizada que por vezes acompanha os jogos de futebol, se entrelaça com a masculinidade hegemônica, a lealdade de classe deslocada e a violência simbólica do próprio esporte? (HOPKINS; TREADWELL, 2014) Se assim for, o cesto do lixo pode conter tantas respostas quanto o próprio livro-texto.

Este sentido da criminologia cultural, como um contraponto dos rejeitos, também tem metodologia. Os métodos convencionalmente empregados pelos criminologistas ortodoxos podem ou não nos dizer muito sobre o crime, mas uma coisa é clara: eles são cuidadosamente projetados para uma execução limpa, e resultados claros. A classificação, por meio de estatísticas, dos aprisionamentos pelo Estado, pode ser realizada com apenas um borrão nas mãos, ou uma ruga na camisa; e quando a classificação fica pronta, os resultados podem ser apresentados em conjuntos de tabelas finamente pautadas, e *slides* de PowerPoint. Da mesma forma, as pesquisas de vitimização podem ser construídas com perguntas e respostas precisamente pré-definidas, enviadas para listas predeterminadas de respondentes e, em seguida, compiladas em conjuntos de dados cuidadosamente tabulados. A estética da precisão acadêmica é tão difundida, que começamos a suspeitar que o apelo da criminologia ortodoxa – uma orientação acadêmica que geralmente nega a validade da emoção e do estilo na investigação da experiência humana – é precisamente o seu estilo aridamente fastidioso, com as emoções higiênicas que tal estilo estabelece entre aqueles que anseiam por certeza e segurança.

A pesquisa criminológica cultural, por outro lado, tende a ocorrer dentro de uma dinâmica imprecisa de método, estilo e emoção, e assim tende a reproduzir, em seus resultados, a incerteza confusa das pessoas e seus problemas. Como mostrará o capítulo seguinte, é menos provável que os criminologistas culturais se encontrem classificando estatísticas ou enviando questionários de pesquisa, e sim mais propensos a se envolverem nas ambiguidades da transgressão cotidiana, nas particularidades corajosas dos atos criminosos, e mesmo na referência rotineira da comunicação simbólica. Em tais pesquisas, linhas retas e arranjos ordenadamente pré-estabelecidos são uma raridade; em vez disso, digressões são feitas e becos são percorridos, enquanto se perseguem os ritmos desconexos de criminalidade e controle. Como veremos, essas digressões, em muitos casos, levam os criminologistas culturais a cantos frequentemente negligenciados da vida social, em situações menosprezadas que outros – políticos, funcionários do judiciário e até mesmo outros criminologistas – nunca quiseram explorar e iluminar. E, como também veremos, esse tipo de pesquisa criminológica cultural viola regularmente calendários e prazos da criminologia acadêmica, desdenhando agendas e datas-limite, prolongando-se, em alguns casos, por tempo excessivo para render um avanço de carreira, e em outros casos não se sustentando por tempo suficiente para uma aprovação profissional adequada. Mas acima de tudo, está em oposição e em contraponto aos métodos convencionais da criminologia contemporânea.

CONTRA O MÉTODO, CONTRA A CRIMINOLOGIA

> Já há algum tempo, "sábados" de todos os tipos – artístico, musical e de primavera, "sábados" etc. – estão sendo inventados. Quero lembrá-los de que existe somente o "sábado fascista". (Achille Starace, secretário do Partido Fascista Italiano, durante o regime de Mussolini dos anos 1930, citado em Sachs, 1987, p. 17)

Ao escrever esse capítulo com o título "Contra o método criminológico", expressamos intencionalmente o nosso repúdio ao método criminológico convencional, apoiados em dois tratados perigosos sobre a ortodoxia e suas consequências: *Against Method*, de Paul Feyerabend (1975) e *Against Criminology*,[77] de Stan Cohen (1988). Em *Against Method*, Feyerabend demonstra, com algum detalhamento, a maneira pela qual inovações metodológicas na ciência vêm historicamente envolvidas em performances, persuasão e intrigas – truques do ofício, necessários para ganhar um pouco de visibilidade e apoio, e para libertar a inovação intelectual das ortodoxias sufocantes da época. Significativamente, ele também revela as reificações *post hoc*,[78] através das quais esses truques são esquecidos – isto é, as reificações pelas quais esses arriscados avanços metodológicos são mais tarde definidos como puramente científicos, inteiramente necessários [...] até mesmo inevitáveis. Desse modo, Feyerabend argumenta que a história da ciência se parece menos com uma linha reta, rumo a um conhecimento científico maior e mais objetivo, do que um carnaval Felliniano desfilando em torno do campo intelectual, com pequenas encenações e seduções, ocasionalmente se dispersando e se reagrupando. E assim, para Feyerabend (1975, p. 23, ênfase no original), as lições são: "O único princípio que não inibe o progresso é: *vale tudo*" – e a única estratégia, para qualquer pessoa séria avançar no conhecimento, é se recusar a levar a sério os cânones[79] do conhecimento recebido.

A paixão de Feyerabend (1975, p. 118) pela "desordem frutífera" é igualmente evidente em *Against Criminology*, de Stan Cohen. Lá, Cohen documenta cuidadosamente a importância das revoltas intelectuais dos

---

77 N.T.: "Contra a Criminologia", ainda sem tradução em português.

78 Falácia lógica "de causalidade", pela qual um acontecimento necessariamente se segue ao anterior, de modo que o primeiro seria sempre causa do segundo. Assim, se um determinado resultado é indesejado, é lógico evitar (ou apagar/revisar) o fato anterior.

79 N.T.: As regras.

anos 60 e 70 contra a criminologia ortodoxa, que discutimos no capítulo 2 – e documenta, com a mesma precisão, a necessidade de se levantar contra esses levantes, na medida em que eles se estabelecem como uma alternativa, uma ortodoxia confortável. Como Howard Becker (1963, p. 181), que nunca realmente pretendeu que sua criminologia interacionista se tornasse uma "teoria da rotulação", e que então se afastou dela e penetrou em mundos artísticos e outros meios sociais, Cohen não estava intelectualmente disposto a seguir a linha, mesmo a linha que ele ajudou a traçar. Em vez disso, ele entendeu que o método essencial da investigação criminológica não era uma técnica ou outra, mas o processo contínuo de crítica e incompletude. A "[...] falta de compromisso com qualquer plano mestre [...]" torna-se assim uma força intelectual, ou talvez uma necessidade disciplinar; e "o inacabado" surge como uma estratégia prática para negociar o próximo momento, seja ele de ciência normal ou de negação intelectual (1988, p. 109-232).

Juntos, Feyerabend e Cohen sugerem uma espécie de compreensão anarquista do método e do conhecimento; Feyerabend (1975, p. 17-21), de fato, oferece explicitamente um "esboço de uma metodologia anarquista" e argumenta que "[...] o anarquismo teórico é mais humanitário, e mais propenso a encorajar o progresso, do que suas alternativas de lei e ordem." Dito de maneira diferente, tanto Feyerabend quanto Cohen invocam o Dadaísmo[80] como um ponto de referência para suas críticas. Olhando para as revoltas contra a criminologia ortodoxa na década de 1960, Cohen (1988, p. 11) as vê como, talvez, mais próximas de "[...] produtos de movimentos artísticos radicais, como Dada e surrealismo; anti-arte criada por artistas." Feyerabend (1975, p. 21) esclarece, notando que ele poderia também chamar seu trabalho de dadaísmo, uma vez que

> [Um] dadaísta não se impressiona com qualquer empreendimento sério; ele cheira um rato sempre que as pessoas param de sorrir, e assumem aquela atitude e expressões faciais que indicam que algo importante está prestes a ser dito [...]. Um dadaísta está preparado para iniciar experiências alegres, mesmo naqueles domínios em que mudança e experimentação parecem estar fora de questão.

---

80 Movimento artístico de vanguarda, do início do século XX, que buscou contestar a arte tradicional e sua racionalidade, para provocar e chocar o público da época. Para isso produziram obras visuais e literárias baseadas no acaso, e em objetos cotidianos desprezados; por exemplo, Kurt Schwitters e suas colagens com bilhetes de trem, fotografias, selos e embalagens.

E assim, para esclarecer como uma crítica anarquista ou dadaísta poderia se aplicar a um domínio como a criminologia ortodoxa de hoje: quanto mais a sério se leva um método criminológico – quanto mais ele se posiciona acima de outras abordagens, através de invocações de "objetividade" ou "ciência", mais esse método se faz suspeito de impedir o entendimento, ao invés de fazê-lo avançar. Os métodos mais aceitos como o núcleo disciplinar da criminologia, então, devem ser aqueles mais agressivamente desafiados, rachados ao meio e ridicularizados (FERRELL, 1996, 191-192). Da mesma forma, excessivo asseio metodológico e fechamento intelectual sugerem esgotamento e decadência; métodos emporcalhados, métodos esfarrapados nas bordas, métodos não totalmente conceituados ou concluídos, sugerem vida intelectual e vitalidade disciplinar. A única maneira de fazer uma disciplina avançar é através de um saudável desrespeito pelas regras através das quais ela se define – mesmo aquelas regras pelas quais ela se define como um avanço. Se isso é verdade na biologia ou na história da arte, isso é especialmente verdadeiro para a criminologia. *Os problemas do crime e do controle do crime são sérios demais para levar a criminologia a sério.*[81] Por causa disso, consideramos nosso dever e nosso prazer, como criminologistas, enfrentar a criminologia, em particular contra a arrogância intelectual e a suposta aceitabilidade do método criminológico ortodoxo. Mas por onde começar? O terreno metodológico da criminologia contemporânea é estéril, e seus métodos convencionais são profundamente inadequados para abordar o *pathos*[82] humano do crime e do controle, tão desejado em qualquer sentido de elegância intelectual e inovação, que a disciplina hoje parece

---

81 Uma crítica anarquista do conhecimento não precisa resultar no tipo de relativismo extremo, que torna uma perspectiva epistemologicamente indistinguível da outra. Mesmo quando afirmações absolutas de conhecimento são rejeitadas – ou, mais precisamente no caso de Feyerabend e Cohen, desconstruídas – decisões ainda podem ser tomadas e as preferências expressas. Como esperamos demonstrar mais adiante neste capítulo e no capítulo seguinte, é a base para essas preferências e decisões que são diferentes – não mais a suposta certeza epistêmica de "verdade" ou "método científico", mas sim a persuasão provisória, oferecida pela elegância estilística, afinidade humana e consciência social.

82 Palavra grega que designa a qualidade específica de um objeto, a qual desperta emoções, especialmente piedade e tristeza.

uma espécie de kakistocracia[83] metodológica – um mundo de cabeça para baixo, onde o pior é o que mais importa. Diante disto, talvez o ponto de partida não deva ser o último *survey*[84] por amostragem de conveniência, feita por alunos-escravos do orientador, ou a mais recente questão ininteligível e superestimada da revista científica americana *Criminology*, mas o processo histórico pelo qual chegamos a este ponto. Talvez possamos começar a entender algo da falência metodológica da criminologia contemporânea, traçando, ainda que brevemente, uma história pregressa da fraude intelectual e da apropriação metodológica indevida.

MÉTODO: PASSADO E PRESENTE

Embora não se possa saber a partir da leitura de revistas científicas de criminologia ortodoxa hoje em dia, muitos dos trabalhos fundamentais da criminologia contemporânea emergiram de abordagens idiossincráticas e impressionistas, que pouco se assemelhavam a qualquer tipo de método "social-científico". Quando nas décadas de 1920 e 1930 os intelectuais da Escola de Chicago conduziram suas pesquisas – quando Frederic Thrasher (1927) planejou documentar a vida de gangues de Chicago, e as *ganglands* nas quais se desdobrou, quando Nels Anderson (1923/1961) decidiu transformar seu passado de sem-teto em um estudo sobre os próprios sem-tetos – eles o fizeram basicamente de acordo com suas próprios impressões e cronogramas. Thrasher (1927, xiii, 79), por exemplo, observa que a pesquisa de seu livro de 571 páginas, *The Gang*, "[...] ocupou um período de cerca de sete anos [...]", e no livro ele não apenas apresenta detalhadamente "[...] a emocionante vida de rua das gangues [...]", mas inclui suas próprias fotos *in situ* de rituais de gangues, e da vida de gangues juvenis. Anderson (1923/1961, p. xi-xii) lembra que, ao escrever *The Hobo: A Sociology of the Homeless Man*, "[...] eu me encontrava envolvido em pesquisa, sem a preparação que um pesquisador deveria ter. Eu não poderia responder, se perguntado sobre meus 'métodos'." A orientação metodológica que Anderson obteve, ao longo do caminho, também foi algo menos que formal: "Das orientações

---

83 O "governo dos piores", dos cidadãos mais despreparados e inescrupulosos. Muito utilizado hoje em Ciência Política, para designar os governos populistas que atualmente vêm se multiplicando no mundo.

84 Método de pesquisa utilizado para coletar dados de um grupo pré-definido de respondentes, para obter informações e insights sobre vários tópicos de interesse. Basicamente se constitui em um rol de perguntas e respostas pré-definidas, (questionário) cujos resultados são tabuláveis estatisticamente.

que recebi na Universidade de Chicago, dos professores Robert E. Park e Ernest W. Burgess", Anderson lembra, "[...] a maioria era indireta. A única instrução de que me lembro, de Park, foi: 'Escreva apenas o que você vê, ouve e conhece, como um repórter de jornal'."

Em meados do século XX, porém, esse tipo de pesquisa de campo, em aberto e engajada, havia sido usurpada em criminologia e disciplinas relacionadas por um estilo de pesquisa de opinião que, como observam Patricia e Peter Adler (1998, p. xiii), "[...] dominou dentro da disciplina desde então." Essa importação de metodologias sérias e "objetivas", como a pesquisa de opinião em criminologia, pretendia posicioná-la como ciência, ou pelo menos uma ciência social do crime. "Um amplo financiamento, professores empreendedores e formuladores de políticas sedentos por qualquer coisa que parecesse conhecimento técnico, forneceram uma mistura combustível", argumenta o historiador Mark Mazower (2008, p. 36-42):

> Enormes somas de dinheiro foram despejadas de repente nas universidades [...]. Os cientistas sociais que receberam os subsídios, ofereceram assessoria técnica que simplificou o mundo, e o tornou governável, usando modelos de economia comportamental ou matemática. Transformaram os assuntos humanos em conjuntos de dados, padrões culturais em formas de resposta comportamental e substituíram a bagunçada multiplicidade de palavras e línguas pela linguagem universal e quantificável da ciência.

Dentro da sociologia, como dentro da criminologia, "o uso de instrumentos estatísticos e da linguagem da prova das ciências naturais, eram claramente uma maneira de aumentar a legitimidade científica de uma disciplina plenamente reconhecida, nem na universidade nem fora dela" (CHAPOULIE, 1996, p. 11). Na cultura e em consequência, o efeito foi semelhante à introdução de métodos de gestão científica no escritório e na fábrica algumas décadas antes. Para Frederick Taylor e outros "consultores gerenciais" que defenderam a administração científica no local de trabalho, a câmera *stop-motion* e o contador de toques de teclado foram utilizados como formas de vigilância, destinadas a separar o ofício mental do trabalho manual, reduzindo o trabalhador a um operador dentro da organização maior, com a rotinização do processo de trabalho no interesse do lucro e do controle (BRAVERMAN, 1974). Para os defensores da pesquisa de opinião, a suposta objetividade dos procedimentos de amostragem, e bancos de perguntas predefinidas foi projetados da mesma forma: separar do processo de pesquisa os dados humanos de ambos, tanto os pesquisadores como aqueles que eles estudam, com a intenção de posicionar o pesquisador como um operador, dentro da organização profissional de criminologia científica maior, financiada pelo Estado. É claro que, como já vimos aqui e no capítulo 2, os criminologistas mais de uma vez escaparam dessa criminologia rotinizada e objetificada. Durante os anos 1950 e os anos 1960 – décadas que os Adlers (1998, p. xiii-xiv) rotularam períodos de "Renascimento" e "Expressionismo Abstrato" – a ascensão das metodologias científicas sociais foi desafiada pelo florescimento de vívidas etnografias subculturais. Os estudos participativos de Howard Becker (1963) sobre músicos de jazz e usuários de maconha, Ned Polsky (1967) com uma abordagem interna dos salões de bilhar, *hipsters* e traficantes; esses e outros trabalhos se distanciaram dos padrões de amostragem aleatória e desprendimento objetivo, e com frequência desafiadoramente. Durante esse mesmo período na Grã-Bretanha, métodos igualmente heterodoxos de pesquisa engajada estavam sendo usados por Jock Young (1971), Stan Cohen (1972) e outros. Sir Leon Radzinowicz recorda esses momentos de abandono metodológico como algo parecido com as brincadeiras de "alunos travessos"; em outros lugares, os caracterizamos mais nos termos de Feyerabend, ou talvez Dada, como abordagens que eram "[...] agitadas, irreverentes, transgressivas e, acima de tudo, divertidas" (YOUNG, 2002).

Ainda assim, por tudo isso, o sério negócio da pesquisa de opinião e da mineração de dados do governamental continua, atualmente, a dominar a criminologia, e agora com uma gama completa de bases institucionais. Joe Feagin, Tony Orum e Gideon Sjoberg (FEAGIN *et al.*, 1991), por exemplo, observam que a "sociologia do artigo convencional" – a produção eficiente e rotineira de relatórios de pesquisa em sociologia e criminologia – tem, ao longo do tempo, substituído os profundos compromissos intelectuais, metodológicos e temporais da "sociologia do livro", como medida de realização profissional. Afinal, como os conjuntos de respostas produzidos pela pesquisa de opinião, os periódicos científicos podem ser quantitativamente classificados, com os artigos de cada acadêmico lá computados, como uma aritmética da estatura profissional; e a pesquisa de *survey* pode gerar tais artigos de periódicos científicos muito mais rápida e facilmente do que Frederic Thrasher, e seus sete anos de pesquisa de campo, ou Anderson e sua vida de sem-teto. Nos EUA, Reino Unido, Dinamarca, Nova Zelândia e outros países, essas mudanças para métodos de pesquisa de "linha de montagem", e medidas objetivas de produtividade disciplinar foram replicadas nas próprias universidades, com sua crescente dependência de práticas de gestão corporativa, e uma cultura burocrática de controle atuarial. (ver WRIGHT *et al.*, 2014). Para os criminologistas norte-americanos, especialmente, esse mecanismo de quantificação acadêmica tem se acoplado cada vez mais, por meio de departamentos de justiça criminal e verbas federais de pesquisa, a uma máquina estatal paralela de vigilância, aprisionamento e controle – uma máquina estatal que exige dados de pesquisa *survey*, "objetivos" e quantificáveis para sua operação e justificação. Os criminologistas britânicos, além disso, enfrentam as exigências do Quadro Nacional de Excelência em Pesquisa (REF), uma avaliação regular da produtividade em pesquisa, pela qual acadêmicos, programas e universidades são classificados. Como uma fábrica de conhecimento taylorista, o REF valoriza a produção regular e mensurável, com o efeito de *bullying*, de modo a forçar os pesquisadores a adotar metodologias de pesquisa (e projetos de pesquisa) que possam produzir resultados rápidos e eficientes (ver WALTERS, 2003; HILLYARD *et al.*, 2004).

Nos EUA, os pesquisadores de criminologia enfrentam mais uma incitação organizacional para limitar seu trabalho à pesquisa de *surveys*, dados governamentais ou especulações de gabinete: o Institutional Review Board[85] (IRB). Supostamente constituídos para proteger os "sujeitos humanos" da pesquisa acadêmica, os IRBs são projetados para atender às exigências do Departamento de Saúde e Serviços Humanos dos Estados Unidos, e compostos por uma combinação de burocratas e professores universitários, encarregados de revisar todos os projetos de pesquisa acadêmica envolvendo a "participação dos seres humanos". No mínimo, os IRBs são fontes de aborrecimento e atraso para os criminologistas que tentam conduzir pesquisas. Mas, como o REF e o British Ethics Committee[86] (WINLOW; HALL, 2012), eles são a evidência de algo mais sinistro: o grau em que os pesquisadores criminológicos são, cada vez mais, forçados a perder a independência acadêmica, no interesse da supervisão institucional. Colocando a gestão de risco organizacional à frente da independência metodológica, os IRBs degradam o *status* profissional daqueles que eles regulam. Mesmo quando administrados com gentileza e discernimento, mesmo quando genuinamente preocupados com "sujeitos humanos" – como às vezes são – os Institutional Review Boards, incorporam, no entanto, o tipo de rotinização corporativa que veio a definir a investigação criminológica.

---

85   N.T.: "Junta de Revisão Institucional".

86   N.T.: "Comitê de Ética Britânico".

Não surpreende que os efeitos dessa vigilância rotinizada sobre os métodos de pesquisa não convencionais sejam, no mínimo, sufocantes. As diretrizes do IRB relacionam o grau de revisão do conselho com o grau de risco que um projeto de pesquisa representa para os sujeitos da pesquisa. Nesse contexto, as diretrizes geralmente isentam dos métodos de supervisão que utilizam "dados existentes", que envolvem "procedimentos de pesquisa" ou que "[...] são conduzidos ou sujeitos à aprovação de chefes de departamento ou agências" (TCU, 2007, p. 10-11). Eles, por outro lado, reservam considerações particularmente duras para propostas de pesquisa que possam colocar os sujeitos "[...] em risco de responsabilidade civil ou criminal", ou para pesquisas envolvendo "populações vulneráveis" (incluindo prisioneiros) (TCU, 2007, p. 7-10), e em qualquer caso, eles exigem elaborados procedimentos para obter o consentimento informado dos sujeitos, antes da pesquisa. Como resultado, as pesquisas de mala direta, a escavação de bancos de dados governamentais existentes, ou o envolvimento em pesquisas organizacionalmente aprovadas, enfrentam poucos obstáculos; aqueles que desejarem conduzir trabalho de campo independente com criminosos ou policiais, entrevistar prisioneiros ou jovens, ou investigar a má conduta organizacional, por outro lado, enfrentam impedimentos intermináveis (ROSS *et al.*, 2000). E assim, em consequência, desenvolvem-se segredos disciplinares sujos, segredos confessados por colegas a nós, em confiança, e também por estudantes de doutorado frustrados e professores juniores: conhecendo os IRBs, os orientadores dissuadem seus alunos da pesquisa de campo, entregando a eles, em vez disso, dados de pesquisas antigas, para análise em suas dissertações. O corpo docente júnior que deseja fazer pesquisa de campo, também aprende, e aprende bem, que esse método lhes trará principalmente, constipação burocrática e atraso na carreira. "Ah, eu adoraria fazer o tipo de pesquisa que você faz [...]", eles nos dizem, "[...] mas eu simplesmente não posso."

> Mais fácil sair da prisão do que entrar nela?
> Em outubro de 2012, Mark Hamm recebeu uma bolsa do Departamento de Justiça dos Estados Unidos, para pesquisar o extremismo violento e o terrorismo "lobo solitário", em parte entrevistando indivíduos presos por tais crimes. A bolsa veio com uma condição: que ele obtivesse a aprovação do IRB de sua universidade, e de outras organizações envolvidas, antes que a bolsa fosse iniciada. Indo direto ao trabalho, Hamm primeiro enviou uma solicitação IRB para sua universidade de origem, via IRBNet, um sistema de informações automatizado obrigatório. Logo em seguida, ele recebeu um e-mail automático

de resposta: "Seu pedido não foi aprovado." Em seguida, ele se reuniu com os líderes do IRB, que posteriormente lhe enviaram cinco páginas de recomendações para s revisão de sua solicitação. Feitas as revisões e reenviada sua solicitação, ele recebeu uma resposta automática de "Revisão solicitada", em dezembro. Em janeiro de 2013, seguiu-se uma reunião com os 12 membros do IRB, da qual Hamm relembra: "Senti-me como se tivesse feito algo imoral, porque queria ter contato face a face com seres humanos; neste caso, terroristas." Para piorar, nenhum dos membros do IRB parecia estar familiarizado com trabalho de campo em criminologia, com prisões ou, por falar nisso, com as regulamentações do governo dos EUA, que exigiam um representante dos prisioneiros em tal reunião. Respondendo às preocupações dos membros do IRB, de que suas entrevistas pudessem causar sofrimento psicológico entre os presos, Hamm submeteu um segundo conjunto de revisões, ao qual o IRBNet respondeu novamente, "Revisão solicitada". Um terceiro conjunto de revisões de Hamm se seguiu, com uma resposta "Revisão solicitada", em fevereiro e um quarto conjunto, com uma resposta "Revisão solicitada", em março. Após uma quinta rodada de revisões, em abril, a aprovação da universidade IRB foi concedida – seis diligentes meses após o início do processo. Hamm, em seguida, dedicou-se a obter aprovação governamental para entrevistar cinco prisioneiros-chave, alojados em cinco prisões diferentes, e, portanto, exigindo cinco permissões separadas, do IRB de cinco jurisdições correcionais. Esta etapa também exigia que cada prisioneiro fosse examinado por oficiais americanos de contraespionagem, em Washington, e por psicólogos, de modo a eliminar quaisquer prisioneiros que pudessem estar sofrendo de doença mental grave. Iniciada em abril de 2013, esta rodada de submissões ao IRB foi concluída com sucesso em setembro, deixando Hamm com mais duas aprovações a obter do IRB, uma do próprio Departamento de Justiça, e outra do Australian Ethics Board,[87] já que seu co-investigador era membro de corpo docente na Austrália. Até outubro de 2013, todas as aprovações do IRB haviam sido obtidas e, em novembro de 2013, mais de um ano após a outorga da bolsa, os fundos de pesquisa foram liberados. Ao todo, Mark Hamm foi forçado a buscar oito aprovações do IRB, para entrevistar cinco condenados. Mas é óbvio, como ele assinala, que os condenados por terrorismo geralmente não estão ansiosos para conversar com pesquisadores patrocinados pelo governo; e então, agora há recusas em cooperar, cartas não respondidas e longas negociações. Para ser mais preciso, Mark Hamm investiu mais de um ano, e abriu caminho através de oito IRBs, para ter a chance de tentar cinco entrevistas (ver HAMM; SPAAIJ, 2015).

---

87 N.T.: "Junta Australiana de Ética".

Thrasher e Anderson, Becker e Polsky também não poderiam pesquisar, não hoje em dia. Como detalhamos em outros lugares, muitos dos pesquisadores mais reverenciados da criminologia entremeavam criminologia e criminalidade, para conduzir os estudos considerados essenciais para a disciplina, envolvendo-se, por necessidade, em pesquisas que incorporavam condutas criminosas e "conhecimento sujo" (FERRELL, 1997). Hoje, tais pesquisas simplesmente não seriam possíveis pelos padrões das IRBs, e assim, engajar-se nelas posicionaria o pesquisador como um *outsider* acadêmico também. Imagine se você fosse Howard Becker, enviando *e-mails* para o IRB da sua universidade, e pedindo permissão para tocar piano e fumar maconha com outros músicos de jazz, *in situ* (de fato, Becker hoje, subversivamente, evita tais e-mails definindo sua pesquisa como "arte conceitual" (SHEA, 2000, p. 32), o que está fora do alcance dos IRBs). Imagine dizer a Ned Polsky que ele deve submeter ao IRB a lista de perguntas que ele planeja fazer a prostitutas de salão de bilhar, e também dizer-lhe que ele é obrigado a mandá-las assinar um formulário de consentimento informado, antes que ele possa perguntar. Imagine, por falar nisso, a resposta de um IRB a Patti Adler (1985) ao apresentar seu plano de pesquisa participativa em profundidade, entre usuários e traficantes de drogas ativos. Por que, se tivéssemos tido a perspicácia de introduzir os IRBs (e REFs) ao longo da história da criminologia [...] bem, nós realmente não teríamos muita história criminológica.

DESILUSÃO DISCIPLINAR E DECADÊNCIA

E que tipo de disciplina resulta desse triunfo contemporâneo do burocrata e do estatístico de *surveys*? Que tipo de disciplina surge, quando a metodologia quantitativa se torna a ferramenta preferida, para satisfazer as demandas de vigilância profissional e avaliação? (LAWRENCE, 2007) Quando a metodologia é definida por distanciamento e rotinização – quando é inimaginável que o pesquisador possa ser um com o cenário de pesquisa, que formulários de consentimento informado e perguntas pré-aprovadas podem ser desnecessários, para não dizer impossíveis – o que então a criminologia se torna?

Torna-se sem vida, obsoleta e desumana. Assim como a desumanidade mais ampla de certos aspectos da modernidade, resultou da redução dos sujeitos humanos a categorias racionalizadas de trabalho, consumo e controle, a desumanidade da criminologia ortodoxa resulta, em grande parte, de metodologias projetadas, explicitamente, para reduzir sujeitos de pesquisa a categorias, cuidadosamente controladas, de contagem e tabulação cruzada. Assim como a redundância obsoleta do trabalho moderno se originou do esgotamento taylorista da incerteza e da possibilidade, o retumbante tédio da criminologia ortodoxa advém de metodologias projetadas, mais uma vez explicitamente, para excluir a ambiguidade, a surpresa e o "erro humano" do processo de pesquisa criminológica. Juntamente com um aparato de controle estatal, organizado em torno de fins semelhantes, essas metodologias quebram a promessa de uma erudição criminológica significativa, tornando-se a base para a "criminologia de tribunal" descrita por Ned Polsky (1967, p. 136), para a criminologia do "tecnólogo ou engenheiro moral", e para a insensível criminologia do "E daí?", criticada por Roger Matthews (2009).

Da mesma forma que outras instituições da modernidade – a escola pública e o reformatório, a lanchonete e o parque temático – foram projetadas para eliminar a engenhosidade e a criatividade da prática da vida cotidiana, a maquinaria moderna da criminologia funciona para drenar os *insights* idiossincráticos da pesquisa criminológica fundamentada. Assim como a fábrica, o escritório e o mercado foram racionalizados no interesse da eficiência e do controle, o empreendimento contemporâneo da criminologia tem sido moldado para uma eficiência profissional que desumaniza, tanto seus praticantes quanto aqueles que ela é projetada para investigar ou esclarecer.

Como resultado, a grande maioria dos estudos criminológicos, hoje em dia, só pode ser descrita como limpa, segura e [...] completamente sem imaginação. Como outras formas de expressão cultural circunscrita, essa labuta intelectual resulta diretamente das condições de sua produção, das rotinizações metodológicas aplicadas contra os seres humanos, para extrair conjuntos de dados e resumos numéricos de suas vidas. Para estudantes nas aulas de criminologia e para leitores de revistas científicas de criminologia, então, uma desilusão compartilhada, uma decepção – o compromisso com o tema poderia ser completamente traído pelos métodos de sua apresentação. A vívida agonia experiencial da vitimização do crime, metamorfoseada em empirismo abstrato, a sensualidade do evento criminal, tabulada e reduzida a notas de rodapé – seria um truque notável de saneamento metodológico, se não fosse tão prejudicial à disciplina.

Sob o regime metodológico da criminologia contemporânea, por exemplo, a tragédia de gênero e as perigosas dinâmicas que animam as tentativas das mulheres de escapar do abuso doméstico, tornam-se "[...] índices de probabilidades logísticas, antecipando busca de ajuda e divórcio ou separação para mulheres vítimas de violência conjugal" (DUGAN; APEL, 2005, p. 715), e tudo isso estatisticamente derivado de um *survey* de vitimização. As atividades e atitudes abrangentes que podem compor a "participação política" feminina são reduzidas a um indicador da "participação de eleitores do sexo feminino", que por sua vez é reduzido ao indicador do "percentual de mulheres em idade de voto" (extraído da Pesquisa da População Atual) que votaram nas eleições presidenciais e parlamentares de novembro (XIE *et al.*, 2012, p. 119). As emoções sorrateiras e os pequenos momentos de resistência ritualizada que percorrem as carreiras de crianças delinquentes são recodificados como "Modelos GLS e Tobit aleatório-interceptos que estimam as interações entre a propensão antissocial e os prognósticos de variação de tempo da delinquência" (OUSEY; WILCOX, 2007, p. 332-323), com dita recodificação gerando um conjunto de estatísticas derivadas de *surveys*, tão abrangentes que se estendem por duas páginas de periódico. Em um estudo sobre o uso juvenil de drogas, a frequência real com que as crianças usam maconha é imaginada como sendo mensurável "[...] com base no número de dias de autorrelatados dos jovens que usam maconha a cada ano" (MURRAY *et al.*, 2012, p. 267-268); em outro, a categoria complexa e ambígua de "uso de drogas" é "medida com uma variável inexpressiva, para qualquer uso de maconha, cocaína ou qualquer outro tipo de droga ilegal 'nos últimos 30 dias' – e a igualmente amorfa categoria 'mentir aos pais' é codificada 'como uma variável simulada, onde 1 indica ter mentido três ou mais vezes" (KUHL *et al.*, 2012, p. 1102). A dinâmica racial que anima as detenções e buscas da polícia é reduzida a dados extraídos apenas de "registros policiais administrativos" de tais detenções – "[...] não muito diferentes da maioria das pesquisas sobre detenções policiais" (ROJEK *et al.*, 2012, p. 1002), observam os autores. A relação entre os estereótipos raciais e as percepções do risco de vitimização – dois processos culturais intricados e situacionalmente mutantes em si mesmos, e muito mais em conjunto – é examinada usando amostras que aparentemente super-representam "mulheres e idosos" e duas pesquisas por telefone com taxas de resposta de 39% e 35%. No entanto, os autores "[...] não suspeitam que o viés de não-resposta seja uma preocupação séria neste estudo" (PICKETT *et al.*, 2012, p. 155-156). O mais espantoso para criminologistas culturais, um estudo em que "cultura de vizinhança de rua" é um conceito definidor – ou nos termos do estudo, uma "variável independente" chave, mede o "constructo" da cultura de vizinhança de rua por meio de "nove itens, escala de autorrelato" administrada a "cuidadores primários" individuais. Todas as nove declarações preestabelecidas na escala focam apenas em violência, resistência e agressão – e todas as nove oferecem respostas predefinidas, que variam de 1 (discordo totalmente) a 4 (concordo totalmente) (BERG *et al.*, 2012, p. 371).

Como observado no Discurso Sutherland de Daniel Nagin à Sociedade Americana de Criminologia, há alguns anos, o método experimental também é empregado para enquadrar a criminologia e suas preocupações. Aqui, a dinâmica exploradora do crime sexual, o obscuro redemoinho da transgressão sexual, de fato a própria "interação [...] entre emoção e comportamento", são investigadas através de um experimento clínico, no qual os estudantes universitários são aleatoriamente designados para condições de "não estimulado" ou "estimulado", com aqueles designados para a condição de estimulados, "instruídos a masturbar-se, mas não ao ponto da ejaculação, enquanto respondiam a uma série de questões relacionadas a sexo." Nagin, professor de Políticas Públicas e Estatística da Universidade Carnegie Mellon, especula que as respostas dos masturbadores podem nos dizer algo sobre sua avaliação de "[...] fatores de interesse duradouros para criminologistas", e se pergunta também sobre a validade dos dados de levantamentos criminológicos derivados de entrevistados que, ao contrário desses masturbadores estudantis, se supõe responderem às pesquisas "em um estado frio", "não estimulado" (NAGIN, 2007, p. 265-266). Também nos perguntamos sobre esse último ponto, e sobre algumas outras coisas. Primeiro, o que poderia Sutherland dizer sobre o fracasso uniforme dessa metodologia experimental e isolada, para abordar as principais questões criminológicas de interação social, aprendizado social e motivação compartilhada? Segundo, supondo que os alunos de graduação que se masturbavam responderam por escrito às "questões relacionadas ao sexo" [...] bem, os pesquisadores escolheram a ambidestria? E, em terceiro lugar, como exatamente uma pesquisa desse tipo passou pelo IRB da universidade?

Isso não é criminologia, muito menos uma "[...] caixa de ferramentas metodológicas maduras e bem desenvolvidas" (KURLYCHEK *et al.*, 2012, p. 96). Isto é loucura coletiva, loucura que preenche número após número de revistas científicas criminológicas, que funcionam principalmente como armazéns de ilusão disciplinar (ver: FERRELL, 2009; FERRELL, 2014a; YOUNG, 2011). E claro que há método na loucura. Os "pesquisadores" primeiro implementam métodos projetados para negar qualquer compreensão profunda, para não mencionar a imersão nas vidas daqueles que são seus focos; no estudo de delinquência, por exemplo, 9.488 crianças da escola foram visadas, e os menos de 4.000 que finalmente participaram, puderam escolher apenas uma, de quatro respostas simplistas e predefinidas, para declarações como: "Estou nervoso ou no limite" e "Minha mãe parece me entender" (OUSEY; WILCOX, 2007, p. 322-323; 351-353). Dados de tais pesquisas, pequenas marcas de lápis em uma folha de respostas ou cliques em uma tela de computador, são manipulados com combinações estatísticas exageradas, produzindo tabelas de duas páginas, com uma clara falta de análise explicativa (WEISBURD; PIQUERO, 2008) e golfadas assombrosas de jargões intelectuais obtusos. Mas, como todas os bons disparates, é claro que não se destinam a fazer sentido para aqueles que não participam da ilusão; são principalmente para entretenimento de editores de periódicos, comitês de promoções e outros guardiães da disciplina. Vinte e cinco anos atrás, Stan Cohen (1988, p. 26) perguntou "quem ainda pode levar a sério" esse tipo de criminologia, e argumentou que deveria "[...] ser relegada ao status de alquimia, astrologia ou frenologia". Só acrescentaríamos, daqui a 25 anos, que isso talvez insulte os astrólogos.

> "Todos os números estão sujeitos a análise e revisão adicionais": o crime das estatísticas criminais e a trapaça do CompStat
>
> Nas últimas duas décadas, departamentos de polícia nos EUA, no Reino Unido e em outros lugares, têm cada vez mais procurado a legitimar a si mesmos, sua eficácia e sua imagem pública, através da geração e apresentação de dados estatísticos. O mais conhecido, a este respeito é o programa CompStat, de Nova York, introduzido pelo comissário de polícia William Bratton em 1994, e hoje amplamente reproduzido em todos os EUA. De acordo com os departamentos de polícia que os adotam, os modelos de gestão orientada a dados, como o CompStat, instituem uma prestação de contas mensurável, e proporcionam uma coleta e avaliação rápidas de informações, com ambas supostamente contribuindo para um policiamento diário mais eficiente. Os proponentes desses programas, por sua vez, afirmam que esse policiamento mais eficiente, responsável e orientado por dados, claramente levou ao declínio do crime e à maior segurança das vizinhanças — conforme medido, é claro, pelos próprios dados estatísticos do programa. Nesse sentido, o CompStat e programas similares podem ser pensados como uma metodologia quantitativa, para definir e avaliar o policiamento. Tal como acontece com outras metodologias quantitativas, a orientação é para a tradução do comportamento humano em estatística, e para a precisão que resulta desta tradução (ver YOUNG, 2011, p. cap. 6). Não existe mais apenas a sensação de que o lado oeste precisa de mais patrulhas a pé, de que o lado sul está mais

seguro do que era no ano passado ou de que os oficiais do lado norte devem ser mais robustos em seus esforços de combate ao crime; agora, tudo isso pode ser medido com precisão, e diariamente respondido e recalibrado, conforme a necessidade.

Como fizemos ao longo deste capítulo, certamente podemos questionar os pressupostos epistêmicos subjacentes nesse tipo de metodologia de gerenciamento quantitativo: a complexidade humana do policiamento diário pode realmente ser reduzida a resumos estatísticos? Esses resumos estatísticos perdem tantos detalhes situacionais que tornam sua precisão ilusória? Acontece que, no entanto, o CompStat e programas semelhantes geraram algumas questões mais práticas e politicamente mais prementes. Em Milwaukee, Wisconsin, por exemplo, uma investigação revelou que a polícia havia categorizado incorretamente mais de 500 espancamentos, esfaqueamentos e outros episódios violentos, como agressões menores, de 2009 a 2011 – indicando, por sua vez, que o crime violento aumentou durante esse período, em vez de declinar, como o Departamento de polícia havia divulgado (POSTON, 2012). Em Dallas, uma categorização errada de agressão violenta pelo departamento de polícia produziu uma "imagem artificial" da eficácia policial. Além disso, uma nova política do departamento de polícia, tornando mais difícil para varejistas relatar incidentes de furto, resultou em uma redução de 75% em tais relatórios – respondendo por cerca de um terço da altamente divulgada queda de 11% no crime (THOMPSON; EISERER, 2009, EISERER; THOMPSON, 2013). Devido em grande parte ao "erros de policiais e falhas de *software*", centenas de crimes em Denver, Colorado, não chegaram às estatísticas do FBI, levando a "grandes" discrepâncias entre os dados do departamento e do FBI – como o relatório do FBI de uma redução de 3,6% em crimes violentos, e estatísticas policiais registrando um aumento de 9,3% (GURMAN, 2013). Em Chicago, onde numerosos policiais relatam ter sido "[...] solicitados ou pressionados por seus superiores para reclassificar seus relatórios de incidentes [...]" e observar casos em que "[...] seus relatórios foram alterados por alguma mão invisível [...]", diz-se amplamente que as estatísticas do CompStat de um oficial constroem ou destroem uma carreira. Neste contexto, mesmo os homicídios estão prestes a ser reclassificados: como "[...] investigações de morte não criminais." Como um oficial argumentou, "Hoje em dia, tudo é sobre mídia e opinião pública. Se um número faz as pessoas se sentirem seguras, então por que não dar a elas?" (BERNSTEIN; ISACKSON, 2014a, BERNSTEIN; ISACKSON, 2014b).

Essa lógica parece também impregar a justiça criminal no Reino Unido; das questionáveis metodologias de contagem de crimes do governo nacional (BERLINSKI, 2009) a departamentos de polícia locais, como Maidstone, Kent, onde cinco policiais foram presos, sob suspeita de "[...] persuadir criminosos a confessar crimes que não se cometeram, para aumentar as taxas de resolução de crime [...]" em meio a "[...] uma cultura de desempenho sob pressão, uma cultura que é mais sobre quantidade do que qualidade [...]", como afirma um funcionário da Federação de Polícia de Kent (GREENWOOD; NOLAN, 2012). Mas por tudo isso, o crime das estatísticas de crime talvez seja melhor compreendido na nave-mãe CompStat, o Departamento de Polícia da Cidade de Nova York — hoje novamente dirigido por William Bratton, que retornou de um período como chefe de polícia de Los Angeles, e agora também está servindo como assessor do governo britânico. Lá, em meio à grande pressão do departamento para manter baixas as estatísticas criminais, os policiais não apenas reclassificaram crimes como contravenções, mas também tentaram dissuadir os cidadãos de apresentar relatórios criminais; "[...] a mais nova evolução neste jogo de números", como disse um comandante da polícia (BAKER; GOLDSTEIN, 2011, p. A19). Uma pesquisa com capitães de polícia aposentados da cidade de Nova York revela "[...] uma pressão implacável, muitas vezes antiética para manipular as estatísticas criminais [...]", dentro do Departamento (POWELL, 2012, p. A20; ver também: ETERNO; SILVERMAN, 2012). Quanto aos atuais policiais da cidade que divulgam essa mesma pressão e os abusos que ela gera, um deles relata ao departamento de Assuntos Internos do Departamento suas preocupações com práticas de policiamento de rua generalizados, como "parar e revistar", destinadas a aumentar os números de produtividade policial; para seu prejuízo, ele próprio foi acusado de apresentar documentos falsos e, subsequentemente, entregou seu distintivo (POWELL, 2012). Outro, Adrian Schoolcraft, passou mais de um ano coletando evidências de cotas de detenção, prisões ilegais e manipulação estatística. Licenciado do trabalho por doença, teve sua casa invadida por um subchefe e outros policiais, que o removem à força, e o depositam em uma enfermaria psiquiátrica do hospital, sem condenação ou júri. Uma investigação subsequente justificou Schoolcraft, por encontrar "[...] um esforço concertado para deliberadamente subnotificar o crime [...]" e leva a acusações contra um comandante da polícia e quatro policiais, em razão da manipulação de relatórios criminais (DWYER, 2012). "Todos os números estão sujeitos a análises e revisões posteriores [...]", diz um aviso na parte inferior do resumo semanal do CompStat do Departamento de Polícia de Nova York. De fato, parece que eles estão.

À luz desses e de outros casos, uma análise criminológica do CompStat e de suas estatísticas sugere algumas ironias e contradições bastante sérias. O primeiro deles é simples: as estatísticas criminais são criminogênicas. A confiança institucional nos dados estatísticos do crime – como definidores de estratégias de policiamento, medida da eficiência institucional, determinantes de carreiras individuais e definidores de imagem pública – gera criminalidade institucional e individual, em resposta. Prevaricação, intimidação pública, confissões forçadas, denúncias fraudulentas, até mesmo invasões e sequestros, tudo isso flui da pressão institucional para produzir estatísticas criminais, em conformidade com os modelos de gestão. Como os sistemas escolares, que adotam testes padronizados como medida de sucesso de alunos e professores, e depois se veem inundados por casos de vazamento de questões de provas, e de folhas de pontuação adulteradas, os departamentos de polícia que adotam programas de gerenciamento estatístico, no estilo CompStat, geram manipulação estatística generalizada, subindo e descendo a organização. Mais uma vez, o antigo truísmo criminológico sustenta: sociedades e organizações obtêm precisamente o crime que merecem. Devotados ao CompStat, como meio de disciplinar a vida profissional dos policiais e promover o sucesso da redução do crime organizacional, os Departamentos recebem, em troca, policiais indisciplinados e novas formas de criminalidade, relacionada ao CompStat. O problema existe no nível da metodologia institucional. E a precisão prometida por essa metodologia institucional? Ela não é apenas ilusória; é mais que isso. É uma impossibilidade institucional e metodológica.

Uma segunda questão criminológica pode ser considerada cultural ou epistêmica. Para ser claro: em que base poderia o público em geral, ou os criminologistas, em particular, acreditar que as estatísticas criminais nos dizem qualquer coisa útil – para não mencionar objetiva ou precisa – sobre o crime? Para começar, está cada vez mais claro que a pressão institucional para produzir estatísticas aceitáveis, sobre crime e policiamento, realmente altera as realidades do crime e do próprio policiamento. Em alguns casos, a pressão sobre os policiais de rua para atender a cotas individuais e departamentais leva a prisões que, por outras razões, não ocorreriam; em outros casos, a pressão para manter os números baixos significa que os policiais rejeitam queixas dos cidadãos, e resistem a registrar ocorrências. Sabemos, pela teoria da rotulação, que o crime é em grande parte construído pelas definições e estratégias de aplicação das instituições de justiça criminal, e daqueles que trabalham dentro delas; se essas instituições e seus funcio-

nários são redefinidos, em termos de dados estatísticos, os atos que eles constroem como crime e as pessoas que eles constroem como criminosas, são reduzidos. Os programas CompStat não registram menos queixas de cidadãos ou mais prisões; eles geram menos queixas ou mais prisões. Eles alteram profundamente o objeto que afirmam medir com precisão. E, no entanto, essa profecia autorrealizável no nível da rua, é apenas o começo. Acima e além, nas telas dos computadores dos comandantes e nos escritórios do centro, prisões e queixas estão sendo recodificadas, novamente etiquetadas, no interesse da política estatística de um Departamento; e a tal ponto, que até mesmo um homicídio pode se tornar algo menor. Já não é triste o suficiente que as estatísticas resultantes sejam a base das reivindicações públicas, quanto à eficiência e ao sucesso dos Departamentos, e base para campanhas políticas e orçamentárias, mas que elas também sejam a base de estudos subsequentes dos criminologistas quantitativos? Em vez de adotar esses números como base para a análise criminológica, os criminologistas podem considerar uma ironia adicional: as estatísticas do crime provavelmente são falsas em proporção direta ao grau que as agências de justiça criminal e as instituições políticas as priorizam. E se é assim, então a CompStat, devido precisamente à sua adoção contemporânea generalizada, como *software* de gestão policial, e às suas amplas alegações de eficiência e precisão, é praticamente a garantia de produção de números claramente ruins.
E então, a ironia final. Em meio a tudo isso, com programas no estilo CompStat em ampla adoção, o Bureau de Estatísticas da Justiça dos Estados Unidos promoveu, entusiasticamente, 2013 como o Ano Internacional da Estatística. Esta "campanha de conscientização" foi concebida para "aumentar a compreensão pública do poder e do impacto das estatísticas em todos os aspectos da sociedade", e "promover uma maior compreensão de como as estatísticas melhoram a qualidade de vida e impulsionam nossa sociedade global" (BJS, 2013).

Mas talvez seja pior do que loucura generalizada e ilusão – talvez seja uma forma particular de ilusão *fundamentalista*. Os paralelos entre os métodos "científicos" fundamentais da criminologia ortodoxa, e outros fundamentalismos do mundo são, deve ser dito, impressionantes: uma má vontade resoluta para reconhecer os absurdos internos; certeza quanto à correção e superioridade inerentes da abordagem preferida; uma cultura da linguagem e da apresentação, cuja incompreensibilidade para os profanos pouco importa, já que esses outros são, de fato, desqualificados para compreendê-la, em primeiro lugar. E nesse sentido, a incompreensibilidade torna-se um ponto de orgulho interno; negação da ação humana, e negação da ambiguidade de significados e interpretações; e acima de tudo, afirma a objetividade transcendental. E assim, possuídos pelo espírito da ciência social, os criminologistas ortodoxos falam em uma espécie de glossolalia[88] fundamentalista, uma linguagem privada de oração, de razão e proporção logísticas e modelos de interceptação; suas línguas atadas por sua própria inaptidão em apreciar outras formas de ver o mundo.

Significativamente para a criminologia, esse fundamentalismo é mais metodológico do que teórico (ver: KRASKA; NEUMAN, 2008). Por mais desconfortável que possa ser para aqueles que anseiam por uma teoria unificada do crime, a maioria dos criminologistas reconhece, e até mesmo adota, a profusão de teorias criminológicas contemporâneas, nenhuma das quais reivindica, razoavelmente, poder explicativo determinado ou abrangente. O método, no entanto, é outro assunto. Quanta diferença existe, afinal, entre as afirmações convencionais dos metodólogos científicos sociais e a afirmação clássica de Georg Lukacs (1971, p. 1, ênfase no original) sobre a ortodoxia marxista? O marxismo ortodoxo, argumentava Lukacs, não era de modo algum uma questão ligada às teses de Marx ou à sua teoria. Em vez disso,

> O marxismo ortodoxo [...] refere-se exclusivamente ao método. É a convicção científica de que o materialismo dialético é o caminho para a verdade e que seus métodos podem ser desenvolvidos, expandidos e aprofundados apenas nos moldes estabelecidos por seus fundadores. Além disso, é a convicção de que todas as tentativas de superá-lo ou "melhorá-lo" levaram e devem levar à simplificação excessiva, à trivialidade e ao ecletismo.

Poucos criminólogos compartilham hoje a fé de Lukács no marxismo fundamental – mas podem compartilhar sua fé no método ortodoxo, seu senso de "convicção científica", sua preocupação com a "trivialidade e ecletismo" de outras metodologias. Colonizando criminosos, policiais, crianças em idade escolar, cuidadores e estudantes de graduação estimulados no interesse da metodologia científica, trazendo o mundo cotidiano sob o poder imperial da apresentação de amostras e conjuntos de dados,

---

88 Fenômeno psiquiátrico e linguístico, típico do fanatismo religioso, no qual a pessoa acredita que se expressa em uma língua desconhecida, oriunda da divindade.

a criminologia contemporânea tenta colonizar essas outras metodologias também. Por exemplo, em uma edição da revista científica *Criminology*, normalmente inundada de pesquisas quantitativas, apareceu (no final da edição, note-se) um "exame qualitativo" do cinismo legal; um exame qualitativo que incorporou seis tabelas e uma "análise quantitativa" da informação recolhida (CARR *et al.*, 2007, p. 464).

Para a criminologia ortodoxa, pode haver o sábado qualitativo de vez em quando, mas no final, há apenas o sábado quantitativo. Para a criminologia ortodoxa, *o método é a mensagem*.

CULTURA METODOLÓGICA E A ROUPA NOVA DO IMPERADOR

A *cultura* desse fundamentalismo metodológico confirma suas consequências para a disciplina. Nós, como criminologistas culturais, entendemos que o significado simbólico e a comunicação estilizada são as correntes animadoras da vida humana e, portanto, examinamos essas correntes culturais à medida que elas fluem, através do crime e do controle. Mas se reconhecermos que estilo e representação moldam as realidades daqueles que estudamos, então parece justo considerar como esses mesmos fatores moldam o *nosso próprio* empreendimento em criminologia. Se reivindicarmos o direito de examinar criticamente os mundos culturais daqueles que estudamos, não deveríamos estar dispostos a examinar nosso próprio mundo cultural também?

Se assim for, então, de acordo com os termos de seus próprios códigos culturais, a criminologia ortodoxa de pesquisa e experimentação parece um projeto infelizmente fracassado. Este tipo de criminologia certamente não se tornou uma "ciência", em qualquer senso convencional de rigor analítico ou escopo explicativo (DICRISTINA, 2006); uma revisão de testes quantitativos de teoria em criminologia, por exemplo, descobriu que "[...] o nível geral de variância explicado é frequentemente muito baixo, com 80% ou 90% sem explicação."

FIGURA 11 – O DATASAURO. VÁRIAS DEFORMIDADES EMERGEM EM MEIO À LOUCURA DA CRIMINOLOGIA ORTODOXA. O "FRANGO SEM CABEÇA DE UM ARGUMENTO" (YOUNG, 2011) É UM DELES. O DATASAURO É OUTRO – UMA CRIATURA COM UM CÉREBRO TEÓRICO MUITO PEQUENO, UM ENORME CORPO METODOLÓGICO, UM INTESTINO ESTATÍSTICO BIZANTINO E INTRINCADO, E UMA CAUDA PEQUENA E INCONCLUSIVA, ABANANDO SEM PENSAR DE BANCO DE DADOS PARA BANCO DE DADOS.

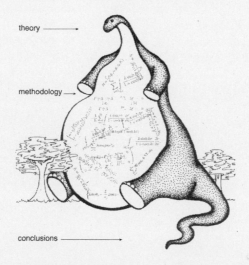

Crédito: Desenho de Ellen Rose Wyatt (2007).

(WEISBURD; PIQUERO, 2008, p. 453). Pior ainda, quanto maior o esforço em tornar a criminologia "científica", mais sistemática tem sido a desumanização dos sujeitos humanos, e a abstração numérica da experiência humana. Confrontando esse fracasso, e buscando a ilusão do controle científico, os criminologistas se voltaram para a hiper-especialização e ofuscação linguística, aparentemente na suposição estética de que seu trabalho tem que ser bonito, se for muito difícil de entender. Essa triste trajetória pseudocientífica fomentou um conjunto de códigos simbólicos, uma cultura disciplinar que incorpora e perpetua o problema: escrita passiva em terceira pessoa, referências interruptivas no texto, grandes tabelas, longas equações e uma tirania geral do número calculado e da palavra turgidamente escrita sobre a ideia e a imagem. Note que todos esses códigos culturais emergem da suposição, mais uma vez, de que o método é a mensagem; que a elegância e o engajamento estilístico são desnecessários, até mesmo inadequados, ao transmitir os resultados objetivos da metodologia científica de um pesquisador para outro, por meio da página publicada. Note-se também que os códigos gerados por esta suposição são manifestamente áridos, feios e desumanos, desprovidos de quaisquer marcadores culturais que possam distinguir um artigo criminológico de um relatório atuarial.

Nesse sentido, a criminologia "objetiva" ou "científica" há muito opera mais como uma metáfora ansiosa do que uma realidade consumada. Esses códigos culturais funcionam como *representações simbólicas* da objetividade científica, como fachadas para a apresentação pública da criminologia como disciplina. A voz passiva, por escrito, realiza um elegante truque estilístico, pelo qual a influência do autor parece desaparecer do próprio texto do autor. Tabelas de vinte linhas e equações complicadas proporcionam um senso garantido de precisão e ordem, mesmo para aqueles desinteressados em lê-las realmente. As abundantes referências no texto, oferecem a ilusão de um conhecimento disciplinar abrangente, e a imagem do progresso para a verdade científica, à medida que cada criminologista se baseia no trabalho dos anteriores. Juntas, essas comunicações codificadas garantem, aos criminologistas e às suas audiências, que o rigor metodológico continua a disciplinar a disciplina da criminologia; tomados como um todo, eles constroem uma estética persuasiva de autoridade (FERRELL, 1996) para a apresentação do conhecimento criminológico.

FIGURA 12 – A ESTÉTICA DA AUTORIDADE. ESTA TABELA NÃO ESTÁ APENAS DESFOCADA, ELA É INVENTADA. COMO VOCÊ SABERIA SE OUTRAS FORAM INVENTADAS? E O QUE EXATAMENTE "INVENTADO" SIGNIFICA NO ATUAL CLIMA CRIMINOLÓGICO?

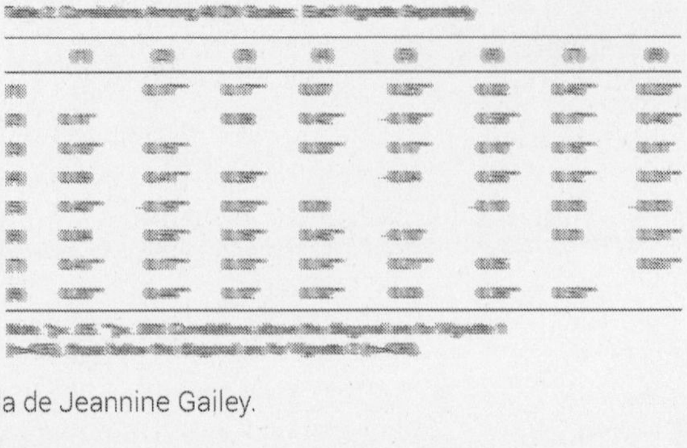

Crédito: Tabela de Jeannine Gailey.

Mas, claro, tudo isso é performance coletiva, teatro acadêmico, outro dos pequenos carnavais de Feyerabend, onde uma disciplina se exibe e se ilude. A racionalidade não tem mais emoção e agenda pessoal deslocadas na prática da criminologia do que na prática do crime. Muitos projetos de pesquisa criminológica avançam sob condições pouco controladas, apesar dos melhores esforços dos IRBs e de outros superintendentes burocráticos. O processo de "revisão por pares", pelo qual os criminologistas revisam as pesquisas uns dos outros, embora certamente seja útil, certamente não é desprovido de duplicidade, predileção individual e ocasional vingança. E sejamos honestos: os resíduos estatísticos e os protestos objetivistas levantados sobre a pesquisa de criminologistas dificilmente escondem a obscenidade generalizada do carreirismo agressivo e a prática associada do proxenetismo metodológico ao maior lance.

No entanto, como outras construções culturais, esses códigos e desempenhos criam sérias consequências, alimentando o trabalho coletivo que os produz. No caso da criminologia, eles deram o tom para uma abordagem particularmente inapropriada à vida humana e à sociedade humana. Um carinho disciplinar por um estilo que é desanimador e deselegante ajuda a perpetuar a falsa hierarquia de conteúdo sobre a forma e ajuda a tornar estéril até mesmo o mais sedutor dos assuntos. Essa coleção de códigos culturais desconcertantes, distancia a criminologia do discurso público engajado, deixando-a intelectualmente à margem, com pouca esperança de confrontar efetivamente as predações dos criminosos ou os abusos do sistema de justiça criminal (ver BURAWOY, 2005, LOADER; SPARKS, 2010). Acima de tudo, a cultura da maior parte da criminologia ortodoxa completa o que seus métodos começam, a desumanização dos indivíduos e grupos que a criminologia supostamente procura entender. "No modelo de referência (modelo 1), nenhuma variável exerce um efeito significativo sobre a coerção sexual [...]" (PIQUERO; BOUFFARD, 2007, p. 15); "Os resultados do nível 2 do HGLM demonstraram que sete das oito circunstâncias da vida incluídas no modelo exibiram um impacto estatisticamente significativo na probabilidade de vitimização" (ARMSTRONG; GRIFFIN, 2007, p. 91); como visto na tabela 1, o tamanho do efeito médio geral para o autocontrole na vitimização (Mz) é 0,154 ($p < 0,01$), indicando que um aumento do desvio padrão no autocontrole baixo resulta em um aumento no desvio padrão de 0,154 na vitimização" (PRATT et al., 2014, p. 99); "Lembre-se de que uma das principais vantagens do modelo tobit é que ele lida explicitamente com o valor mínimo da medida de inadimplência sumativa" (OUSEY; WILCOX, 2007, p. 340).

Agora, que maneira é essa de falar sobre pessoas? Duvidamos que aqueles envolvidos na coerção sexual apreciem sua redução aos modelos básicos e efeitos (não) variáveis. Parece-nos que desmontar as vítimas em suas partes componentes – sentimentos, autocontrole, circunstâncias da vida, tudo entalhado, como um açougueiro intelectual em uma carcaça – geralmente as torna vítimas novamente. Seja delinquência juvenil, vítima de violência doméstica ou oficial de liberdade condicional, não pode ser bom ter palavras colocadas na boca, ter suas ações e os relatos que você dá, traduzidos no jargão daqueles que afirmam conhecê-lo melhor do que você conhece a si mesmo. Abstrato e obtuso, esse tipo de linguagem também é revelador, iluminando um conjunto de práticas linguísticas que sistematicamente sugam a vida daquelas que descrevem.

O Survey Nacional das Gangues

Desde 1995, o Escritório de Justiça Juvenil e Prevenção da Delinquência (OJJDP),[89] do Departamento de Justiça dos EUA, e o Centro Nacional de Gangues,[90] realizaram uma Pesquisa Nacional de Gangues Juvenis[91] para "[...] facilitar a análise de mudanças e tendências na natureza das gangues juvenis e suas atividades." A pesquisa de 1996, por exemplo, encontrou cerca de 31.000 gangues, com aproximadamente 850.000 membros – uma descoberta importante, uma vez que, como observou o Administrador do OJJDP, Shay Bilchik, "[...] dados sólidos são essenciais para resolver o problema do crime juvenil [...]" (OJJDP, 1999, p. iii). Em 2004, uma década de pesquisas anuais permitiu o cálculo da média de 10 anos: 25.000 gangues, com 750.000 membros (NATIONAL YOUTH GANG CENTER, 2007). Em 2011, os números estimados eram de 30.000 gangues e 782.500 membros de gangues (NATIONAL YOUTH GANG CENTER, 2014).

Mas, grandes números de lado, as roupas novas do imperador estão, neste caso, notavelmente puídas. O OJJDP não pesquisa nem estuda de outra forma quaisquer gangues ou membros de gangues – suas pesquisas são enviadas apenas para agências de aplicação da lei. Nessas agências, segundo admite o próprio OJJDP, os participantes da pesquisa devem basear suas respostas em "registros ou conhecimento pessoal", embora seja "[...] impossível determinar qual." Além disso, o OJJDP durante anos não forneceu "[...] nenhuma definição [...] sobre o que constitui um

---

89 N.T.: Office of Juvenile Justice and Delinquency Prevention, no original.

90 N.T.: National Gang Center, no original.

91 N.T.: National Juvenile Gang Survey, no original.

membro de gangue ou um incidente de gangue [...]", já que "[...] pouco consenso foi alcançado sobre o que constitui um incidente de gangue, membro de gangue ou gangue" (OJJDP, 1999, p. 7). Agora, a pesquisa estranhamente oferece uma elástica não-definição: "[...] um grupo de jovens, ou adultos jovens em sua jurisdição, que você ou outras pessoas responsáveis, em sua agência ou comunidade, estão dispostos a identificar como uma 'gangue'." (<www.nationalgangcenter.gov>). No entanto, nada disso impede a produção de dados esteticamente confiáveis; um resumo preliminar da pesquisa (OJJDP, 1999), por exemplo, incluiu 36 tabelas e 19 gráficos e figuras, com outras tabelas e fórmulas oferecidas nos Apêndices "A" a "L".

Assim, para as agências governamentais e para os criminologistas que confiam nelas, a "voz do dados", aparentemente, soa mais ou menos assim:

> Aquilo que não deve ser estudado diretamente, pode, não obstante, ser examinado definitivamente, baseado nos registros, ou talvez nas percepções pessoais daqueles cujo trabalho é erradicar aquilo que eles não podem definir com precisão.

Honestamente, porém, não pretendemos tornar este texto um ataque pessoal aos nossos colegas, nem destacar críticas especiais àquelas que citamos; na verdade, a pesquisa que observamos foi selecionada simplesmente pela abertura de edições recentes de revistas científicas de criminologia ortodoxa e, infelizmente, escolhendo a maioria dos artigos. Além disso, estamos conscientes de que, se a nossa crítica fosse imediatamente adotada, os meios de subsistência acadêmicos seriam perdidos, os *workshops* de redação de candidatura a bolsas seriam esvaziados, os seminários de estatística avançada seriam sumariamente cancelados. Este não é o nosso interesse imediato; ao contrário, como dissemos em outro lugar: "O que interessa aqui é ter consciência do gelo fino, mas com o implacável desejo de continuar patinando" (YOUNG, 2004, p. 19). Ou, em outras palavras: o que nos interessa é a transparência das inexistentes roupas novas do criminologista, a nudez da fraudulenta criminologia objetivista, salvo que todos que concordam em concordar que as roupas certamente existem – e são ótimas roupas.

Como Feyerabend sugeriria, essa fraude pode ser um fenômeno contemporâneo, mas com um longo tempo de construção. Alguns criminologistas, por exemplo, podem se opor à descoberta de fundamentos da criminologia contemporânea na Escola de Chicago, do início do século XX, argumentando que as verdadeiras raízes da criminologia, suas raízes científicas, podem ser encontradas no século XIX, no pioneiro trabalho positivista de Cesare Lombroso. Concordamos – e acrescentamos que Lombroso era um artista performático, um imperialista cultural e uma fraude científica. Como Wayne Morrison demonstra, "[...] a criminologia positivista nasceu em meio a um deslumbrante e sedutor espetáculo [...]" de crânios coletados, tatuagens catalogadas, mapas policiais montados na parede e cérebros humanos gelatinizados, com as coleções de Lombroso como as mais deslumbrantes de todas. Concebidos literalmente para exibir publicamente os métodos "científicos" da nova criminologia, essas exposições e coleções clínicas do século XIX, fizeram parte do processo pelo qual a criminologia positivista emergiu como um "fenômeno cultural" (MORRISON, 2004b, p. 68). Mas esses métodos de mapeamento e mensuração exibidos não constituem mais uma "ciência" do crime do que os *surveys* de hoje, e os mapas de crime por GPS; de acordo com os cálculos de Lombroso, por exemplo, a arte aborígene era equivalente à "arte criminal" contemporânea, e as tatuagens históricas dos maoris, simples evidências da criminalidade atávica. O imperialismo metodológico pelo qual o significado situado é roubado em nome da ciência – pelo qual os métodos de pesquisa reduzem a violência doméstica a um conjunto de dados, pelo qual os catálogos convertem a cultura local em crime – opera agora como o fazia então (neste ponto em relação às culturas indígenas de hoje, veja o recente e poderoso trabalho de Juan Tauri (2012) sobre a criminologia indígena).

Como Feyerabend e Cohen também sugeririam, despir a mitologia dos primórdios científicos da criminologia, penetrar nos códigos culturais pelos quais a criminologia contemporânea se apresenta como ciência, expor a fraude do fundamentalismo criminológico – isto é, vendo através das roupas novas do criminologista – apenas fornece um tipo de saudável desrespeito disciplinar, necessário para o progresso intelectual. Livres do delírio coletivo da criminologia científica, acordamos para ver que os métodos de pesquisa e análise estatística perdem áreas inteiras da vida social e cultural, ao mesmo tempo em que inventam construtos sociais fictícios a partir de sua própria arrogância metodológica. Ignorando a dinâmica situacional e interacional do crime e do controle do crime, perdendo inteiramente o significado humano mediado do crime e da transgressão, esses métodos imaginam um mundo em que os conjuntos de dados se correlacionam – de fato capturam – a realidade do crime e do controle. Mas, é claro, os métodos de pesquisa e seus conjuntos de dados resultantes não fazem isso; eles simplesmente criam aquilo que pretendem capturar.

Sejamos claros sobre isso: *não existem* nas situações vívidas de crime e controle do crime, coisas como "[...] razões e proporções logísticas que preveem busca de ajuda, divórcio ou separação para mulheres vítimas de violência conjugal [...]", *não há* coisas como "[...] interações entre propensão antissocial e variáveis temporais previsoras de delinquência [...]", *não há* nada que "resulta do nível 2 do HGLM", *não existe* um "[...] aumento do desvio padrão no baixo autocontrole." Tais frases fazem referência a nada mais do que resíduos de métodos que imaginam existirem tais fenômenos, ao fazê-lo, os chamam à existência. Esses são os fios das novas roupas do imperador, e acreditar que esses fios soltos podem de alguma forma ser entrelaçados em uma compreensão da motivação criminosa, ou de traumas pessoais, e depois generalizados para "atitudes públicas em relação ao crime" ou "padrões de vitimização", é colocar uma camada de roupa imaginária sobre outra. Ouvindo esse tipo de crítica, colegas preocupados às vezes contestam, afirmando que pedimos a eles que desistam de todos os fatos que conhecem: taxas de vandalismo em Boston, graus de abuso doméstico na Inglaterra, níveis de danos pessoais em Bangalore. Pelo contrário: na medida em que tais "fatos" derivam de dados de pesquisa simplistas, reunidos e passados por moedores estatísticos, então cuspidos e cobertos com um fino verniz brilhante de ciência; na verdade, estamos pedindo a eles que desistam do que *não sabem*. Caso contrário, receamos que as pesquisas deles, e a nossa, permaneçam na maior parte do tempo, como atividades estéreis, a serviço de uma ilusão, resolvendo os problemas da vitimização criminal e dos abusos da autoridade estatal, e constituindo-nos todos em pouco mais do que guardiães intelectuais da modernidade tardia.

SELEÇÃO DE FILMES E DOCUMENTÁRIOS ILUSTRATIVOS
DE ALGUNS DOS TEMAS E IDEIAS DESTE CAPÍTULO

- *The Wire* (série de TV, 5 temporadas), criada por David Simon.

Talvez a maior série de TV sobre crimes, de todos os tempos, *The Wire* desdobra-se em suas cinco temporadas, como um livro de criminologia cultural: as micro-práticas de rua de vendedores de drogas, a decadência urbana pós-industrial, os pontos fortes e fracos do trabalho policial contemporâneo, contrabando transnacional, corrupção no sistema prisional e de justiça criminal, crime organizado, lavagem de dinheiro e o sistema de educação americano em dificuldades – a lista de temas criminologicamente relacionados é interminável. No entanto, para fins deste capítulo, confira a 4ª temporada em particular, já que ela tem muito a dizer sobre o

CompStat, *juking the stats*[92] e os problemas que surgem quando as forças policiais priorizam metas estatísticas, sobre o policiamento comunitário. (IMPORTANTE: a primeira temporada leva alguns episódios para aquecer, mas insista e você será recompensado com a abrangente narrativa de *The Wire* ganhando ritmo e foco.)

- *The Trap – What Happened to our Dream of Freedom*, 2007 (3 partes), Direção de Adam Curtis.

Uma brilhante série de documentários, em três partes, que mostra como a dependência de modelos estatísticos simplistas sobre o comportamento humano, combinada com uma crença exagerada no egoísmo humano, criou uma "gaiola" para os humanos ocidentais. Essencial para qualquer pessoa que queira entender o mundo neoliberal de indicadores de desempenho, tabelas classificativas e cotas, constituídas de estatísticas duvidosas e sistemas cada vez mais controladores de gestão social (disponível para assistir gratuitamente em: <www.filmsforaction.org>).

- *Kitchen Stories*, 2003, Direção de Bent Hammer.

Baseado em um documentário verdadeiramente enfadonho dos anos 1950, sobre os estudos suecos de tempo e movimento das donas de casa, *Kitchen Stories* é uma comédia que destaca os problemas que podem surgir quando se tenta observar cientificamente o comportamento humano.

- *Human Resources: Social Engineering in the Twentieth Century*, 2010, Direção de Scott Noble.

Partindo da afirmação de Mikhail Bakunin de que "[...] se existe um demônio na história, é o princípio do poder [...]", e abrangendo assuntos como o behaviorismo, a administração científica e a experimentação humana, *Human Resources* é um documentário visualmente atraente sobre controle social, filosofia mecanicista e manipulação de seres humanos sob sistemas hierárquicos (disponível para assistir gratuitamente em: <http://topdocumentaryfilms.com> e <www.filmsforaction.org>).

- *Brazil, o filme*, 1985, Direção de Terry Gilliam.

Um homem assume um Estado administrativo obcecado pelo terrorismo e pela tecnologia, na fantasia de retro-futuro de Terry Gilliam. Parte fantasia surreal, parte profunda sátira de ficção científica sobre a burocracia totalitária, *Brazil* possibilita uma visão interessante, em um mundo pós-Patriot Act.

---

92 N.T.: "dançando com as estatísticas".

- *Sherrybaby*, 2006, Direção de Laurie Collyer.

Maggie Gyllenhall estrela este filme comovente, sobre uma jovem mulher (a homônima Sherry Swanson) que tenta reconstruir sua vida depois de cumprir uma pena de três anos em uma prisão de Nova Jersey. Apesar das boas intenções, incluindo seus planos de restabelecer o relacionamento com sua filha, Sherry se vê cercada por restrições de liberdade condicional cada vez mais rigorosas, e uma sociedade que pouco se importa com ex-condenadas do sexo feminino. *Sherrybaby* ilustra uma série de temas criminologicamente significativos, mas especialmente, o distanciamento entre as restrições burocráticas do sistema de justiça criminal, e as difíceis escolhas existenciais que são o produto de vidas desfeitas.

Leitura Adicional

- YOUNG, J. *The Criminological Imagination*. Cambridge: Polity Press, 2011.

Crítica substantiva do positivismo, abstraído de uma perspectiva criminológica cultural e crítica.

- FERRELL, J. Criminological verstehen. *Justice Quarterly*, v. 14, n. 1, p. 3–23, 1997.

Declaração criminológico-cultural inicial, sobre a centralidade do conceito de *verstehen* de Max Weber: a compreensão subjetiva ou apreciativa das ações e motivações dos outros.

- FERRELL, J. Boredom, crime and criminology. *Theoretical Criminology*, v. 8, n. 3, p. 287-302, 2004.

Um artigo que mostra como, sob as condições desumanas da modernidade, o tédio passou a permear a experiência da vida cotidiana. Ferrell expõe os modos pelos quais essa experiência coletiva gera, não apenas momentos de excitação criminal ilícita, como também uma vasta maquinaria de metodologias científicas sociais abstratas, e abstração analítica.

- COHEN, S. *Against Criminology*. Oxford: Polity, 1988.

Uma coleção de ensaios do inimitável Stan Cohen, em que ele analisa o desenvolvimento da criminologia, na tentativa de apontar algumas limitações teóricas e metodológicas da produção do conhecimento criminológico.

- WINLOW, S.; HALL, S. What is an "Ethics Committee?: Academic Governance in an Epoch of Belief and Incredulity. *British Journal of Criminology*, v. 52, n. 2, p. 400-416, 2012.

O artigo de Winlow e Hall mostra como a aversão ao risco, a correção política e a morte da integridade intelectual nas universidades ocidentais, resultaram em restrições cada vez mais rigorosas, impostas por comitês de ética e conselhos institucionais, sobre pesquisadores que desejem continuar estudando seres humanos em contextos reais.

Websites Úteis

- Adam Curtis Films

<http://adamcurtisfilms.blogspot.co.uk/>.
Link para os documentários instigantes do cineasta da BBC Adam Curtis.

- The Journal of Qualitative Criminal Justice and Criminology (JQCJC)

<www.jqcjc.org/>.
O JQCJC é uma pesquisa qualitativa original, de publicação periódica bianual de acesso aberto, artigos que tratam de metodologias qualitativas de pesquisa e resenhas de livros relevantes tanto para pesquisa qualitativa quanto para metodologia.

- The International Journal of Qualitative Methods

<http://ejournals.library.ualberta.ca/index.php/IJQM/index>.
O *The International Journal of Qualitative Methods* é uma publicação revisada por pares, editada como um volume aberto anual, e publicada na Internet pelo International Institute for Qualitative Methodology at the University of Alberta, Canadá.

8

CONHECIMENTO PERIGOSO: ALGUNS MÉTODOS DA CRIMINOLOGIA CULTURAL

Olhando através das novas roupas do criminologista ortodoxo – jogando fora a ilusão da criminologia científica social – estamos livres para imaginar novas possibilidades para se envolver com os problemas do crime e da justiça. Rejeitando a autoimportância arrogante do método ortodoxo, somos capazes de abraçar possibilidades metodológicas que são criativas, perigosas e inacabadas. Como dito antes, a seriedade do assunto é tal, que não ousamos levar a criminologia convencional a sério, a fim de que a tragédia humana não se perca em meio a um labirinto de tabulações cruzadas. Em vez disso, é nosso dever disciplinar ir além da certeza obsoleta da ortodoxia, e produzir abordagens capazes de explicar o crime, a transgressão e a vitimização, assim como elas são vividas sob as circunstâncias contemporâneas.

No mundo atual da imigração, da impermanência e da "vida instantânea", onde a transitoriedade ultrapassa a durabilidade, os métodos da criminologia ortodoxa parecem ilusórios e anacrônicos. *Surveys* de perguntas estruturadas e resumos numéricos são resíduos de um modernismo anterior, de racionalização e rotinização. Tais métodos operam como uma fábrica de conhecimento em linha fixa, ainda produzindo uma engenhoca de dados de cada vez – e sob nova propriedade do IRB e do REF – a linha de montagem da fábrica torna-se ainda mais inflexível. Esses métodos presumem, e de fato requerem, categorias discretas, populações e personalidades fixas, confiabilidade, replicabilidade – isto é, tudo o que a modernidade tardia tantas vezes nega. Consequentemente, eles estão obsoletos, mal equipados para entrar nas imagens efêmeras e emoções que animam a vida cotidiana, assim como inadequados para surfar os fluxos informacionais que a moldam. Há meio século, Martin Nicolaus (1969, *p.* 387) perguntou à sociologia: "Que tipo de ciência é essa, que só funciona quando os homens ficam parados?". Meio século depois, mulheres e homens, criminosos e suas imagens, são ainda menos propensos a ficar parados; portanto, os métodos da sociologia e da criminologia ortodoxas são ainda menos adequados para serem aplicados.

Em vez disso, a criminologia deve adotar métodos que capturem as sutilezas de situações transgressivas e, ao mesmo tempo, localizem essas situações em correntes mais amplas de significado. Deve-se imaginar métodos que possam captar campanhas de lei e ordem mediadas e, ao mesmo tempo, explicar a variedade de públicos que tais campanhas atingem e perdem. Esses métodos – os métodos da criminologia cultural – devem estar sintonizados com o crime como fenômeno emergente das circunstâncias locais, assim como uma mercadoria, comercializada através de redes globais; e devem ser simpáticos à identidade contemporânea como fonte de estabilidade existencial e desconforto contínuo. Na melhor das hipóteses, esses métodos devem misturar a vida instantânea com o compromisso humano de longo prazo.

E esses métodos devem estar em sintonia com a imagem. Claramente, é hora de abandonar a antiga hierarquia científico-social do conteúdo sobre a forma, e os métodos que a incorporam e privilegiam a palavra sobre a imagem, na investigação do crime. Um mundo em que imagens do crime e da justiça permeiam a vida cotidiana, circulando por meio de noticiários e conversas, gerando medo público e políticas públicas – o mundo descrito no capítulo 6 – não é um mundo que pode ser reduzido a uma das quatro opções de resposta da pesquisa, ou a textos e números secos. Compreender este mundo requer pesquisá-lo em seus próprios termos, nos termos da dinâmica representacional do discurso simbólico e da ambiguidade estilística. Se nossos resultados de pesquisa refletirem este mundo, e circularem nele, então eles devem se tornar mais elegantes e mais abertos à imagem. Uma criminologia do mundo contemporâneo requer métodos ligados à produção de imagens e à produção de estilos de comunicação mais literários ou artísticos do que "científicos". Hoje, criminosos, legisladores e agências de aplicação da lei fazem suas próprias mídias, criando *websites*, circulando imagens e prestando atenção às políticas de comunicação. Ao estudá-los, devemos fazer o mesmo.

É pedir demais uma disciplina atolada em métodos que, geralmente, produze escrita ruim, e apresentações feias (FERRELL, 2006b). Mas com base em nossas experiências, podemos prometer certos benefícios, se a tarefa for realizada. Os métodos a seguir exigem mais pesquisadores – mas também garantem um pouco mais de aventura intelectual e excitação experiencial do que o fazem os formulários dos *surveys*. Em comparação com os métodos criminológicos ortodoxos, esses métodos são garantia quase certa de aproximar os pesquisadores do crime e dos criminosos – e mais perto do público interessado no crime, nos criminosos e na criminologia. E, ao longo do caminho, é provável que esses métodos também aproximem os pesquisadores de si mesmos.

ETNOGRAFIA

Razoavelmente ou não, a criminologia cultural é frequentemente comparada com a etnografia, em grande parte devido aos estudos etnográficos de Jeff Ferrell (1996, FERRELL, 2001/2, FERRELL, 2006a) e à coleção *Ethnography at the Edge* editada por Jeff Ferrell e Mark Hamm (1998). Em uma revisão crítica da criminologia cultural, por exemplo, Martin O'Brien (2005, *p.* 600) define a criminologia cultural, em parte, por sua "imaginação etnográfica" e explora em detalhes seus métodos etnográficos; em outra visão crítica, Craig Webber (2007) investiga e critica a interação entre criminologia cultural e etnografia culturalmente informada. Max Travers (2013), enquanto argumenta genericamente que a criminologia cultural "[...] tem sido, sem dúvida, o movimento intelectual mais excitante dentro da criminologia crítica nas últimas duas décadas [...]", também focaliza, e às vezes questiona, os criminologistas culturais que adotam a etnografia como um método crítico.

Conforme praticada por Ferrell e outros, a etnografia denota participação em longo prazo, e aprofundada, entre aqueles em estudo; o livro de FERRELL (2006a) sobre mendicância urbana e catadores de lixo, por exemplo, resultou de uma pesquisa contínua, em nível de rua, com andarilhos urbanos. Conduzida dessa maneira, a etnografia parece um método definitivo para a criminologia cultural, já que, como diz Paul Willis (1977, *p.* 3), ela fornece "[...] uma sensibilidade a significados e valores, bem como a capacidade de representar e interpretar articulações, práticas e formas de produção cultural." Profundamente imerso na vida de criminosos, vítimas de crimes ou policiais, o criminologista pode se tornar parte do processo pelo qual o significado é produzido, testemunhando as maneiras pelas quais essas pessoas dão sentido às suas experiências, através de códigos simbólicos e conversas coletivas. Partilhando com eles as suas circunstâncias e experiências, vulnerável às suas tragédias e triunfos, o criminologista também pode aprender algo sobre as emoções que atravessam as suas experiências de crime, vitimização e justiça criminal.

Para os criminologistas culturais, esse objetivo de obter um profundo conhecimento cultural e emocional é incorporado ao conceito de *verstehen*[93] criminológico (FERRELL, 1997; ROOT *et al.*, 2013). Conforme desenvolvido pelo grande sociólogo Max Weber, o conceito de *verstehen* denota a compreensão subjetiva, ou apreciativa, das ações e motivações dos outros – uma compreensão profundamente sentida, essencial para compreender plenamente suas vidas. Como argumentou Weber (1978, p. 4-5), para pesquisas que "[...] dizem respeito à compreensão interpretativa da ação social [...] a precisão empática ou apreciativa é alcançada quando, através da participação simpática, podemos compreender adequadamente o contexto emocional em que a ação ocorreu." Aqui, Weber e criminologistas culturais sustentam a criminologia ortodoxa. Em vez da "objetividade", que garante resultados precisos de pesquisa, é na verdade a subjetividade emocional que garante a precisão na pesquisa; sem isso, o pesquisador pode observar um evento ou extrair informações, mas terá pouca noção de seu significado ou consequências para os envolvidos. Isto é verdade, a propósito, se o pesquisador "simpatiza", em um sentido convencional, com aqueles que estão sendo estudados. No trabalho etnográfico de Ferrell, por exemplo, sua submersão nas emoções significativas dos grafiteiros e dos desabrigados, permitiu que ele os retratasse em sentidos que contrariam sua injusta demonização, na mídia e no sistema de justiça criminal. Mark Hamm (1997, HAMM, 2002), por outro lado, peregrinou profundamente dentro dos perigosos mundos emocionais dos terroristas domésticos (ingleses), com intenção e efeitos precisamente opostos: dissipar os estereótipos sobre eles, no interesse de uma melhor compreensão e prevenção da vitimização dos outros. Em ambos os casos, a "categoria criminal" convencional, como diz Philip Parnell (2003, p. 22), é "[...] uma barreira que vale a pena atacar, através da prática etnográfica."

Ao considerar o objetivismo da criminologia ortodoxa, essa abordagem etnográfica também resgata o empreendimento criminológico das metodologias dependentes de registros oficiais, dados de *surveys* e números. Significativamente, não quer dizer simplesmente que tais métodos não estejam bem equipados para levar pesquisadores a emoções e significados localizados; ocorre que, por definição, eles *não pretendem* levar os pesquisadores para lá. Engajar-se em etnografia, lutar por *verstehen* criminológico, é comparecer humildemente diante dos que estão sendo estudados, buscar e respeitar seus entendimentos e tomar nota das

---

93 N.T.: "Compreensão"; em língua alemã no original.

nuances culturais, *porque elas importam*. Enviar uma *survey*/pesquisa ou interpretar um conjunto de dados estatísticos é perder essas nuances *intencionalmente*, acreditando que os significados podem ser deduzidos pelo pesquisador e transmitidos ao tema de pesquisa. Engajando-se em etnografia, então, os criminologistas culturais focalizam suas pesquisas em seus temas, mas também na crítica à criminologia ortodoxa. No atual contexto disciplinar, a etnografia existe como subversão, como a decisão de afirmar e explorar a ação humana daqueles que estudamos, quer essa ação produza crime, resistência, vitimização ou injustiça.

As subversões disciplinares da pesquisa etnográfica são temporais e existenciais também. Estudos etnográficos geralmente misturam horas de tédio com explosões de surpresa e momentos de incerteza perigosa. Tais estudos fluem com a dinâmica das situações, abrangendo os significados culturais de outros, levando os pesquisadores para além de sua própria complacência existencial e às ambiguidades incômodas do crime e do controle do crime. Nesses estudos, o progresso é medido não pelo eficiente acúmulo de dados, mas pelo abandono da eficiência profissional aos ritmos dos mundos temporais de outros (FERRELL, 2006a; BARRETT, 2013) – ritmos que, pelos padrões convencionais, podem parecer muito hesitantes e demorados. Em última análise, esse método do tipo "faça você mesmo" gera conhecimentos disciplinarmente perigosos, gerando engajamento humano, *insights* bizarros e significados ilícitos inimagináveis – e incontroláveis – dentro da certeza rigorosamente programada de métodos "científicos", IRBs e REFs.

Em seu extremo, a etnografia sugere um processo através do qual os pesquisadores aprendem a se perder dentro de uma série de situações ilícitas – e, perdendo-se, encontram os significados e as emoções que essas situações carregam. Dessa maneira, o método etnográfico se posiciona contra a própria "metodologia", na medida em que a metodologia é convencionalmente conceituada como um conjunto de procedimentos pré-ordenados a serem implantados como determinantes do processo de pesquisa. A boa etnografia, em contraste, geralmente está mais próxima de seguir a injunção de Feyerabend, de que "vale tudo", emergindo como um modo de vida alternativo para aqueles dispostos a explorar as nuances incertas da transgressão e do controle. A moralidade da etnografia é a do engajamento humano e da decisão situacional, sua política é mais a dinâmica do anarquismo do que a da organização dos manuais e da regulamentação burocrática.

Conhecimento perigoso, de fato.

Etnografia e Direito

Em agosto de 2012, Bradley Garrett foi preso, algemado e arrastado para fora de um avião, no aeroporto de Heathrow, em Londres. Terrorista? Não, etnógrafo. Quatro anos antes, Garrett iniciara um projeto de pesquisa de doutorado, com base em pesquisas etnográficas com "exploradores urbanos" ou "invasores de lugares",[94] em Londres e em outros lugares. Dado que os exploradores urbanos contemporâneos organizam seu tempo de lazer em torno de prédios abandonados, estações de trânsito fechadas e arranha-céus em construção, esse trabalho etnográfico necessariamente empurrou Garrett contra, e às vezes além de vários limites legais, no que se refere à invasão de propriedade privada. Para os exploradores urbanos de Londres, as muitas estações de metro fora de uso, da cidade, são particularmente atraentes, e à medida que Garrett e seus sujeitos de pesquisa começaram a explorar essas estações, e documentar e divulgar suas explorações na mídia e em outros lugares, a Polícia Britânica de Transporte (BTP) começou a tomar conhecimento. Depois de prender Garrett em Heathrow, o BTP derrubou a porta da sua casa, apreendeu suas anotações de campo, e materiais de pesquisa relacionados. Garrett e oito de seus sujeitos de pesquisa foram posteriormente acusados de "conspiração para cometer danos criminosos" – uma acusação que leva a uma possível sentença de dez anos de prisão – com as acusações baseadas, em parte, em materiais de pesquisa que a BTP tirou do disco rígido do computador de Garrett. . As autoridades também tiraram a enorme quantidade de anotações de campo, fotografias e vídeos que a pesquisa etnográfica de Garrett havia gerado para afirmar que ele havia atuado como chefe organizador dessa conspiração criminosa. À medida que o caso avançava para o julgamento, a acusação designou, como perita, a Dra. Helen Kara, uma "pesquisadora social independente" (KARA, 2014, *p.* 1). Em seu depoimento como perita judicial, a Dra. Kara argumentou que o desrespeito à lei de Garrett era antiético e desnecessário, já que ele poderia ter conduzido a pesquisa legalmente. Ela também entendeu que o trabalho etnográfico de Garrett "[...] traz descrédito à pesquisa social" (KARA, 2014, *p.* 9-10) e que, no decorrer da pesquisa, ele havia violado a privacidade, a confidencialidade e o "bem-estar" daqueles que ele estudou. Apesar de admitir que ela mesma "[...] nunca conduziu uma etnografia", ela concluiu que a pesquisa de Garrett era totalmente ilegal e antiética. "É minha opinião, sem reservas, que muitas de suas ações como pesquisador eram antiéticas", escreveu ela (KARA, 2014, *p.* 11). "Em particular, ele violou a lei no decorrer da condução de sua pesquisa." A defesa reagiu com

---

94 N.T.: *Place hackers*, no original.

seu próprio testemunho pericial: Jeff Ferrell. Ferrell (2014b, *p.* 10) argumentou que a longa tradição de pesquisa etnográfica com populações marginais e ilegais tornou uma coisa "notavelmente clara": o pesquisador etnográfico é obrigado a participar de interações e situações que podem ser ilegais, se o pesquisador vai conduzir uma pesquisa completa e adequadamente. Em contraste com a opinião de "descrédito" de Kara, Ferrell (2014b, *p.* 12) afirmou que a pesquisa de Garrett "[...] fazia exatamente o oposto: sustentar e levar adiante a respeitada tradição de trabalho de campo etnográfico dentro da comunidade social." Em contraste com a opinião de "descrédito" de Kara, Ferrell (2014b, *p.* 12) afirmou que a pesquisa de Garrett "[...] faz exatamente o oposto: continuar e levar adiante a respeitada tradição de trabalho de campo etnográfico dentro da pesquisa social; e por suas descobertas e análises, aumentar significativamente a reputação da pesquisa social." Ferrell também considerou as preocupações de Kara sobre as supostas confidencialidade e privacidade violadas, "imprecisas e irônicas", já que, afinal de contas, "[...] a polícia e o próprio processo violaram a privacidade dos sujeitos de pesquisa que o Dr. Garrett havia trabalhado para proteger."

Durante o desenrolar do caso, as acusações foram retiradas contra todos, menos dois réus, um deles, Garrett, que se declarou culpado de cinco acusações de "danos criminosos a propriedades ferroviárias" – incluindo atos como remover um ferrolho, e remover uma placa e depois recolocá-la – pelos quais ele não recebeu dez anos de prisão, mas três anos de liberdade condicional, e uma multa de duas mil libras. Esta resolução "bem sucedida" para o julgamento foi acompanhada por outros sucessos: Garrett concluiu seu doutorado, publicou um livro baseado em sua pesquisa, apesar da pressão oficial da BTP sobre seu editor (GARRETT, 2013), e empregou-se no sistema acadêmico britânico. No entanto, apesar de Garrett ter conseguido evitar a prisão, ele não conseguiu escapar das ameaças legais à sua pesquisa. "É precisamente o 'condicional' da 'liberdade condicional' que me foi dada, que continua a me causar angústia", diz ele.

> A condição, como foi enunciada na sentença, é que eu não incorra em mais delitos nos próximos três anos, para que eu não seja levado a enfrentar essas acusações novamente. Embora eu esteja feliz em estar livre novamente, eu também estou impedido, em termos inequívocos, de fazer pesquisas sobre qualquer prática social que possa cruzar esses limites legais, nos próximos anos; uma infeliz consequência de uma já desconcertante tentativa de sufocar a pesquisa acadêmica razoável (GARRETT, 2014, *p.* 39).

> Ele também está ciente do projeto etnográfico de seis anos conduzido por Alice Goffman em um bairro pobre da Filadélfia – um projeto, diz ele, que "[...] muitas vezes a aproximava da lei", enquanto demonstrava "[...] o valor de passar longos períodos de tempo em contextos sociais legalmente obscuros, para aprender mais sobre membros marginalizados da sociedade, pessoas frequentemente sem voz" (GARRETT, 2014, *p.* 37). De fato, durante sua pesquisa, Goffman (2014) testemunhou coronhadas, espancamentos, assassinatos e vinte e quatro ataques policiais, durante um dos quais ela foi algemada; finalmente, ela destruiu todas as suas anotações de campo, para protegê-las da apreensão policial (KOTLOWITZ, 2014). E também há o caso daquele perito judicial da defesa de Garrett, que muitos anos antes ocultou as fitas de suas entrevistas de campo com grafiteiros em um cofre de banco, e que, mesmo assim, foi preso, julgado e sentenciado às restrições da liberdade condicional, por um ano (FERRELL, 1996; FERRELL, 1997).

Por tudo isso, então, muito do que hoje se constitui em criminologia cultural foi construído, não a partir da pesquisa etnográfica clássica, em sentido estrito; e muito do que é para ela se tornar, sem dúvida, também emergirá de outras abordagens. Cronogramas de publicação e circunstâncias pessoais, REFs e IRBs, financiamentos restritos, baixos salários e os problemas legais que acabamos de relatar, conspiram para manter muitos criminologistas, culturais ou não, afastados da etnografia profunda e de longo prazo (ADLER; ADLER, 1998; WEBBER, 2007). Mais positivamente, alguns criminologistas culturais preferem outras abordagens de pesquisa, por razões de tema ou estilo. A criminologia cultural, então, não é definida, e não deve ser definida, pelos métodos particulares da etnografia convencional – mas pode e deve ser definida por uma sensibilidade etnográfica. Seja qual for o ponto de vista, essa sensibilidade etnográfica orienta a criminologia cultural para certas práticas. Ele abre a pesquisa para os mundos significativos dos outros, e procura compreender os processos simbólicos através dos quais esses mundos são construídos. Afirma a importância da ressonância emocional, e abrange as nuances e texturas da cultura humana. E submete a "objetividade" arrogante da metodologia ortodoxa às ambiguidades fluidas da ação humana.

Pensando desta maneira, a "etnografia" não é um método que exclui a todos, com exceção dos pesquisadores mais comprometidos, mas é um convite a todos os pesquisadores, todos os criminologistas, para se engajarem numa atitude de atenção e respeito. Pensada como uma sensibilidade, a etnografia pode durar meses ou apenas por um momento, e pode ser aplicada em situações sociais, comunicações mediadas ou processos globais.

ETNOGRAFIA INSTANTÂNEA

Tradicionalmente, a qualidade da etnografia era medida, em parte, por sua duração, na suposição de que quanto mais tempo um pesquisador passasse dentro de um grupo ou situação, mais profundamente sua dinâmica cultural poderia ser compreendida. Esse certamente pode ser o caso, e para um pesquisador que estuda as estratégias de prevenção do crime de uma vizinhança, a evolução de uma gangue de jovens urbanos ou o surgimento de um criminoso de colarinho branco da cultura corporativa, o envolvimento em pesquisas de longo prazo pode ser inestimável. A instabilidade líquida da modernidade tardia, porém, significa que o crime também pode ir e vir em um instante. A estratégia a longo prazo de controle do crime de um bairro, pode entrar colapsar em um momento de violência aleatória; a trajetória de uma gangue juvenil pode mudar com uma briga de rua particularmente violenta; peculato pode emergir da cultura corporativa em curso ou de um momento de vergonha profissional ou ridicularização no local de trabalho. Como sugerido no capítulo 4, da escavação da vida cotidiana, anos de exposição à televisão podem desencadear o medo da vitimização, mas também um mal-entendido momentâneo – e o controle do crime pode ser realizado, às vezes, por pouco mais que um gesto ou um olhar. Com muitas populações cada vez mais livres das estabilidades do tempo e do espaço através da imigração global, empregos temporários e comunicações virtuais, esses pequenos *flashes* de medo e transgressão tornam-se cada vez mais comuns, e a pesquisa sobre eles é ainda mais importante.

Mas se o crime pode ocorrer em um instante, pode também a etnografia? O trabalho emergente em criminologia cultural e campos relacionados sugere que pode. Contrastando a tradição da pesquisa de ciência social rigidamente controlada, "dirigida pela técnica" com as noções mais recentes de modernidade e ambiguidade, Peter Manning (1995, p. 246) argumenta que essa abordagem contemporânea pode reorientar a etnografia para o "[...] emergente e frágil caráter reflexivo da vida moderna. Etnografias dessas circunstâncias frágeis, observa Manning (1995, p. 249-51, ênfase no original), explicariam a "[...] perversidade e *imprevisibilidade* fundamentais da conduta humana [...]", ao tecer "[...] fragmentos e fragmentos de eventos [...]", em um novo tipo de "etnografia da experiência". Uma etnógrafa cultural veterana, que passou meses e anos no campo, Stephanie Kane (1998, p. 142-3), constata, da mesma forma, que momentos de caos e confusão, "[...] momentos em condições extremas ou incomuns [...]", podem ser interrogados como parte do trabalho etnográfico. Ao deslocar o pesquisador da prática tradicional da pesquisa etnográfica, esses momentos devem ser valorizados – talvez até mesmo planejados, de vez em quando – pelos *insights* fenomenológicos que eles podem oferecer. "O acaso", diz Kane (2004, p. 317), "pode realinhar dados" e, ao fazê-lo, pode revelar "padrões empíricos, de novas maneiras."

O trabalho teórico em criminologia cultural nos ajuda a imaginar a etnografia instantânea também. Assim como Bauman (2000) teorizou as longas correntes da modernidade líquida, os criminologistas culturais teorizaram a dinâmica localizada, pela qual os momentos líquidos são vividos ilicitamente. Para Jack Katz (1988, p. 7-216), as "seduções do crime" são tais que "[...] as causas do crime são construídas pelos próprios infratores [...]" em momentos de transgressão criminosa, com essas causas operando então como "iscas e pressões". Que eles experimentam de forma independente, movendo-os para o crime. Entender a dinâmica criminosa, então, significa documentar essas construções localizadas, e permanecer pronto para tirar sentido delas em "circunstâncias excepcionais" e momentos de "sensualidade incongruente". Conforme conceituado por Stephen Lyng (1990; LYNG, 2005) e Jeff Ferrell (1996, FERRELL, 2005), as experiências transgressivas de "trabalho artístico" e "a adrenalina" também são caracterizadas por uma unidade de habilidade e aventura, que permanece apenas enquanto o momento transgressivo dura. Pesquisar essas experiências exige que se vá para "dentro do imediatismo do crime" (FERRELL, 1997), em um instante tão frágil, tão fugaz, que os envolvidos o consideram efêmero e inefável. Katz (1988, p. 312) argumenta, a esse respeito, que o foco teórico de longa data da criminologia nos "fatores de fundo", ao invés de nas seduções "de primeiro plano", serviu para "constituir o campo de trás para frente". O mesmo pode ser dito do método. Talvez os métodos convencionais, mesmo as etnografias convencionais, tenham olhado demais para o pano de fundo, antecipadamente, e não o suficiente para os momentos em que os fatores de fundo explodem em significado e emoção (FERRELL, 1992; YOUNG, 2003). [95]

A etnografia da construção momentânea do significado, a etnografia instantânea, é também a etnografia da performance. Assim como o gênero, a etnia e outros marcadores de identidade são cada vez mais vistos

---

95 Deste ponto de vista, mesmo a etnografia de longo prazo pode ser vista como um momento alongado, uma fatia temporal de algo mais – com a questão para os etnógrafos, então: quão grande a fatia, quanto tempo o momento?

como realizações e desempenhos públicos localizados, Katz e outros nos permitem ver o crime, a criminalidade e a justiça criminal como uma série de performances contestadas, empreendidas em pequenos e perigosos teatros comuns. E assim como a etnografia forneceu a Paul Willis "[...] uma sensibilidade a significados e valores *[...]* práticas e formas de produção cultural[...]", a "etnografia performática" hoje oferece a pesquisadores como John Warren (2006, *p.* 318) uma sensibilidade a "[...] práticas culturais como momentos vivos, experiências objetivadas, pessoas reais em lugares reais." Dwight Conquergood (2002) realizou a etnografia exatamente dessa maneira, registrando em papel e filme os mundos performativos das gangues de rua, refugiados globais e profissionais da justiça criminal, captando aqueles momentos em que o significado de seus mundos ganhava vida. Da mesma forma, Robert Garot (2007a, *p.* 50; GAROT, 2010) documentou a dinâmica do desafio de rua Where you from!?,[96] mostrando que essa performance de bravura não funciona tanto para refletir a filiação estável às gangues, mas para construí-la no momento; a identidade de gangue, Garot argumenta, não é uma "característica pessoal fixa", mas mais "[...] uma resposta sensual às vicissitudes de um momento." Vivendo como um homem "durão" ou um *badass* (KATZ, 1988), ganhando respeito como um policial, sobrevivendo como uma vítima de agressão – estas são performances também, performances destinadas a persuadir uma audiência ou outra; e a si mesmo também. Com sua atenção à coreografia da vida cotidiana, a etnografia convencional pode preparar o cenário – mas também é necessária uma etnografia da presença de palco, uma sensação daqueles momentos ousados e incandescentes, em que o intérprete e a performance transformam a dança da transgressão naquilo que ela é. Em outro lugar, argumentamos que momentos de *edgework* e adrenalina incorporam uma política de transgressão ilícita, muitas vezes levando os participantes para além dos limites da lei, do trabalho e da segurança, embora momentos fugazes, e para novos domínios de possibilidade subversiva (FERRELL, 1996; FERRELL, 2005). A etnografia instantânea confirma essa possibilidade política no domínio do método. Manning (1995) e Kane (2004), recordemos, falam de imprevisibilidade e acaso como geradores de novos entendimentos. John Warren (2006, *p.* 318), Norman Denzin (1997, 2003), Dwight Conquergood (1991) e outros falam explicitamente da etnografia performática como uma forma de intervenção política, um ato de *insight* transgressivo, baseado em "ver a natureza construída de nossas

---

96 N.T.: "De onde você é!?".

vidas, e depois interromper esse processo aparentemente estável". E, de fato, o potencial político da etnografia instantânea lembra uma longa história intelectual. A *epoch*[97] da fenomenologia, os procedimentos de violação da etnometodologia, o *détournement* dos situacionistas – todos são práticas intelectuais que sugerem que antigas compreensões podem ser minadas num instante, e um novo significado é produzido, com a mesma rapidez. Com a etnografia instantânea, também nos engajamos na política da possibilidade transgressora e, assim, adotamos algo da diretiva progressista da criminologia cultural. Seja cometer um assalto, atacar um suspeito em fuga ou conduzir uma etnografia ilícita, o que Henri Cartier-Bresson (1952) chamou de um único "momento decisivo", pode significar tudo – e pode mudar tudo.

Etnografia Instantânea

FIGURA 12 – BASE JUMPING NA NEW RIVER GORGE BRIDGE, WEST VIRGINIA (EUA)

Figura
Crédito: Foto de Jeff Ferrell (1998a).

Jeff Ferrell, Dragan Milovanovic e Stephen Lyng (2001) realizaram uma etnografia instantânea dos BASE *jumpers* – pessoas que saltam de prédios e pontes, usando pára-quedas. Aqui, a etnografia é de fato instantânea, já que os pesquisadores registram as experiências efêmeras dos BASE *jumpers*, os quais, ao saltar, têm apenas alguns segundos para abrir seus paraquedas e acertar um pouso. No entanto, mesmo aqui, os loops e espirais vistos no Capítulo 6 aparecem, já que os BASE *jumpers* usam câmeras de vídeo montadas em capacetes, gravam os saltos para posterior visualização e avaliação coletiva, e vendem as imagens dos saltos para a mídia convencional, a fim de financiar as próximas gravações em vídeo dos saltos.

---

97 N.T.: Contemplação desinteressada.

ETNOGRAFIA LÍQUIDA

Se a etnografia instantânea alcança a velocidade da modernidade tardia, a etnografia líquida encontra uma maneira de fluir com seus redemoinhos de significados, representações e identidade. A etnografia líquida sugere uma etnografia sintonizada com a dinâmica das comunidades transitórias e desestabilizadas; etnografia imersa na interação contínua de imagens; e etnografia confortável com as fronteiras móveis entre pesquisa, sujeitos de pesquisa e ativismo cultural. Para os criminologistas culturais, essa sensibilidade metodológica à ambigüidade e incerteza oferece um benefício adicional: a capacidade de se envolver em comunidades ilícitas, nos seus próprios termos e, assim, explorar a transgressão como fonte de conhecimento perigoso e possibilidade progressiva. Dessa maneira, a etnografia líquida segue a trajetória da criminologia cultural, para longe da "criminologia de corte" que Polsky corretamente condenou; não apenas transferindo a pesquisa criminológica para fora do tribunal e do arquivo de registros do tribunal, mas também transferindo-a para fora das codificações de crime e transgressão.

Podemos esperar que parte do nosso trabalho etnográfico tenha antecipado esse tipo de etnografia líquida, como na etnografia apreciativa e ilegal de grafites e suas imagens, ou na mistura amorfa de "pesquisa de campo e de forma livre sobrevivente", de Ferrell (1996; FERRELL 2006a, p. 1), e que caracterizou suas aventuras entre os catadores de lixo urbanos. Quaisquer que sejam os fluxos que tenhamos descoberto, outros criminologistas culturais estão agora acompanhando ainda mais as correntes da modernidade tardia. David Brotherton, Luis Barrios e seus associados desenvolveram, por exemplo, abordagens etnográficas que são tão sutis em seus entendimentos culturais, quanto globais em seu escopo (KONTOS *et al.*, 2003, BROTHERTON; BARRIOS, 2004; BROTHERTON, 2015). Mergulhando nas práticas culturais e políticas do Todo-Poderoso Rei Latino, Nação Rainha e similares "gangues de rua", eles documentam as maneiras pelas quais esses grupos vão além do crime, para misturar resistência política, fortalecimento da comunidade e práticas religiosas, em suas identidades coletivas emergentes. Forças globais também se cruzam nessas identidades; tanto as "gangues" quanto seus membros individuais incorporam a liquidez da imigração, deportação e comunicação mediada, e difundem essa sensibilidade polimorfa através das alianças globais que constroem (BROTHERTON, 2007). Para membros de gangues, agentes da justiça criminal e etnógrafos, a imagem contestada e a autoimagem da "gangue" constituem, dessa forma, questões críticas e interligadas. Consequentemente, ao criticar as imagens existentes e produzir seus próprios registros fotográficos, esses pesquisadores também entendem que a política da imagem deve ser investigada; como Richard Rodriguez observa (2003, p. 280), a representação da vida de gangue por membros de gangues, policiais ou etnógrafos "nunca é uma prática inocente".

Maggie O'Neill e seus associados também imaginaram novos tipos de pesquisas líquidas com prostitutas, imigrantes, requerentes de asilo e outros, empurrados para as margens legais da economia global. Utilizando uma forma de "pesquisa de ação participativa" que envolve explicitamente pesquisadores e comunidades pesquisadas em projetos colaborativos para uma mudança progressiva, O'Neill vai além dos métodos ortodoxos, ao incorporar arte, fotografia e desempenho nesse processo colaborativo. Ecoando a política dos etnógrafos performáticos, O'Neill (2004, p. 220) argumenta que esse tipo de "prática performativa" pode "[...] explorar e representar a complexidade da realidade vivida, transgredindo maneiras convencionais ou tradicionais de apresentar dados de pesquisa." Quando encenada em locais públicos, essa pesquisa performativa de fato flui para outros reinos, levando a criminologia ao debate popular, e proporcionando às comunidades marginalizadas, a oportunidade de combater a demonização mediada com suas próprias imagens dignificadas. Uma estratégia de pesquisa perfeitamente sintonizada com as permutações da modernidade tardia, essa abordagem colabora até com as comunidades mais transitórias e contingentes na criação de significados e identidade, desenvolvendo o *verstehen* (compreensão) do conhecimento emocional compartilhado, e alcançando um sentido fundamentado, holístico, de justiça social (O'NEILL, 2001; O'NEILL et al., 2004; O'NEILL et al, 2008). Em última análise, essa estratégia flui para um "[...] tipo de estudo público [...] que lida com a complexidade, e se conecta com a natureza construída e performativa de nossos mundos sociais, e produção de conhecimento criminológico" (O'NEILL e SEAL, 2012, p. 158-159). Mais etnografia líquida está emergindo na criminologia cultural, é claro. A obra de Greg Snyder (2006; SNYDER, 2009; SNYDER, 2016) exibe vestígios visualmente carregados, e participa na incerta trajetória do grafite urbano, da pintura pública ilícita à mídia global subterrânea, por exemplo, e também expõe a trajetória pela qual o skate ilícito de rua remodela o espaço público restrito, em oportunidade profissional. O atento trabalho etnográfico de Jamie Fader (2013) acompanha homens jovens ao longo de uma trajetória diferente e mais conturbada, à medida em que vão saindo das falsidades de escolas-reformatório para os precários atrativos da vida adulta nas ruas. Em um exemplo particularmente fluido e inovador de trabalho etnográfico, David Redmon (2015) não apenas integra a análise visual e textual ao acompanhar as mercadorias culturais das fábricas chinesas aos rituais de rua norte-americanos, mas intercala tudo isso com lições sobre a vídeoetnografia em si mesma. Simon Hallsworth (2013) também integra uma autoetnografia de suas próprias experiências de rua, com uma crítica incisiva dos "especialistas" em gangues e da indústria de controle de gangues; e, em seguida, liquefaz ainda mais as coisas. Ao demonstrar que os métodos positivistas e os pressupostos organizacionais hierárquicos dos especialistas em controle de gangues, distorcem a fluidez informal da vida das gangues de rua, Hallsworth defende uma abordagem mais nômade para entendê-los, um quadro conceitual mais flexível e melhor sintonizado com as vidas instáveis e precárias de muitos moradores de rua. Ele recomenda "ler a rua como rizoma"; ou seja, entender a rua como um processo emergente, onde as pessoas vão e voltam, fronteiras são transgredidas, e identidade de gangues e membros de gangues permanecem, como com Garot (2010), sempre em processo de realização. E ele conclui com uma recomendação claramente líquida: "Tenha pensamentos confusos sobre instituições fluidas, que são sempre intersticiais", Hallsworth (2013, *p*. 124-196) diz: "[...] e você já está no meio do caminho."

Tudo isso sugere que, tanto os criminologistas quanto aqueles que eles estudam, compartilham um mundo lançado cada vez mais à deriva. Pesquisadores, escritores e cinegrafistas que buscam estudar os seres errantes que povoam o mundo contemporâneo – migrantes, refugiados, *punks* de sarjeta, profissionais do sexo, desempregados perpétuos e pessoas com formação superior *sem* carreira – precisarão de métodos tão fluidos quanto as vidas daqueles que estudam. Os etnógrafos frequentemente precisarão abordar seus objetos de estudo não como grupos, ou comunidades estáveis, mas mais como federações livres ou assembleias temporárias. Os escritores podem precisar de narrativas que não sejam lineares, frases que se dissolvam em fragmentos, capítulos que se libertem de numeração. Os cinegrafistas talvez precisem se preocupar menos com a busca de locações, do que com a exploração do deslocamento, talvez precisem abandonar o estabelecimento de planos, talvez precisem imaginar filmes sem personagens centrais ou enredos identificáveis. Em tudo isso, não é apenas o meio que é a mensagem, mas o método é a mensagem também; se um mundo à deriva é o sujeito, ele exige métodos que evitam encaixá-lo e pará-lo congelado, para que ele não seja transformado em algo que não é. A etnografia líquida, nesse sentido, também precisa ser uma espécie de etnografia intersticial, focada naqueles indivíduos perdidos entre oportunidades de emprego ou espaços urbanos, e até mesmo um tipo de etnografia fantasma, consciente daqueles que já foram ou nunca existiram (ver LINNEMANN, 2014).

Para o bem ou para o mal, suspeitamos que os criminologistas, e outros pesquisadores, se sintam cada vez mais à vontade com esse tipo de método. O mundo dos pesquisadores acadêmicos está desmoronando, com as universidades cada vez mais dependentes de professores de meio período, que montam um curso aqui e ali, sendo excluídos de qualquer investimento significativo em sua universidade, pesquisa ou carreira. Os principais estúdios cinematográficos estão encolhendo, assim como a tecnologia digital fez com que quase todo mundo – pelo menos a maioria das pessoas que podem pagar – seja um possível cinegrafista, mesmo sem salário ou plano de saúde. As antigas instituições de mídia continuam a se conglomerar, com o efeito de contratar menos escritores e fotógrafos, e pagar menos àqueles que contratam, enquanto a mídia digital funciona com o trabalho de "provedores de conteúdo" mal remunerados, ou não remunerados. Em tal mundo, pesquisadores de todos os tipos certamente descobrirão que os métodos líquidos não somente os harmonizam com seus temas de estudo, mas também consigo mesmos, isto é, com um mundo em que suas circunstâncias podem ser tão incertas quanto as circunstâncias daqueles que são seus sujeitos de pesquisa. Talvez tais métodos possam forjar novos tipos de inconstantes semelhanças, entre aqueles que os empregam, e aqueles que são seus focos; talvez, quanto melhor a próxima geração de criminologistas entender os que estão deslocados e à deriva, melhor venham a entender, também, as suas próprias vidas (FERRELL, 2011; FERRELL, 2012a; FERRELL, 2012b).

Apropriadamente, então, ficamos felizes em dizer que não sabemos para onde as etnografias líquidas poderão se espalhar: cruzando fronteiras nacionais ao lado de refugiados políticos, contra as atrocidades emergentes de uma guerra ou outra, ou com alguma comunidade contingente, lutando para se libertar de falsas representações forçadas. Como diz Stephanie Kane (2003, p. 293), é "[...] uma grande bricolagem global de fraude, vingança e patologia [...]" que hoje constitui o "poder ideológico do crime" e, em algum lugar, em meio às deformidades cambiantes desse grande *remix* global, a próxima onda de etnografia líquida, sem dúvida, estará batendo.

AUTOETNOGRAFIA

A autoetnografia – as investigações etnográficas dos pesquisadores sobre si mesmos, suas experiências e suas emoções – tem sido um componente definidor da criminologia cultural, desde o início (FERRELL, 1996; FERRELL, 2001/2; PRESDEE, 2000; PRESDEE, 2004), e tem se tornado cada vez mais parte da pesquisa etnográfica, em criminologia cultural e áreas afins. Este desenvolvimento oferece grande perigo, e grande potencial. Nas sociedades tardo-modernas, moldadas pelo individualismo e saturadas de autoimportância comercial, o perigo é que a autoetnografia ressoará muito bem, devolvendo-se ao autoexame narcísico por parte do etnógrafo, e suplantando a tradição etnográfica de humilde atenção às vidas. dos outros. O grande potencial da autoetnografia, por outro lado, reside na sua capacidade de incorporar, completa e radicalmente, o pesquisador criminológico na dinâmica da pesquisa etnográfica e na análise cultural crítica, e assim enriquecer ainda mais a imaginação criminológica. Dada a importância de evitar o primeiro e promover o segundo, vale a pena considerar algumas das questões fundamentais sobre as quais a autoetnografia – e a etnografia – descansam. O primeiro desses fundamentos envolve a dialética da identidade. Por um lado, a etnografia, por sua natureza, sempre incorpora uma grande dose da identidade do etnógrafo e, por isso, um grau de autoetnografia. Os etnógrafos inevitavelmente se tornam parte daquelas pessoas e situações que estudam, e assim, para fazer bem o seu trabalho, eles precisam entender e explicar sua própria presença ativa no processo de pesquisa. Essa dinâmica colaborativa é confirmada pelo conceito de *verstehen*; na tentativa de alcançar um entendimento empático com os que estão em estudo, o etnógrafo se envolve em uma forma de participação emocional que, quando bem-sucedida, mescla as emoções e percepções dos sujeitos com as do etnógrafo. Nesse sentido, toda boa etnografia é e deve ser até certo ponto autoetnográfica. Mas se esse é o caso, então é o contrário: toda boa autoetnografia deve ser essencialmente etnográfica. Essa afirmação vem do coração da imaginação sociológica e criminológica: explorar a nós mesmos é explorar os outros e nossos relacionamentos com eles. O *eu* que a autoetnografia examina é um eu social – um eu moldado, e que continua a ser moldado por pessoas e experiências compartilhadas, pela socialização e aculturação, pelos padrões de gênero e etnia, pelos meios de comunicação de massa e pela cultura popular. Além disso, determinadas autoetnografias emergem de contextos particulares de pesquisa e, nesse sentido, aproximam-se mais de ser etnografias de contextos sociais e de pessoas que as compartilham, do que de relatos de autoexperiência isolada. Por causa disso, nós argumentaríamos contra qualquer distinção nítida entre etnografia e autoetnografia, e certamente contra qualquer noção de que a autoetnografia constitua uma nova abordagem, agora substituindo a etnografia tradicional. Para ser mais claro: "[...] primeiro um etnógrafo, e só então um auto-etnógrafo" (FERRELL, 2012c, p. 219; ver também WAKEMAN, 2014).

Em nossa experiência, uma maneira particularmente útil de manter a autoetnografia baseada em uma sensibilidade etnográfica, e afastá-la da autoindulgência narcisista, é adotar uma abordagem autoetnográfica que de alguma forma rompa a identidade profissional existente, e as experiências pessoais de um pesquisador. Tal abordagem força os pesquisadores à etnografia e à auto-etnografia, obrigando-os a compreender os mundos sociais alternativos e a interromper sua participação neles. Como antes, o "eu"[98] que a autoetnografia estuda, permanece sempre socialmente emergente, mas em tais situações carregadas parece especialmente maleável e emergente, muitas vezes de modo muito doloroso, e por isso especialmente útil como objeto de análise criminológica reflexiva. Os sociólogos às vezes falam sobre tais dinâmicas situacionais em termos de "inconsistência de *status*" – a disjunção muitas vezes dramática que pode emergir entre os vários *status* sociais que um indivíduo ocupa dentro da ordem social. Para o etnógrafo e o autoetnógrafo, a disjunção entre dois desses *status* – o do acadêmico e o do participante em uma situação nova ou marginal – pode de fato ser dissonante, e, por isso, pode abrir espaço para analisar criticamente situações, *status*, pressupostos subjacentes, e os padrões sociais mais amplos que eles incorporam. Por mais perigosas e perturbadoras que possam ser, essas rupturas de *status*, no entanto, fornecem um dos principais meios pelos quais a autoetnografia e a etnografia podem ser integradas na análise criminológica crítica. Tal como acontece com a autoetnografia em geral, este foco na inconsistência de *status* e seu valor heurístico tem sido parte do trabalho cultural criminológico. Ferrell e Hamm (1998) em sua obra *Ethnography at the Edge* reuniram os relatos de etnógrafos criminológicos experientes, refletindo sobre suas próprias experiências de pesquisa, e considerando como essas experiências contribuíram para a própria pesquisa. Ao fazê-lo, revelaram várias vezes os *insights* críticos que emergiram de momentos de inconsistência no *status* etnográfico. Para Christine Mattley (1998), a disjunção entre sua pesquisa etnográfica com profissionais de sexo por telefone, e seu

---

98 N.T.: *Self* no original.

status profissional habitual entre os acadêmicos, revelou expectativas de gênero, e estigmas de gênero em ambos os domínios. Duas vezes mal-interpretada e denegrida ao empreender trabalho etnográfico entre profissionais do sexo, Stephanie Kane (1998, *p*. 140) também aprendeu uma dupla lição. "Olhada duas vezes", ela diz:

> Foi-me mostrado que minha identidade como uma mulher branca de classe média é tão frouxa no meu corpo, que se estou habitando um espaço social no qual a classe média branca não é evidente pelo contexto, se eu não preencher as condições exigidas para representar a classe média branca, os privilégios serão imediatamente retirados [...]. No trabalho de campo, um olhar assim embaça os limites entre pessoal e profissional, fazendo com que o etnógrafo tenha uma certa turbulência produtiva. O olhar, repetido, me indicou a importância de determinar as formas específicas pelas quais a raça estrutura a organização do trabalho sexual.

Trabalhos mais recentes, dentro e fora da criminologia cultural, continuam esta abordagem. O relato autoetnográfico de Hallsworth (2013), de encontros às vezes violentos com gangues de rua, não apenas oferece um contraponto vivo à análise fria da indústria de controle de gangues, mas reforça sua crítica às suas alegações factuais infladas. Do outro lado da lei, Carl Root (ROOT *et al.*, 2013) transforma a "acaso brutal" de seu próprio encontro violento com a polícia local, em uma reflexão crítica sobre o silêncio, o privilégio e o controle social. Aproximando-se das disjunções de *status* de um pesquisador de outra direção, Stephen Wakeman (2014, *p*. 705) defende a autoetnografia criminológica observando tanto o grande potencial quanto o grande perigo da "congruência biográfica" entre seu antigo *status* de usuário e traficante de drogas, e seu *status* atual como etnógrafo do uso ilegal de drogas.

Pelo menos desde *Writing Culture* (1986)[99] de James Clifford e George Marcus, os estudiosos também compreenderam que a etnografia, inevitavelmente, entrelaça as experiências de campo de um pesquisador com as formas de comunicação pelas quais tais experiências são elaboradas, categorizadas e disseminadas. Se, nesse sentido, toda etnografia é história, então a autoetnografia oferece um novo tipo de história – uma em que os etnógrafos se incluem como personagens em suas narrativas etnográficas. Apropriadamente o suficiente para a criminologia cultural, isso requer compreender a autoetnografia como estratégia etnográfica e forma al-

---

99 CLIFFORD; MARCUS. *A escrita da cultura*. Rio de Janeiro: Papéis Selvagens Edições; Ediuerj, 2016.

ternativa de comunicação etnográfica, e requer também considerar uma questão: como a autoetnografia pode funcionar como um dispositivo narrativo dentro da criminologia cultural (ASPDEN; HAYWARD, 2015)? Na melhor das hipóteses, as considerações autoetnográficas parecem fornecer uma presença substituta para o leitor; ao levar o leitor a um passo de narrativa mais próxima da ação etnográfica, elas fecham um pouco da distância entre o tema, o autor e o leitor. Momentos de tensão dramática ou *pathos* pessoal, fornecem um tipo de narrativa *verstehen* que pode levar os leitores ao envolvimento emocional e analítico com o etnógrafo, o projeto etnográfico e as questões sociais mais amplas, com as quais o projeto se envolve. Essa noção de autoetnografia como persuasão narrativa sugere, por sua vez, que os etnógrafos e os autoetnógrafos podem aprender com tradições há muito familiarizadas com o poder da narrativa em primeira pessoa: autobiografia, dramaturgia, produção de documentários, e de técnicas de desenvolvimento de personagens, continuidade de trama e prenúncios que mantêm os atores humanos conectados à história maior. Continuando a desenvolver-se como método e como estratégia discursiva, a autoetnografia pode contribuir significativamente para o desenvolvimento mais amplo da criminologia cultural como uma forma alternativa de investigação crítica; ela também pode colocar criminologia cultural e seu trabalho autoetnográfico em diálogo com outras criminologias alternativas, tais como a "criminologia lírica" defendida por Wakeman (2014, p. 714) e a recém-formada "criminologia narrativa", que defende a centralidade da narrativa como produção de sentido (PRESSER; SANDBERG, 2015).

Como uma orientação metodológica alternativa e uma estratégia comunicativa, a autoetnografia também se torna uma forma potente de política disciplinar. Se a criminologia cultural e sua orientação etnográfica desafiam a suposição positivista de que os criminologistas podem permanecer emocionalmente desligados de suas pesquisas, assim como a afirmação positivista de que os métodos podem operar separadamente daqueles que os empregam, a autoetnografia leva esse desafio ainda mais adiante. Superando a "timidez da criminologia" (JEWKES, 2012, p. 63-69) pela qual a humanidade e as emoções do pesquisador são consideradas modestamente não mencionáveis, a autoetnografia, em vez disso, reclassifica as emoções de um pesquisador como "recurso intelectual", e define a subjetividade emocional de *verstehen* como padrão de pesquisa. Como Yvonne Jewkes (2012, p. 69) diz sobre prisões e pesquisas sobre elas,

[...] etnografia prisional reflexivamente informada é um contraponto vital, tanto para a agenda quantitativa positivista de agências governamentais de pesquisa, quanto para a crescente popularidade do turismo carcerário, pelo qual o "pesquisador" é escoltados em turnês carcerárias, pesadamente programadas pelo diretor da prisão, ou outra autoridade.[100][101]

O poder deste contraponto autoetnográfico, e a perigosa potência de seu desafio à criminologia positivista, podem ser vislumbrados nos longos anos de "paralisia" entre as experiências emocionais de Jewkes e outros etnógrafos das prisões e suas decisões de ousar publicar suas considerações sobre elas; em Wakeman (2014, p. 705), observando "[...] um último fator que impede o uso posterior da autoetnografia na criminologia – o medo [...]"; e no caso judicial de Bradley Garrett, onde a perita da promotoria argumentou que as admissões autoetnográficas de incerteza e preocupação de Garrett constituíam evidências da impropriedade da pesquisa. No entanto, apesar disso, o desafio apresentado pela autoetnografia parece crescer. Alunos e professores de origens marginalizadas ou criminalizadas, e que agora estão encontrando seu caminho para a criminologia, parecem, em nossa experiência, muitas vezes relutantes em descartar essas origens no interesse do sucesso profissional e, de fato, cada vez mais dispostos a adotá-las, pelas perspectivas críticas que podem trazer ao estudo do crime, às práticas de justiça criminal e à criminologia. Aqui, trata-se de um tipo distinto de inconsistência de *status* – a disjunção entre a experiência vivida anteriormente e a imersão atual em reivindicações e práticas criminológicas – que abre caminhos para a autoetnografia e para a análise crítica; aqueles que já foram o foco do exame criminológico e do controle estatal agora voltam suas experiências para a criminologia em si. Considerada como um todo, a autoetnografia, em suas muitas formas, até mesmo começa a sugerir a possibilidade de uma criminologia pós-metodológica ir além do método, como um procedimento formal, e em direção a formas de investigação mais fluidas, holísticas e humanistas (FERRELL, 2009).

---

100 Ver a seção especial da revista *Qualitative Inquiry*, v. 20, n. 4, 2014 sobre *Doing Prison Research Differently*, editado por Yvonne Jewkes, para saber mais sobre essas questões.

101 Nossos agradecimentos a Trey Williams, pioneiro da tabela intencionalmente fora de foco.

ANÁLISE DE CONTEÚDO ETNOGRÁFICO

Explorando, no capítulo 5, a dinâmica de *looping* da mídia contemporânea, notamos que a análise de conteúdo convencional – o método de medir categorias de conteúdo estático dentro de textos de mídia – estava mal equipada para explicar a incerteza fluida da mídia moderna. Múltiplos públicos, mudanças de significados, amostragem, fusões, consumidores de mídia se tornando produtores de mídia – muito pouco das forças que impulsionam a interação contemporânea entre mídia, crime e justiça criminal podem ser capturadas em resumos quantitativos de frequência de palavras textuais ou tipo de fonte. No entanto, grande parte do movimento recente da criminologia na análise do crime e dos meios de comunicação social baseou-se precisamente neste quadro metodológico – e com resultados previsivelmente constipados. Certamente, a análise de conteúdo pode funcionar como uma ferramenta útil para sugerir padrões de apresentação; utilizado como um método independente de investigação, no entanto, não consegue captar a fluidez, a dinâmica *cultural* do da relação entre crime e mídia.

Resumos numéricos de categorias textuais distintas perdem a estética maior, dentro da qual um texto toma forma, e ignora os quadros estruturais que moldam o fluxo de significado de um texto. O mito metodológico da objetividade, que tradicionalmente acompanha a análise de conteúdo, reproduz a antiga noção de que podemos liberar o conteúdo do seu esconderijo, por trás da fachada de apresentação estilizada; assim, nega igualmente as experiências estéticas e sensuais pelas quais os textos passam a ter significado para suas audiências (YOUNG, 2004; YOUNG, 2010). Além disso, a análise de conteúdo é regularmente utilizada com a intenção de provar o grau de divergência entre a natureza "real" de uma questão de crime e uma representação de mídia "tendenciosa" dela. Essa abordagem falha de várias maneiras, perdendo a construção essencialmente simbólica do crime, da justiça e das questões sociais; as dinâmicas de *looping* e espirais pelas quais essa construção ocorre; e a multiplicidade de audiências, interpretações de audiências e debates públicos, que continuarão a confundir o real e o representacional, enquanto a questão segue seu curso.

Confrontando esses problemas, David Altheide (1987, *p*. 68; ALTHEIDE, 1996) desenvolveu o método da análise de conteúdo etnográfico, uma abordagem que situa a análise textual dentro da "comunicação de significado" e conceitua tal análise como um processo de contínua emissão e aceitação intelectual. Rejeitando o mito da análise de conteúdo como medida textual objetiva, ele reconhece a importância do envolvimento profundo com o texto, de modo que o pesquisador seja capaz de desenvolver uma descrição densamente descritiva do texto, em todas as suas complexidades de "[...] troca de informações, formato, ritmo e estilo." Em vez de ver o texto como uma entidade unitária a ser analisada, ele também entende serem o texto e seus significados um processo cultural e, assim, abraça conceitos e categorias emergentes, que se desenvolvem a partir da interação entre texto e pesquisador ou texto e texto. Aqui, mais uma vez, vemos o valor de conceituar a etnografia não como um método único de pesquisa de campo, mas como uma sensibilidade metodológica aberta a sutilezas de significado e às orientações de outros – mesmo que essas outras sejam textuais por natureza.

Também vemos um estilo de análise de conteúdo apropriado a uma criminologia da modernidade tardia – que retém o poder de tal análise para identificar padrões textuais enquanto reconhece a dinâmica fluida da intertextualidade e da intersubjetividade em que tais padrões tomam forma. Utilizando essa abordagem como um método de análise criminológica cultural, Jennifer Grimes (2007) desenredou o complexo processo pelo qual a política de "[...] três delitos e você está fora [...]" surgiu, como parte da política punitiva da justiça criminal nos EUA. Como ela mostra, as políticas existentes de justiça criminal foram reforçadas e reinventadas como abordagens dos "três delitos", em meio à histeria decorrente de um caso de assassinato de grande repercussão, com vários meios de comunicação de massa enviando, ao mesmo tempo, sugestões emocionais para a histeria, e um conjunto de remédios imaginados. Ultrapassando as reservas individuais – mesmo da parte do pai e do avô da vítima de assassinato – essa interação mútua de crime, política de justiça criminal e percepção pública, fluía de uma fonte de mídia para outra, de uma assembleia legislativa estadual para outra, conforme a teoria dos "três delitos" veio a definir o debate mediado sobre crime e castigo – e continuou a fazê-lo regularmente por uma década. Ao empregar a análise de conteúdo etnográfico, Grimes (2007, p. 97) se aprofunda na "[...] interseção entre o simbolismo criado na mídia de massa e o comportamento coletivo que resulta em mudança cultural [...]"; dito de outro modo, ela investiga o pânico moral como um processo cultural e, portanto, traça a história de vida de um pânico e suas consequências (ver CHANCER, 2005). Da mesma forma, Michael Coyle (2013) utilizou a análise de conteúdo etnográfico de Altheide e as abordagens de "rastreamento de discurso" para desconstruir uma série de construções linguísticas, de "vítima inocente" a *Tough on crime*.[102] Ao fazê-lo, ele mostrou como a linguagem codificada dos empreendedores morais molda o discurso do crime, em um mecanismo de controle social insidioso, e de reprodução social subconsciente. Com suas cuidadosas etnografias do discurso da justiça criminal em diversos cenários, Coyle revela o processo cultural pelo qual as poderosas ideologias se insinuam na linguagem e na conversa cotidianas. Como em outros (ver, por exemplo, MAYER; MACHIN, 2012), Grimes e Coyle também confirmam que analisar criticamente o conteúdo do que é dito é começar a ouvir o que não foi dito, e o que mais poderia ser.

Charles Acland (1995, *p*. 19) argumentou que "[...] a avaliação de um fenômeno cultural envolve seguir traços de formas, atividades e histórias culturais [...]"; e a análise de conteúdo etnográfico oferece uma ferramenta sofisticada para esse tipo de rastreamento cultural. Indo além da análise quantitativa de categorias textuais fixas e discretas, a análise de conteúdo etnográfico nos sintoniza no ritmo e estilo dos textos culturais, à sua disseminação ou desaparecimento ao longo do tempo, aos seus traços e resíduos no cotidiano e às possibilidades do que omitem. Nesse sentido, a análise de conteúdo etnográfico é o equivalente textual da etnografia líquida. Ambas são formas de análise etnográfica orientadas para os fluxos de sentido desorientadores que se propagam pelo mundo tardo-moderno, para os espaços que abrem e fecham dentro e entre os textos e para os fantasmas culturais que tais processos deixam para trás.

CRIMINOLOGIA VISUAL

Peter Manning (1999) sugeriu, uma vez, que a vigilância, a transgressão e o controle contemporâneos não poderiam ser compreendidos sem um senso aguçado do visual, e uma consciência das muitas telas nas quais a informação visual é circulada e exibida. Quase duas décadas depois, as telas se transformaram e se multiplicaram, o fluxo de informações visuais se acelerou e a argumento de Manning é ainda mais importante. A experiência cotidiana da modernidade tardia pode ou não ser impregnada de crime, mas é certamente impregnada de imagens, e imagens de crimes. A televisão oferece uma avalanche de imagens do crime, desde reportagens locais até dramas policiais, no horário nobre. Na tela do

---

102 N.T.: "Duro no crime" é uma postura ideológica recorrente na política criminal. Como movimento, refere-se a políticas que apontam a punição como uma resposta básica, e frequentemente a única, para o crime.

cinema, imagens nebulosas de crime, aplicação da lei (BROWN, 2007) e prisão (FIDDLER, 2007) são superpostas na última versão. Imagens de transgressão, vitimização e justiça vigilante pontuam a internet, surgindo em telas de computadores e celulares. Criminosos registram seus crimes, manifestantes fotografam seus protestos, policiais filmam muito mais imagens do que pessoas, agentes de segurança examinam as filmagens de criminosos e manifestantes – e um milhão de monitores de vigilância mantém seu ritmo (BIBER, 2007; PARKS, 2007). O tempo todo, a liquidez dessas imagens as vaza de um meio para outro, com *downloads*, postagens cruzadas e clipes de vídeo soltando imagens ilícitas de suas origens, liberando-as para passar da tela para a rua, e para telefone, liberando-as para se tornarem parte da consciência coletiva pela qual entendemos o crime e o seu controle (ver HAYWARD; PRESDEE, 2010). Como, hoje, pode haver uma criminologia viável que não seja também uma criminologia visual?

Alguns podem argumentar que uma criminologia visual já surgiu há muito tempo. Afinal de contas, frases como "imagens de" e "construções midiáticas de" são agora comuns e comumente aceitas, prefixos aplicados a categorias criminológicas convencionais, como violência doméstica ou policiamento; e até mesmo os livros e periódicos da criminologia ortodoxa hoje incluem análises de representação, mesmo ilustrações fotográficas. No entanto, esse movimento disciplinar no reino da imagem dificilmente constitui uma criminologia visual adequada; a menos que acoplado a uma reorientação metodológica concomitante, é provável que crie mais confusão do que clareza. Simplesmente importar imagens para uma disciplina definida por palavras e números pode, na verdade, retardar o desenvolvimento de uma criminologia visual, pois deixará em vigor a feia noção de que a análise escrita ou numérica pode de alguma forma penetrar na ofuscação e conquistar a opacidade da imagem. As imagens relegadas ao status de ilustração, da mesma forma, simplesmente reforçam essa tirania da palavra e do número e – como se vê na crítica do capítulo 4, às capas dos livros sobre delinquência juvenil – geralmente escondem mais do que revelam. Em poucas palavras, a tradição da criminologia científica social positivista não é fundamento para construir uma criminologia visual moderna. Mas existem outras fundações.

Podemos nos voltar para a longa tradição da fotografia documental, a Walker Evans, cujas fotografias eram "[...] não ilustrativas, [mas] co-iguais, mutuamente dependentes e totalmente colaborativas [...] " com o texto, ou a W. Eugene Smith, que descreveu sua abordagem como

"[...] penetração fotográfica decorrente do estudo, da conscientização e da participação" (AGEE; EVANS, 1960, p. xiv; MILLER, 1997, p. 150; ver também FERRELL; VAN DE VOORDE, 2010; CARRABINE, 2012). Podemos recordar os primeiros trabalhos da Birmingham School e da National Deviancy Conference, cujos membros recorreram a teóricos críticos, escritores literários e criadores de imagens para desenvolver o que Tony Jefferson (1976, p. 86) chamou de "gramática" para decodificar símbolos culturais, uma gramática que poderia "[...] discernir as mensagens ocultas inscritas em código nas superfícies brilhantes do estilo" (HEBDIGE, 1979, p. 18). Podemos olhar além da criminologia hoje, para os métodos de pesquisa visual e sociologia visual (HARPER, 2001; YOUNG, 2004; STANCZAK, 2007) ou para a nova geração, já conhecida, de estudiosos das gangues de rua, cuja profunda compreensão da política visual fundamenta a primazia da fotografia em seu trabalho. E certamente podemos olhar para o trabalho daqueles que desenvolveram o mesmo tipo de gramática visual que Jefferson abraçou: Camilo José Vergara (1995), por exemplo, que fez 9.000 imagens do espaço urbano, ao longo de 18 anos, e desenvolveu, a partir delas, redes temáticas de imagens da mudança social, ou Heitor Alvelos (2004), que através de um estudo fotográfico intrincado e de longo prazo sobre grafites urbanos, foi capaz de revelar padrões sutilmente mutáveis na produção de significado urbano ilícito.

FIGURA 13 – GRAFITE? OU PUBLICIDADE CORPORATIVA? GRAFITE PALIMPSESTO, INCLUINDO *TAGS*,[103] ANÚNCIOS E MENSAGENS POLÍTICAS. LONDRES, INGLATERRA.

Crédito: Heitor Alvelos (1999).

---

103 Um quase-grafite: maneira de assinar um nome anonimamente. Os autores usam palavras aleatórias, ou símbolos.

Se coletivamente este trabalho sugere uma fundação sobre a qual construir uma criminologia visual contemporânea, esta fundação nos oferece menos uma série de respostas do que "[...] um conjunto de *questões dialéticas*, uma série de *tensões criativas* [...]" entre objetividade e subjetividade, imersão e imediatismo (FERRELL; VAN DE VOORDE, 2010, p. 40, ênfase no original) – ou como Eamonn Carabbine (2012, p. 486) coloca, uma consideração de "subjetividades diferentes e difíceis (entre fotógrafo, criminoso, vítima, espectador, torturador e artista)." Entre essas tensões está uma, particularmente saliente para a criminologia cultural e sua orientação crítica e etnográfica: a tensão entre a atenção visual precisa e a análise visual politicamente carregada. Às vezes, os criminologistas culturais e visuais abraçam essa tensão, envolvendo-se em uma análise próxima e contextualizada das imagens existentes, na esperança de extrair *insights* sobre questões maiores, de justiça e injustiça. Wayne Morrison (2004b, p. 341; ver também MORRISON, 2010), por exemplo, "[...] usa como dados para criminologia cultural [...]" um álbum de fotografias tiradas por soldados alemães e policiais envolvidos no Holocausto, para entender as ligações entre "turismo genocida" e crime. Reproduzindo e reconsiderando uma série de quatro fotografias embaçadas tiradas sub-repticiamente dentro de Auschwitz, e depois contrabandeadas para a resistência polonesa, Carrabine (2014, p. 154; veja também CARRABINE, 2011) também considera o contexto infernal de sua produção, a moralidade de seu posterior uso contextual e a questões maiores em torno de "práticas de arquivamento" e memória coletiva. Através de uma detalhada desconstrução de fotografias de tortura, tiradas na prisão de Abu Ghraib no Iraque, Mark Hamm (2007a) documenta padrões de abuso físico que transcendem as ações de soldados individuais dos EUA, e remetem aos níveis mais altos do sistema político dos EUA. Nesses e em outros casos, importantes críticas dos maiores tipos de crimes – tortura transnacional, abusos de direitos humanos, genocídio – se desenvolvem não apenas a partir de uma criminologia visual, mas da atenção detalhada às menores particularidades das imagens, sua produção e as circunstâncias carregadas do seu uso. Outros, preocupados com o crime e a justiça, constroem essa tensão em sua própria fotografia, produzindo imagens atentas, tanto a pequenos momentos do *pathos* humano, quanto a padrões mais amplos de danos sociais. Aqui, a noção de Henri Cartier-Bresson sobre o "momento decisivo" pode ser lembrada. Um dos grandes fotógrafos documentaristas, Cartier Bresson conceituou o momento decisivo como "[...] o reconhecimento simultâneo, numa fração de segundo, do significado de um evento, bem como uma organização precisa de formas que dão a esse evento sua própria expressão" (MILLER, 1997, *p.* 102). Com o clique oportuno do obturador, então, um momento de etnografia visual instantânea; uma imagem cujo assunto e composição particular dizem algo significativo sobre o mundo que a imagem encapsula. O momento exato em que uma mulher desabrigada cruza em frente a uma placa "Proibida a Vadiagem", é uma imagem decisiva do direito e da exclusão social; o momento em que um marido bêbado se volta furiosamente para a esposa, é uma imagem decisiva da violência doméstica e seus antecedentes; o exato momento em que uma batida inter-racial da polícia explode em violência, é uma imagem decisiva da fiscalização seletiva e da injustiça sistêmica. Aqui, é claro, a tensão entre o momento visual e a lição maior é particularmente frágil, particularmente fugaz, e a habilidade do criminologista visual mais rigorosamente testada. Mesmo num mundo saturado de momentos decisivos, a maioria nos escapará; no entanto, aqueles que forem apanhados, criarão *insights* criminológicos que poucos outros métodos podem igualar.

FIGURA 14 – O MOMENTO DECISIVO

Crédito: Fotografia de Hughes Leglise-Bataille.

Na melhor das hipóteses, a criminologia visual está se tornando um método essencial, na tentativa da criminologia cultural de explicar o significado, as circunstâncias e a representação, e de enfrentar os danos da injustiça e da desigualdade (FERRELL, 2006b; HAYWARD; PRESDEE, 2010). Os exemplos transbordam, embora não surpreendentemente, muitas vezes fora da caixa da criminologia ortodoxa: o fotógrafo Taryn Simon e suas imagens chocantes dos erroneamente condenados, fotografados nas cenas dos crimes que não cometeram, às vezes acompanhados por aqueles que os acusaram falsamente (COURTNEY; LYNG, 2007); os documentaristas e criminologistas culturais David Redmon e Ashley Sabin, seus filmes sobre Mardi Gras e pós-Katrina, em Nova Orleans, intercalam a esperança do tipo faça você mesmo, com acusações condenatórias de injustiça global; artistas ativistas como Seth Tobocman (1999) e Peter Kuper (LOVELL, 2006), cujas imagens condenatórias da pena capital e da violência interpessoal são realmente expressivas. Como diz o sociólogo visual Emmanuel David (2007, *p.* 251), trabalhos desse tipo funcionam como uma forma de "resistência visual", não apenas aos poderosos e suas imagens oficialmente promulgadas, mas contra "[...] o contexto dos pesquisadores sociais que escolhem não olhar para o mundo."

O olhar panóptico da cidadania digital

FIGURA 15 – DUAS RODAS NOCIVAS PARA O POLICIAL POGAN.

Fonte: YouTube.com

Em 28 de julho de 2008, a Times Square, em Nova York foi inundada por centenas de ciclistas, por causa de um dos passeios mensais do grupo de ciclistas ativistas Critical Mass.[104] Durante o passeio, o ciclista urbano engajado Christopher Long, 29 anos, se envolveu em uma colisão com um policial novato da NYPD,[105] Patrick Pogan. A tensão era alta entre a NYPD e o Critical Mass desde 2004, quando 250 ciclistas foram presos por desfilar sem permissão, durante uma manifestação de protesto contra a Convenção Nacional do Partido Republicano. Talvez, então

---

104 Massa Crítica: grupo de ciclistas ativistas, com ramificações mundiais, e que promovem grandes encontros públicos, sob a ideia de intervir para espantar o tédio, ao retomar as ruas, celebrar a vida e humanizar os espaços urbanos.

105 N.T.: NYPD significa New York Police Department, e a tradução é: Departamento de Polícia de Nova YorK.

não fosse nenhuma surpresa que Long tenha sido preso, sob as acusações de "tentativa de agressão", "resistência à prisão" e "conduta desordeira". No entanto, poucos dias após o incidente, um vídeo da colisão (filmado por um turista) veio à tona (ver Figura 15). O vídeo revelou que, longe de ser culpa de Long, a "colisão" foi causada deliberadamente pelo policial Pogan, que bateu violentamente na bicicleta de Long, jogando-o na calçada (ELIGON; MOYNIHAN, 2008). Em poucos dias, a história foi tomada e divulgada por ativistas de vídeo, como o Glass Bead Collective, o TIMES UP Video Collective e o I-Witness Video, todos grupos que sabem mais do que uma ou duas coisas sobre o uso de imagens em defesa das liberdades civis. A pequena colisão tornou-se uma grande notícia (no momento em que escrevo, mais de 1,6 milhão de pessoas viram o material do YouTube sobre o incidente) e, em última análise, tornou-se um grande problema para o policial Pogan. Em uma incrível reviravolta no Departamento de Polícia de Nova York, Pogan foi o primeiro suspenso, e depois indiciado por um grande júri de Manhattan, por falsificar relatório policial e agressão. Nas palavras de Eileen Clancy, da I-Witness, "Esta acusação é um sinal para os ativistas de vídeo. Apesar da abundância de vídeos mostrando que policiais fabricaram acusações contra pessoas presas em manifestações, pelo menos na cidade de Nova York, nunca conseguimos uma acusação de um policial por mentir em uma declaração juramentada"(CLANCY, 2008).

A esse respeito, retornaríamos à tradição da fotografia documental e sugeriríamos especialmente o trabalho de W. Eugene Smith. Smith testemunhou o nascimento do jazz moderno, na década de 1950, pegando no cinema a criatividade furiosa de Charles Mingus e Thelonious Monk. Ele estava em Pittsburgh na década de 1950 – há muito tempo, de fato, enviado em missão por algumas semanas, permanecendo desafiadoramente, para estudar e fotografar por alguns anos. E ele estava em Minamata, no início dos anos 1970. Aldeia japonesa de pescadores, Minamata viu seus cidadãos serem envenenados e mortos, e seus filhos horrivelmente deformados, pelo imenso derramamento de mercúrio tóxico da Corporação Chiso; e Smith foi em seu auxílio. Sobrevivendo por três anos com uma dieta de "[...] vegetais cultivados em casa, arroz e uísque [...]", espancado e quase cegado por criminosos a serviço da empresa, Smith produziu uma série de dolorosas fotografias, trabalho que se tornou uma criminologia visual precoce, ousamos dizer uma criminologia cultural, do crime corporativo. "Toda vez que eu pressionava o obturador [...]", ele dizia, "[...] era um grito de denúncia" (HUBBARD, 1994; MILLER, 1997, p. 140-156; SMITH, 1998; FERRELL, 2001/2).

Além disso, recomendamos o crescente corpo de trabalhos em criminologia visual e criminologia cultural, que explora ainda outra tensão essencial: entre visibilidade e invisibilidade. Como mostra esse trabalho, a dialética entre visibilidade e invisibilidade é regularmente animada pelo exercício do poder: o poder do Estado de exigir visibilidade em alguns locais, exigindo invisibilidade em outros, ou o poder das instituições econômicas, de tornar invisível aquilo que não é lucrativo. Notavelmente, este trabalho está avançando não apenas em áreas urbanas – frequentemente o foco de documentação e análise visuais – mas também em meio a mudanças nos ambientes legais e econômicos dos domínios rurais. O estudo fotográfico de Kenneth Tunnell (2011, *p.* 41) sobre o Kentucky rural, por exemplo, documenta a profunda desorganização social nas áreas rurais e suas pequenas comunidades, visitadas pela economia corporativa globalizada – a "Wal-martização da América rural", como ele chama isso. Fotografando lojas de pequenas cidades fechadas com tábuas e fazendas abandonadas, Tunnell torna visíveis as consequências dessa economia da moderna tardia; para esse assunto, ele tece a própria teoria da desorganização social visível. No entanto, ao mesmo tempo, ele fotografa ausência e desaparecimento, documentando aquilo que não está mais lá, à medida que se decompõe em invisibilidade final. Nos EUA, a economia de pequenas fazendas e lojas locais foi substituída não apenas por Walmarts, é claro, mas pela economia da proliferação de prisões rurais, e é aqui que Judah Schept (2014, *p.* 198-199) documenta fantasmas rurais de outro tipo. "Enquanto as prisões proliferam na paisagem rural e os locais do turismo penal se expandem [...]", argumenta ele, "[...] o Estado carcerário estrutura as vantagens visuais e analíticas disponíveis, através das quais percebe essa crescente visibilidade." Como ele descobriu em primeira mão, em seu trabalho de campo fotográfico, "[...] somente pessoal autorizado poderia olhar por qualquer outro modo, que não um olhar fugaz, para a personificação do poder estatal e da violência que é uma prisão [...]" – com essa invisibilidade forçada servindo não apenas para esconder a prisão rural no plano da visão, mas para esconder "[...] os fantasmas dos regimes raciais passados [...]" e outras consequências carcerárias. Da mesma forma, Tyler Wall e Travis Linnemann (2014) mostram como as agências de propaganda e de segurança, através de esforços para reprimir a fotografia cidadã, tentam construir um tipo particular de ordem social, controlando o que deve ou não deve ser visto. Em contraponto, como Michelle Brown (2014, *p.* 176, ênfase no original) mostra, prisioneiros, organizadores e outros produzem e disseminam suas próprias imagens, numa tentativa de tornar o encarceramento em massa e suas vítimas politicamente visíveis. Além de simplesmente documentar esses esforços, porém, Brown explora "[...] como uma criminologia visual pode revelar *e* participar das contestações e intervenções que desafiam cada vez mais o projeto de encarceramento em massa" – e Schept (2014, p. 217) defende uma "etnografia contra-visual" equipada para "intervir na visualidade do encarceramento em massa" (ver VAN DE VOORDE, 2012). Gritar denúncias ou fazer intervenção visual, estas formas de pesquisa oferecem aos criminologistas culturais um foco concentrado, sobre os arranjos econômicos e políticos do mundo tardo-moderno.

> ### Para uma vitimologia cultural
> A vitimologia – a preocupação acadêmica com vítimas de crime e vitimização – geralmente reduz as vítimas de crimes a conjuntos de dados agregados de vitimização, ou pior, os toma como reféns de uma mesquinha política de justiça retributiva. À luz dos métodos discutidos neste capítulo, poderemos imaginar um tipo diferente de *vitimologia cultural* – uma vitimologia em sintonia com a ação humana, a exibição simbólica e a emoção compartilhada. Tal vitimologia consideraria performances de vitimização e declaração de luto, através dos quais o significado de vitimização é construído. Ela exploraria os ambientes simbólicos criados pelas vítimas, suas famílias e seus amigos, conforme eles chegam a um acordo com suas experiências. E traçaria o caminho da dor pessoal, à medida que ela se move através da mídia de massa e do sistema de justiça criminal, e assim ressurgindo como uma realização coletiva. Nesta tarefa, como mostrou W. Eugene Smith, os métodos da criminologia visual seriam essenciais para expor as vítimas, muitas vezes ocultas, dos crimes corporativo e governamental. Os métodos visuais também podem registrar as muitas manifestações de emoção e lembranças, que surgem em torno da vitimização: santuários à beira da estrada (FERRELL, 2004b), memoriais e tatuagens do 11 de setembro (YOUNG, 2007), grafites "Descanse em Paz", camisetas comemorativas, comunidades *on-line* de luto (GREER, 2004) – e até mesmo tecido cicatricial do próprio corpo.

FIGURA 15 – SANTUÁRIO NA BEIRA DE UMA ESTRADA, NOVO MÉXICO, EUA.

Crédito: Jeff Ferrell (2005).

Etnografias instantâneas poderiam penetrar naqueles momentos decisivos em que um assalto vai mal, quando uma mulher finalmente foge do abuso doméstico ou quando o sofrimento inesperadamente esmaga um esforço sincero para esquecer; etnografias de longo prazo podem explorar o lento processo de recuperação da vitimização, ou o processo paralelo de julgamento, apelos e prisão para o perpetrador. Aqui, a etnografia líquida também seria útil, observando a reconstrução ambígua da vitimização pessoal como categoria de justiça criminal ou fenômeno de mídia; a autoetnografia ajudaria a entender como o recém-adotado *status* de vítima pode remodelar o significado da vida social de uma pessoa, antes da vitimização também; e, por meio da análise de conteúdo etnográfico, poderíamos encontrar uma celebridade vítima, eventualmente transformada em causa mediada, ou transformada novamente em política social. Mais importante talvez, um senso de *verstehen* sintonizaria nossa pesquisa com a ação humana dos vitimados – poderia até ajudar de alguma forma, enquanto eles trabalham para recuperar a dignidade humana – e nos lembraria de procurar por sinais de resistência e sobrevivência, em meio ao tecido cicatricial emocional do infortúnio (MAWBY; WALKLATE, 1994; ROOT *et al.*, 2013). Essa abordagem também pode sugerir uma espécie de vitimologia histórica, como aconteceu com o líder sindical Joe Hill, assassinado por pelotão de fuzilamento em 1915, e que ofereceu aos seus colegas trabalhadores uma bênção empolgante: "Não lamentem – organizem-se."[106]

---

106 Ver, similarmente, a passagem final de John Dubbeck (1972 [1936]) em Dubious Battle e Mythen (2007) para um sentido diferente de "vitimologia cultural".

CONCLUSÕES: ENGAJAMENTO METODOLÓGICO E POLÍTICO

A criminologia cultural tornou-se conhecida, pelo menos em parte, pelo que alguns consideram seus temas sensacionais: *skinheads* e terroristas domésticos, grafiteiros clandestinos, paraquedistas, BASE *jumpers*, motociclistas fora da lei, prostitutas, usuários de drogas, catadores de lixo e radicais urbanos. Críticos da criminologia cultural temem que esse sensacionalismo, essa "qualidade de criminologia cultural" (WEBBER, 2007, p. 154) constitua uma espécie de truque intelectual barato. Ao escolher entre detritos culturais para excentricidades e provocações, dizem eles, a criminologia cultural chama a atenção para si mesma. Então, vestindo um assunto degradado em linguagem e apresentação elegantes – oferecendo "[...] um convite dourado aos leitores para deleitar-se, apressada e voyeuristicamente, no exotismo de [...] atos desviantes" (O'BRIEN, 2005, p. 610) – a criminologia cultural consegue gerar interesse público fácil, e empolgação intelectual fraudulenta.

Tais críticas, argumentamos, confundem o objeto com o método. Faíscas de sensualidade perigosa podem às vezes voar de motoqueiros ou de catadores de rua, ou de seus confrontos brutos com as autoridades; mas, como tal, grupos e situações tornam-se objeto de criminologia, e então essas faíscas são apagadas, ou convertidas em chamas, pelo método. Como demonstramos no capítulo anterior, mesmo o mais sensacional dos assuntos pode ser reduzido à abstração tediosa, com a metodologia apropriada. Pense nisso: a criminologia ortodoxa que exploramos lá, teve como objeto algumas questões verdadeiramente sensacionais – agressão sexual, fuga de abuso doméstico, crime juvenil anti-social – entretanto, a criminologia dessas questões, como produzida por pesquisa de opinião e estatísticas, não poderia ser menos envolvente. Com esses mesmos métodos, o alegado sensacionalismo da criminologia cultural poderia facilmente ser extinto, como segue: paraquedistas drenados de sua adrenalina, catadores de lixo imbuídos de desvios-padrão de baixo autocontrole, terroristas em potencial curados por modelos Tobit, e preditores de variáveis no tempo. O empreendimento contemporâneo da criminologia ortodoxa, tal como difundido em seus próprios periódicos e conferências, confirma: nada mata mais a boa criminologia, do que um método ruim.

Qualquer que seja o vigor intelectual que a criminologia cultural possa oferecer, então, vem principalmente de seu *envolvimento metodológico* com seus sujeitos de estudo. Na verdade, a etnografia atenta, a criminologia visual perspicaz e a análise cultural nítida não exigem BASE *jumpers* ou usuários de drogas, para promover entusiasmo intelectual; como esperamos que criminologistas culturais já tenham mostrado, tais métodos podem propiciar *insights* e críticas vívidas em fotos históricas, velhos quartos de motel, novas regulamentações legais... E até mesmo no próprio tédio (HAMM, 1998, 2004; FERRELL, 2004a; MORRISON, 2004a). A partir de tais situações – de qualquer situação cotidiana – esses métodos também podem gerar conhecimento genuinamente perigoso (ver MILLER; TEWKESBURY, 2000). Os críticos afirmam que focar em motocicletas e quartos de motel impede a criminologia cultural de abordar as estruturas mais profundas da injustiça e, portanto, de representar qualquer perigo político real para os poderes constituídos. Entretanto, ao contrário, a criminologia cultural é projetada para ser perigosa, e extrair esse perigo diretamente das situações cotidianas. Como observamos nos capítulos 1 e 4, estruturas de desigualdade e injustiça permeiam as situações da vida cotidiana e do crime cotidiano – é precisamente a presença delas lá que lhes dá um poder tão grande. O objetivo da criminologia cultural é expor essa presença àqueles que não a percebem, ajudando, assim, a nós e a outras pessoas a compreender e confrontar a realidade cotidiana da injustiça; com as *ferramentas* para realizar essa comunicação libertadora a ser encontrada pelos métodos de observação atenta e análise compassiva. Expondo injustiças, desmembrando ideologias de crime e vitimização, dando voz àqueles sem voz e sem nome, tais métodos, se bem desenvolvidos, podem proporcionar um conhecimento decididamente perigoso.

E, para a criminologia cultural, é apenas essa a questão: qual a melhor maneira de colocar em risco os arranjos existentes do crime predatório, da desonestidade corporativa, a exclusão generalizada do modernismo tardio e o punitivismo da justiça criminal? Os métodos obsoletos da criminologia ortodoxa não oferecem, nem o *insight* analítico e nem o limite necessário para a construção de um contra-ataque coletivo; igualmente inútil e desagradável é a negação do significado humano, no interesse da abstração calculada. Métodos de investigação em sintonia com a dinâmica cultural circular da modernidade tardia, abertos para a construção humana do significado coletivo, atentos tanto aos danos quanto às esperanças que surgem da transgressão; esses são métodos que, por outro lado, prometem verdadeiros problemas para os encarregados da manutenção do *status quo*. Porque, que tipo de bem é o conhecimento, na verdade, se não ele representar perigo para aqueles que o negam?

SELEÇÃO DE FILMES E DOCUMENTÁRIOS ILUSTRATIVOS DE ALGUNS DOS TEMAS E IDEIAS DESTE CAPÍTULO

- *All Watched Over By Machines of Love and Grace*, 2011, Direção de Adam Curtis.

Uma série de documentários da BBC, em três partes, que enfoca nosso relacionamento com máquinas, especialmente computadores, e como esse relacionamento agora molda a maneira como nos relacionamos com o mundo, e entre nós. Nos termos deste capítulo, *All Watched by Machines of Love and Grace* é interessante, na medida em que ilustra os problemas associados ao determinismo tecnológico e estatístico, quando aplicado a ambientes naturais (disponível gratuitamente em: <www.filmsforaction.org>).

- *Heart Broken in Half: Chicago's Street Gangs*, 1990, produção de Taggart Siegel e Dwight Conquergood.

Um documentário íntimo, que vai além das manchetes para confrontar a realidade humana, e a complexidade das gangues de rua na América urbana. Baseado na inovadora pesquisa etnográfica de Conquergood, e em entrevistas pessoais, *Heart Broken in Half* desmascara estereótipos e revela a realidade da vida de gangue: "Aqui há uma intricada teia de símbolos e paixões, território e fraternidade, honra e, muitas vezes, morte."

- *From My Point of View: Exposing the Invisible*, 2013, Direção de Tactical Technology Collective.

Outro curta documentário, da equipe *Exposing the Invisible*; desta vez pesquisadores ativistas usam métodos digitais inovadores, desde a análise de vídeos do YouTube até mapas aéreos DIY, para lançar suas próprias investigações sobre rotas de suprimento de armas na Síria, apropriação de terras urbanas em Beirute e relações de poder em Jerusalém. Este documentário mostra o que é possível, quando os indivíduos olham para além dos métodos de pesquisa padrão da sociologia e da criminologia. Disponível para assistir gratuitamente em: <https://exposingtheinvisible.org>.

- *Special Flight*, 2011, Direção de Fernand Melgar.

Um retrato/documentário emocional do sistema de imigração da Suíça, altamente burocrático e cada vez mais carcerário, um processo que pode culminar em voos especiais de deportação, para imigrantes cuja permissão para permanecer foi retirada. O filme é interessante, tanto como uma etnografia visual, quanto como uma expressão da noção de governamentalidade de Michel Foucault, e o triunfo do bio-poder sobre a humanidade.

- *Who is Bozo Texino?*, 2005, Direção de Bill Daniel.

Como *Recycled Life* e *Kamp Katrina* (veja os *links* anteriores de filmes), *Whos is Bozo Texino?* nos leva para dentro de um de mundo fora do radar, que nunca apareceria em uma pesquisa científica social. O filme de Bill Daniel é o relato da procura de um homem por um lendário e esquivo grafiteiro de trens de carga.

- *18 with a Bullet*, 2006, Direção de Richard Pollack.

Uma visão cativante das vidas e práticas cotidianas da 18th Street, uma gangue de rua com membros em Los Angeles e San Salvador, El Salvador. Da angustiante primeira cena, em que uma jovem é iniciada na gangue ao ser chutada repetidamente no chão por colegas de gangue, fica claro que o mundo retratado em 18 com uma bala é algo que nunca poderia ser capturado por uma pesquisa quantitativa de gangues.

Leitura Adicional

- FERRELL, J. ; HAMM, M. (Eds.) *Ethnography at the Edge*. Boston: Northeastern University Press, 1998.

O livro clássico da Criminologia Cultural sobre etnografia. Um *tour de force* metodológico, que excita desde as primeiras páginas do Prefácio, de Patricia e Peter Adler, até os pensamentos finais dos editores, sobre "métodos perigosos".

- ALTHEIDE, D. *Qualitative Media Analysis*. Thousand Oaks: SAGE, 1996.

Introdução clara e envolvente aos principais métodos de pesquisa associados à análise de mídia.

- MANNING, P. The challenge of Postmodernism. In: VAN MAANEN, J. (Ed.). *Representation in Ethnography*. Thousand Oaks: SAGE, 1995.

Capítulo de livro que oferece uma série de reflexões sobre a necessidade da etnografia se adaptar às mudanças na composição da comunidade, experiências individuais e dinâmicas de grupo, provocadas pelas condições mais fluidas e heterogêneas da modernidade tardia.

- FERRELL, J. Cultural Criminology. *Anual Review of Sociology*, v. 25, p. 395-418, 1999.

Um longo artigo de periódico científico, que desenvolve algumas das ideias putativas apresentadas na coletânea de Ferrell e Sanders, de 1995, *Cultural*

Criminology. Como naquele texto, a ênfase aqui é em análises subculturais e midiáticas do crime. O autor também fornece uma introdução útil para alguns dos principais métodos de pesquisa empregados por criminologistas culturais.

- RAIZ, C.; FERRELL, J.; PALACIOS, W. Brutal Serendipity: Criminological Verstehen and Victimisation. *Critical Criminology*, v. 21, n. 2, p. 141-155, 2013.

Interessante exemplo de autoetnografia na prática, com base no encontro fenomenológico do autor com a brutalidade policial.

Websites Úteis

- Visual Studies (Londres: Routledge)

<www.tandfonline.com/toc/rvst20/current#.VK_o-tKsV8E>.
O diário da casa da Associação Internacional de Sociologia Visual publicando artigos acadêmicos sobre todos os aspectos da metodologia visual, da etnografia digital à elicitação de fotos.

- Visual Ethnography

<www.vejournal.org/?journal=vejournal>.
Revista *on-line peer-reviewed* dedicada à produção e ao uso de imagens e meios audiovisuais nas ciências socioculturais.

- Narrative Criminology Research Network

<www.jus.uio.no/ikrs/english/research/projects/networkfornarrativecrim/>.
Coordenado por Sveinung Sandberg e Thomas Ugelvik, da Universidade de Oslo, Noruega, esse *site* fornece informações sobre criminologia narrativa, um quadro teórico emergente para o estudo de histórias em criminologia.

9

CONCLUSÕES

A questão do significado produz um ponto de interrogação na criminologia ortodoxa, e na justiça criminal; e como uma orientação projetada especialmente para o engajamento crítico com a política do significado que envolve o crime e o seu controle, a criminologia cultural pretende facilitar essa pontuação. Como acadêmicos e como cidadãos, nossas vidas estão cheias de "fatos" sobre o crime: estatísticas criminais, percentuais de medo do crime, contagens de membros de gangues. Sabendo algo de significado e representação, no entanto, podemos ver esses "fatos" pelo que são: instantâneos míopes de um mundo em movimento, mais merecedores de interrogatório crítico do que aceitação impensada. Reexaminadas pelas lentes da criminologia cultural, as estatísticas do crime aparecem principalmente como realizações políticas – corporificações da discrição da polícia e da agenda governamental, sem dúvida – mas certamente não são representações da realidade vivida pelo crime. A porcentagem da população relatada como "um pouco receosa" do crime é mostrada como uma dupla duplicidade, uma ficção de conceituação e de método, à medida que os autores da pesquisa imaginam os contornos mutáveis do medo coletivo como uma categoria mensurável de emoção individual; então imagine que eles podem capturar essa categoria com pequenos conjuntos de respostas. Uma entidade sempre mutante e ambígua, mesmo dentro da própria vida das gangues, "o número de membros de gangues" atualmente residindo em Birmingham ou Boston, como anunciado pelas agências de justiça criminal, ou mídia de massa, é visto como uma projeção da percepção preconceituosa e da ansiedade racial.

Re-codificadas desta maneira, as valências da criminologia ortodoxa e da justiça criminal são invertidas. A autoridade das agências de policiamento e dos pesquisadores financiados pelo governo é questionada. A suposta hierarquia de credibilidade, que situa os relatórios da agência e as contas da mídia na vanguarda da nossa compreensão do crime, é invertida. Em vez disso, a experiência e o significado cotidiano do crime, para os envolvidos nele, chegam na frente; e as questões de representação e poder não estão muito atrás.

> *A taxa de violência doméstica na Índia declinou no ano passado em 34%?* Esperamos que sim, mas que números são esses? De que maneira eles podem refletir o medo das mulheres de denunciar a violência doméstica ou a falta de disposição dos policiais de registrá-la, ou talvez novas leis que restrinjam a definição legal de violência doméstica?
> *Três em cada cinco cidadãos britânicos dizem que têm medo do crime?* Para quem eles dizem isso e de que maneira? Eles têm medo do crime ou medo do que a mídia apresenta como crime? E o que significa "medo do crime" para suas vidas, para as escolhas que fazem quando nenhum pesquisador ou repórter está presente?
> *A filiação de gangues está aumentando em grandes áreas urbanas nos EUA?* Quem decide quando um jovem está "dentro" ou "fora" de uma gangue? Como essa identidade fluida pode ser contada com alguma certeza? Como e por que a mídia está relatando esse "fato"? E o mais importante, existe algum dinheiro governamental garantido nesse aumento declarado ou talvez na carreira política de alguém?

Em contraponto às afirmações ortodoxas sobre o crime, a criminologia cultural oferece, sem vergonha, mais perguntas do que respostas – ou talvez forneça algumas novas respostas, questionando as antigas.

Observemos também que a política da criminologia cultural não é a sobreposição após o fato; ela é inerente à abordagem em si. Preocupar-se com a construção humana coletiva de significado, é minar aqueles que reivindicam autoridade no conhecimento do crime, e confrontar aqueles que fazem o sentido desaparecer em labirintos de jargões e números. Da mesma forma, compreender o poder da representação é apreciar os *loops* e espirais pelos quais a imagem e a experiência se entrelaçam; e perceber que aqueles que afirmam o contrário, que afirmam apresentar a verdade não mediada sobre o crime, são em geral ilusões de *marketing*, diversionismo ou discursos ideológicos. A criminologia cultural é, nesse sentido, intrinsecamente subversiva; prestar atenção ao significado e à representação, enfraquece a autoridade de políticos, comissários de polícia e criminologistas ortodoxos, procurando, em vez disso, descobrir perspectivas menos notadas ou menos compreendidas. No mundo moderno, complexo, contestado e ambíguo, visto ao longo deste livro, essa subversão da autoridade epistêmica parece ainda mais necessária e apropriada.

Em um mundo animado pela transformação de identidades e aumento da migração humana, num mundo repleto de novos significados e novas mídias, afirmações severas da "verdade" sobre "crime" ou "justiça criminal" parecem francamente ridículas; tristes tentativas de medir, com precisão, quantos criminosos podem ser encarcerados na ponta de algum distintivo de punição. Como argumentamos em capítulos anteriores, tais alegações também parecem perigosas, sugerindo um anseio por garantia a qualquer custo, um gosto por uma ordem epistêmica que pode de algum modo estancar o fluxo da incerteza do modernismo tardio. Quando os políticos lançam campanhas anti-drogas de "tolerância zero", ou prometem simplesmente "eliminar" o comportamento antissocial, quando os criminologistas apresentam resumos estatísticos como declarações factuais autoevidentes, os seus relatórios revelam um recuo reacionário contra o mundo em que habitam, como um eco dos dinossauros morrendo. Difícil. Agora não é o momento de ignorar esses absurdos reducionistas e seus efeitos.

Sobre esses efeitos, vamos ser francos. Mundos sociais saturados com tecnologias de vigilância hoje drenam as liberdades de movimento e identidade da prática da vida cotidiana. As injunções anti-gangues americanas e as leis anti-sem-teto, as proibições dos shopping centers britânicos e as marcas no tornozelo para monitorar o consumo de álcool dos infratores acrescentam seu peso repressivo, criminalizando ainda mais as minúcias do movimento pessoal e da presença pública. Nos EUA, na Grã-Bretanha, na França e em outros lugares, os estados policiais em expansão continuam a se passar por sistemas democráticos de justiça criminal; em outros lugares, sistemas de "justiça" absurdamente anacrônicos e fundamentalistas continuam a degradar e destruir a vida de meninas, mulheres e não-crentes. Políticas reacionárias da justiça criminal americana, como a sentença determinante[107] e a "prisão perpétua sem liberdade condicional", alijam de direitos milhões de pessoas, ao mesmo tempo em que ampliam a desesperança institucionalizada, com o lento acúmulo de décadas. E para os milhares de americanos que agora cumprem tais sentenças, por crimes cometidos antes de seus 18 anos, uma dor existencial adicional: quanto mais vida você tiver, mais longa será sua sentença. Enquanto isso, do México à Malásia, as leis de comércio internacional e a corrupção local legalizada protegem uma economia global que destrói outras vidas jovens, e poluem o meio-ambiente onde vivem jovens e idosos também.

---

107 N.T.: Sentença da qual não cabe mais recurso; no Direito brasileiro o termo técnico é "transitada em julgado".

Nós podemos fazer melhor que isso. Podemos criar um mundo no qual as fluidez tardo-moderna das pessoas e significados sejam motivo de celebração polimorfa, sejam faíscas para a invenção cultural, e não motivação para reações oficiais. Podemos criar um mundo no qual as ambiguidades da modernidade tardia coloquem em questão categorias rígidas de raça, e formas medievais de religião, em vez de evocar sua retribuição vingativa (YOUNG, 2007). Podemos imaginar algo melhor para milhões de cidadãos do mundo, do que a vitimização predatória em meio à degradação ambiental ou ao trabalho letal, intercalado com prisão. Para fazer isso, porém, devemos ter uma criminologia que seja eficaz, persuasiva, significativa e sem medo. Se os criminologistas ortodoxos e os profissionais da justiça criminal insistem na certeza e no essencialismo, insistem em reduzir as pessoas a categorias quantificáveis e suas culturas a abstrações perigosas, então precisamos ter uma criminologia que possa alavancar os próprios fundamentos intelectuais do seu trabalho. Se as ordens políticas modernistas julgarem cada vez mais eficaz "governar através do crime" (SIMON, 2007), isto é, remodelar as questões sociais como crimes, definir criminalidade e vitimização como a dinâmica essencial da vida social e, assim, governar através do medo e da exclusão, então devemos ter uma criminologia que possa enfrentar essa transformação política, e definir o significado da vida social em outros termos, mais progressistas.

CRIMINOLOGIA CULTURAL E CRIMINOLOGIA CRÍTICA

Tendo argumentado que a criminologia cultural constitui um tipo distinto de criminologia crítica, devido ao seu foco no significado do crime, gostaríamos agora de argumentar o oposto: que historicamente, e em suas manifestações contemporâneas, o projeto maior da criminologia crítica também foi definido pelo seu envolvimento com a política do significado. Isto não é de modo algum uma tentativa de colonização, isto é, não se trata de uma tentativa grandiosa de afirmar que toda a criminologia crítica pode ser incluída sob a lógica da criminologia cultural. Na verdade, é exatamente o oposto: a afirmação de que as raízes da criminologia cultural estavam presentes no amplo empreendimento da criminologia crítica, e continuam presentes, não apenas em antecedentes específicos dos EUA e da Grã-Bretanha, mas no espírito da criminologia crítica, em si. Ao apresentar esse argumento, não realizaremos uma pesquisa sistemática da criminologia crítica passada e presente; vamos apenas destacar alguns exemplos que sugerem uma conversa contínua, entre a criminologia cultural e outras criminologias críticas. Para as abordagens críticas que possamos omitir, oferecemos desculpas, e um convite para participar da conversa.

Certamente, um dos fundamentos centrais da criminologia crítica tem sido a análise marxista, ou mais amplamente, uma análise do crime e da justiça orientada para o conflito. Essa abordagem às vezes é considerada uma crítica econômica do crime e de suas causas, com questões de cultura, ideologia e significado relegadas a uma posição secundária e superestrutural. Na realidade, parece-nos que as abordagens marxistas, ou orientadas para o conflito, ofereceram, desde o início, um violento ataque cultural aos significados aceitos de crime, lei e justiça (FERRELL, 2007). Propor que a lei opera como o martelo da classe dominante, não é apenas ligar lei e economia, mas apresentar um desafio epistêmico: um desafio aos entendimentos convencionalmente construídos do direito. É sugerir que, em sua formação e em sua prática cotidiana, a lei não significa justiça, mas a perpetuação da injustiça e a proteção do privilégio. Essa crítica marxista também confronta as ideologias elaboradas, segundo as quais o direito e a justiça criminal são definidos como forças de contenção social e realização do bem social e, na melhor das hipóteses, inaugura uma práxis para minar os significados que tais ideologias promovem. Além disso, essa visão da lei e da justiça criminal promove uma reconsideração do passado e de seus edifícios ideológicos também. Devemos entender as leis sobre vagabundagem como protegendo o acordo de ordem social dos indesejáveis, ou protegendo os interesses mutáveis dos poderes dominantes (CHAMBLISS, 1960)? O emergente sistema de justiça juvenil foi de fato projetado para o aprimoramento de crianças ou para controlar populações marginais e socializar crianças imigrantes nos papéis dominantes de trabalho e gênero (PLATT, 1977)?

Esta reavaliação crítica do direito e da justiça continua em duas abordagens contemporâneas. A criminologia dos condenados tem sido inestimável em dar voz aos presos pelas várias guerras contra drogas e crime, e assim, em transformar os sujeitos silenciados pela justiça criminal, na consciência crítica da criminologia (RICHARDS; ROSS, 2001, ROSS; RICHARDS, 2002). Neste trabalho liberador, a criminologia dos condenados também produziu o efeito – bastante intencional – de subverter o significado convencional e a prática da justiça criminal. A própria presença de pesquisadores ex-presidiários dentro da criminologia acadêmica exige uma espécie de retribuição intelectual, desmentindo as construções estereotipadas dos criminosos, prisioneiros e castigos. Além disso, sua crítica do sistema de justiça criminal, de dentro para fora, traz consigo uma autenticidade epistêmica adquirida com esforço, que enfraquece ainda mais as alegações de verdade das estatísticas do Departamento de Justiça, ou das taxas de reincidência. A criminologia dos condenados, então,

> [...] desafia a maneira pela qual os problemas criminais e correcionais são tradicionalmente representados e discutidos por pesquisadores, formuladores de políticas criminais e políticos [...] [isto] também desafia crenças comuns; assim, é coincidente com muitas das abordagens epistemológicas encontradas na criminologia crítica, que tenta desconstruir os mitos e procurar significados mais profundos. (JONES *et al.*, 2009, p. 152-156)

Significados mais profundos também estão em questão para a criminologia pacificadora, que empreende uma crítica similarmente completa, embora num tom filosófico diferente. Para os criminologistas pacificadores, o objetivo dessa crítica não é simplesmente uma reavaliação crítica da justiça criminal, mas, em última análise, uma reconceituação profunda da própria justiça. Como argumentam, qualquer abordagem que vincule a justiça à violência ou punição já minou a própria justiça, tanto em seu significado como em sua prática. E assim, reimaginando radicalmente o significado da justiça ao longo das linhas das filosofias humanistas, budistas, gandhianas, indígenas e socialistas, os criminologistas pacificadores concebem a justiça como um processo destinado a "Fechar as fendas no tecido social e entretecer todos os membros de volta a aceitáveis, responsáveis, relações sociais seguras" (PEPINSKY; QUINNEY, 1997, p. 109).

Da mesma forma, reconceituações radicais do crime e da justiça são empreendidas por duas outras abordagens críticas; a primeira obviamente, portanto, a segunda talvez menos. Com foco na construção cultural e linguística do crime, a criminologia pós-moderna/constitutiva é um empreendimento crítico fundado em questões de significado. Em primeiro lugar, esta abordagem argumenta que não existe realidade do crime que preceda sua construção linguística e legal; categorias discursivas e práticas jurídicas não apenas moldam as percepções do público, mas constituem o crime como atividade significativa em primeiro lugar. Ao contrário do *labelling aproch*,[108] "o objetivo" torna-se "[...] trabalhar na produção de significado na área do crime [...]", que significa que é

---

108 N.T.: "teoria da rotulação".

"[...] co-produzido por aqueles que se envolvem no crime, aqueles que tentam controlá-lo e aqueles que o estudam" (DEKESEREDY, 2011, p. 49-50). Para fazer este trabalho, um segundo movimento analítico deve ser feito – um movimento como aquele que os criminologistas culturais empregam na exploração de situações cotidianas de controle do crime: desconstruir ou decodificar construções linguísticas existentes, de modo a problematizar sua aceitação dada por certa, e assim expor seu poder. Como diz Bruce Arrigo (2003, p. 48), a desconstrução "[...] implica a leitura nas entrelinhas para determinar os significados (isto é, a ideologia) dados ao *status* preferencial em um sistema particular de linguagem." Finalmente, os criminologistas pós-modernos e constitutivos argumentam que criminologistas, profissionais da mídia e outros devem disseminar um "discurso de substituição", que possa reconstruir o significado de crime e da justiça, no interesse da mudança social progressiva (HENRY; MILOVANOVIC, 1996).

Uma segunda abordagem crítica tem sido, parece-nos, uma das mais bem-sucedidas em realizar exatamente essa tarefa. Ela é a criminologia feminista. Certamente, a criminologia feminista expôs as dinâmicas de gênero do crime e da justiça, e confrontou os danos sociais sofridos pelas mulheres por meio dessas dinâmicas. Neste trabalho, porém, a criminologia feminista também construiu uma crítica mais profunda e sistemática do significado – uma crítica exigida pelas próprias profundezas em que os pressupostos de gênero estão embutidos na prática cotidiana do crime e da justiça. Como as criminologistas feministas demonstraram, confrontar a violência praticada pelo parceiro íntimo contra as mulheres exige confrontar as ideologias que mantêm essa violência invisível, e da mesma forma, significa construir a violência doméstica como uma categoria significativa de lei e experiência humanas. Como as mudanças legais recentes mostraram, confrontar a agressão sexual exige desconstruir e reconstruir as suposições codificadas na definição legal de estupro. Da mesma forma, confrontar a demonização pública de mulheres jovens exige não apenas apoiar os esforços das próprias mulheres, mas também decodificar os significados cotidianos sobre elas, que são fabricados pelas estatísticas do crime e pela mídia de massa (CHESNEY-LIND; IRWIN, 2008). Talvez mais do que qualquer outra abordagem crítica, a criminologia feminista demonstrou que o conhecimento progressivo e o ativismo exigem engajamento com a política existente de significado. Para criminologistas feministas e outros criminologistas críticos, imaginar um futuro melhor começa com o desmantelamento das limitações significativas do presente.

E, como poderíamos esperar, outros desmantelamentos críticos de significado continuam a emergir; a criminologia *queer* entre eles. Substancialmente, a criminologia *queer* confronta os crimes cometidos contra as populações de lésbicas, gays, transexuais, bissexuais e *queer*, e destaca seus maus tratos e sua mal-categorização dentro do sistema de justiça criminal. Mas, como seus teóricos fazem questão de salientar, a criminologia *queer* é também um confronto com tipos de significados e entendimentos cotidianos, tanto dentro da academia quanto fora dela, que sustentam tal violência. Matthew Ball (2014, p. 22) argumenta que "[...] muitos teóricos *queer* [...] procuram desafiar identidades, formas de regulação e o que eles poderiam argumentar é a normatividade fundacional de muitas disciplinas" – e que, nesse sentido, "[...] criminologias críticas e teorias *queer* compartilham uma atitude comum de ir contra os conhecimentos ortodoxos, a política e as formas de pensar – seja em matéria de crime e justiça, seja em questões de sexualidade e gênero. Salo Carvalho (2013, p. 5) coloca de fato a criminologia queer no contexto de "movimentos de ruptura" criminológicos semelhantes, como a teoria da rotulação, a criminologia feminista, a criminologia crítica e a criminologia cultural. De fato, nos primeiros dias da criminologia cultural, Ferrell e Sanders (1995, p. 319) propunham justamente tal ruptura, argumentando que

> [...] se a criminalidade e a criminalização de mulheres e meninas, lésbicas e gays tendem a ser ofuscadas pela coincidência de masculinidade e crime, devemos desenvolver uma criminologia cultural que destaca esses processos alternativos e a política de gênero dentro da qual eles ocorrem.

Nas duas décadas seguintes, a criminologia cultural não fez o suficiente para fazer da "[...] criminologia *queer* [...] parte de qualquer criminologia cultural que se propõe a explorar em profundidade as políticas da cultura e do crime [...]", mas agora a criminologia *queer* está bem encaminhada, dentro da criminologia cultural e além.

TRABALHO SIGNIFICATIVO

Para os criminologistas culturais e críticos, a atenção necessária aos vários teatros de significado é complementada por outro imperativo: a intervenção nesses teatros, ao lado da justiça social e da mudança social progressista. Em toda a gama de criminologia cultural e crítica, o ativismo assume muitas formas, desde a organização de sindicatos e comunidades até a defesa de causas em favor de grupos criminalizados e campanhas de justiça social. Em tudo o que fazemos, porém, parece que somos, no mínimo, trabalhadores culturais com muita prática; afinal de contas, nossas carreiras no ensino e na erudição são fundadas em uma facilidade particular de oferecer interpretações críticas e criar formas persuasivas de desempenho e comunicação. Em outras palavras, nossas carreiras acadêmicas exigem que tenhamos a habilidade não apenas de descobrir ideologias codificadas e expor significados ocultos, mas de produzir nossos próprios significados críticos e entendimentos alternativos na sala de aula e na produção escrita. Pensando em nosso trabalho dessa forma, aproveitando e expandindo as habilidades que o tornam possível, podemos imaginar inúmeras possibilidades de intervenção crítica na política do significado – e com essas possibilidades, o potencial também para uma criminologia crítica pública.

SITUAÇÕES

Da mesma forma que prestamos atenção à dinâmica pela qual o significado do crime e do controle do crime é negociado no cotidiano dos outros, podemos notar de forma produtiva essas dinâmicas nas situações que compõem nossas próprias vidas também. Utilizando a sensibilidade etnográfica/autoetnográfica para aguentar, podemos politizar nossas próprias vidas analisando criticamente os significados que as moldam. Nesse sentido, todas as multas de trânsito, todos os encontros com policiais ou guardas de segurança nos aeroportos, todos os processos judiciais, disputas legais ou momentos fugazes de medo, abrem uma janela para a construção do crime e da justiça – se é que podemos aprender a estar atentos a eles. Também nesse sentido, toda situação desse tipo oferece uma oportunidade para intervenção crítica – isto é, para converter os significados mundanos do crime e do controle do crime diários, em uma análise significativa das questões criminológicas mais amplas. Este é certamente o caso em situações dramáticas, em que um criminologista é vítima de brutalidade policial (ROOT *et al.*, 2013), por exemplo, ou chega a ser preso no decorrer da pesquisa de campo (FERRELL, 1997). Mas, significativamente, é também o caso quando nenhum soco é dado, ou prisões ocorrem. Assim como criminologistas críticos fizeram contribuições importantes, investigando as relações de poder pelas quais os danos sociais provocados pelas elites econômicas ou estatais *não são* construídos como criminosos, podemos investigar, escrever e ensinar sobre as relações através das quais o crime não é construído em nossas próprias vidas. Se nós sabemos que os jovens negros nos EUA e no Reino Unido são regularmente parados e revistados na rua, mas não somos parados há anos, por que valências de nosso próprio poder e privilégio é assim?

Se para muitas pessoas a visão de um carro de polícia invoca apreensão, mas para alguns de nós sugere uma sensação de segurança, o que esses significados divergentes revelam sobre nossa própria participação nas desigualdades cotidianas de etnia, classe social, idade e localização?

Observe que esses tipos de intervenções intelectuais críticas em nossas próprias situações cotidianas oferecem, por sua vez, duas vantagens distintas: elas não exigem bolsas de pesquisa ou aprovações de IRB, e transformam a consciência sempre útil de nosso próprio privilégio em análise criminológica crítica (FERRELL, 2012c). Um tipo similarmente acessível de intervenção crítica é sugerido por outro conjunto de significados situacionais: a codificação generalizada de tecnologias de vigilância e de ideologias de controle social nos ambientes construídos da vida cotidiana. Podemos confrontar e expor esses sistemas insidiosos de controle, escrevendo e ensinando sobre eles; podemos também confrontá-los e expô-los através da desobediência civil individual ou coletiva contra eles. Grupos como Food Not Bombs[109] responderam à legislação que proíbe a alimentação dos sem-teto em espaços públicos, alimentando os sem-teto em espaços públicos; criminologistas críticos e culturais organizaram *sit-ins*[110] no meio de calçadas regidas por determinações discriminatórias de não sentar (AMSTER, 2008), e têm encenado *flash mobs*[111] de estudantes como performances pedagógicas, em espaço público regulamentado (LANDRY, 2013). Tais intervenções parecem exemplos quase perfeitos da praxis marxista ou da ação direta anarquista; realizam objetivos práticos e progressivos e, ao mesmo tempo, forçam a visão dos significados ocultos e das iniquidades ocultas dos mecanismos de controle social que os impediriam. Colocados em termos diferentes – os termos dos situacionistas – elas parecem intervenções situacionais, visando promover uma revolução progressiva da vida cotidiana (VANEIGEM, 2001 [1967]).

---

109 N.T.: "Comida, não bombas". É uma agremiação de coletivos independentes, que oferecem alimentação vegana ou vegetariana, de graça, às pessoas. O grupo Food Not Bombs adere à ideologia de que as prioridades das corporações e governos são desviadas, de modo a permitir que haja fome em meio à abundância. Provam isso com o fato de que boa parte da comida que servem é excedente do comércio de alimentos que, sem essa ação, seria simplesmente descartada. <www.foodnotbombs.net>.

110 N.T.: Forma de protesto pela qual manifestantes ocupam um determinado local, recusando retirar-se, e lá permanecendo até que suas demandas sejam atendidas.

111 N.T.: Grande reunião pública de pessoas, para se manifestar pela realização de um ato inusitado, ou aparentemente aleatório, e em seguida se dispersar; com frequência organizadas pelas mídias sociais.

MÍDIA E CULTURA POPULAR

O capítulo 6 explorou as muitas dinâmicas através das quais a mídia e a cultura popular produzem sentido em torno de questões de crime e justiça, e explorou também oportunidades para intervir nessas dinâmicas; nós não vamos repeti-los aqui. Em vez disso, vamos simplesmente lembrar algumas possibilidades. A proliferação de mídias alternativas e digitais permite que criminologistas culturais e outros desenvolvam *podcasts* e *websites* (por exemplo, <http://blogs.kent.ac./culturalcriminology/>, <www.convictcriminology.org>, <www.artcrimearchive.org>, <http://antiblogdecriminologia.blogspot.com/>), dar e gravar palestras TED[112] e de outra forma disseminar entendimentos alternativos. A natureza em *loops* e espirais do significado mediado nos convida a entrar nesses loops, como na primeira edição deste livro, onde mostramos que a frase provocativa "Garotas bonitas fazem sepulturas"[113] poderia ter sido feita para iluminar o celibato zen, a identidade gay, o empoderamento do Riot Girls, o fascínio sexual ou, em nossas mãos, a violenta objetificação das mulheres (FERRELL *et al*., 2008, p. 206-10). O trabalho corajoso de grupos como Public Ad Campaign, observado no capítulo 4, nos lembra que a cultura popular mediada está agora profundamente codificada no próprio espaço público e levanta uma questão: se a Public Ad Campaign substitui ilicitamente a publicidade do espaço público por arte, o que devemos fazer? Pintar os sinais de "Proibida a vagabundagem"[114] com poesia de rua? Virás as câmeras de CCTV,[115] para que elas apontem para a delegacia de polícia? Acima de tudo, os ambientes saturados de mídia da modernidade tardia nos lembram que, como acadêmicos críticos, podemos escrever livros e fazer documentários (REDMON, 2005; REDMON, 2015; THOMPSON, 2014); que podemos escrever, filmar e fotografar de maneiras eruditas e acessíveis; e que podemos e devemos criar uma criminologia que opere menos como uma ciência social e mais como uma poética (JACOBSEN, 2014) – uma criminologia em sintonia com a elegância e a comunicação, em seu esforço para apresentar uma análise crítica do crime e da justiça.

---

112 N.T.: Technology, Entertainmet, Design (TED). Série de palestras difundidas pela fundação norte-americana Sapling, sem fins lucraticos, para a difusão de ideias que "merecem ser disseminadas". <www.ted.com>.

113 N.T.: No original: "pretty girls make graves".

114 N.T.: No original: "No Loitering".

115 N.T.: *Closed-Circuit Television*, sigla que designa as câmeras de TV utilizadas para vigilância privada ou pública, aqui referindo as utilizadas pelas polícias.

POLÍTICAS[116]

Às vezes é sugerido que a criminologia cultural não está interessada ou é inaplicável à política. Certamente, a criminologia cultural é, nos termos de David Matza (1969), em grande parte uma abordagem "naturalista" e "apreciativa", que evita as noções convencionais de "correcionalismo". Mas, ser apreciativo não significa inevitavelmente romantizar, valorizar, ou desdenhar o correcionismo da criminologia convencional e da justiça criminal; não requer uma abordagem totalmente não-intervencionista do crime (ver HAYWARD; YOUNG, 2012). Embora haja muitas atividades desnecessariamente criminalizadas e punidas – mais a cada dia, de fato –, existem muitas outras que necessitam alguma forma de controle ou correção, desde a violência doméstica e agressões de rua, até crimes de guerra e as más práticas corporativas. E é nessa área da política de controle do crime que a criminologia cultural, a criminologia crítica, e a questão mais ampla do significado, parecem realmente aplicáveis, e por uma razão específica: não entender os significados culturais do crime e respostas a ele, certamente garante o fracasso das políticas e das intervenções que elas promovem. Para começar, qualquer resposta apropriada ao crime deve ser fundamentada na compreensão dos problemas sociais e das respostas culturais das quais esse crime emerge. Políticas efetivas em relação a "gangues" ou "crimes do colarinho branco", não podem começar com gângsters ou líderes corporativos gananciosos,[117] mas devem, em vez disso, penetrar nas tensões estruturais e no ambiente cultural que geram gângsters e gananciosos – e que situam suas ações dentro de interesses, significados e experiências compartilhados. Da mesma forma, aqueles que são o foco de iniciativas políticas não podem ser reduzidos, como frequentemente são na criminologia oficial, a incorporações abstratas de categorias teóricas equivocadas: robôs econômicos, atores racionais, variáveis humanas desprovidas de contexto cultural e emoção humana (HAYWARD, 2007; HAYWARD, 2012a). Caso contrário, tudo o que resta para a política são os instrumentos contundentes de força e contenção, as opções áridas de punição e prevenção, os concomitantes da teoria da

---

116 N.T.: *Policy* no original, não possui tradução direta, e tem o sentido de política como linha de ação, como na expressão "políticas públicas". Não de trata, portanto, da política legislativa, a que ocupa mais espaço na mídia.

117 N.T.: *Greedhead*, no original, seria o "cabeça ganancioso", um avarento elitista ladrão, cobiçoso de sangue e acumulador de dinheiro, e que, por suas ações dificulta a vida de muitas pessoas, econômica e/ou politicamente.

dissuasão ou a lógica da escolha racional. Essa falha em fundamentar a política nos significados do crime leva, por sua vez, a um segundo fracasso, pois aqueles que são seus destinatários demonstram aos formuladores de políticas criminais que eles certamente não são robôs ou máquinas racionais, subvertendo criativamente os significados pretendidos da própria política. A mesma medida de punição pode tornar-se uma questão de vergonha e embaraço social, um impedimento pesado, um distintivo de honra subcultural ou um incentivo à escalada da transgressão – sendo os dois últimos mais prováveis, se a cultura dos punidos for mal interpretada ou ignorada. As políticas que desconsideram a cultura humana serão desconsideradas pelas culturas humanas que ela visa; ou, como diz Dick Hebdige (1988, p. 8), essas culturas "[...] converterão o fato de estar sob vigilância no prazer de ser observado." De qualquer forma, a política culturalmente insensível recebe o tipo de crime que merece. Uma política efetiva também requer outro tipo de sensibilidade cultural: a sensibilidade para as dinâmicas culturais mais amplas, dentro das quais qualquer tipo de política e sua imposição se tornam significativas. As respostas sociais ao crime nunca são meras questões técnicas; eles são inevitavelmente declarações normativas contestadas coletivamente, recorrendo e reinventando concepções de penalidade, segurança e justiça que circulam dentro da cultura maior (MELOSSI, 2001). Essa noção fundamental dentro da criminologia cultural – de que o significado da política do crime está sempre misturado com a retidão moral e o pânico moral, com a sabedoria popular e os demônios populares, com o policiamento das crises da ordem social e da mudança social – não apenas fornece uma crítica essencial à discriminação política e sua aplicação, mas também sugere o papel que o criminologista cultural e crítico pode tomar no desenvolvimento de políticas criminais. Na mídia, nos tribunais – em um papel consultivo para os formuladores de políticas, quando possível – criminologistas culturais e críticos podem trabalhar para moldar políticas que dialoguem com correntes culturais progressivas, e que evitem as referências culturais regressivas de, por exemplo, "guerras" contra o crime ou "cruzadas" contra o terror. Em um mundo tardo-moderno de migração global e realocação cultural, os criminologistas culturais podem fornecer corretivos especialmente importantes para políticas que forçam um tipo de prática cultural através do filtro de outra. Aqui, o método também é importante. Os métodos etnográficos preferidos pelos criminologistas culturais nunca produzirão os tipos de resumos numéricos a que os formuladores de políticas criminais são afeiçoados, mas produzirão os tipos de *insights* sutis essenciais para entender os significados culturais da política criminal, e das vidas daqueles que são seu foco. Na melhor das hipóteses, poderíamos até mesmo imaginar políticas criminais que emergissem como uma colaboração entre formuladores de políticas criminais, criminologistas culturais e críticos, e aqueles afetados por ela – políticas que, resolvendo tanto os problemas imediatos quanto os problemas sociais subjacentes, ajudem a eliminar, com o tempo, os problemas que necessitam delas. Em tudo isso, somos lembrados da prática afro-americana do *signifying* [118] – certamente um exemplo da capacidade humana de criatividade cultural e resistência em meio às circunstâncias mais brutais (GATES, 1988; POTTER, 1995). O *signifying* sugere uma facilidade especialmente fluida, para comunicar múltiplos significados para múltiplos públicos. Para os afro-americanos, essa facilidade surgiu como uma habilidade essencial de sobrevivência em meio às predações de escravidão e fanatismo racial; a capacidade de falar de maneira a esconder entendimentos subversivos no vocabulário convencional, de colocar significados alternativos nas lacunas da linguagem e da percepção, de colocar mensagens em letras e batidas, significava que a opressão poderia ser ao mesmo tempo acomodada conforme necessário e resistida, se possível. Como criminologistas críticos e culturais contemporâneos, nossas prerrogativas impedem tais alfinetadas; mas a lição é válida. Reconhecendo a política dos significados, e trabalhando para intervir neles, a questão não é se vamos funcionar como acadêmicos ou ativistas, se examinaremos nossas próprias vidas ou as dos outros, se vamos operar no nível da subcultura ou da mídia social ou das políticas sociais. A questão é como podemos melhor incorporar todos esses esforços como intelectuais públicos, movendo-se fluidamente dentro e entre vários teatros de significado, confortáveis com as múltiplas formas de compreensão e comunicação que as múltiplas audiências da modernidade tardia exigem. A questão é como fazer criminologia cultural, e criminologia mais amplamente, um empreendimento significativo em um mundo moldado por significados – como criar uma criminologia que, através de sua mistura de crítica e compaixão, pesquisa e engajamento social, pode confrontar a política contemporânea de significados, conforme eles circulam nos domínios do crime e da justiça.

---

[118] Forma de poesia de rua usada na comunidade afro-americana, que usa uma estrutura de rima, e geralmente contém uma série de insultos ou ostentações.

REFERÊNCIAS

AAS, K.F. The Body Does Not Lie. *Crime, Media, Culture*, v. 2, n. 2, p. 143-58, 2006.

AAS, K.F. The Earth is One but the World is Not. *Theoretical Criminology*, v. 16, n. 1, p. 5-20, 2012.

ABEND, L. Paying to be Kidnapped. *The New York Times*, 15 jan. 2006, v. 2.

ACLAND, C. *Youth, Murder, Spectacle*. Boulder, CO: Westview, 1995.

ADLER, P. *Wheeling and Dealing*. Nova York: Columbia, 1985.

ADLER, P.; ADLER, P. Foreword. In: Ferrell, J.; Hamm, M. (Eds.) *Ethnography at the Edge*. Boston: Northeastern, 1998.

AGAMBEN, G. *State of Exception*. Chicago: University of Chicago Press, 2005.

AGEE, J.; EVANS, W. *Let Us Now Praise Famous Men*. Nova York: Ballantine, 1960.

ALKEMADE, R. Outsiders Amongst Outsiders. 2013. Disponível em: <www.japansubculture.com/outsiders-amongst-outsiders-a-cultural-criminological-perspective-onthe-sub-subcultural-world-of-women-in-the-yakuza-underworld/>.

ALTHEIDE, D. Ethnographic content analysis. *Qualitative Sociology*, v. 10, n. 1, p. 65-77, 1987.

ALTHEIDE, D. *Qualitative Media Analysis*. Thousand Oaks: SAGE, 1996.

ALTHEIDE, D. *Terrorism and the Politics of Fear*. Blue Ridge Summit: AltaMira Press, 2006.

ALVELOS, H. The Desert of Imagination in the City of Signs. In: FERRELL, J.; Hayward, K.; Morrison, W.; Presdee, M. (Eds.). *Cultural Criminology Unleashed*. Londres: GlassHouse, 2004.

ALVELOS, H. The Glamour of Grime. *Crime, Media, Culture*, v. 1, n. 2, p. 215-224, 2005.

AMSTER, R. *Street People and the Contested Realms of Public Space*. Nova York: LFB, 2004.

AMSTER, R. *Lost in Space*. Nova York: LFB, 2008.

ANDERSON, E. *Code of the Street*. Nova York: W.W. Norton & Co, 1999.

ANDERSON, N. *The Hobo*. Chicago: University of Chicago Press; Phoenix Books, 1961 [1923].

APPADURAI, A. *Modernity at Large*. Minneapolis: University of Minnesota Press, 1996.

APPLEBOME, P. How Graffiti Goats Became a Symbol of... Something. *The New York Times*, 3 mar. 2012, A15.

ARCHIBALD, R. A Gangland Bus Tour, with Lunch and a Waiver. *The New York Times*, 16 jan. 2010, A1, A11.

ARMSTRONG, G.; GRIFFIN, M. The Effect of Local Life Circumstances on Victimization of Drug-involved Women. *Justice Quarterly*, v. 24, n. 1, p. 80-104, 2007.

ARRIGO, B. Postmodern Justice and Critical Criminology. In: SCHWARTZ, M; HATTY, S. (Eds.). *Controversies in Critical Criminology*. Cincinnati: Anderson, 2003.

ASPDEN, K.; HAYWARD, K. Cultural Criminology and Narrative Ciminology. In: PRESSER, L.; SANDBERG, S. (Eds.). *Crime as Story*. Nova York: New York University Press, 2015.

ATRAN, S. Mishandling Suicide Terrorism. *The Washington Quarterly*, v. 27, n. 3, p. 67-90, 2004.

ATRAN, S. *Talking to the Enemy*. Londres: Allen Lane, 2010.

AUSTEN, B. Public Enemies: Social Media is Fueling Gang Wars in Chicago. 17 set. 2013. Disponível em: <www.wired.com/2013/09/gangs-of-social-media/all>. Accesso em: 25 out. 2013.

AUSTIN, J.; MARINO, B.; CARROLL, L.; MCCALL, P.; RICHARDS, S. The use of incarceration in the United States. *Critical Criminology*, v. 10, n. 1, p. 17-24, 2001.

BAKER, A.; GOLDSTEIN, J. Offenses Left Unrecorded, to Keep City's Crime Rates Down. *The New York Times*, 31 dez. 2011, A19.

BAKHTIN, M. *Rabelais and this World*. Bloomington: Indiana University Press, 1984.

BALKO, R. *Rise of the Warrior Cop*. Nova York: Public Affairs, 2014.

BALL, M. Queer Criminology, Critique, and the "Art of not Being Governed". *Critical Criminology*, v. 22, n. 1, p. 21-34, 2014.

BANDURA, A.; ROSS, D.; ROSS, S. Transmission of Aggression Through Imitation of Aggressive Models. *Journal of Abnormal and Social Psychology*, v. 63, p. 575-582, 1961.

BANDURA, A.; ROSS, D.; ROSS, S. Imitation of Film-mediated Aggressive Models. *Journal of Abnormal and Social Psychology*, v. 66, p. 3-11, 1963.

BANKS, C. *Developing Cultural Criminology*. Sydney: Sydney Institute of Criminology, 2000.

BANKS, J. Edging your Bets. *Crime Media Culture*, v. 9, n. 2, p. 171-187, 2013.

BARBALET, J. *Emotion, Social Theory and Social Structure*. Cambridge: Cambridge University Press, 1998.

BARNES, B. The Digital Kingdom. *The New York Times*, 7 jan. 2013, B1, B7.

BARRETT, C. *Courting Kids*. Nova York: New York University Press, 2013.

BARTOLLAS, C. *Juvenile Delinquency*. 5. ed. Boston: Pearson, 2000.

BARTOLLAS, C. *Juvenile Delinquency*. 7. ed. Boston: Pearson, 2006.

BARTOLLAS, C.; MILLER, S. *Juvenile Justice in America*. 7. ed. Boston: Pearson, 2014.

BARTOLLAS, C.; SCHMALLEGER, F. *Juvenile Delinquency*. 9. ed. Boston: Pearson, 2011.

BAUDRILLARD, J. *For a Critique of the Political Economy of the Sign*. St Louis: Telos, 1981.

BAUDRILLARD, J. *Simulations*. Nova York: Semiotext(e), 1983.

BAUDRILLARD, J. The Ecstasy of Communication. In: FOSTER, H. (Ed.). *Postmodern Culture*. Londres: Pluto, 1895.

BAUDRILLARD, J. *The Gulf War Did Not Take Place*. Bloomington: Indiana University Press, 1995.

BAUDRILLARD, J. *The System of Objects*. Londres: Verso, 1996.

BAUMAN, Z. *Culture as Praxis*. Londres: SAGE, 1999.

BAUMAN, Z. *Liquid Modernity*. Cambridge: Polity, 2000.

BAUMAN, Z. Living and Occasionally Dying in an Urban World. In: GRAHAM, S. (Ed.). *Cities, War and Terrorism*. Oxford: Blackwell, 2005.

BAUMANN, M. *Terror or Love?* Londres: John Calder, 1979.

BBC. *Newsnight, broadcast,* 1 junho em BBC2, 2010.

BECK, U. *Risk Society*. Londres: SAGE, 1992.

BECKER, G. Crime and Punishment: an Economic Approach. *Journal of Political Economy*, v. 76, p. 169-217, 1968.

BECKER, H. *Outsiders*. Nova York: Free Press, 1963.

BECKER, H. Deviance and Deviates. In: BOROFF, D. (Ed.). *The State of the Nation*. Englewood Cliffs: Prentice Hall, 1965. [Reproduzido em *H.S. Becker* (1971) *Sociological Work*. Londres : Allen Lane, 1965]

BENDELOW, G.; WILLIAMS, S. *Emotions in Social Life*. Londres: Routledge, 1998.

BENGTSSON, T. Boredom and Action: Experiences from Youth Confinement. *Journal of Contemporary Ethnography*, v. 41, n. 5, p. 526-553, 2012.

BENNETT, H.; FERRELL, J. Music Videos and Epistemic Socialization. *Youth and Society*, v. 18, n. 4, p. 344-362, 1987.

BERG, M., STEWART, E., SCHRECK, C.; SIMONS, R. The Victim–Offender Overlap in Context. *Criminology*, v. 50, n. 2, p. 359-289, 2012.

BERGER, P. *Ways of Seeing*. Harmondsworth: Pelican, 1972.

BERLINSKI, C. The dark figure of British crime. *City Journal*, v. 19, n. 2, 2009. Disponível em: <www.city-journal.org/2009/19_2_british-crime.html>. Acesso em: 8 jul. 2014.

BERMAN, M. *All that is Solid Melts into Air*. Londres: Verso, 1982.

BERNSTEIN, D.; ISACKSON, N. The Truth About Chicago's Crime Rates. *Chicago Magazine*, maio 2014a. Disponível em: <www.chicagomag.com/Chicago-Magazine/May-2014/Chicago-crime-rates/>.

BERNSTEIN, D.; ISACKSON, N. The Truth About Chicago's Crime Rates: Part 2, *Chicago Magazine*, junho, 2014b. Disponível em: <www.chicagomag.com/Chicago-Magazine/June-2014/Chicago-crime-statistics/>.

BIBER, K. *Captive Images*. Londres: Routledge, 2007.

BILTON, N. Masked Protestors aid Time-Warner's Bottom Line. *The New York Times*, 28 ago. 2011.

BLAKELEY, R. *State Terrorism and Neo-Liberalism*. Abingdon: Routledge, 2009.

BLOCH, S. *Donkey Without a Tail (Documentary Film)*. Nova York: Filmmakers Library, 1997.

BOGAZIANOS, D. *5 Grams*. Nova York: New York University Press, 2015.

BOLUK, S.; LENZ, W. *Generation Zombie*. Jefferson: McFarland & Co, 2011.

BONN, S. *Mass Deception*. Nova York: Vintage Books, 2010.

BOURGOIS, P. *In Search of Respect*. Cambridge: Cambridge University Press, 1995.

BOVENKERK, F.; YESILGOZ, Y. Crime, Ethnicity, and the Multicultural Administration of Justice. In: FERRELL, J.; HAYWARD. K.; MORRISON, W; PRESDEE, M (Eds). *Cultural Criminology Unleashed*. Londres: GlassHouse, 2004.

BOVENKERK, F.; SIEGEL, D.; ZAITCH, D. Organized Crime and Ethnic Reputation Manipulation. Crime, *Law and Social Change*, v. 39, p. 23-38, 2003.

BOYD, D. Ambush for TV backfires for husband.*Worth Star-Telegram*, 12 maio, 2005a, 1B, 8B.

BOYD, D. Reality TV Show "Revictimized" Wife, Expert Says. *Worth Star-Telegram*, 14 maio, 2005b, 4B.

BRAKE, M. The *Sociology of Youth Culture*. Londres: Routledge & Kegan Paul, 1980.

BRANCH, A.; BOYD, D. Officer Suspended for 90 Days Over Affair in Park. *Worth Star-Telegram,* 23 set. 2005, 3B.

BRAVERMAN, H. *Labor and Monopoly Capital*. Nova York: Monthly Review, 1974.

BRENT, J.; KRASKA, P. Fighting is the Real and Most Honest Thing. *British Journal of Criminology*, v. 53, n. 3, p. 357-377, 2013.

BRIDGES, S. Retailer Target Branches out Into Police Work. *The Washington Post*, 29 jan. 2006 A1.

BRISMAN, A. The Indiscriminate Criminalisation of Environmentally Beneficial Activities. In: WHITE, R. (Ed.) *Global Environmental Harm*. Cullompton: Willan, 2010. p. 161-92.

BRISMAN, A.; SOUTH, N. A Green-cultural Criminology. *Crime, Media, Culture,* v. 9, n. 2, 2013.

BRISMAN, A.; SOUTH, N. *Green Cultural Criminology*. Londres: Routledge, 2014.

BROTHERTON, D. Proceedings From the Transnational Street/Organisation Seminar. *Crime, Media, Culture,* v. 3, n. 3, 372-381, 2007.

BROTHERTON, D. The Latin Kings and the Global Process. *Journal of Studi Sulla Questione Criminale*, v. 4, n. 1, p. 7-46, 2011.

BROTHERTON, D. *Youth Street Gangs: A Critical Appraisal*. Londres: Routledge, 2015.

BROTHERTON, D.; BARRIOS, L. *The Almighty Latin King and Queen Nation*. NovaYork: Columbia University Press, 2044.

BROWN, M. Mapping Discursive Closings in the War on Drugs. *Crime, Media, Culture*, v. 3, n. 1, p. 11-29, 2007.

BROWN, M. *The Culture of Punishment*. Nova York: New York University Press, 2009.

BROWN, M. Visual Criminology and Carceral Studies. *Theoretical Criminology,* v. 18, n. 2, p. 176-197, 2014.

BROWN, W. *Walled States, Waning Sovereignty*. Nova York: Zone Books, 2010.

BROWNING, C. *Ordinary Men*. Nova York: Harper Perennial, 1992.

BURAWOY, M. The Critical Turn to Public Sociology. *Critical Sociology*, v. 31, n. 3, p. 313-326, 2005.

BUREAU OF JUSTICE STATISTICS (BJS). BJS promotes the International Year of Statistics – 2013. <NewsFromBJS@ncjrs.gov>, 2013. [alerta de e-mail, 6 ago.]

BURFEIND, J.; BARTUSCH, D. *Juvenile Delinquency*. Boston: Jones & Bartlett, 2006.

BURKE, K.; FOX, A.; MARTINEZ, J. Hobo Madness Hits Madison Ave. *New York Daily News*, 18 jan. 2007.

BURNS, R.; KATOVICH, M. Melodramatic and Consentient Images in Introductory Criminal Justice Textbooks. *Journal of Criminal Justice*, v. 34, p. 101-114, 2006.

BURROWS, D. Framing the Iraq War. *PhD thesis, University of Kent*, 2013.

BURUMA, I. *Murder in Amsterdam*: The Death of Theo van Gogh and the Limits of Tolerance. Londres: Atlantic Books, 2007.

BUTLER, J. *Gender Trouble*. Nova York: Routledge, 1999.

BYNUM, J.; THOMPSON, W. *Juvenile Delinquency*. Boston: Allyn & Bacon, 1996.

BYNUM, J.; THOMPSON, W. *Juvenile Delinquency*. Boston: Pearson, 2007.

CALDEIRA, T. *City of Walls*. Berkeley: University of California Press, 2001.

CAMPBELL, E. Transgression, Affect and Performance. *British Journal of Criminology*, v. 53, p. 18-40, 2013.

CAPUTO, P. *A Rumor of War*. Londres: Pimlico, 1977.

CARLEN, P. Against Evangelism in Academic Criminology. In: BOSWORTH, M.; HOYLE, C. (Eds.). *What is Criminology?* Oxford: Oxford University Press, 2011.

CARR, D. With Videos of Killings, ISIS Sends Medieval Message by Modern Method. *The New York Times*, 7 set. 2014.

CARR, P.; NAPOLITANO, L.; KEATING, J. We Never Call the Cops and Here is Why. *Criminology*, v. 45, n. 2, p. 445-480, 2007.

CARRABINE, E. *Crime, Culture and the Media*. Oxford: Polity, 2008.

CARRABINE, E. Images of Torture. *Crime, Media, Culture*, v. 7, n. 1, p. 5-30, 2011.

CARRABINE, E. Just Images. *British Journal of Criminology*, v. 52, n. 3, p. 463-489, 2012.

CARRABINE, E. Seeing Things. *Theoretical Criminology*, v. 18, n. 2, p. 134-158, 2014.

CARTER, C.; WEAVER, C. K. *Violence and the Media*. Buckingham: Open University Press, 2003.

CARTIER-BRESSON, H. *The Decisive Moment*. Nova York: Simon & Schuster, 1952.

CARVALHO, S. On the possibilities of queer criminology. SSRN, 2013. Disponível em: <http://ssrn.com/abstract=226818 or http://dx.doi.org/10.2139/ssrn.2268168>.

CARVALHO, S.; NETO, M.; MAYORA, M.; LINCK, J. *Criminologia Cultural e Rock*. Rio de Janeiro: Editora Luman Juris, 2011.

CASTELLS, M. *The Information Age*. Oxford: Blackwell, 1996. v. 1.

CAVE, D. Mexico Turns to Social Media for Information and Survival. *The New York Times*, 24 set. 2011, p. 5.

CAVENDER, G.; DEUTSCH, S. CSI and moral authority. *Crime, Media, Culture*, v. 3, n. 1, p. 67-81, 2007.

CHAMBLISS, W. A Sociological Analysis of the Law of Vagrancy. *Social Problems*, v. 12, n. 1, p. 67-77, 1960.

CHAMBLISS, W. State Organised Crime: the American Society of Criminology Presidential Address, 1988. *Criminology*, v. 27, n. 2, p. 183-208, 1989.

CHAN, W.; RIGAKOS, G.S. Risk, Crime and Gender. *The British Journal of Criminology*, v. 42, p. 743-761, 2002.

CHANCER, L. *High-Profile Crimes*. Chicago: Chicago University Press, 2005.

CHAPOULIE, J.-M. Everett Hughes and the Chicago tradition. *Sociological Theory*, v. 14, n. 1, p. 3-29, 1996.

CHESNEY-LIND, M.; IRWIN, K. *Beyond Bad Girls*. Nova York: Routledge, 2008.

CHOMSKY, N. What Anthropologists Should Know About the Concept of Terrorism: a Response to David Price. *Anthropology Today*, v. 18, n. 2, p. 22-23, 2002.

CLANCY, E. Indicted! NYPD officer who tackled cyclist. 2008. Disponível em: <http://lists.indymedia.org/pipermail/imc-rochester/2008-December/1216-rw.html>. Acesso em: 22 jan. 2015.

CLARK, D. The Raw and the Rotten, *Ethnology*, v. 43, n. 1, p. 19-31, 2004.

CLARKE, J.; Hall, S.; Jefferson, T.; Roberts, B. Subcultures, cultures and class. In: HALL, S.; JEFFERSON, T. (Eds.). *Resistance through Ritual*. Londres: HarperCollins, 1976.

CLARKE, R.V.G.; HOUGH, M. Crime and Police Effectiveness. *Home Office Research Study*, n. 79. Londres: HMSO, 1984.

CLEAR, T. *Imprisoning Communities*. Oxford: Oxford University Press, 2007.

CLEMNER, D. *The Prison Community*. Nova York: Holt, Rinehart, Winston, 1940.

CLIFFORD, J.; MARCUS, G. *Writing Culture*. Berkeley: University of California Press, 1986.

CLOWARD, R.; OHLIN, L. *Delinquency and Opportunity*. Nova York: Free Press, 1961.

COATES, J. *The Hour Between Dog and Wolf*. Nova York: Penguin, 2012.

COCKBURN, P. *The Rise of the Islamic State*. Londres: Verso, 2015.

COHEN, A. *Delinquent Boys*. Nova York: Free Press, 1955.

COHEN, P. Subcultural Conflict and Working-class Community. *CCCS Working Papers*, v. 2, n. 5-53, 1972.

COHEN, S. *Folk Devils and Moral Panics*. Londres: MacGibbon and Kee, 1972.

COHEN, S. *Symbols of trouble, Introduction to the 2nd edition of Folk Devils and Moral Panics*. Oxford: Martin Robertson, 1980.

COHEN, S. Footprints in the Sand. In: FITZGERALD, M; Mclennan, G.; PAWSON, J. (Eds.). *Crime and Society*. Londres: RKP, 1981.

COHEN, S. *Against Criminology*. Oxford: Transaction, 1988.

COHEN, S. Intellectual Scepticism and Political Commitment. In: WALTON, P.; YOUNG, J. (Eds.). *The New Criminology Revisted*. Londres: Macmillan, 1997.

COHEN, S. *States of Denial*. Cambridge: Polity, 2002.

COHEN, S.; TAYLOR, L. *Psychological Survival*. Harmondsworth: Penguin, 1976.

COLEMAN, R.; SIM, J.; TOMBS, S.; WHYTE, D. *State, Power, Crime*. Londres: SAGE, 2009 [1976].

COLLINS, A. *My Jihad*. Nova Delhi: Manas, 2006.

CONNELL, R. *Masculinities*. Cambridge: Polity, 1995.

CONQUERGOOD, D. Rethinking Ethnography. *Communications Monographs*, v. 58, p. 179-194, 1991.

CONQUERGOOD, D. Lethal Theatre. *Theatre Journal*, v. 54, n. 3, p. 339-367, 2002.

CORNISH, D.; CLARKE, R. *The Reasoning Criminal*. Nova York: Springer-Verlag, 1986.

CORPWATCH REPORT. Goodbye Houston. 2007. Disponível em: <www.corpwatch.org>.

COTTEE, S. A murder in Amsterdam. *Democratiya*, v. 16, p. 64-80, primavera/verão, 2009a.Disponível em: <www.ignaciodarnaude.com/ufologia/Rev.Democratiya,Spring-Summer%202009.pdf>. [republicado em *Dissent*]

COTTEE, S. The Jihadist Solution. *Studies in Conflict and Terrorism*, v. 32, n, 12, p. 1117–1134, 2009b.

COTTEE, S. A Grammar of Everyday Justice Talk. *Paper Presented at the Annual Meeting of the the Law and Society Association*, Chicago, IL, p. 27-30, maio, 2010.

COTTEE, S. Fear, Boredom and Joy. *Studies in Conflict and Terrorism*, v. 34, n. 5, p. 439-459, 2011.

COTTEE, S. We Need to Talk About Mohammad. *British Journal of Criminology*, v. 54, n. 6, p. 981-1001, 2014.

COTTEE, S.; HAYWARD, K. Terrorist (E)Motives: the Existential Attractions of Terrorism. *Studies in Conflict and Terrorism*, v. 34, n. 12, p. 963-986, 2011.

COURTNEY, D.; LYNG, S. Taryn Simon and the Innocence Project. *Crime, Media, Culture*, v. 3, n. 2, p. 175-91, 2007.

COYLE, M. *Talking Criminal Justice*. Londres: Routledge, 2013.

CUNNEEN, C.; STUBBS, J. Cultural Criminology and Engagement with Race, Gender and Post-colonial Identities. In: FERRELL, J.; HAYWARD, K.; MORRISON, W; PRESDEE, M. (Eds.). *Cultural Criminology Unleashed*. Londres : GlassHouse, 2004.

CUSHMAN, T. The Reflexivity of Evil. In: GEDDES, J. L. (Ed.). *Evil*. Londres: Routledge, 2001.

DALACOURA, K. Middle East Area Studies and Terrorism Studies. In: JACKSON R.; BREEN SMYTH, M.; GUNNING, J. (Eds.). *Critical Terrorism Studies*. Abingdon: Routledge, 2009.

DAVID, E. Signs of Resistance. In: STANCZAK, G. (Ed.) *Visual Research Methods*. Los Angeles: SAGE, 2007.

DAVIS, M. *City of Quartz*. Londres: Verso, 1990.

DAVIS, M. The Great Wall of Capital. In: SORKIN, M. (Ed.). *Against the Wall*. Nova York: New Press, 2005.

DE CERTEAU, M. The *Practice of Everyday Life*. Berkeley: University of California Press, 1984.

DE HAAN, W.; VOS, J. A Crying Shame. *Theoretical Criminology*, v. 7, n. 1, p. 29-54, 2003.

DE JONG, A.; SCHUILENBURG, M. *Mediapolis*. Rotterdam: 010 Publishers, 2006.

DEKESEREDY, W. *Contemporary Critical Criminology*. Londres: Routledge, 2011.

DEMBY, G. Seller Offers Gun Range Target Meant to Resemble Trayvon Martin. *The Huffington Post*, 11 maio 2012.

DENZIN, N. *Interpretative Ethnography*. Thousand Oaks: SAGE, 1997.

DENZIN, N. *Performance Ethnography*. Thousand Oaks, CA: SAGE, 2003.

DICRISTINA, B. The Epistemology of Theory Testing in Criminology. In: ARRIGO, B.; WILLIAMS, C. (Eds.). *Philosophy, Crime and Criminology*. Urbana: University of Illinois Press, 2006.

DITTON, J. *Contrology*. Basingstoke: Macmillan, 1979.

DOWNES, D. *The Delinquent Solution*. Londres: Routledge & Kegan Paul, 1966.

DOWNES, D.; ROCK, P. *Understanding Deviance*. Oxford: Oxford University Press, 2007.

DRIBBEN, M. '"CSI" Effect has Jurors Expecting More Evidence. *Worth Star-Telegram*, 2 mar. 2006, 4E.

DROGIN, B. Keeping a Close Eye on Itself. *Los Angeles Times*, 21 jun. 2009, A1, A11.

DUGAN, L.; APEL, R. The Differential Risk of Retaliation by Relational Distance. *Criminology*, v. 43, n. 3, p. 697-726, 2005.

DURKHEIM, E. *The Rules of Sociological Method*. New York: Free Press, 1964.

DURKHEIM, E. *Essays in Sociology and Philosophy* . Nova York: Harper & Row, 1965.

DWYER, J. Telling the Truth Like Crazy. *The New York Times*, 9 mar. 2012, A18.

DYLAN, B. *Chronicles*. Nova York: Simon & Schuster, 2004. v. 1.

EISENSTEIN, H. *Feminism Seduced*. Boulder: Paradigm, 2010.

EISERER, T.; THOMPSON, S. Dallas Policy Change Leads to 75% Decline in Reported Petty Shoplifting Cases. *The Dallas Morning News*, 23 mar. 2013.

EKBLOM, P. Enriching the Offender. In: FARRELL, G.; Bowers, K.; JOHNSON, S.; TOWNSLEY, M. (Eds.). *Imagination for Crime Prevention*: Essays in Honour of Ken Pease. Cullompton: Willan, 2007.

ELIGON, J.; Moynihan, C. Police Officer Seen on Tape is Indicted. *The New York Times*, 15 dez. 2008.

ELLIOTT, A. The Jihadist Next Door. *The New York Times*, 27 jan. 2010. Disponível em: <www.nytimes.com/2010/01/31/magazine/31Jihadist-t.html>. Acesso em: 10 jan. 2011.

ERICSON, R. *Crime and the Media*. Aldershot: Dartmouth, 1995.

ERLANGER, S. France: Time Limits on Begging. *The New York Times*, 16 set. 2011, A5.

ETERNO, J.; SILVERMAN, E. *The Crime Numbers Game*. Boca Raton: CRC Press, 2012.

EXUM, M. L.The Application and Robustness of the Rational Choice Perspective in the Study of Intoxicated and Angry Intentions to Aggress. *Criminology*, v. 40, n. 4, p. 933-966, 2002.

FADER, J. *Falling Back*. Nova Brunswick: Rutgers University Press, 2013.

FARRELL, G. Situational Crime Prevention and its Discontents. *Social Policy and Administration*, v. 44, n. 1, 40-66, 2010.

FEAGIN, J.; ORUM, A.; SJOBERG, G. *A Case for the Case Study*. Chapel Hill: UNC Press, 1991.

FELSON, M. *Crime and Everyday Life*. Thousand Oaks: Pine Forge Press, 1998.

FENWICK, M.; HAYWARD, K. Youth Crime, Excitement and Consumer Culture. In: Pickford, J. (Ed.) *Youth Justice*. Londres: Cavendish, 2000.

FERRELL, J. Making, Sense of Crime. *Social Justice*, v. 19, n. 2, p. 110-123, 1992.

FERRELL, J. *Crimes of Style*. Boston: Northeastern, 1996.

FERRELL, J. Criminological Verstehen. *Justice Quarterly*, n. 14, v. 1, p. 3-23, 1997.

FERRELL, J. Criminalizing Popular Culture. In: BAILEY, F.; HALE, D. (Eds.). *Popular Culture, Crime and Justice*. Belmont: West; Wadsworth, 1998a.

FERRELL, J. Freight Train Graffiti. *Justice Quarterly*, v. 15, n. 4, p. 587-608, 1998b.

FERRELL, J. Cultural Criminology. *Annual Review of Sociology*, v. 25, p. 395-418, 1999.

FERRELL, J. *Tearing Down the Streets*. Nova York: St Martins; Palgrave, 2001/2.

FERRELL, J. Boredom, Crime, and Criminology. *Theoretical Criminology*, v. 8, n. 3, p. 287-302, 2004a.

FERRELL, J. Speed Kills. In: FERRELL, J.; HAYWARD, K.; MORRISON, W.; PRESDEE, M. (Eds.). *Cultural Criminology Unleashed*. Londres: GlassHouse, 2004b.

FERRELL, J. The Only Possible Adventure. In: LYNG, S. (Ed.) *Edgework*. Nova York: Routledge, 2005.

FERRELL, J. *Empire of Scrounge*. Nova York: New York University Press, 2006a.

FERRELL, J.The Aesthetics of Cultural Criminology. In: ARRIGO, B.; C. WILLIAMS (Eds.). *Philosophy, Crime, and Criminology*. Urbana: University of Illinois Press, 2006b.

FERRELL, J. For a Ruthless Cultural Criticism of Everything Existing. *Crime, Media, Culture*, v. 3, n. 1, p. 91-100, 2007.

FERRELL, J. Kill Method. *Journal of Theoretical and Philosophical Criminology*, v. 1, n. 1, p. 1-22, 2009.

FERRELL, J. Disciplinarity and Drift. In: BOSWORTH, M.; HOYLE, C. (Eds.). *What is Criminology?* Oxford: Oxford University Press, 2011.

FERRELL, J. Anarchy, Geography and Drift. *Antipode*, v. 44, n. 5, p. 1687-1704, 2012a.

FERRELL, J. Outline of a Criminology of Drift. In: HALL, S.; WINLOW, S. (Eds.). *New Directions in Criminological Theory*. Londres: Routledge, 2012b.

FERRELL, J. Autoethnography. In: GADD, D.; KARSTEDT, S.; MESSNER, S. (Eds.). *The Sage Handbook of Criminological Research Methods*. Londres: SAGE, 2012c.

FERRELL, J. Tangled up in Green. In: SOUTH, N.; BRISMAN, A. (Eds.). *Routledge International Handbook of Green Criminology*. Londres: Routledge, 2013a.

FERRELL, J. The Underbelly Project. *Rhizomes 25*, 2013b. Disponível em: <www.rhizomes.net/issue25/ferrell/>.

FERRELL, J. Manifesto for a Criminology Beyond Method. In: JACOBSEN, M. H. (Ed.). *The Poetics of Crime*. Londres: Ashgate, 2014a.

FERRELL, J. Statement of Witness (C.J.Act, 1967, S.9; M.C. Act, 1980, S.102; M.C. Rules, 1981, r. 70), 23 abr. 2014b. [republicado em Bradley Garrett]

FERRELL, J.; HAMM, M. *Ethnography at the Edge*. Boston: Northeastern, 1998.

FERRELL, J.; HAYWARD, K. Cultural Criminology. In: FERRELL, J.; HAYWARD, K. (Eds.). *Cultural Criminology:* Collected Papers. Farnham: Ashgate, 2011.

FERRELL, J.; SANDERS, C. *Cultural Criminology*. Boston: Northeastern, 1995.

FERRELL, J.; VAN DE VOORDE, C. The Decisive Moment. In: HAYWARD, K.; PRESDEE, M. (Eds). *Framing Crime*. Londres: Routledge, 2010.

FERRELL, J.; WEBSDALE, N. *Making Trouble*. Nova York: de Gruyter, 1999.

FERRELL, J.; GREER, C.; JEWKES, Y. Hip Hop Graffiti, Mexican Murals, and the War on Terror. *Crime, Media, Culture*, v. 1, n. 1, p. 5-9, 2005.

FERRELL, J.; HAYWARD, K.; MORRISON, W.; PRESDEE M. (Eds). *Cultural Criminology Unleashed*. Londres: GlassHouse, 2004.

FERRELL, J.; HAYWARD, K.; YOUNG, J. *Cultural Criminology:* An Invitation. Londres : SAGE, 2008.

FERRELL, J., MILOVANOVIC, D.; LYNG, S. Edgework, Media Practices, and the Elongation of Meaning. *Theoretical Criminology*, v. 5, n. 2, p. 177-202, 2001.

FEYERABEND, P. *Against Method.* Londres: Verso, 1975.

FIDDLER, M. Projecting the Prison. *Crime, Media, Culture,* v. 3, n. 2, p. 192-206, 2007.

FITZGERALD, M. *Prisoners in Revolt.* Harmondsworth: Penguin, 1977.

FLEETWOOD, J. *Drug Mules.* Londres: Palgrave Macmillan, 2014.

FONOW, M.; COOK, J. (Eds). *Beyond Methodology.* Bloomington: Indiana University Press, 1991.

FOUCAULT, M. *Discipline and Punish.* Londres: Penguin, 1977.

FOX, J. *The Myth of the Rational Market.* Petersfield, Hampshire: Harriman House, 2010.

FREIRE-MEDEIROS, B. *Touring Poverty.* Nova York: Routledge, 2012.

FRIEDAN, B. *The Feminine Mystique.* Harmondsworth: Penguin, 1963.

GADD, D.; JEFFERSON, T. *Psychosocial Criminology.* Londres: SAGE, 2007.

GAILEY, J. Starving is the Most Fun a Girl Can Have. *Critical Criminology,* v. 17, p. 93-108, 2009.

GARFINKEL, H. Conditions of Successful Degradation Ceremonies. *American Journal of Sociology,* v. 61, p. 420-424, 1956.

GARFINKEL, H. *Studies in Ethnomethodology.* Englewood Cliffs: Prentice-Hall, 1967.

GARLAND, D. Governmentality and the Problem of Crime. *Theoretical Criminology,* v. 1, n. 2, p. 173-214, 1997.

GARLAND, D. *The Culture of Control.* Oxford: Oxford University Press, 2001.

GAROT, R. Where you from!? *Journal of Contemporary Ethnography,* v. 36, n. 1, p. 50-84, 2007a.

GAROT, R. Classroom Resistance as Edgework, Paper Presented at the on the Edge: Transgression and the Dangerous Other Conference. *New York City,* p. 9-10, ago. 2007b.

GAROT, R. *Who You Claim.* Nova York: New York University Press, 2010.

GARRETT, B. *Explore Everything.* Londres: Verso, 2013.

GARRETT, B. Access Denied. *Times Higher Education,* 5 jun. p. 35-39, 2014.

GATES, H. L. *The Signifying Monkey.* Nova York: Oxford University Press, 1988.

GELSTHORPE, L. Feminist Methodologies in Criminology. In: GELSTHORPE, L.; MORRIS, A. (Eds.). *Feminist Perspectives in Criminology.* Milton Keynes: Open University Press, 1990.

GIBBS, J. Crime, Punishment and Deterrence. *Southwestern Social Science Quarterly*, v. 48, n. p. 515-30, 1968.

GIDDENS, A. *The Constitution of Society*. Cambridge: Polity, 1984.

GIDDENS, A. *The Consequences of Modernity*. Cambridge: Polity, 1990.

GIORGIO, A. *Memoirs of an Italian Terrorist* (trans. A. Shugaar). Nova York: Carroll and Graf, 2003.

GOFFMAN, A. *On the Run*. Chicago: University of Chicago Press, 2014.

GOFFMAN, E. *Asylums*. Nova York: Doubleday, 1961.

GOFFMAN, E. *Gender Advertisements*. Nova York: Harper & Row, 1979.

GOLDHAGEN, D. *Hitler's Willing Executioners*. Londres: Little Brown & Co, 1996.

GOOLD, B., LOADER, I.; THUMALA, A.Consuming Security. *Theoretical Criminology*, v. 14, n. 3, p. 3-30, 2010.

GOTTFREDSON, M.; HIRSCHI, T. *Positive Criminology*. Londres: SAGE, 1990.

GRACZYK, M. Killer Whose Attorneys Blamed Rap Lyrics is Executed. *Worth Star-Telegram*, 7 out. 2005, 5B.

GRASSIAN, S.; FRIEDMAN, N. Effects of Sensory Deprivation in Psychiatric Seclusion and Solitary Confinement. *International Journal of Law and Psychiatry*, v. 8, p. 49-65, 1986.

GRAY, G. J. *The Warriors*. Lincoln: University of Nebraska Press, 1959.

GREEN, P.; WARD, T. State Crime, Human Rights and the Limits of Criminology. *Social Justice*, v. 27, p. 101-120, 2000.

GREEN, P.; WARD, T. *State Crime*. Londres: Pluto, 2004.

GREENWOOD, C.; NOLAN, S. Five Police Arrested for Persuading Criminals to Confess to Crimes they Did not Commit to Boost Detection Rates. *Daily Mail*, 14 nov. 2012.

GREER, C. Crime, Media and Community. In: FERRELL, J.; HAYWARD, K.; MORRISON, W.; PRESDEE, M. (Eds.). *Cultural Criminology Unleashed*. Londres: GlassHouse, 2004.

GREER, C. Crime and the Media. In: HALE, C.; HAYWARD, K.; WAHIDIN, A.; WINCUP, E. (Eds.). *Criminology*. Oxford: Oxford University Press, 2005.

GREER, C. *Crime and the Media:* A Reader. Londres: Routledge, 2009.

GREER, C.; REINER, R. Mediated Mayhem. In: MAGUIRE, M.; MORGAN, R.; REINER, R. (Eds.). *The Oxford Handbook of Criminology*. 5. ed. Oxford: Oxford University Press, 2012.

GRIMES, J. Crime, Media, and Public Policy. PhD Dissertation, Arizona State University, 2007.

GUNNING, J. A Case for Critical Terrorism Studies? *Government and Opposition*, v. 17, n. 37, p. 363-393, 2007.

GUNNING, J. Social Movement Theory and the Study of Terrorism. In: JACKSON, R.; BREEN, M.; SMYTH, M.; GUNNING, J. (Eds.). *Critical Terrorism Studies*. Abingdon: Routledge, 2009.

GURMAN, S. Officer Error, Software Trouble Skewed Denver Crime Stats. *The Denver Post*, 24 jul. 2013.

GURR, T.R. Economic Factors. In: RICHARDSON, L. (Ed.). *The Roots of Terrorism*. Londres: Routledge, 2007.

HALL, S.; WINLOW, S. Anti-nirvana. *Crime, Media, Culture*, v. 1, n. 1, p. 31-48, 2005.

HALL, S.; Winlow, S. Cultural Criminology and Primitive Accumulation. *Crime, Media, Culture*, v. 3, n. 1, p. 82-90, 2007.

HALL, S.; Critcher, C.; JEFFERSON, T.; CLARKE, J.; ROBERTS, B. (Eds.). Policing the Crisis. Londres: Macmillan, 1978.

HALL, S.; Winlow, S.; Ancrum, C. *Criminal Identities and Consumer Culture*. Cullompton: Willan, 2008.

HALLSWORTH, S. *The Gang and Beyond*. Houndsmills: Palgrave Macmillan, 2013.

HALSEY, M.; YOUNG, A. Our Desires are Ungovernable. *Theoretical Criminology*, v. 10, n. 3, p. 275-306, 2006.

HAMM, M. *American Skinheads*. Nova York: Greenwood, 1995.

HAMM, M. *Apocalypse in Oklahoma*. Boston: Northeastern, 1997.

HAMM, M. The Ethnography of Terror. In: FERRELL, J.; HAMM, M. (Eds.). *Ethnography at the Edge*. Boston: Northeastern, 1998.

HAMM, M. *In Bad Company*. Boston: Northeastern, 2002.

HAMM, M. The USA Patriot Act and the Politics of Fear. In: FERRELL, J.; HAYWARD, K.; MORRISON, W.; PRESDEE, M. (Eds). *Cultural Criminology Unleashed*. Londres: GlassHouse, 2004.

HAMM, M. High Crimes and Misdemeanours. *Crime, Media, Culture*, v. 3, n. 3, p. 259-284, 2007a.

HAMM, M. *Terrorism as Crime*. Nova York: New York University Press, 2007b.

HAMM, M. Bicycles to Genocide, Paper Presented at the 60th Annual Meeting of the American Society of Criminology, St Louis, *Missouri*, p. 1-4, nov 2008.

HAMM, M. *The Spectacular Few.* Nova York: New York University Press, 2013.

HAMM, M. *Lone Wolf Terrorism in America.* Washington: National Institute of Justice, 2015.

HAMM, M.; FERRELL, J. Rap, Cops and Crime. ACJS Today, v. 13, n. 1, p. 3-29, 1994.

HAMM, M.; SPAAIJ, R. Paradigmatic Case Studies and Prison Ethnography in Terrorism Research. In: LAFREE, G.; FROELICH, J. (Eds.). *Handbook on the Criminology of Terrorism.* Nova York: Wiley, 2015.

HARPER, D. *Changing Works.* Chicago: University of Chicago Press, 2001.

HARRIS, R. Enlightenment by Way of Adventure. *The New York Times,* 18 nov. 2011, C31.

HARVEY, D. *The Condition of Postmodernity.* Cambridge, MA: Blackwell, 1990.

HAY, C. Theory, Stylized Heuristic or Self-fulfilling Prophecy? *Public Administration,* v. 82, n. 1, p. 39-62, 2004.

HAYWARD, K. J. Crime, Consumerism and the Urban Experience. PhD thesis, University of East London, 2001.

HAYWARD, K. J. *City Limits.* Londres : GlassHouse, 2004.

HAYWARD, K. J. Situational Crime Prevention and its Discontents. *Social Policy and Administration,* v. 41, n. 3, p. 232-250, 2007.

HAYWARD, K. J. The Critical Terrorism Studies – Cultural Criminology Nexus. *Critical Studies on Terrorism,* v. 4, n. 1, p. 57-73, 2011.

HAYWARD, K.J. A Response to Farrell. *Social Policy and Administration,* v. 46, n. 1, p. 21-34, 2012a.

HAYWARD, K. J. Five Spaces of Cultural Criminology. *The British Journal of Criminology,* v. 52, n. 3, p. 441-462, 2012b.

HAYWARD, K. J. Pantomime Justice. *Crime, Media, Culture,* v. 8, n. 2, p. 213-29, 2012c.

HAYWARD, K. J. Life Stage Dissolution. In: Anglo-American Advertising and Popular Culture, *The Sociological Review,* v. 61, n. 3, p. 525-548, 2013.

HAYWARD, K. J.; PRESDEE, M. (Eds). *Framing Crime.* Londres: Routledge, 2010.

HAYWARD, K. J.; SCHUILENBURG, M. To resist = to create? *Tijdschrift over Cultuur en Criminaliteit,* v. 4, n. 1, p. 22-36, 2014.

HAYWARD, K. J.; YAR, M. The "Chav" Phenomenon. *Crime, Media, Culture,* v. 2, n. 1, p. 9-28, 2006.

HAYWARD, K. J.; YOUNG, J. Cultural Criminology: Some Notes on the Script. *Theoretical Criminology,* v. 8, n. 3, p. 259-272, 2004.

HAYWARD, K. J.; YOUNG, J. Cultural Criminology. In: MAGUIRE, M.; MORGAN, M.; REINER, R. (Eds.). *The Oxford Handbook of Criminology.* Oxford: Oxford University Press, 2012.

HEALY, P. Hikes Pay Homage to Path Taken by Illegal Immigrants. *Worth Star-Telegram,* 4 fev. 2007, 5H.

HEATH, J.; Potter, A. *The Rebel Sell.* Toronto: HarperCollins, 2006.

HEBDIGE, D. *Subculture.* Londres: Methuen, 1979.

HEBDIGE, D. *Hiding in the Light.* Londres: Comedia, 1988.

HEDGES, C. *War is a Force That Gives Us Meaning.* Nova York: Anchor Books, 2002.

HEDGES, C. *Empire of Illusion:* The End of Literacy and the Triumph of Spectacle. Nova York: Nation Books, 2009.

HEDGES, C.; SACCO, J. *Days of Destruction, Days of Revolt.* Nova York: Nation Books, 2012.

HEIDONSOHN, F. The Future of Feminist Criminology. *Crime, Media, Culture,* v. 8, n. 2, p. 123-134, 2012.

HENRY, S.; MILOVANOVIC, D. *Constitutive Criminology.* Londres: SAGE, 1996.

HERMAN, E.; CHOMSKY, N. *Manufacturing Consent.* Nova York: Pantheon, 1994.

HERZOG, L.; HAYWARD, K. J. Special Edition of Global Society on the US–Mexican Border, Forthcoming, 2015.

HILLYARD, P.; TOMBS, S. Beyond criminology? In: HILLYARD, P.; PANTAZIS, S.; TOMBS, D. (Eds.). *Beyond Criminology.* Londres: Pluto Press, 2004.

HILLYARD, P., PANTAZIS, C., TOMBS, S., Gordon, D.; DORLING, D. (Eds.). *Criminal Obsessions.* Londres: Crime and Society Foundation, 2005.

HILLYARD, P., SIM, J., TOMBS, S.; WHYTE, D. Leaving a "Stain Upon the Silence". *British Journal of Criminology,* v. 44, n. 3, p. 369-390, 2004.

HIRSCHI, T. *Causes of Delinquency.* Berkeley: University of California Press, 1969.

HOBBS, D. East Ending. In: NEWBURN, T.; ROCK, P. (Eds). *Politics of Crime Control.* Oxford: Clarendon Press, 2007.

HOBSBAWM, E. *The Age of Extremes.* Londres: Michael Joseph, 1994.

HOCHSCHILD, A. *The Managed Heart.* Berkeley: University of California Press, 2003.

HOLLIN, C. Opportunity Theory. In: MCLAUGHLIN, E.; MUNCIE, J. (Eds.). *The SAGE Dictionary of Criminology*. Londres: SAGE, 2013.

HOPKINS, M.; TREADWELL, J. *Football Hooliganism, Fan Behaviour and Crime*. Basingstoke: Palgrave Macmillan, 2014.

HORGAN, J.; BOYLE, M. A Case Against Critical Terrorism Studies. *Critical Studies on Terrorism*, v. 1, n. 1, p. 51-64, 2008.

HORKHEIMER, M.; ADORNO, T.W. *Dialectic of Enlightenment*. Stanford: Standford University Press, 2002.

HORTON, J. Trekking with the Guerrillas. *The Guardian Weekly*, 4 mar. 2011, v. 46.

HOUGH, J. M.; CLARKE, R.V.G.; MAYHEW, P. Introduction. In: CLARKE, R.V.G.; MAYHEW, P. (Eds.). *Designing Out Crime*. Londres: HMSO, 1980.

HOWE, A. Managing Men's Violence in the Criminological Arena. In: SUMNER, C. (Ed.) *The Blackwell Companion to Criminology*. Oxford: Blackwell, 2003.

HUBBARD, J. *Shooting Back from the Reservation*. Nova York: New Press, 1994.

HUGHES, J. *Performance in a Time of Terror*. Manchester: Manchester University Press, 2011.

ILAN, J. The Industry's the New Road. *Crime, Media, Culture*, v. 8, n. 1, p. 39-55, 2012.

ILAN, J. Commodifying compliance? *Tijdscrift over Cultuur & Criminaliteit*, v. 4, n. 1, p. 67-79, 2014.

JACKSON, R. *Writing the War on Terrorism*. Manchester: Manchester University Press, 2005.

JACKSON, R. The Core Commitments of Critical Terrorism Studies. *European Political Science*, v. 6, n. 3, p. 244-251, 2007.

JACKSON, R. Knowledge, Power and Politics in the Study of Political Terrorism. In: JACKSON, R.; BREEN SMYTH, M.; GUNNING, J. (Eds.). *Critical Terrorism Studies*. Abingdon: Routledge, 2009.

JACKSON, R., BREEN SMYTH, M.; GUNNING, J. *Critical Terrorism Studies*. Abingdon: Routledge, 2009a.

JACKSON, R., BREEN SMYTH, M.; GUNNING, J. Critical Terrorism Studies. In: JACKSON, R.; BREEN SMYTH, M.; GUNNING, J. (Eds) *Critical Terrorism Studies*. Abingdon: Routledge, 2009b.

JACOBSEN, M. H. *The Poetics of Crime*. Londres : Ashgate, 2014.

JAMESON, F. *Postmodernism, or the Cultural Logic of Late Capitalism*. Londres: Verso, 1991.

JARVIS, B. Monsters Inc.*Crime, Media, Culture*, v. 3, n. 3, p. 326-44, 2007.

JEFFERSON, T. Cultural Responses of the Teds. In: HALL, S.; JEFFERSON, T. (Eds.). *Resistance Through Rituals*. Londres: Hutchinson, 1976.

JENKINS, P. Fighting Terrorism as if Women Mattered. In: FERRELL, J.; WEBSDALE, N. (Eds.). *Making Trouble*. Nova York: Aldine, 1999.

JENKINS, P. *Beyond Tolerance*. Nova York: New York University Press, 2001.

JENSEN, G.; ROJEK, D. *Delinquency and Youth Crime*. Chicago: Waveland, 1992.

JEWKES, Y. *Media and Crime*. Londres: SAGE, 2004.

JEWKES, Y. *Media and Crime*. 2. ed. Londres: SAGE, 2011.

JEWKES, Y. Autoethnography and Emotion as Intellectual Resources. *Qualitative Inquiry*, v. 18, n. 1, p. 63-75, 2012.

JEWKES, Y.; YAR, M. *Handbook of Internet Crime*. Londres: SAGE, 2010.

JHALLY, S. *The Codes of Advertising*. Nova York: Routledge, 1987.

JONES, R. Digital Rule. *Punishment and Society*, v. 2, n. 1, p. 5-22, 2000.

JONES, R. Surveillance. In: HALE, C.; HAYWARD, K.; WAHIDIN, A.; WINCUP, E. (Eds.). *Criminology*. Oxford: Oxford University Press, 2005.

JONES, R.; ROSS, J. I.; RICHARDS S.; MURPHY, D. The First Dime. *Prison Journal*, v. 89, n. 2, p. 151-71, 2009.

JOSEPH, J. Terrorism as a Social Relation Within Capitalism. *Critical Studies on Terrorism*, v. 4, n. 1, p. 23-37, 2011.

JUERGENSMEYER, M. *Terror in the Mind of God*. Berkeley: University of California Press, 2011.

JUNGER, S. *War*. Londres: Fourth Estate, 2010.

KAHN, E. Bloodstains with a Story. *The New York Times,* 14 set. 2012, C24.

KANE, S. Reversing the Ethnographic Gaze. In: FERRELL, J.; HAMM, M. (Eds.). *Ethnography at the Edge*. Boston: Northeastern, 1998.

KANE, S. Epilogue. In: Parnell, P; KANE, S. (Eds.). *Crime's Power*. Nova York: Palgrave MacMillan, 2003.

KANE, S. The Unconventional Methods of Cultural Criminology. *Theoretical Criminology*, v. 8, n. 3, p. 303-321, 2004.

KANE, S. *Where Rivers Meet the Sea*. Philadelphia: Temple, 2013.

KARA, H. Witness Statement (Criminal Procedure Rules, r27.2; Criminal Justice Act 1967, s.9; Magistrates' Courts Act 1980, s.5B), 13 abr. 2014 [Republicado por Bradley Garrett]

KATZ, J. *Seductions of Crime*. Nova York: Basic Books, 1988.

KATZ, J. *How Emotions Work*. Chicago: Chicago University Press, 1999.

KATZ, J. Start Here: Social Ontology and Research Strategy. *Theoretical Criminology*, v. 6, n. 3, p. 255-278, 2002a.

KATZ, J. Response to Commentators. *Theoretical Criminology*, v. 6, n. 3, p. 375-380, 2002b.

KAUZARLICH, D. Seeing war as Criminal. *Contemporary Criminal Justice*, v. 10, n. 1, p. 67-85, 2007.

KEMPER, T. D. *Research Agendas in the Sociology of Emotions*. Nova York: SUNY Press, 1990.

KIDD-HEWITT, D.; Osborne, R. *Crime and the Media*. Londres: Pluto, 1995.

KILBOURNE, J. *Deadly Persausions*. Nova York: Free Press, 1999.

KILCULLEN, D. *Accidental Guerrilla*. Londres : Hurst, 2009.

KIMES, M. Garbage Pail Kids. *The New Journal*, p. 11-17, out. 2006.

KLEIN, N. *The Shock Doctrine*. Londres: Penguin, 2007.

KLEIN, J. R. Toward a Cultural Criminology of War. *Social Justice*, v. 38, n. 3, p. 86-103, 2011.

KONTOS, L.; BROTHERTON, D.; BARRIOS, L. *Gangs and Society*. Nova York: Columbia, 2003.

KOTLOWITZ, A. Deep Cover. *The New York Times*, p. 34-5, 29 jun. 2014.

KRAMER, R.; MICHALOWSKI, R. War, aggression and state crime. *British Journal of Criminology*, v. 45, n. 4, p. 446-469, 2005.

KRASKA, P. *Militarizing the American Criminal Justice System*. Boston: Northeastern, 2001.

KRASKA, P.; NEUMAN, W. *Criminal Justice and Criminology Research Methods*. Boston: Pearson, 2008.

KRAWESKY, A. Motorist vs. courier. Toronto: City Noise, 2006. Disponível em: <www.citynoise.org>.

KRIMS, A. *Rap Music and the Poetics of Identity*. Cambridge: Cambridge University Press, 2000.

KROGER, W.; TEUFEL, T. *Felon Fitness*. Avon: Adams Media, 2011.

KRUGLANSKI, A. Precarity Explained to Kids. *Journal of Aesthetics and Protest* 4, 2006. Disponível em: <www.journalofaesheticsandprotest.org>.

KRUGLANSKI, A., CHEN, X., DECHESNE, M., FISHMAN, S.; OREHEK, E. Fully Committed. *Political Psychology*, v. 30, n. 3, p. 331-357, 2009.

KUBRIN, C. E. Gangstas, Thugs and Hustlas. *Social Problems*, v. 52, n. 3, p. 360-378, 2005.

KUHL, D., WARNER, D.; WILCZAK, A. Adolescent Violent Victimization and Precocious Union Formation. *Criminology*, v. 50, n; 4, p. 1089- 1127, 2012.

KURLYCHEK, M., BUSHWAY, S.; BRAME, R. Long-term Crime Desistance and Recidivism Patterns. *Criminology*, v. 50, n. 1, p. 71-103, 2012.

LA FERLA, R. A Look that's Bulletproof'. *The New York Times*, 21 jan. 2010, E1, E7.

LANDRY, D. Are We Human? *Critical Criminology*, p. 21, v. 1, p. 1-14, 2013.

LARA, F. L. New (Sub)Urbanism and Old Inequalities in Brazilian Gated Communities. *Journal of Urban Design*, v. 16, n. 3, p. 369-380, 2011.

LAUER, J. Driven to Extremes. *Crime, Media, Culture*, v. 1, n. 2, p. 149-168, 2005.

LAWRENCE, P. The Mismeasurement of Science. *Current Biology*, v. 17, n. 15, p. 583-585, 2007.

LAYCOCK, G. Defining Crime Science. In: SMITH, M.; TILLY, N. (Eds.) *Crime Science*. Londres: Routledge, 2013.

LEA, J.; STENSON, K. Security, Sovereignty and Non-state Governance "From Below". *The Canadian Journal of Law and Society*, v. 22, n. 2, p. 9-28, 2007.

LEMERT, E. *Human Deviance, Social Problems and Social Control*. Englewood Cliffs: Prentice Hall, 1967.

LEPARD, B. D. Iraq, Fundamental Ethical Principles and the Future of Human Rights. *Journal of Human Rights*, v. 4, n. 1, p. 53-59, 2006.

LEVY, A. *Female Chauvinist Pigs*. Londres: Pocket Books, 2006.

LICOPPE, C. Connected Presence. *Environment and Planning D*, v. 22, n. 1, p. 135-156, 2004.

LILLY, J.R.; CULLEN, F.; BALL, R. *Criminological Theory*. Thousand Oaks: SAGE, 1989.

LINDGREN, S. Social Constructionism and Criminology. *Journal of Scandinavian Studies in Criminology and Crime Prevention*, v. 6, p. 4-22, 2005.

LINNEMANN, T. Capote's Ghosts: Violence, Media and the Spectre of Suspicion. *British Journal of Criminology*, 2014. [Acesso a publicação de 29 de dezembro].

LINNEMANN, T.; HANSON, L.; WILLIAMS, L. S. With Scenes of Blood and Pain. *British Journal of Criminology*, v. 53, n. 4, p. 605-623, 2013.

LINNEMANN, T., WALL, T.; GREEN, E. The Walking Dead and the Killing State. *Theoretical Criminology*, v. 18, n. 4, p. 506-527, 2014.

LIPPMAN, L. The Queen of the South. *Crime, Media, Culture*, v. 1, n. 2, p. 209-213, 2005.

LOADER, I.; SPARKS, R. *Public Criminology*. Abingdon: Routledge, 2010.

LOIS, J. Peaks and Valleys, *Gender & Society*, v. 15, n. 3, p. 381-406, 2001.

LOIS, J. Gender and Emotion Management in the Stages of Edgework. In: LYNG, S. (Ed.). *Edgework*. Nova York: Routledge, 2005.

LOMBROSO, C. *The Criminal Man*. Durham, NC: Duke, 2006 [1876]

LOVELL, J. This is Not a Comic Book. *Crime, Media, Culture*, v. 2, n. 1, p. 75-83, 2006.

LUKACS, G. *History and Class Consciousness*. Cambridge: MIT Press, 1971.

LYNG, S. Edgework. *American Journal of Sociology*, v. 95, n. 4, p. 851-886, 1990.

LYNG, S. Edgework Revisited. *American Journal of Sociology*, v. 96, p. 1534-1539, 1991.

LYNG, S. (Ed.) *Edgework*. Nova York: Routledge, 2005.

LYNG, S.; BRACEY, M. Squaring the One Percent. In: FERRELL, J.; SANDERS, C. (Eds). *Cultural Criminology*. Boston: Northeastern, 1995.

LYOTARD, J. F. *The Postmodern Condition*. Manchester: Manchester University Press, 1984.

MCBRIDGE, M. The Llogic of Terrorism. *Terrorism and Political Violence*, v. 23, v. 4, p. 560-581, 2011.

MCELROY, W. Are Cameras the New Guns? 2010. Disponível em: <http://gizmodo.com/5553765/are-cameras-the-new-guns>.

MCLEOD, J. *Ain't No Makin' It*. Boulder: Westview, 1995.

MCROBBIE, A. *Postmoderism and Popular Culture*. Londres: Routledge, 1994.

MCROBBIE, A.; THORNTON, S. Rethinking "Moral Panic" for Multi-mediated Social Worlds. *British Journal of Sociology*, v. 46, n. 4, p. 245-259, 1995.

MCVICAR, J. *McVicar*. Londres: Arrow, 1979.

MADAR, C. What the Laws of War Allow. Disponível em: <www.aljazeera.com>. Acesso em: 26 abr. 2012.

MAGUIRE, M.; MORGAN, R.; REINER, R. (Eds.). *The Oxford Handbook of Criminology*. 3. ed. Oxford: Oxford University Press, 2000.

MAKIYA, K. *Republic of Fear*. Berkeley: University of California Press, 1998.

MANN, S.; NOLAN, J.; Wellman, B. Sousveillance. *Surveillance and Society*, v. 1, n. 3, p. 331-355, 2003.

MANNHEIM, H. *Juvenile Delinquency in an English Middletown*. Londres: RKP, 1948.

MANNING, P. The Challenge of Postmodernism. In: MAANEN, J. Van. (Ed.). *Representation in Ethnography*. Thousand Oaks: SAGE, 1975.

MANNING, P. Media Loops. In: BAILEY, F.; HALE, D. (Eds.). *Popular Culture, Crime and Justice*. Belmont: Wadsworth, 1998.

MANNING, P. Reflections. In: FERRELL, J.; WEBSDALE, N. (Eds.). *Making Trouble*. Nova York: Aldine de Gruyter, 1999.

MARTIN, P. Culture, Subculture and Social Organization. In: BENNETTT, A.; KHAHN HARRIS, K. (Eds.). *After Subculture*. Basingstoke: Palgrave, 2004.

MARX, G. T. New Telecommunications Technologies Require New Manners'. *Cybernews*, v. 1, n. 1, 1995. Disponível em: <https://papyrus.bib.umontreal.ca/xmlui/bitstream/handle/1866/9307/articles_210.html?sequence=1>.

MASON, P. *Why It's Kicking Off Everywhere*. Londres: Verso, 2012.

MATTHEWS, R. Beyond "So What?" Criminology. *Theoretical Criminology*, v. 13, n. 3, p. 341-362, 2009.

MATTLEY, C. (Dis)courtesy Stigma. In: FERRELL, J.; HAMM, M. (Eds.) *Ethnography at the Edge*. Boston: Northeastern, 1998.

MATZA, D. *Becoming Deviant*. Englewood Cliffs: Prentice Hall, 1969.

MATZA, D.; SYKES, G. Juvenile Delinquency and Subterranean Values. *American Sociological Review*, v. 26, p. 712-719, 1961.

MAWBY, R.; WALKLATE, S. *Critical Victimology*. Londres: SAGE, 1994.

MAYER, A.; MACHIN, D. *The Language of Crime and Deviance*. Londres: Continuum, 2012.

MAYHEW, M. Some Like it Swat. *Worth Star-Telegram*, 4 jan. 2006, p. 1F, 7F.

MAZOWER, M. Mandarins, Guns and Money. *The Nation*, v. 287, n. 10, p. 36-42, out. 2008.

MEASHAM, F. Play Space. *International Journal of Drug Policy*, v. 15, p. 337-345, 2004.

MEDINA, J. Dealing in Death, and Trying to Make a Living. *The New York Times*, v. 26, dez. 2010.

MEHAN, H.; WOOD, H. *The Reality of Ethnomethodology*. Nova York: Wiley, 1975.

MELOSSI, D. The Cultural Embeddness of Social Control. *Theoretical Criminology*, v. 5, n. 4, p. 403-24, 2001.

MERTON, R. K. Social Structure and Anomie. *American Sociological Review*, v. 3, p. 672-682, 1938.

MICHAEL, G. *Lone Wolf Terror and the Rise of Leaderless Resistance*. Nashville: Vanderbilt, 2012.

MILLER, D. Poking Holes in the Theory of "Broken Windows". *The Chronicle of Higher Education*, v. 47, n. 22, p. A14–A16, 9 fev. 2001.

MILLER, E. M. Assessing the Risk Inattention to Class, Race/Ethnicity and Gender. *American Journal of Sociology*, v. 96, p. 1530-1534, 1991.

MILLER, J. *One of the Guys*. Oxford: Oxford University Press, 2001.

MILLER, J.M.; TEWKESBURY, R. *Extreme Methods*. Londres: Allyn & Bacon, 2000.

MILLER, R. *Magnum*. Nova York: Grove Press, 1997.

MILLER, V. *Understanding Digital Culture*. Londres: SAGE, 2011.

MILLER, W. Lower Class Culture as a Generating Milieu of Gang Delinquency. *Journal of Social Issues*, v. 14, p. 5-19, 1958.

MILLS, C. W. Situated Actions and Vocabularies of Motives. *American Sociological Review*, v. 5, n. 6, p. 904-913, 1940.

MILLS, C. W. *The Sociological Imagination*. Oxford: Oxford University Press, 1959.

MOONEY, J. Shadow Values, Shadow Figures, Real Violence, *Critical Criminology*, v. 15, n. 2, p. 59-70, 2007.

MOPAS, M. Examining the "CSI Effect" Through an ANT Lens. *Crime, Media, Culture*, v. 3, n. 1, p. 110-117, 2007.

MORRIS, T. *The Criminal Area*. Londres: Routledge & Kegan Paul, 1957.

MORRIS, T.; MORRIS, P. *Pentonville*. Londres: RKP, 1963.

MORRISON, W. *Theoretical Criminology*. Londres: Cavendish, 1995.

MORRISON, W. Reflections with Memories. *Theoretical Criminology*, v. 8, n. 3, p. 341-358, 2004a.

MORRISON, W. Lombroso and the Birth of Criminological Positivism. In: FERRELL, J.; HAYWARD, K.; MORRISON, W.; PRESDEE, M. (Eds.). *Cultural Criminology Unleashed*. Londres: GlassHouse, 2004b.

MORRISON, W. *Criminology, Civilization and the New World Order*. Londres: GlassHouse, 2006.

MORRISON, W. A Reflected Gaze of Humanity. In: HAYWARD, K.; PRESDEE, M. (Eds.). *Framing Crime*. Londres: Routledge, 2010. p. 289-307.

MOYNIHAN, C. The Art of the Potentially Deadly Deal. *The New York Times*, p. C1-C5, 23 jun. 2010.

MULLER, T. *De warme stad:* betrokkenheid bij het publieke domein. Utrecht: Jan van Arkel, 2002.

MULLER, T. The Empire of Scrounge Meets the Warm City. *Critical Criminology*, v. 20, n. 4, p. 447-461, 2012.

MURRAY, J.; LOEBER, R.; PARDINI, D. Parental Involvement in the Criminal Justice System and the Development of Youth Theft, Marijuana Use, Depression and Academic Performance. *Criminology*, v. 50, n. 1, p. 255-302, 2012.

MUZZATTI, S. Cultural Criminology. In: DEKESEREDY, W.; PERRY, B. (Eds.). *Advancing Critical Criminology*. Lanham: Rowan & Littlefield, 2006. p. 63-81.

MUZZATTI, S. Drive it Like You Stole it. In: HAYWARD, K.; PRESDEE, M. (Eds.). *Framing Crime*. Londres: Routledge, 2010.

MYTHEN, G. Cultural Victimology. In: WALKLATE, S. (Ed.). *Handbook on Victims and Victimology*. Cullompton: Willan, 2007.

NAGIN, D. Moving Choice to Center Stage in Criminological Research and Theory. *Criminology*, v. 45, n. 2, p. 259-272, 2007.

NATALI, L. Exploring Environmental Activism CRIMSOC: The Journal of Social Criminology. *Green Criminology' Special Issue*, p. 64-100, outono/inverno, 2013.

NATIONAL GANG CENTER. *National Gang Center Newsletter*. Washington: National Gang Center, 2013. v. 2.

NATIONAL YOUTH GANG CENTER. National Youth Gang Survey Analysis. 2007. Disponível em: <www.iir.com/nygc/nygsa/>

NATIONAL YOUTH GANG CENTER. National Youth Gang Survey Analysis. 2014. Disponível em: <www.nationalgangcenter.gov/survey-analysis>.

NICOLAUS, M. The Professional Organization of Sociology. *Antioch Review*, p. 375-387, 1969.

NIGHTINGALE, C. *On the Edge*. Nova York: Basic Books, 1993.

NYBERG, A. Comic Books and Juvenile Delinquency. In: BAILEY, F.; HALE, D. (Eds.). *Popular Culture, Crime, and Justice*. Belmont: West; Wadsworth, 1998.

O'BRIEN, M. What is Cultural About Cultural Criminology? *British Journal of Criminology*, v. 45, p. 599-612, 2005.

O'BRIEN, M. Not Keane on Prawn Sandwiches: Criminal Impoverishments of Consumer Culture. *Paper presented at the Second International Conference on Cultural Criminology*, Londres, maio 2006.

O'BRIEN, M. *A Crisis of Waste?* Nova York: Routledge, 2008.

O'CONNER, S. *The Emperor's New Clothes.* Nova York: Golden, 1990.

O'MALLEY, P.; MUGFORD, S. *Crime, Excitement and Modernity.* In: BARAK, G. (Ed.). *Varieties of Criminology.* Westport: Praeger, 1994.

O'NEILL, M. *Prostitution and Feminism.* Cambridge: Polity Press, 2001.

O'NEIL1, M. Crime, Culture and Visual Methodologies. In: FERRELL, J.; HAYWARD, K.; MORRISON, W.; PRESDEE, M. (Eds.). *Cultural Criminology Unleashed.* Londres: GlassHouse, 2004.

O'NEILL, M. Cultural Criminology and Sex Work. *Journal of Law and Society*, v. 37, n. 1, p. 210-232, 2010.

O'NEILL, M.; SEAL, L. *Transgressive Imaginations.* Londres: Palgrave Macmillan, 2012.

O'NEIL1, M.; CAMPBELL, R.; HUBBARD, P.; PITCHER, J.; SCOULAR, J. Living with the Other. *Crime, Media, Culture*, v. 4, n. 1, p. 73-93, 2008.

O'NEILL, M.; WOODS, P.; WEBSTER, M. New Arrivals. *Social Justice*, v. 32, n. 1, p. 75-89, 2004.

OFFICE OF JUVENILE JUSTICE AND DELINQUENCY PREVENTION (OJJDP). 1996 National Youth Gang Survey. Washington: US Department of Justice, 1999.

OLIVER, A.M.; STEINBERG, P. *The Road to Martyrs' Square.* Nova York: Oxford University Press, 2005.

ORTIZ URIBE, M. "Narco Culture" Becoming Popular North of the Border. KPBS, 26 maio 2011. Disponível em: <www.kpbs.org/news/2011/may/26/narco-culturebecoming-popular-north-border/>. Acesso em: 11 mar. 2015.

OUSEY, G.; WILCOX, P. The Interaction of Antisocial Propensity and Lifecourse Varying Predictors of Delinquent Behavior. *Criminology*, v. 45, n. 2, p. 313-354, 2007.

PAIK, H.; COMSTOCK, G. The Effects of Television Violence on Antisocial Behaviour. *Communications Research*, v. 21, n. 4, p. 516-546, 1994.

PALAHNIUK, C. *Choke.* Londres: Vintage, 2000.

PANFIL, V.; MILLER, J. Beyond Straight and Narrow. *The Criminologist*, v. 39, n. 4, p. 1-8, 2014.

PARKS, L. Points of Departure. *Journal of Visual Culture*, v. 6, n. 2, p. 183-200, 2007.

PARNELL, P. Introduction: Crime's Power. In: PARNELL, P.; KANE, S. (Eds.). *Crime's Power.* Nova York: Palgrave Macmillan, 2003.

PEARSON, G. Goths and Vandals. *Contemporary Crises*, v. 2, n. 2, p.119-140, 1978.

PEASE, K. Rational Choice Theory. In: MCLAUGHLIN, E.; MUNCIE, J. (Eds.). *The Sage Dictionary of Criminology*. Londres: SAGE, 2006.

PEDAHZUR, A.; Perliger, A.; Weinberg, L. Altruism and Fatalism. *Deviant Behavior*, v. 24, p. 405-423, 2003.

PEPINSKY, H.; QUINNEY, R. Thinking Critically About Peacemaking. In: MACLEAN, B.; MILOVANOVIC, D. (Eds.). *Thinking Critically about Crime*. Vancouver: Collective Press, 1997.

PERELMAN, M. Vive la Revolution? *The Nation*, p. 22-24, 18 maio 2009.

PETERS, J. A Shameful Prosecutorial Act.2013. Disponível em: <www.slate.com>.

PETERSON, A. Review of the Times of the Tribes. *Acta Sociologica*, v. 40, n. 3, p. 323-327, 1997.

PETERSON, V.; RUNYAN, A. *Global Gender Issues in the New Millennium*. Boulder: Westview, 2010.

PHILLIPS, L. Go out With a Bang. *The New York Times*, ST3, 3 jul. 2011.

PHILLIPS, N.; STROBLE, S. Cultural Criminology and Kryptonite. *Crime, Media, Culture*, v. 2, n. 3, p. 304-331, 2006.

PHILLIPS, N.; STROBLE, S. *Comic Book Crime*. Nova York: New York University Press, 2013.

PHILLIPS, S. *Wallbangin*. Chicago: University of Chicago Press, 1999.

PICKETT, J.T.; CHIRICOS, T.; GOLDEN, K.M.; GERTZ, M. Reconsidering the Relationship Between Perceived Neighborhood acial Composition and Whites' Perceptions of Victimization Risk. *Criminology*, v. 50, n. 1, p. 145-186, 2012.

PIQUERO, A.; BOUFFARD, J. Something Old, Something New. *Justice Quarterly*, v. 24, n. 1, p. 1-27, 2007.

PLATT, A. *The Child Savers*. Chicago: University of Chicago Press, 1977.

PLUNKETT, L. The Silly Outrage Over a Soldier Wearing a Call of Duty Mask. 22 jan. 2013. Disponível em: <http://kotaku.com/5978161/photo-of-call-of-duty-maskon-real-soldier-causes-outrage>. Acesso em: 8 set. 2014.

POLSKY, N. *Hustlers, Beats and Others*. Nova York: Anchor, 1967.

POOLE, O. Pentagon Declares War on Internet Combat Videos. *The Daily Telegraph*, 26 jul. 2006.

POST, J. M. When Hatred is Bred in the Bone. *Political Psychology*, v. 26, n. 4, p. 615-636, 2005.

POSTER, M. *Second Media Age*. Cambridge: Polity, 1995.

POSTON, B. Hundreds of Assault Cases Misreported by Milwaukee Police Department. *Milwaukee Journal Sentinel*, 22 maio 2012.

POTTER, R. *Spectacular Vernaculars*. Albany: SUNY Press, 1995.

POW, C.-P. Consuming Private Security. *Theoretical Criminology*, v. 17, n. 2, p. 179-196, 2013.

POWELL, B. Many Wade into Toronto brawl Online. *Toronto Star*, p. A8, 31 jan. 2006.

POWELL, M. No Room for Dissent in a Police Department Consumed by Numbers. *The New York Times*, p. A20, 8 maio 2012.

POWER, N. *One Dimensional Woman*. Winchester: Zero, 2009.

PRATT, T.; TURANOVIC, J.; FOX, K.; WRIGHT, K. Self-control and victimization. *Criminology*, v. 52, n. 1, p. 87-116, 2014.

PRESDEE, M. *Cultural Criminology*: the Carnival of Crime. Londres: Routledge, 2000.

PRESDEE, M. The Story of Crime. In: FERRELL, J.; HAYWARD, K.; MORRISON, W.; PRESDEE, M. (Eds). *Cultural Criminology Unleashed*. Londres: Glasshouse, 2004.

PRESSER, L..; SANDBERG, S. (Eds.). *Narrative Criminology*. Nova York: New York University Press, 2015.

PRICE, D. *Weaponizing Anthropology*. Oakland: AK Press, 2011.

PRYCE, K. *Endless Pressure*. Harmondsworth: Penguin, 1979.

PRYNN, J. Moss Doubles her Money after "Cocaine Kate" Scandal. *London Evening Standard*, 12 jun. 2007.

QURASHI, F. *An Ethnographic Study of British Muslim radicalism*. PhD thesis, University of Kent, UK, 2013.

QUINONES, S. In Celebration of Drug Smugglers "Narcoculture". *The Baltimore Sun*, 21 set. 1998. Disponível em: <http://articles.baltimoresun.com/1998-09-21/news/1998264026_1_smugglers-jesus-malverde-silk-shirts>.

RABAN, J. *Soft City*. Londres: Hamilton, 1974.

RAFTER, N.; BROWN, M. *Criminology Goes to the Movies*. Nova York: New York University Press, 2011.

RAJAH, V. Resistance as Edgework in Violent Intimate Relationships of Druginvolved Women. *British Journal of Criminology*, v. 47, p. 196-213, 2007.

RANSTORP, M. Mapping terrorism studies after 9/11. In: JACKSON, R.; BREEN SMYTH, M.; GUNNING, J. (Eds.). *Critical Terrorism Studies*. Abingdon: Routledge, 2009.

RAPAPORT, R. Dying and Living in "COPS" America. *San Francisco Chronicle*, 7 jan. 2007.

RAPHAEL, S. In the Service of Power. In: JACKSON, R.; BREEN SMYTH, M.; GUNNING, J. (Eds.). *Critical Terrorism Studies*. Abingdon: Routledge, 2009.

REDMON, D. *Beads, Bodies, and Trash*. Nova York: Routledge, 2015.

REGOLI, R.; HEWITT, J. *Delinquency in Society*. Boston: McGraw-Hill, 2006.

REGOLI, R.; HEWITT, J.; DELISI, M. *Delinquency in Society*. 8 ed. Boston: Jones & Bartlett, 2010.

REINER, R. Media Made Criminality. In: MAGUIRE, M.; MORGAN, R.; REINER, R. (Eds.). *The Oxford Handbook of Criminology*. Oxford: Oxford University Press, 2002.

REINERMAN, C.; DUSKIN, C. Dominant Ideology and Drugs in the Media. In: FERRELL, J.; WEBSDALE, N. (Eds.). *Making Trouble*. Nova York: de Gruyter, 1999.

RETORT COLLECTIVE. Afflicted Powers. *New Left Review*, v. 27, p. 5-21, maio/jun. 2004.

RICHARDS, S.; ROSS, J. Introducing the New School of Convict Criminology. *Social Justice*, v. 28, n. 1, p. 177-190, 2001.

ROBBINS, K. Cyberspace and the World We Live in, In: DOVEY, J. (Ed.). *Fractual Dreams*. Londres: Lawrence & Wishart, 1996.

RODRIGUEZ, R. On the Subject of Gang Photography. In: KONTOS, L.; BROTHERTON, D.; BARRIOS, L. (Eds.). *Gangs and Society*. Nova York: Columbia University Press, 2003.

ROJEK, J.; ROSENFELD, R.; DECKER, S. Policing Race. *Criminology*, v. 50, n. 4, p. 993-1024, 2012.

ROMERO, S. Can Ghosts Bring Life to Old Cult Compound? *The New York Times*, 3 maio 2010, A6.

ROOT, C.; FERRELL, J.; PALACIOS, W. Brutal Serendipity'. Critical Criminology, v. 21, n. 2, p. 141-155, 2013.

ROSEN, S. Old Mug Shots Fuel Art, and a Debate on Privacy. *The New York Times*, v. 21, 28 ago. 2011

ROSS, J.; RICHARDS, S. *Convict Criminology*. Belmont, CA: Wadsworth, 2002.

ROSS, J., FERRELL, J., PRESDEE, M.; MATTHEWS, R. IRBs and State Crime: a Reply to Dr Niemonen. *Humanity and Society*, v. 24, n. 2, 210-212, 2000.

ROWBOTHAM, S. *Hidden from History*. Londres: Pluto, 1973.

RUGGIERO, V. Review: City Cimits. *Theoretical Criminology*, v. 9, n. 4, 497-499, 2005.

RUGGIERO, V. War as Corporate Crime. In: CHAMBLISS, W., MICHALOWSKI, R.; KRAMER, R.C. (Eds.). *State Crime in the Global Age*. Cullompton: Willan, 2010.

RYAN, M.; SWITZER, L. Propaganda and the Subversion of Objectivity. *Critical Studies on Terrorism*, v. 2, p. 45-64, 2009.

SACHS, H. *Music in Fascist Italy*. Nova York: W.W. Norton, 1987.

SAGEMAN, M. Small Group Dynamics. In: CANNA, S. (Ed.). Protecting the Homeland from International and Domestic Terrorism Threats. 2010. Disponível em: <www.start.umd.edu/start/publications/U_Counter_Terrorism_White_Paper_Final_January_2010.pdf>.

St JOHN, W. Market for Zombies? *The New York Times*, p. 1-13, 26 mar. 2006.

SANCHEZ-TRANQUILINO, M. Space, Power and Youth Culture. In: BRIGHT, B.; BAKEWELL, L. (Eds.). *Looking High and Low*. Tucson: University of Arizona Press, 1995.

SANDBERG, S. Are Self-narratives Unified or Fragmented, Strategic or Determined? *Acta Sociologica*, v. 56, n. 1, p. 65-79, 2013.

SANDERS, C.; LYON, E. Repetitive Retribution. In: FERRELL, J.; SANDERS, C. (Eds.). *Cultural Criminology*. Boston: Northeastern, 1995.

SAUR, B.; WÖHL, S. Feminist Perspectives on the Internationalization of the State. *Antipode*, v. 43, n. 1, p. 108-128, 2011.

SAUTER, M. Guy Fawkes Mask-ology. *HiLobrow*, 30 abr. 2012. Disponível em: <http://hilobrow.com/2012/04/30/mask/>.

SCAHILL, J. *Blackwater*. Londres: Serpent's Tail, 2007.

SCHEFF, T. *Microsociology*. Chicago: Chicago University Press, 1990.

SCHEFF, T.; STANKO, E. A.; WOUTERS, C.; KATZ, J. How Emotions Work. *Theoretical Criminology*, v. 6, p. 361-380, 2002.

SCHELSKY, H. Ist die Dauerreflektion Institutionalisierbar? *Zeitschrift für Evangelische Ethik*, v. 1, p. 153-174, 1957.

SCHEPT, J. (Un)seeing Like a Prison.*Theoretical Criminology*, v. 18, n. 4, p. 198-223, 2014.

SCHMALLEGER, F.; BARTOLLAS, C. *Juvenile Delinquency*. Boston: Pearson, 2008.

SCHOPENHAUER, A. *The World as Will and Representation*. Nova York: Dover, 1967. v. 1.

SCHWARTZ, M. Neo-liberalism on Crack. *City*, v. 11, n. 1, p. 21-69, 2007.

SCHWENDINGER, H.; SCHWENDINGER, J. Defenders of Order or Guardians of Human Rights. *Issues in Criminology*, v. 7, p. 72-81, 1970.

SEAL, L. Pussy Riot and Feminist Cultural Criminology. *Contemporary Justice Review*, v. 16, n. 2, p. 293-303, 2013.

SELLIN, T. *Culture, Conflict and Crime*. Nova York: Social Science Research Council, 1938.

SHEA, C. Don't Talk to the Humans. *Lingua Franca*, p. 27-34, set. 2000.

SIMON, J. *Governing through Crime*. Oxford: Oxford University Press, 2007.

SLATER, M.; TOMSEN, S. Violence and Carceral Masculinities in Felony Fights. *British Journal of Criminology*, v. 52, n. 2, p. 309-323, 2012.

SLUKA, J. Terrorism and Taboo. *Critical Studies on Terrorism*, v. 1, n. 2, p. 1-17, 2008.

SLUKA, J. The Contribution of Anthropology to Critical Terrorism Studies. In: JACKSON, R.; BREEN SMYTH, M.; GUNNING, J. (Eds). *Critical Terrorism Studies*. Abingdon: Routledge, 2009.

SMITH, W. E. W. *Eugene Smith*. Nova York: Harry Abrams, 1998.

SNYDER, G. Graffiti Media and the Perpetuation of an Illegal Subculture. *Crime, Media, Culture*, v. 2, n. 1, p. 93-101, 2006.

SNYDER, G. *Graffiti Lives*. Nova York: New York University Press, 2009.

SNYDER, G. *The Grind*: Professional Street Skateboarding in an Age of Spatial Constraint. Nova York: New York University Press, 2016.

SOUTH, N., BRISMAN, A.; BEIRNE, P. A Guide to Green Criminology. In: SOUTH, N.; BRISMAN, A. (Eds.). *Routledge International Handbook of Green Criminology*. Londres: Routledge, 2013.

SPAAIJ, R. Understanding Lone Wolf Terrorism. *Springer Briefs in Criminology*, Berlin, primaveira, 2011.

SPENCER, D. Cultural Criminology: an Invitation... to What? *Critical Criminology*, v. 19, p. 197-212, 2011.

SPRINGER, D.; Roberts, A. (eds). *Juvenile Justice and Delinquency*. Boston: Jones & Bartlett, 2011.

STANCZAK, G. Visual Research Methods. Los Angeles: SAGE, 2007.

STANKO, E. Conceptualizing Women's Risk Assessment as a "Technology of the Soul". *Theoretical Criminology*, v. 1, n. 4, p. 479-99, 1997.

STEINBECK, J. *In Dubious Battle*. New York: Viking, 1972 [1936].

STEINMETZ, K. Craft(y)ness. *British Journal of Criminology*, v. 55, n. 1, p. 125-145, 2015.

STENOVEC, T. Ford India Ad. *The Huffington Post*, 14 mar. 2013

STOKES, D. Ideas and avocados. International Relations, v. 23, n. 1, p. 85-92, 2009.

STRUCKHOFF, D. *Annual Editions:* Juvenile Delinquency and Justice. Nova York: McGraw-Hill, 2006.

SUTTON, M. On Opportunity and Crime. Dysology.org, 2012a. Disponível em: <http://dysology.org/page8.html>.

SUTTON, M. Opportunity Does not Make the Thief: Busting the Myth that Opportunity is a Cause of Crime. BestThinking, 2012b. Disponível em: <www.bestthinking.com/articles/science/social_sciences/sociology/opportunity-does--not-make-the-thief-bustingthe-myth-that-opportunity-is-a-cause-of-crime>.

SUTTON, M.; HODGSON, P. The Problem of Zombie Cops in Voodoo Criminology. *Internet Journal of Criminology*, Maio, 2013. Disponível em: <www.internetjournalofcriminology.com/Sutton_Hodgson_The_Problem_of_Zombie_Cops_in_Voodoo_ Criminology_IJC_May_2013.pdf>.

SYKES, G. *The Society of Captives*. Princeton: Princeton University Press, 1958.

SYKES, G.; MATZA, D. Techniques of Neutralization. *American Sociological Review*, v. 22, p. 664-670, 1957.

SYLVESTER, C.; PARASHAR, S. The Contemporary Mahabharata and the Many Draupadis. In: JACKSON, R.; BREEN SMYTH, M.; GUNNING, J. (Eds.). *Critical Terrorism Studies*. Abingdon: Routledge, 2009.

TANNER, S. Towards a Pattern in Mass Violence Participation? *Global Crime*, v. 12, n. 4, p. 266-289, 2011.

TARI, M.; VANNI, I. On the Life and Deeds of San Precario. Patron Saint of Precarious Workers and Lives. *Fibre Culture 5*, 2005. Disponível em: <http://journal.fibreculture.org>.

TAURI, J. M. Indigenous critique of authoritarian criminology. In: CARRINGTON, K.; BALL, M.; O'BRIEN, E.; TAURI, J. (Eds.). *Crime, Justice and Social Democracy*: International Perspectives. Londres: Palgrave Macmillan, 2012.

TAYLOR, I.; WALTON, P.; YOUNG, J. *New Criminology*. Londres: Routledge & Kegan Paul, 1973.

TAYLOR, L. *Deviance and Society*. Londres: Michael Joseph, 1971.

TCU. *Faculty Handbook*. Ft Worth, Texas: TCU, 2007.

THOMPSON, H.S. *Fear and Loathing in Las Vegas*. Nova York: Popular Library, 1971.

THOMPSON, S.; EISERER, T. Experts: Dallas Undercount of Assaults Builds "Artificial Image"'. *The Dallas Morning News*, 15 dez. 2009.

THRASHER, F. *The Gang*. Chicago: University of Chicago Press, 1927.

TOBOCMAN, S. *You Don't Have to Fuck People Over to Survive*. Nova York: Soft Skull, 1999.

TOROS, H.; GUNNING, J. Exploring a Critical Theory Approach to Terrorism Studies. In: JACKSON, R.; BREEN SMYTH, M.; GUNNING, J. (Eds). *Critical Terrorism Studies*. Abingdon: Routledge, 2009.

TRAVERS, M. Ethnography and Cultural Criminology. In: BARTKOWIAK-THÉRON, I.; TRAVERS, M. (Eds.). *6th Annual Australian and New Zealand Critical Criminology Conference Proceedings 2012*. Tasmania: University of Tasmania, 2013. p. 119-26.

TREADWELL, J. Call the (Fashion) Police. *Papers from the British Criminology Conference*, v. 8, n. 1, p. 117-133, 2008.

TREADWELL, J.; BRIGGS, D.; WINLOW, S.; HALL, S. Shopocalypse Now: Consumer Culture and the English Riots of 2011. *British Journal of Criminology*, v. 53, n. 1, p. 1-17, 2013.

TREND, D. The *Myth of Media Violence*. Oxford: Blackwell, 2007.

TUNNELL, K. *Choosing Crime*. Chicago: Nelson-Hall, 1992.

TUNNELL, K. *Pissing on Demand*. Nova York: New York University Press, 2004.

TUNNELL, K. *Once Upon a Place*. Bloomington, IN: Xlibris, 2011.

TURKLE, S. *Life on the Screen*. Londres: Phoenix, 1997.

ULRICH, E. Gun Makers Focus on What Women Want. *Medill News Service*, 24 maio 2006. Disponível em: <cbs2chicago.com>.

URBINA, I. Anarchists in the Aisles? *The New York Times*, 24 dez. 2007, C24.

VAN DE VOORDE, C. Ethnographic Photography in Criminological Research. In: GADD, D.; KARSTEDT, S.; MESSNER, S. (Eds.). *The SAGE Handbook of Criminological Research Methods*. Londres: SAGE, 2012.

VANEIGEM, R. *The Revolution of Everyday Life*. Londres: Rebel Press, 2001 [1967].

VAN HOOREBEECK, B. Prospects of Reconstructing Aetiology. *Theoretical Criminology*, v. 1, n. 4, p. 501-518, 1997.

VEBLEN, T. *The Theory of the Leisure Class*. Nova York: Viking, 1953[1899].

VERGARA, C. J. *The New American Ghetto*. New Brunswick: Rutgers, 1995.

VESILIND, E. Morphine Clothing Designer Tries Higher-end Line. *Worth Star-Telegram*, 19 out. 2008, p. 9F.

VICK, K. "Real TV" at Heart of Lawsuit Over Fatal Crash. The Arizona Republic, 12 dez. 1997, p. A4.

VIDINO, L. *The New Muslim Brotherhood in the West*. Nova York: Colombia University Press, 2010.

VINCIGUERRA, T. The "Murderabilia" Market. *The New York Times*, v. 2, 5 jun. 2011.

VIRILIO, P. *Speed and Politics*. Nova York: Semiotext(e), 1986.

VIRILIO, P. *The Aesthetics of Disappearance*. Nova York: Semiotext(e), 1991.

VISANO, L. What do "They" Know? In: O'BIRECK, G. (Ed.) *Not a Kid Anymore*. Scarborough, Ontario: Thompson, 1996.

VOLD, G., BERNARD, T.; SNIPES, J. *Theoretical Criminology*. Oxford: Oxford University Press, 1998.

WAKEMAN, S. Fieldwork, Biography and Emotion. *British Journal of Criminology*, v. 54, n. 5, p. 705-721, 2014.

WALBY, S. *Gender Transformations*. Londres: Routledge, 1997.

WALKER, D. Hands up! COPS Hits Valley for 400th Show. *The Arizona Republic*, p. D11, D12, 30 abr. 1999.

WALKLATE, S. Risk and Criminal Victimization. *British Journal of Criminology*, v. 37, n. 1, p. 35-45, 1997.

WALL, T. Unmanning the Police Manhunt: Vertical Security as Pacification. *Socialist Studies; Études Socialistes*, v. 9, n. 2, p. 32-56, p. 2013.

WALL, T.; LINNEMANN, T. Staring Down the State. *Crime, Media, Culture*, v. 10, n. 2, p. 115-132.

WALL, T.; MONAHAN, T. Surveillance and Violence From Afar. *Theoretical Criminology*, v.15, n. 3, p. 239-254, 2011.

WALTERS, R. *Deviant Knowledge*. Cullompton: Willan, 2003.

WARD, A. Defend Yourself. *Worth Star-Telegram*, 16 jul. 2006, 3G.

WARREN, J. Introduction: Performance Ethnography. *Text and Performance Quarterly*, v. 26, n. 4, p. 317-319, 2006.

WATTS, E. K. An Exploration of Spectacular Consumption. Communication Studies, v. 48, n. p. 42-58, 1997.

WEBBER, C. Background, Foreground, Foresight. *Crime, Media, Culture*, v. 3, n. 2, p. 139-157, 2007.

WEBER, B. Originated "Broken Windows" Policing Strategy. *The New York Times*, 3 mar. 2012, A1, B8.

WEBER, M. *Economy and Society*. Berkeley: University of California Press, 1978.

WEINBERG, L.; EUBANK, W. Problems with the Critical Studies Approach to the Study of Terrorism. *Critical Studies on Terrorism*, v. 1, n. 2, 185-195, 2008.

WEINER, J. If Your Life Were a Movie. *The New York Times Magazine*, p. 45-49, 23 jan. 2011.

WEISBURD, D.; PIQUERO, A. How Well do Criminologists Explain Crime? *Crime and Justice*, v. 37 n. 1, p. 453-502, 2008.

WELCH, M. Fragmented Power and State-corporate Killings. *Crime, Law and Social Change*, v. 51, p. 351-364, 2009.

WHITE, R. Environmental Harm and the Political Economy of Consumption. *Social Justice*, v. 29, n. 1-2, p. 82-102, 2002.

WHITE, R. Environmental Issues and the Criminological Imagination. *Theoretical Criminology*, v. 7, n. 4, p. 483-506, 2003.

WHITE, R. A green criminology perspective. In: MCLAUGHLIN, E.; NEWBURN, T. (Eds.). *The SAGE Handbook of Criminological Theory*. Londres: SAGE, 2010.

WHITE, R. Eco-global Criminology and the Political Economy of Environmental Harm. In: SOUTH; BRISMAN, A. (Eds). *Routledge International Handbook of Green Criminology*. Londres: Routledge, 2013.

WHITEHEAD, J.; LAB, S. *Juvenile Justice*. Nova York: LexisNexis, 2006.

WHYTE, D. The Crimes of Neo-liberal Rule in Occupied Iraq. *British Journal of Criminology*, v. 47, p. 177-195, 2007.

WHYTE, D. The Neo-liberal State of Exception in Occupied Iraq. In: CHAMBLISS, W.; MICHALOWSKI, R. J.; KRAMER, R.C. (Eds.). *State Crime in the Global Age*. Cullompton: Willan, 2010.

WILKINSON, I. *Suffering*. Cambridge: Polity, 2005.

WILLIAMS, S. *Emotion and Social Theory*. Londres: SAGE, 2001.

WILLIAMSON, J. *Decoding Advertisements*. Londres: Marian Boyars, 1978.

WILLIS, P. *Learning to Labour*. Nova York: Columbia, 1977.

WILLIS, P. *The Ethnographic Imagination*. Cambridge: Polity, 2000.

WILSON, J.Q.; KELLING, G. Broken Windows. In: MUNCIE, J.; MCLAUGHLIN, E; LANGAN, M. (Eds.). *Criminological Perspectives:* A Reader. 2. ed. Londres: SAGE/Open University, 2003 [1982]

WINLOW, S.; Hall, S. *Violent Night*. Oxford: Berg, 2006.

WINLOW, S.; HALL, S. What is an "Ethics Committee"? *British Journal of Criminology*, v. 52, n. 2, p. 400-416, 2012.

WOLLAN, M. Free Speech is one Thing, Vagrants, Another. *The New York Times*, 20 out. 2012, A16.

WONDERS, N. Globalization, Gender Projects, and Feminist Futures, Paper Presented at the Second Crime, Justice and Social Democracy International Conference. *Brisbane*, p. 8-11, jul. 2013.

WOODSON, P. "COPS" Still Rocks. *Worth Star-Telegram*, 22 fev. 2003, 1F, 11F.

WORKHORSE AND PAC. *We Own the Night*. Nova York: Rizzoli, 2012.

WORTHAM, J. The Better not to See You with, my Dear. *The New York Times*, 30 jun. 2013, BU4, 2013.

WRIGHT, E. *Generation Kill*. Nova York: Berkley Caliber, 2004.

WRIGHT, R.; DECKER, S. *Burglars on the Job*. Boston: Northeastern, 1994.

WRIGHT, S.; CURTIS, B.; LUCAS, L.; ROBERTSON, S. Research Assessment Systems and their Impacts on Academic Work in New Zealand, the UK and Denmark. SUMMATIVE WORKING PAPER FOR URGE WORK PACKAGE 5. Copenhagen: EPOKE, Department of Education, Aarhus University, 2014.

WRIGHT-NEVILLE, D.; SMITH, D. Political Rage. *Global Change, Peace & Security*, v. 21, n. 1, p. 87-88, 2009.

WYATT, E. Even For an Expert, Blurred TV Images Became a False Reality. *The New York Times*, 8 jan. 2005.

XIE, M.; HEIMER, K.; LAURITSEN, J. Violence Against Women in US Metropolitan Areas. *Criminology*, v. 50, n. 1, p. 105-43, 2012.

YAR, M. The Global "Epidemic" of Movie "Piracy". *Media, Culture & Society*, v. 27, n. 5, p. 677-696, 2005.

YAR, M. Neither Scylla nor Charybdis.*Internet Journal of Criminology*, jan. 2009. Disponível em: <www.internetjournalofcriminology.com/Majid%20-%20 Neither%20Scylla%20nor%20Charybdis.pdf>.

YAR, M. Screening Crime: Cultural Criminology Goes to the Movies. In: HAYWARD, K.J.; PRESDEE, M. (Eds.). *Framing Crime:* Cultural Criminology and the Image. Londres: Routledge, 2010.

YAR, M. Crime, Media and the Will-to-representation. *Crime, Media, Culture*, v. 8, n. 3, p. 245-260, 2012.

YOUNG, A. *Judging the Image*. Londres: Routledge, 2004.

YOUNG, A. Images in the Aftermath of Trauma. *Crime, Media, Culture*, v. 3, n. 1, p. 30-48, 2007.

YOUNG, A. *The Scene of Violence*. Londres: Routledge Cavendish, 2010.

YOUNG, J. *The Drugtakers*. Londres: Paladin, 1971.

YOUNG, J. The Amplification of Drug Use. In: COHEN, S.; YOUNG, J. (Eds.). *The Manufacture of News*. Thousand Oaks: SAGE, 1973.

YOUNG, J. Breaking Windows. In: WALTON, P.; YOUNG, J. (Eds). *The New Criminology Revisited*. Londres: Palgrave Macmillan, 1998.

YOUNG, J. *The Exclusive Society*. Londres: SAGE, 1999.

YOUNG, J. Critical Criminology in the Twenty-first Century. In: HOGG, R.; CARRINGTON, K. (Eds.). *Critical Criminology*. Cullompton: Willan, 2002.

YOUNG, J. Merton with Energy, Katz with Structure. *Theoretical Criminology*, v. 7, n. 3, p. 389-414, 2003.

YOUNG, J. Voodoo Criminology and the Numbers Game. In: FERRELL, J.; HAYWARD, K.; MORRISON, W.; PRESDEE, M. (Eds.). *Cultural Criminology Unleashed*. Londres: GlassHouse, 2004.

YOUNG, J. *The Vertigo of Late Modernity*. Londres: SAGE, 2007.

YOUNG, J. *The Criminological Imagination*. Cambridge: Polity, 2011.

YUEN THOMPSON, B. *Covered Women*. Nova York: New York University Press, 2014.

ZAFIROVSKI, M. Beneath Rational Choice. *Current Sociology*, v. 6, n. 1, p. 3-21, 2012.

ZEDNER, L. Opportunity Makes the Thief-taker. In: NEWBURN, T.; ROCK, P. (Eds.). *The Politics of Crime Control*. Oxford: Oxford University Press, 2006.

ZEDNER, L. Pre-crime; Post-criminology. *Theoretical Criminology*, v. 11, n. 2, p. 261-282, 2007.

ZEIDERMAN, A. Living dangerously. *American Ethnologist*, v. 40, n. 1, p. 71-87, 2013.

ZIMRING, F.; HAWKINS, G. J. *Deterrence*. Chicago: University of Chicago Press, 1973.

FILMOGRAFIA

18 With a Bullet, 2006, Direção de Ricardo Pollack.

A Clockwork Orange, 1971, Direção de Stanley Kubrick.

A Kind of Loving, 1962, Direção de John Schlesinger.

A Taste of Honey, 1961, Direção de Tony Richardson.

All Watched Over by Machines of Love and Grace, 2011, Direção de Adam Curtis.

Alphaville, 1965, Direção de Jean-Luc Godard.

Brazil, 1985, Direção de Terry Gilliam.

Brick, 2006, Direção de Rian Johnson.

Bus 174, 2002, Direção de José Padilha.

Come and See, 1985, Direção de Elem Klimov.

Covered: Women and Tattoos, 2010, Direção de Beverly Yuen Thompson.

Crash, 2004, Direção de Paul Haggis.

Dogville, 2003, Direção de Lars von Trier.

Donkey Without a Tail, 1997, Direção de Sergio Bloch.

Falling Down, 1993, Direção de Joel Schumacher.

Fatal Attraction, 1987, Direção de Adrian Lyne.

Fight Club, 1999, Direção de David Fincher.

First Kill, 2001, Direção de Coco Schrijber.

Four Hours in My Lai, 1989, Direção de Kevin Sim.

From My Point of View: Exposing the Invisible, 2013, Direção de Tactical Technology Collective.

Girl Model, 2010, Direção de David Redmon e Ashley Sabin.

Goodfellas, 1990, Direção de Martin Scorsese.

Grin Without a Cat (Le Fond de l'Air Est Rouge), 1977, Direção de Chris Marker.

Heart Broken in Half: Chicago's Street Gangs, 1990, Producers Taggart Siegel e Dwight Conquergood.

Human Resources: Social Engineering in the Twentieth Century, 2010, Direção de Scott Noble.

Inside Job, 2010, Direção de Charles Ferguson.

Kamp Katrina, 2007, Direção de David Redmon e Ashley Sabin.

Killing Us Softly, 1979, Direção de Margaret Lazarus e Renner Wunderlich.

Killing Us Softly 3, 1999, Direção de Sut Jhally.

Kitchen Stories, 2003, Direção de Bent Hammer.

Look Back in Anger, 1959, Direção de Tony Richardson.

Mardi Gras: Made in China, 2005, Direção de David Redmon.

Minority Report, 2002, Direção de Steven Spielberg.

Network, 1976, Direção de Sidney Lumet.

Nightcrawler, 2014, Direção de Dan Gilroy.

No End in Sight, 2007, Direção de Charles H. Ferguson.

Our Currency is Information: Exposing the Invisible, 2013, Direção de Tactical Technology Collective.

Poster Girl, 2010, Direção de Sara Nesson.

Recycled Life, 2006, Direção de Leslie Iwerks.

Restrepo, 2006, Direção de Tim Hetherington e Sebastian Junger.

Sherrybaby, 2006, Direção de Laurie Collyer.

Spare Parts, 2003, Direção de Damjan Kozole.

Special Flight, 2011, Direção de Fernand Melgar.

Starsuckers, 2009, Direção de Chris Atkins.

Still Killing Us Softly, 1987, Direção de Margaret Lazarus e Renner Wunderlich.

Taxi Driver, 1976, Direção de Martin Scorsese.

The Act of Killing, 2012, Direção de Joshua Oppenheimer, Christine Cynn.

The Battle of Algiers, 1966, Direção de Gillo Pontecorvo.

The Believer, 2000, Direção de Henry Bean.

The Corporation, 2003, Direção de Jenifer Abbott e Mark Achbar.

The Greatest Movie Ever Sold, 2011, Direção de Morgan Spurlock.

The Hurt Locker, 2008, Direção de Kathryn Bigelow.

The Loneliness of the Long Distance Runner, 1962, Direção de Tony Richardson.

The Pervert's Guide to Cinema, 2006, Direção de Sophie Fiennes.

The Pervert's Guide to Ideology, 2012, Direção de Sophie Fiennes.

The Sound of Music, 1965, Direção de Robert Wise.

The Trap: What Happened to Our Dream of Freedom, 2007, Direção de Adam Curtis.

The War on Democracy: A Film by John Pilger, 2007, Direção de Christopher Martin e John Pilger.

The War Tapes, 2006, Direção de Deborah Scranton.

The War You Don't See, 2010, Direção de Alan Lowry e John Pilger.

The Wire (séries, 5 episódios), 2002–2008, Criação de David Simon.

This is England, 2006, Direção de Shane Meadows.

Traffic, 2001, Direção de Steven Soderbergh.

V For Vendetta, 2005, Direção de James McTeigue.

Vice News: The Islamic State, 2014, Direção de Medyan Dairieh.

Waste Land, 2010, Direção de Lucy Walker, Karen Harley and João Jardim.

We Steal Secrets: The Story of WikiLeaks, 2013, Direção de Alex Gibney.

When the Levees Broke, 2006, Direção de Spike Lee.

Who is Bozo Texino?, 2005, Direção de Bill Daniel.

Why We Fight, 2005, Direção de Eugene Jarecki.

- editoraletramento
- editoraletramento
- grupoletramento
- editoraletramento.com.br
- company/grupoeditorialletramento
- contato@editoraletramento.com.br

- casadodireito.com
- casadodireitoed
- casadodireito

Grupo Editorial LETRAMENTO